创新型师范教育专业精品教材

现代教育技术

主编　文　源　汤晓伟　耿桂芝

教·学
资　源

江苏大学出版社
JIANGSU UNIVERSITY PRESS

镇　江

内 容 提 要

　　本书以《中小学教师教育技术能力标准（试行）》为依据，以教师教育专业化和新课程改革为背景，介绍了现代教师需要具备的教育技术。全书共 8 章，包括现代教育技术概述、网络教育信息资源的检索与利用、多媒体素材的获取与处理、多媒体课件制作技术、现代教学媒体与环境、现代教学设计与评价、远程教育与网络课程开发、课堂教学技能与训练等内容。

　　本书可作为师范院校学生的教材，也可作为在职教师的培训教材。

图书在版编目（ＣＩＰ）数据

现代教育技术 / 文源，汤晓伟，耿桂芝主编. -- 镇江：江苏大学出版社，2016.5（2023.5重印）
　ISBN 978-7-5684-0197-5

　Ⅰ．①现… Ⅱ．①文… ②汤… ③耿… Ⅲ．①教育技术学－教材 Ⅳ．①G40-057

中国版本图书馆 CIP 数据核字(2016)第 079743 号

现代教育技术
Xiandai Jiaoyu Jishu

主　　编 / 文　源　汤晓伟　耿桂芝
责任编辑 / 李菊萍
出版发行 / 江苏大学出版社
地　　址 / 江苏省镇江市京口区学府路 301 号（邮编：212013）
电　　话 / 0511-84446464（传真）
网　　址 / http://press.ujs.edu.cn
排　　版 / 三河市祥达印刷包装有限公司
印　　刷 / 三河市祥达印刷包装有限公司
开　　本 / 787 mm×1 092 mm　1/16
印　　张 / 20.25
字　　数 / 468 千字
版　　次 / 2016 年 5 月第 1 版
印　　次 / 2023 年 5 月第 11 次印刷
书　　号 / ISBN 978-7-5684-0197-5
定　　价 / 49.80 元

如有印装质量问题请与本社营销部联系（电话：0511-84440882）

前　言

进入 21 世纪以来，随着以多媒体技术和网络技术为核心的信息技术的高速发展，各种新的学术成果和先进的技术设备越来越多地应用于教育。教育信息化和现代化成为教育领域发展的必然选择，基础教育的学科教学也迎来了发展的新契机，唯有因时而动、顺势而变，才能响亮地回应时代和社会发展对教育的召唤。

当前，大多数学校的教学环境有了极大改善，教学技术手段日益丰富，但教育的现代化不仅包括教学设备和环境的现代化，还包括教育思想、教育内容、教育方法和教育管理的现代化。因此，现代教育技术在提高教学质量和效率的同时，也对教育工作者的教育技术能力提出了更高的要求。掌握和运用好现代教育技术已经成为广大教育工作者必须面对的重要课题，同时也是每个师范生应该具备的基本能力。

本书按照《国家中长期教育改革和发展规划纲要（2010—2020 年）》的要求，遵循《中小学教师教育技术能力标准（试行）》，依据师范生的实际教育技术能力调查，以教师教育专业化和基础教育课程改革为背景，以满足职前和在职教师在教学一线对教育技术能力的需求为目标而组织编写。

本书特色

- **结构合理，易教易学**：本书知识内容安排合理，既注重理论讲解，又注重实践。主要章节既有拓展阅读和典型案例，又有实践活动、小结和习题，这样既便于老师教，又便于学生学。同时，在教材内容编写上，力求内容精、知识新。

- **概念准确，通俗易懂**：本书在讲解知识点时，力求做到概念准确、语言精炼、通俗易懂。对于一些较难理解的知识点，通过示意图、表格、提示、课堂互动等多种形式进行详细讲解。

- **知识全面，实践性强**：本书涉及的网络教育资源非常广泛，应用软件及平台紧跟当前信息技术发展，且所选案例可操作性强、实用性强。在学完本书后，读者可以马上在实践中应用所学知识和技能。

本书读者对象

本书可作为师范院校学生的教材，也可作为在职教师的培训教材。

教学资源下载

本书配有精美的教学课件等，读者可以登录文旌综合教育平台"文旌课堂"（www.wenjingketang.com）下载。如果读者在学习过程中有什么疑问，也可登录该网站寻求帮助，我们将会及时解答。

本书创作队伍

本书由文源（西安财经学院）、汤晓伟、耿桂芝担任主编，由姚勇伟（陕西学前师范学院）、梁秋霞、李照清、刘祖萍、陈俊萍、王雅洁（陕西学前师范学院）、陈泓宇担任副主编。

为学习贯彻党的二十大精神，提升课程铸魂育人效果，本书专门在扉页"教•学资源"二维码中设计了相应栏目，以引导学生践行社会主义核心价值观，涵养学生奋斗精神、敬业精神、奉献精神、创新精神、工匠精神、法制精神、绿色环保意识等。

由于编者水平有限，书中难免存在疏漏与不当之处，敬请广大读者批评指正。

本书编委会

主　编　文　源　汤晓伟　耿桂芝

副主编　姚勇伟　梁秋霞　李照清　刘祖萍

　　　　陈俊萍　王雅洁　陈泓宇

目　录

第1章　现代教育技术概述 ………………………………………………………………… 1

1.1　教育技术的概念 …………………………………………………………………… 2

1.1.1　教育与技术的含义 ………………………………………………………… 2

1.1.2　教育技术的定义 …………………………………………………………… 3

1.1.3　现代教育技术的定义 ……………………………………………………… 8

1.1.4　教育技术的作用及影响 …………………………………………………… 9

1.2　现代教育技术的发展简史及趋势 ……………………………………………… 14

1.2.1　现代教育技术的发展简史 ………………………………………………… 14

1.2.2　现代教育技术的发展趋势 ………………………………………………… 17

1.3　现代教育技术的理论基础 ……………………………………………………… 20

1.3.1　视听教育理论 ……………………………………………………………… 20

1.3.2　学习理论 …………………………………………………………………… 22

1.3.3　教育传播理论 ……………………………………………………………… 30

1.4　教师教育技术能力标准 ………………………………………………………… 35

1.4.1　中小学教师教育技术能力标准 …………………………………………… 35

1.4.2　教师教育技术能力解读 …………………………………………………… 36

实践活动 ……………………………………………………………………………… 37

本章小结 ……………………………………………………………………………… 38

本章习题 ……………………………………………………………………………… 38

第2章　网络教育信息资源的检索与利用 …………………………………………… 41

2.1　网络教育信息资源概述 ………………………………………………………… 42

2.1.1　网络教育信息资源的概念 ………………………………………………… 42

2.1.2　网络教育信息资源的特点 ………………………………………………… 42

2.1.3　网络教育信息资源的类型 ………………………………………………… 44

2.2　网络教育信息资源的获取与交流 ……………………………………………… 46

2.2.1　普通信息资源的检索与利用 ……………………………………………… 46

2.2.2　学术数据库的检索与利用 ………………………………………………… 49

2.2.3　网络教育信息资源的下载 ………………………………………………… 53

2.2.4　网络教育信息资源的管理与存储 ·················· 56

2.2.5　网络教育信息资源的分享与交流 ·················· 57

实践活动 ·· 60

本章小结 ·· 61

本章习题 ·· 61

第 3 章　多媒体素材的获取与处理 ·························· 63

3.1　获取与处理文本素材 ································· 64

3.1.1　认识文本素材 ································· 64

3.1.2　获取文本素材 ································· 65

3.1.3　处理文本素材 ································· 69

3.2　获取与处理图形、图像素材 ····················· 70

3.2.1　认识图形、图像素材 ····················· 70

3.2.2　获取图形、图像素材 ····················· 72

3.2.3　使用 Photoshop 处理图像素材 ··········· 74

3.2.4　使用光影魔术手处理图像素材 ··········· 81

3.3　获取与处理音频素材 ································· 83

3.3.1　认识音频素材 ································· 83

3.3.2　获取音频素材 ································· 85

3.3.3　使用 GoldWave 录制和编辑音频素材 ····· 87

3.4　获取与制作动画素材 ································· 91

3.4.1　认识动画素材 ································· 91

3.4.2　获取动画素材 ································· 92

3.4.3　制作动画素材 ································· 92

3.5　获取与处理视频素材 ································· 93

3.5.1　认识视频素材 ································· 93

3.5.2　获取视频素材 ································· 94

3.5.3　转换视频素材格式 ·························· 103

3.5.4　剪辑视频素材 ······························ 105

实践活动 ·· 107

本章小结 ·· 108

本章习题 ·· 109

第 4 章　多媒体课件制作技术 ································· 111

4.1　多媒体课件概述 ····································· 112

4.1.1　多媒体课件的概念 ························· 112

4.1.2　多媒体课件的类型···112

4.1.3　多媒体课件的设计原则···112

4.2　常用多媒体课件开发软件···113

4.3　多媒体课件设计开发流程···114

4.4　制作演示型多媒体课件···114

4.4.1　课件设计··115

4.4.2　课件制作··117

4.4.3　为课件添加动画和交互效果···131

4.4.4　放映和打包··134

实践活动··138

本章小结··140

本章习题··140

第 5 章　现代教学媒体与环境···143

5.1　认识现代教学媒体···144

5.1.1　教学媒体的概念··144

5.1.2　教学媒体的分类··144

5.1.3　教学媒体的特性··145

5.1.4　教学媒体的作用··147

5.2　常用教学媒体设备···148

5.2.1　多媒体投影机··148

5.2.2　视频展示台··149

5.2.3　交互式电子白板··151

5.2.4　移动媒体设备··154

5.2.5　其他设备··156

5.3　现代教育技术环境···161

5.3.1　校园网络··162

5.3.2　多媒体教室··164

5.3.3　网络机房··167

5.3.4　微格教学系统··169

实践活动··172

本章小结··173

本章习题··173

第6章　现代教学设计与评价 ……………………………………………………………………… 175

6.1　教学设计概述 ………………………………………………………………………… 176

6.1.1　教学设计的含义 …………………………………………………………………… 176

6.1.2　教学设计的作用 …………………………………………………………………… 176

6.1.3　教学设计的模式 …………………………………………………………………… 178

6.2　以教为主的教学设计 ………………………………………………………………… 182

6.2.1　以教为主的教学设计模式 ………………………………………………………… 182

6.2.2　以教为主的教学设计步骤 ………………………………………………………… 183

6.2.3　以教为主的教学设计模板 ………………………………………………………… 197

6.2.4　以教为主的教学设计案例 ………………………………………………………… 199

6.3　以学为主的教学设计 ………………………………………………………………… 204

6.3.1　以学为主的教学设计模式 ………………………………………………………… 204

6.3.2　以学为主的教学设计步骤 ………………………………………………………… 204

6.3.3　以学为主的教学设计模板 ………………………………………………………… 212

6.3.4　以学为主的教学设计案例 ………………………………………………………… 214

实践活动 …………………………………………………………………………………… 219

本章小结 …………………………………………………………………………………… 219

本章习题 …………………………………………………………………………………… 220

第7章　远程教育与网络课程开发 ……………………………………………………………… 223

7.1　远程教育 ……………………………………………………………………………… 224

7.1.1　远程教育的概念和特征 …………………………………………………………… 224

7.1.2　远程教育的发展 …………………………………………………………………… 226

7.1.3　远程教育的基本类型 ……………………………………………………………… 228

7.2　网络课程开发 ………………………………………………………………………… 229

7.2.1　网络课程的概念和特征 …………………………………………………………… 230

7.2.2　网络课程开发过程 ………………………………………………………………… 230

7.2.3　网络教学平台 ……………………………………………………………………… 236

7.2.4　基于 Moodle 系统的网络课程开发 ……………………………………………… 243

7.3　慕课 …………………………………………………………………………………… 256

7.3.1　认识慕课 …………………………………………………………………………… 256

7.3.2　慕课教学模式的设计原则 ………………………………………………………… 257

7.3.3　慕课教学平台 ……………………………………………………………………… 258

7.4　微课 …………………………………………………………………………………… 261

7.4.1　微课的概念和特点 ………………………………………………………………… 261

7.4.2 微课的内容要求 ···················· 263

7.4.3 微课资源的开发过程 ················ 264

实践活动 ································· 265

本章小结 ································· 266

本章习题 ································· 266

第8章 课堂教学技能与训练 ············· 269

8.1 课堂教学技能 ······················ 270

8.1.1 课堂导入技能 ···················· 270

8.1.2 课堂讲授技能 ···················· 272

8.1.3 课堂板书技能 ···················· 273

8.1.4 课堂提问技能 ···················· 275

8.1.5 课堂变化技能 ···················· 277

8.1.6 课堂演示技能 ···················· 277

8.1.7 课堂试误技能 ···················· 279

8.1.8 课堂巩固与强化技能 ·············· 280

8.1.9 课堂组织教学技能 ················ 283

8.1.10 结课与作业设计技能 ············· 285

8.2 说课 ······························ 286

8.2.1 说课的作用 ······················ 287

8.2.2 说课与备课、上课的关系 ·········· 287

8.2.3 说课的基本步骤 ·················· 288

8.2.4 说课的注意事项 ·················· 292

8.3 无生上课 ·························· 293

8.3.1 无生上课含义 ···················· 293

8.3.2 无生上课的类型 ·················· 293

8.3.3 无生上课与有生上课的区别 ········ 294

8.3.4 无生上课与说课的区别 ············ 295

8.3.5 无生上课的注意事项 ·············· 296

8.4 微格教学训练 ······················ 297

8.4.1 微格教学概述 ···················· 297

8.4.2 微格教学训练的特点 ·············· 298

8.4.3 微格教学训练的实施 ·············· 299

实践活动 ································· 301

本章小结 ································· 302

本章习题……………………………………………………………………303

附录　中小学教师教育技术能力标准（试行）……………………………305

第一部分　教学人员教育技术能力标准……………………………………305

第二部分　管理人员教育技术能力标准……………………………………307

第三部分　技术人员教育技术能力标准……………………………………309

第 1 章

现代教育技术概述

本章导读

　　信息革命所带来的技术进步导致人类的学习方式发生了深刻的变革，教育信息化已成为现代教育发展的必然趋势，而现代教育技术就是推进这种趋势的"制高点"和"突破口"。这一现实对人才培养提出了更高的要求，学习和掌握现代教育技术成为新时代教师必须具备的职业素质。本章是学习现代教育技术的入门章节，将介绍现代教育技术的概念、理论基础和教师的教育技术能力标准等内容。

学习目标

- 了解教育技术的概念
- 了解现代教育技术的发展简史与趋势
- 了解教育技术的理论基础
- 了解教师教育技术能力标准

1.1　教育技术的概念

现代教育技术作为现代科技成果与教育理论相结合的一门新兴综合性应用学科,在教育现代化的变革中扮演着重要的角色。我们要全面、正确地理解现代教育技术的概念,首先必须弄清楚什么是教育,什么是技术,然后在此基础上去理解教育技术和现代教育技术的概念,以及这些概念之间的关系。

1.1.1　教育与技术的含义

在中国,一般认为"教育"一词始见于《孟子·尽心上》:"父母俱存,兄弟无故,一乐也;仰不愧于天,俯不怍于人,二乐也;得天下英才而教育之,三乐也。"19 世纪末 20 世纪初,一批中国现代教育奠基者成功创办新式学校,西学逐渐成为学校教育的主要内容,"教育"一词开始成为常用词。现代汉语中"教育"一词的通行,与中国教育的现代化联系在一起,反映了中国教育由"以学为本"向"以教为本"的转变。

在西方,"教育"一词源于拉丁文 Educarl,指"引出""导出",其英文为 Education。西方社会侧重个体的发展,强调通过教育将个体的优势引导出来,使蕴藏在肌体中的潜力得以显露和发展。

那么,教育具体指什么呢?广义的教育泛指一切有目的地影响人的身心发展的社会实践活动。狭义的教育主要指学校教育,即教育者根据一定的社会要求和受教育者的发展规律,有目的、有计划、有组织地对受教育者的身心施加影响,期望受教育者发生预期变化的活动。

那技术又指什么呢?技术的内涵随着社会的发展在不断地演变,人们对它的理解有两种。一种是狭义的理解,把技术局限于有形的物质方面。以这种观点来理解教育技术中的"技术"一词,会自然而然地把教育技术看作是只包括硬件和软件的技术手段,认为教育技术就是物化技术在教育领域中的应用,甚至等同于媒体的教育应用。这种认识在教育技术发展初期比较普遍,并且目前仍然有人沿用这种旧观点。

另一种理解是信息社会中人们对技术的理解,人们认为技术基本上包含了两个方面:有形的物质工具手段和无形的非物质的智能方法。在这种理解中,技术的重点在于工作技能的提高和工作的组织,而不是工具和机器。

拓展阅读

什么是教育技术

作者：李怀龙

李怀龙老师长期研究教育技术基本理论和计算机辅助教学，是这一方面的明星专家。这天，一些教师有幸与李怀龙老师进行面对面的座谈，就"什么是教育技术"进行了深入的交流。

教师：听说您是教育技术专家，您主要的工作是劝说我们学科教师多多使用幻灯、投影仪、多功能教室、计算机、计算机网络等教学媒体工具，帮助我们使用这些媒体，管理、维护和维修这些设备，并提出关于如何更好地使用这些教学媒体的建议，对吧？

李怀龙：是的，我确实是从事教育技术工作的人，我也确实建议教师们使用这样或那样的媒体，帮助教师选择合适的教学媒体，也管理、维护和维修这些设备，但我实际上并不把自己看作教学媒体的硬件人员。

教师：那您肯定是教育电影和教育电视节目的制作者，或者是教学软件和教学网站的开发者了？

李怀龙：这些事情我们是要做的，也已经做过，当然我们可能还会做，但这些工作并不是我们最主要的工作。

教师：教育技术不就是要使用工具或机器等教学工具做与教育教学有关的事吗？

李怀龙：我承认很多人确实是从这个角度出发工作的。从经常涉及设备、工具、机器之类的意义上说，技术就是工具、机器和设备之类。但工具、设备和机器只是技术的产生物，是技术凝结后的产品，而不是技术本身，技术存在于工具、设备和机器之前，技术的概念所包含的内容要比一套工具、设备和机器丰富得多。

教师：这是不是说，工具、设备和机器的使用还不是真正意义上的技术？

李怀龙：是的。你可能拥有一套工具，也许还有一套技法，而没有什么技术。我以为这将依赖于工具、设备和机器如何被使用，以及工具、设备和机器在使用者心目中的地位，是工艺式的还是教条式的。

摘自《中国教育报》

1.1.2　教育技术的定义

简单地说，教育技术是以现代教育理论为基础，运用系统科学和信息技术来提高教学效益，优化教育教学过程的理论和实践的技术。所谓"教育技术"就是"教育中的技术"，是人类在教育活动中采取的一切技术手段和方法的总和。

教育技术包含两个要素，一个是有形技术，另一个是无形技术。有形技术指凝固和体现在有形物体中的科学知识，它包括从黑板等传统教具到视听媒体、多媒体、多媒体计算机、网络等一切可用于教育中的器材、设施、设备以及相应的软件等；无形技术指解决教育问题过程中所运用的技巧、策略和方法，以及其中所蕴含的教学思想和理论等。

世界各国的教育技术大体上都经历了一个从硬件建设、软件制作到系统方法和教学设计的过程，目前正在进一步向人类绩效技术转移。

1. 教育技术的 AECT' 94 定义

1970 年美国教育传播与技术学协会（Association for Educational Communications and Technology，AECT）成立，这可以认为是现代意义上的教育技术学科和研究领域形成的标志。1994 年，在美国众多教育技术专家的参与下，AECT 发表了教育技术定义（简称 AECT'94 定义）。此定义为：教学技术是对学习过程和学习资源进行设计、开发、利用、管理、评价的理论和实践。AECT'94 定义所涉及的领域如图 1-1 所示，定义中体现了以下几个特点。

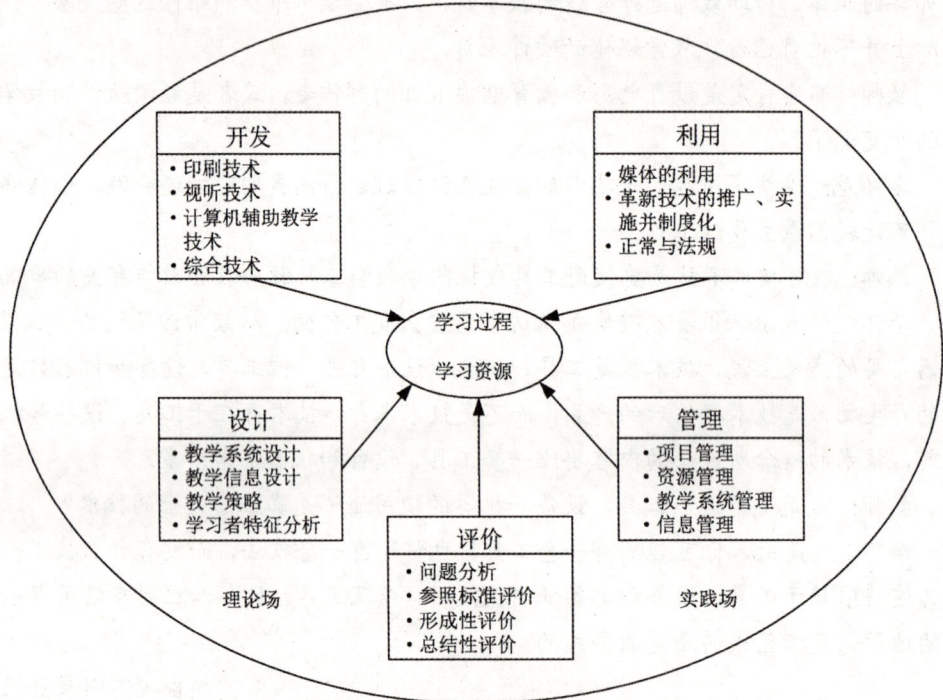

图 1-1　AECT' 94 定义下的教育技术概念所涉及的领域

（1）"学习过程"和"学习资源"是教育技术的研究对象

学习过程从广义上来讲，是学习者学习新知识和掌握新技能的认知过程，从有无教师参与的不同形式来看，有教师参与的过程又被称为"教学过程"。从这一点来理解，学习过程实际上包含了学与教两个方面。

学习资源就是学习过程中所要利用的一切教学资源的来源，它有人力资源和非人力资源之分。人力资源包括老师、同学、团体、群组等。非人力的学习资源则包含硬件环境、软件环境和潜件环境。

> **硬件环境**：包括教学场地、设备、设施、工具等。
> **软件环境**：主要是在教育、教学活动中传递教育、教学信息的媒介和媒体，也叫作教学媒体。教学媒体分为视觉媒介和媒体、听觉媒介和媒体、视听觉媒介和媒体以及计算机交互媒介和媒体。
> **潜件环境**：包括教学思想、方法、教学模式和教学管理。

通过图 1-1，我们可以对学习过程和学习资源的"设计"、"开发"、"利用"、"管理"和"评价" 5 个方面的理论与实践有更深的理解。

① 设计。设计的内容包括教学系统设计、教学信息设计、教学策略设计和学习者特征分析。

> **教学系统设计**：是一个包括分析、设计、实施和评价教学等步骤的有组织的过程。
> **教学信息设计**：与媒体和学习任务的性质有关，主要是指设计传递信息与反馈信息的呈现内容、呈现方式以及人机交互等。
> **教学策略设计**：是对具体的教学内容、教学活动的程序、方法、媒体等因素的总体考虑。
> **学习者特征分析**：学习者特征是指影响学习过程有效性的学习者经验背景的各个方面，包括智力因素、非智力因素以及文化背景等。

② 开发。这里的开发指为促进学习而对学习过程和资源所进行的开发，包括印刷技术、视听技术、基于计算机的辅助教学技术和综合技术。

> **印刷技术**：主要是指机械或照相印刷过程的制作，包括文本、图形和照片等形式的呈现，以及文本材料和视觉材料的开发。
> **视听技术**：主要是指通过电子设备进行制作以呈现听觉和视觉信息的方法。
> **计算机辅助教学技术**：是指利用基于微型计算机和有关的教学资源来制作和发送材料的方法。
> **综合技术**：随着计算机技术的进一步发展，特别是网络通信、多媒体、数据库、人工智能等技术在教学中的不断应用，基于计算机的教学系统正在朝着集成化方向发展，把信息资源、在线帮助、检测系统和教学管理等功能综合在一个系统环境中，这种方法就是综合技术。这种技术的特征是学习者可以在各种信息资源中进行高度的交互活动。

③ 利用。媒体的利用包括成功的推广、实施并制度化，还有政策与法规等。利用是指通过教与学的过程和资源来促进学习者学习活动的过程。为促进对教学过程和资源的利用，应强调对各类媒体和各种最新的信息技术手段的充分利用与传播，并要加以制度化和规范化，以保证教育技术手段的不断更新。

④ 管理。管理指的是通过计划、组织、协调和监督来控制教学，包括项目管理、资

源管理、教学系统管理和信息管理。

- ➤ **项目管理**：是指计划、监督和控制教学设计和开发项目。
- ➤ **资源管理**：是指计划、监督和控制分配以支持系统和服务。
- ➤ **教学系统管理**：包括计划、监督和控制那些组织教学材料分发的方法，是用于向学习者呈现教学信息的媒体和使用方法的组合。
- ➤ **信息管理**：包括计划、监督和控制信息的存储、转换或处理，其目的是为学习提供资源。

⑤ 评价。这里指为促进学习而对教学过程和资源所做的评价，强调科学的测量和评价方法，注重形成性评价，并以此作为质量监控和不断优化教学过程的主要措施。为此应及时对教育、教学过程中存在的问题进行分析，并参照规范的要求（标准）进行定量的测量与比较，主要内容包括问题分析、参照标准评价、形成性评价和总结性评价。

教育技术的 5 个范畴（即设计、开发、利用、管理和评价）既相互独立又相互渗透。其中设计、开发和利用是教育技术研究中相对独立的内容或阶段，设计的输出是开发的输入，开发的输出又是利用的输入。管理和评价贯穿于上述内容和阶段之中。

此外，这 5 个范畴之间不是线性的关系，它们都围绕"理论与实践"开展工作，并通过"理论与实践"相互作用、相互联系。

（2）"教育媒体技术"和"教育设计技术"是教育技术研究的主要技术

从学习者的角度出发，利用系统方法组织教学过程，优化协调教学资源，是教育技术主要的研究领域，具体分为教育媒体技术和教育设计技术。

① 教育媒体技术。教育媒体技术主要涉及教育中的硬件和软件技术，又包括以下 4 个方面的内容。

- ➤ **教育信息的传播与传输技术**：教学内容（信息）需要借助于媒体的承载与传输，这种传输引申为传播。传播与传输技术包括卫星电视技术，它可以实现资源共享，并具有时空无限的特性。
- ➤ **教育信息的存储与检索技术**：随着多媒体技术与网络技术在教育中的应用与发展，存储与检索技术也显得越来越重要，它是建立和利用教学资源库的基础。
- ➤ **教育信息的加工与处理技术**：信息加工与处理技术是教育技术的核心内容，主要有多媒体技术和网络技术。计算机多媒体技术集文字、声音、图形于一体，多媒体系统的形象性与交互性使学习者能主动地、创造性地学习。网络技术实现了计算机的联网，能使教学资源共享，信息交换与处理能力增强。
- ➤ **教育信息的显示技术**：显示技术直接影响教学效果的好坏，它不但要符合学生的认知特点，而且要符合教学规律。

② 教育设计技术。教育技术除了包括教育中有形的物化形态的技术外，还包括无形的智能形态的教育设计技术，也称潜件技术。教育设计技术是指在解决教育教学问题中起

作用的方法、技巧和理论。它涉及教材和教具的选用，教学活动的计划和分组，教学过程的控制、评价、管理、策略等问题。它主要反映在以下两个方面。

➤ **教育系统技术**：这是运用信息论、系统论、控制论的观点来研究教学过程的技术，学习过程是教育技术研究和实践的对象。从教育技术的观点看，"教学"是对信息和环境的安排与协调，其目的是为了促进学习。"学习"是学习者通过与信息和环境的相互作用而得到知识和技能的过程。

➤ **教育过程技术**：这里主要指的是教育思想、方法和管理方面的技术，即把学习理论、认知心理学和教育结合起来的技术。教育技术不能停留在对学习内容和提供学习材料的研究上，同时还要研究学生的学习过程和学习方法，在教学研究的基础上强调学法研究。

（3）同时注重"理论"和"实践"是教育技术的研究内涵

教育技术的定义强调教育技术的研究要同时注重"理论"和"实践"的研究。1994年的教育技术定义反映了当前国际教育技术界对教育技术的看法，各国教育技术界的学者们都在进行学习和研究，并且纷纷发表自己对这一定义的认识。

课堂互动

请大家互相讨论一下，教育技术有哪两个方面？教育技术又研究了哪些内容？

2. 教育技术的 AECT' 05 定义

2005 年，美国教育传播与技术协会经过充分讨论后发表了新的定义（简称 AECT' 05 定义）。此定义为：教育技术是指通过创造、使用、管理适当的技术过程和资源，促进学习和改善绩效的研究与符合道德规范的实践。

AECT' 05 教育技术定义与 AECT' 94 定义的不同之处有如下几点。

（1）理论与技术基础不同

首先是依据的理论基础不同。94 定义主要以认知主义学习理论为基础，以行为主义学习理论为辅，而 05 定义主要以建构主义学习理论为基础。其次是技术基础不同。发表 94 定义时网络技术和网络教育刚刚起步，而发表 05 定义时网络技术和网络教育已经得到了飞速发展。

（2）术语的定位不同

① 用"教育技术"取代了"教学技术"。教育技术定位在教育概念上，而教学技术则定位在教学概念上。教育指的是支持学习的各类活动和资源；教学指的是由学习者以外的人组织的、指向特定目的的活动。

② 用"研究"代替"理论"。研究比理论更宽泛，特别是包含"反思实践"的内容。研究指的是超越传统研究意义上的知识收集和分析。教育技术作为一个专业领域，需要不

断地以"研究和反思性实践"来建构起理论体系。

③ 将"设计"、"开发"、"利用"、"管理"和"评价"整合为"创造"、"利用"和"管理"。05 定义将 94 定义中的 5 个范畴（设计、开发、利用、管理和评价）整合为 3 个范畴（创造、利用和管理），这 3 个范畴形成一个统一的、互相衔接的整体，而评价贯穿于整个过程，如图 1-2 所示。

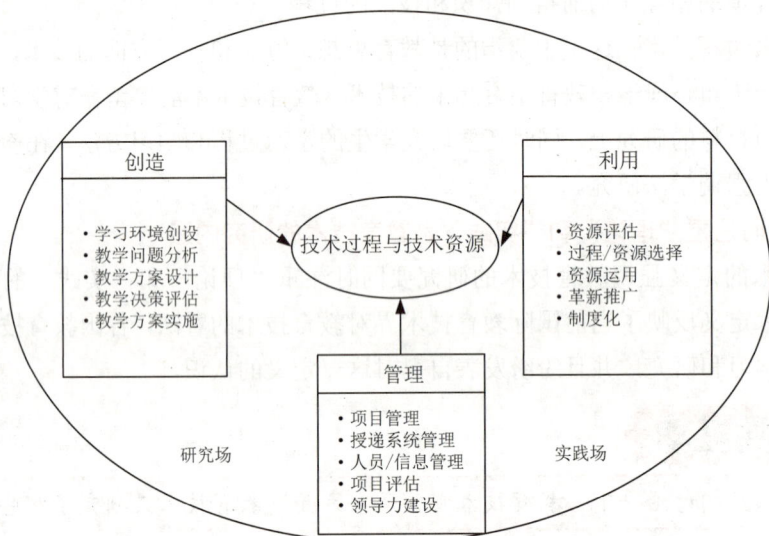

图 1-2　AECT'05 定义下的教育技术概念所涉及的领域

④ AECT'05 定义中新增的内容。AECT'05 定义特别强调了"提高绩效"与"符合伦理道德"，这是对 94 定义的进一步完善和发展。利用教育技术能更有效地学习，提高学习绩效（即学习者运用新获得的"知识与技能"的能力）。对于教育技术而言，"提高学习绩效"就意味着要求效力，追求学习效率，期望花更少的时间达到学习的目的。学习绩效的提法强调学习的含义不单指获取知识，更注重培养和提高能力。

AECT'05 定义还特别明确地给出了实践要符合道德规范和职业规范，告诉技术人员一定要关心人文和道德问题。在《美国国家教育技术标准》中，无论是学生标准、教师标准还是管理者标准中，这一内容都无一例外地被写了进去。道德和职业规范的问题不能轻视，因为这是从业人员与专业本身得以生存的基础。

1.1.3　现代教育技术的定义

在我国，2004 年 12 月 25 日，教育部印发了《中小学教师教育技术能力标准（试行）》，该标准对教育技术作了以下定义：运用各种理论及技术，通过对教与学过程及相关资源的设计、开发、利用、管理和评价，实现教育优化的理论与实践。这一定义进一步明确了教育技术的目的是实现教育教学过程的优化。

随着教育理论、实践和信息技术的发展，教育技术也在不断发展。现代教育技术是20 世纪 90 年代以后在国内被人们大量使用的一个术语，它与"教育技术"在本质上属于同一个概念。

20 世纪 90 年代后期，以计算机和网络为基础的现代信息技术开始在教育中广泛应用，我国政府提出了以教育信息化带动教育现代化的战略方针，并实施了一系列推进现代信息技术在教育中应用的重大项目。技术的变化必然引起概念的变化，"信息化教育"这一概念开始为人们所熟悉，它是指以现代信息技术为支撑的教育方式或形态。

可以说，现代教育技术和信息化教育、电化教育三者的目的和研究对象相同，它们名称虽然不同，但基本实质是一样的，都是在现代教育思想、理论的指导下，运用现代信息技术优化教育教学，提高教育教学的质量和效率。因此这三个名称可以互相换用。

1.1.4 教育技术的作用及影响

随着人类社会的迅速发展，越来越多的科学技术成果进入教育、教学领域。在教育教学中应用教育技术，优化了教学过程，教育技术已经成为传统教学过程基本要素中除教师、学生和教材之外的第四要素。国务院颁布的《国家中长期教育改革和发展规划纲要（2010—2020 年）》就提出信息技术对教育发展具有革命性影响，必须予以高度重视。可见，技术对于转变教育思想和观念，深化教育改革，提高教育质量和效益，培养创新人才具有深远意义。

1. 教育技术的作用

（1）促进实现终身教育和终身学习理念

信息化社会是一个多变的社会。科学技术突飞猛进地发展，使产业结构发生了巨大的变化，新兴行业不断涌现，传统行业逐渐萎缩，这使得人们不可能在最初的工作岗位上从一而终。再者，知识的增长和更新，使学校教育无法为学生提供满足终身需求的知识，初始教育只是就业之前的必要准备，只有不断地学习才能适应未来的工作和生活。现代教育技术以其特有的功能为学习的终身化和个性化提供了有效的实施途径、方式和方法。以学习者个性化为基础的网络化课程为每个愿意学习的个体提供了"量体裁衣、按需所求"式的"自助精神餐厅"；不断持续发展的各种技术正在打造一个融"生活、学习、工作"为一体的人类生存与发展的崭新格局。

（2）促进学习化社会的形成

教育的终身化要求社会成员不断接受教育，不断从事学习活动，使学习变成一种社会化的活动。在信息化社会，以现代信息技术为支持的学习型家庭、学习化社区、学习化城市、学习型组织，正在逐渐营造一个社会处处有教育，学习随时随地可进行的学习化社会；

广阔的学习课件和极为便利的学习条件，为各类社会成员提供了多层次、多样化的教育服务，使社会化的学习不仅成为一种需要，而且成为一种可能。

（3）引发教育三大基石的变革

在印刷时代，阅读、写作和计算被视为传统文化教育的三大基石，世界各国都把这三种能力的培养列为基础教育的首要任务。然而，技术给教育带来无限的机遇，也在这三大基石中引发了一场深刻的变革。

① 阅读方式的变革。阅读方式的变革包括如下 3 个方面。

➤ **从文本阅读走向超文本阅读：**在印刷技术时代，人类已习惯于阅读文本和从各种图书资料中查找所需信息的工作与生活方式。文本中知识与信息只能按线性结构来排列，因此阅读与检索的速度和效率有着不可逾越的界限。在电子书刊中，知识间的联结不再是线性的，而是网状的，可以有多种联结组合方式与检索方式，从而打破了传统文本单一的线性结构，向人们展示出全新、高效的超文本阅读与检索方式。

➤ **从单纯文字阅读发展到多媒体电子读物：**传统阅读的材料是文字媒体，在电子读物中阅读的对象则从抽象化的文字扩展为图像、声音、三维动画等多种媒体。这就是信息时代的"超媒体"阅读。这种近乎"全息"的跨时空阅读方式，使阅读和感受、体验结合在一起，大大地提高了阅读的兴趣和效率。

➤ **与电子资料库对话的高效率检索式阅读：**计算机给阅读方式带来的最大变革是高效率检索式阅读方式的出现。当你用传统阅读检索方式从纸张印刷的书本中寻找特定方向的资料时，需要一本一本查阅，付出的时间和精力是巨大的。但是采用与电子资料库对话的形式进行计算机自动检索，则只需输入限定的关键词，便可以在短短几秒内从浩繁的文本中提取所需方向的资料。若还有进一步的需求，则可再次与计算机对话，直至获得满意的信息为止。了解这种信息时代全新的阅读与检索方式之后，就不难想象图书馆、教师备课和学生学习模式将要发生的巨大变革了。与此同时，培养这种新的阅读能力不仅应该从小开始，而且迫切需要给成人补课乃至"扫盲"。

② 写作方式的变革。写作方式的变革包括：从手写走向键盘输入、鼠标输入、扫描输入和语音输入；图文并茂、声情并茂的多媒体写作方式；超文本结构的构思与写作；在与电子资料库对话中，阅读与写作的一体化，在远程交流中协作的协同化、群体化。

③ 计算方式的变革。计算方式的变革包括：从数字计算走向用基于代码和二进制的数字化模拟及高速运算；文字的数字化使计算机从语言上升为文化，并使传统文化教育的三大支柱（读、写、算）融为一体；图像、声音、影视的数字化使人类进入虚拟现实的计算机仿真世界，使数字化成为人类把握历史、现实与未来的一种重要文化方式、生存方式、教育模式；多媒体数据库的设计与制作和人工智能技术的广泛运用，将创造出数字化生存

环境中的各种新技能。

2. 教育技术给教学带来的影响

我国在新一轮《基础教育课程改革纲要》中提出要在教学中大力推广技术的普遍应用，要利用教育技术改变教学内容的呈现方式、学生的学习方式、教师的教学方式和师生的互动方式。现代教育技术的应用和实践，已成为教育发展和改革的强大动力，教育面临着有史以来最为深刻的变革。教育技术的运用导致了教学内容、教学模式、师生的角色定位等各个方面的根本性变革。

（1）教育技术给教育内容带来的影响

教育技术的应用给教育内容带来的变革，是对教育的影响中最为突出的一部分。具体表现为以下几点：① 知识来源的多渠道化。随着多媒体技术、通信技术、网络技术等信息技术在教学中的应用，教师不再是唯一的教学信息来源，学生通过多种渠道更容易获得信息和知识，极大地扩展了学生的知识来源。② 教材的多媒体化。教育技术的应用将过去传统的、静态的书本教材形式转变为由文本、图形图像、声音、视频、动画等构成的动态教材。③ 内容呈现方式的多样化。教育技术的应用改变了教学内容的呈现方式，许多肉眼看不到的宏观世界和微观世界以及一些事物的运动规律都能展现在学生眼前，促进了学生对知识的理解。

（2）教育技术给教育模式带来的影响

教育技术的应用改变了传统单一的以课堂讲授为主的教学模式，使教学模式日趋多元化。基于课堂的多媒体教学模式、基于网络的资源型自主学习模式、教育网络的协作学习模式、基于仿真技术的人机教学模式等在教学过程中得到重视和应用。

根据教学需要，结合教学资源和环境，在教学过程中选择和运用不同的教学模式，或者创新和探索各种新型的教学模式，已成为教学改革的突破口。

（3）教育技术给教师带来的影响

教育技术的运用对教师角色产生了深刻影响，研究和认识教育技术对教师角色所产生的这种影响，及时调整师生角色地位，将对各级各类学校教学的深化改革起到重要的作用。

➢ **教育技术的应用扩展了教师的概念**：教育技术的应用，使基于现代技术的各类电子教师逐渐走进人们的生活，与普通教师共同担负着传播知识和思想观念的社会职能。电子教师延伸了教师的概念，使教师与学生的实体分离成为可能，使学生具有前所未有的自主选择教师和教学内容的权力。

➢ **教育技术改变了教师的角色**：在传统教育中，教师主要角色是知识的传授者，随着各种媒体技术的应用，学生可以通过各种途径寻找自己想要的知识，教师在课堂内的权威地位因而受到直接的威胁。面对这种挑战，教师必须首先改变传统的角色定位，树立新的角色形象，实现角色的多元化。

教育技术的发展对教师角色的影响，并不是使教师失去"主人"的地位而使其角色退化，而是对教师的要求更高，使教师担负的角色职责更重。

（4）教育技术给学生带来的影响

学生可能是教育技术发展的最大受益者。在传统教育中，学生的地位完全是被动的，教学内容、教学策略、教学方法、教学步骤等都由教师来安排。教育技术的发展则改变了学生对教师的这种依附状态，学生有了现代化教育技术手段的支持，获得了从更多渠道学习知识的机会，实现了学习的自由。这样，学生角色从被动学习者转变为积极的主动学习者，学生在学习过程中的主体地位得到了体现。

学生借助信息技术，通过积极参与，充分地感知信息，激活思维、想象，促使理解、内化、转化，产生意义建构，从而促进认知能力和创新能力的发展。

但是，学生角色在教育技术发展下的这种转变不是必然的。换句话说，并非有了现代化的教育技术设备和手段，学生就自然而然地进入主动学习者的角色当中。学生借助现代教育技术手段进行积极地自主学习和自我教育，要求学生具有独立自主学习的精神，具有独立的自主学习能力，具有良好的学习品质并能够掌握适合自己特点和学习要求的一系列方法。

课堂互动

请大家结合自己的学习经历，互相讨论一下，教育技术给你的学习带来了哪些影响？可通过以下3个问题来分析：

① 自己常用的获取知识的渠道有哪些？

② 这些信息化渠道给自己的学习带来了哪些变化？

③ 如何利用这些技术进一步促进自己的学习？

（5）教育技术给教学评价体系带来的影响

教学评价是获得反馈信息、检查是否达到预期的目标，以便及时调整教学活动或修正教学策略，对学生有导向和激励作用的重要教学环节。传统的教育评价重视教学的最终结果，采用一次性评价体系。教育技术的应用在重视最终结果评价的同时，更加注重学习过程的评价。教育技术的应用有利于建立全新的评价体系，使教师和学生能非常及时地获得反馈信息，非常有利于学生学习行为和教师教学行为的调整。

随着教育技术研究的深入，教育技术在教育教学中的应用会越来越广泛和深入。

经典案例

美国教育技术的十佳应用典范

前一段时间，某杂志回顾近几年的教育技术应用，评出了美国中小学推动教育技术应用的十大典范。下面对其中一些具有代表性的例子进行简单介绍。

建立自己的视频服务

南卡罗来纳州默特尔比奇市霍利县学区，依靠本地资源，自己开发制作教育视频节目，并把这些视频材料上传到他们自己的服务器，提供给教师们使用。学区媒体服务协调专员戴维·贝尔说，这有助于简化教学资料繁琐的分发过程，确保 DVD 和录影带已送达区内的 50 所学校。流媒体可以为学区内需要进修的教师、回家学习的学生、家长以及电话会议等提供服务。为此，他们花费 5 000 美元购买了一套视频编码器。到目前为止，他们的网络视频项目运行良好，并一直在为教学服务。

创建游戏设计课程

弗吉尼亚州汉普顿城市学校菲伯斯高中的商业课程教师黛比·马丁看到社区学院提供的游戏设计课程时，意识到如果她的学生学习到这种技能，这也许会帮助他们应对全球化的工作。于是，她引进视频游戏教学，并开设了这些课程，包括了解计算机编程史，介绍 java 程序语言，培训游戏制作软件，讲授 Alice（一种 3D 程序开发环境，由卡内基梅隆大学研究人员提供）。在最新的暑期培训后，黛比谈到，教学中，学生们反响积极且预计会有不错的效果，她感谢国家科学基金的赞助以及两位计算机科学教授提供给教育用的 Alice 软件。

培训教师

约翰·隆为佛罗里达州棕榈滩县学区的 104 所小学提供技术培训和支持。在 2002 年，他组建了多媒体点播（Multimedia on Demand-MOD）小组——一个热心向教育工作者传播技术的团队。MOD 小组的工作开始于培训 50 名教师制作多媒体故事，并要求教师们教会自己的学生。在 2004 年秋，约翰和他的同伴创建了"技术大使"项目，在这个项目中，学区内每所小学有两名教师将被训练成本校的技术指导。第一年的培训目标是基本的技术整合。在第 2~3 年则介绍更多高级项目，包括数字内容和数字课程的创建。在第 4 年，这 200 多名技术大使转向 web 2.0 领域，学习如何创建和分发播客。

把 iTunes 作为评价工具

加利福尼亚州埃斯孔迪多学区。以前在埃斯孔迪多联合学区，学生们总是在每节课前边嘟囔边把 iPod 收起来，而现在该区 8 年级以下的学生可以在课堂上使用 iPod 等便携式媒体播放器了。这是学区技术媒体主管凯西·雪莉创建的一个独特的项目——IRead。该项目让学生使用 iPod 和第三方录音配件，录制自己流利的阅读和理解练习。学生仅需对着录音设备朗读短文，捕获的声音记录文件被传输到 iTunes 创建一个数码记录，或者转换为电子档案成为学生的成长记录。埃斯孔迪多学区的研究数据显示，IRead 项目是成功的。与原来相比，增加了 2~4 倍的学生在阅读的流利性和准确性方面大为提高，这归功于在教学中使用 iPod。第二语言学习者也受益于这个项目，学生能更轻松地练习复杂单词的正确发音。

1.2 现代教育技术的发展简史及趋势

在现阶段，我国越来越重视教育技术的发展，但是在关注当下的同时不能忘记昨天。追根溯源，了解教育技术的发展历程，有利于在继承和借鉴历史文明的基础上透视现实，把握未来。

1.2.1 现代教育技术的发展简史

由于教育和信息技术发展水平的差异，教育技术在不同的国家经历了不同的发展阶段。发达国家的教育技术是在视觉教育、视听教育、教育传播的基础上发展起来的，而我国则是在电化教育的基础上发展起来的。

1. 国外教育技术发展简史

（1）视觉教育阶段

19 世纪末，科学技术的迅速发展和科技成果被引进教育领域，对教育技术的发展产生了深刻的影响。摄影、幻灯、无声电影等新媒体相继被应用于教学中，为学生提供了生动的视觉形象，使教学取得了超越性的良好效果。1906 年美国宾夕法尼亚州一家公司出版了《视觉教育》一书，介绍了照片的拍摄、制作与幻灯片的使用，其第一次使用了"视觉教育"术语。此后，越来越多的教育工作者参与到对新媒体应用的研究中。

1923 年，美国教育协会建立了视觉教学分会，视觉教育工作者断言"视觉经验对学习的影响比其他各种经验都强得多"。

1924 年，在美国心理学会的会议上，普莱西宣布他设计出了第一台可以教学、测验和记分的教学机器。它不仅能呈现视觉材料，还能针对学生的学习情况提供反馈信息，这是教学机器与音像媒体的重要区别。该教学机器用于个别化教学活动，于是产生了早期的个别化教学。

（2）视听教育阶段

20 世纪 30 年代后期，无线电广播、有声电影、录音机等先后在教学中获得应用，人们开始在文章中使用"视听教育"这个术语。1947 年美国教育协会视觉教学分会正式改名为视听教育分会。

第二次世界大战期间，美国政府投入 10 亿美元将教学电影用于作战人员和军工技术人员的培训并取得了显著成效，也提高了人们对战后学校

在教学中使用视听媒体的兴趣和热情。

20 世纪 30 到 50 年代，电视的出现为视听教育提供了比电影更好的技术手段，与此同时，关于视听教育的理论研究进一步推动了视听教育的发展，在美国掀起了一场视听教育运动。其中以戴尔（Dale）的"经验之塔"理论最具代表性，被视为视听教育的主要理论依据。20 世纪 50 年代中期，美国心理学家斯金纳根据行为主义学习理论设计了新一代的教学机器，被称为斯金纳程序教学机，并由实验阶段转入实用阶段，在大学和军队中得到应用。

（3）视听传播阶段

20 世纪 60 年代以后，教育电视的使用由实验进入实用阶段。与此同时，由拉斯维尔等人在 20 世纪 40 年代创立的传播学开始影响教育领域，有学者将教学过程作为信息传播过程加以研究。在上述背景下，教育传播越来越受到重视，从而出现了视听传播的概念。

1963 年，美国视听教育分会对视听传播进行了定义：视听传播是教育理论和实践的分支，主要研究控制学习过程的信息的设计和使用。这些研究涉及计划、制作、选择、管理、运用各种部分和整个结构系统，其目标是有效地运用每一种传播方法和媒体来激发学习者的全部潜能。

在该阶段，比视听媒体概念更为广泛的"教学资源"概念崭露头角，人们逐渐将关注的焦点从原先的视听教具转向整体的教学传播过程、教学系统方面上来。

1946 年，世界上第一台电子数字计算机诞生于美国。之后的 1958 年，IBM 公司首次将计算机用于辅助教学，伊利诺斯大学于 1960 年研制出著名的 PLATO 教学系统，这是计算机辅助教学（CAI）的典型系统之一。

（4）教育技术阶段

在教育媒体技术、方法及其相关理论不断发展的大背景之下，1970 年，AECT 首次提出了教育技术的概念并对其进行了定义。此后，AECT 又在 1972 年、1977 年两次对定义进行修改，并在原有的传播理论、行为主义学习理论的基础上，将系统理论作为教育技术的理论基础。

20 世纪 70 到 80 年代，随着微型计算机、多媒体技术先后问世，出现了多媒体辅助教学（MAI）的概念。进入 20 世纪 90 年代，Internet 技术得到迅速发展，并逐步应用于教育教学中，出现了网络学习、数字化学习等新概念。

1994 年，AECT 对教育技术重新进行了定义，使之更加符合当时信息技术和教育教学的实际，对世界各国教育技术的发展产生了较大的影响。AECT 在 2005 年再次对教育技术的定义进行了修改，并再一次受到人们的关注。

教育技术发展的历程如图 1-3 所示，它随着教学媒体设备从早期的视觉设备、视听设备、多媒体计算机、多媒体及网络设备，发展到当前以电子白板、教学应答器为代表的交互式媒体设备，将这些媒体设备应用于教育教学，使得人机之间的教育交互形式从早期的

"单向"拓展到"双向",直到今天的"多向",即借助网络通信手段实现多人之间的教学交互。

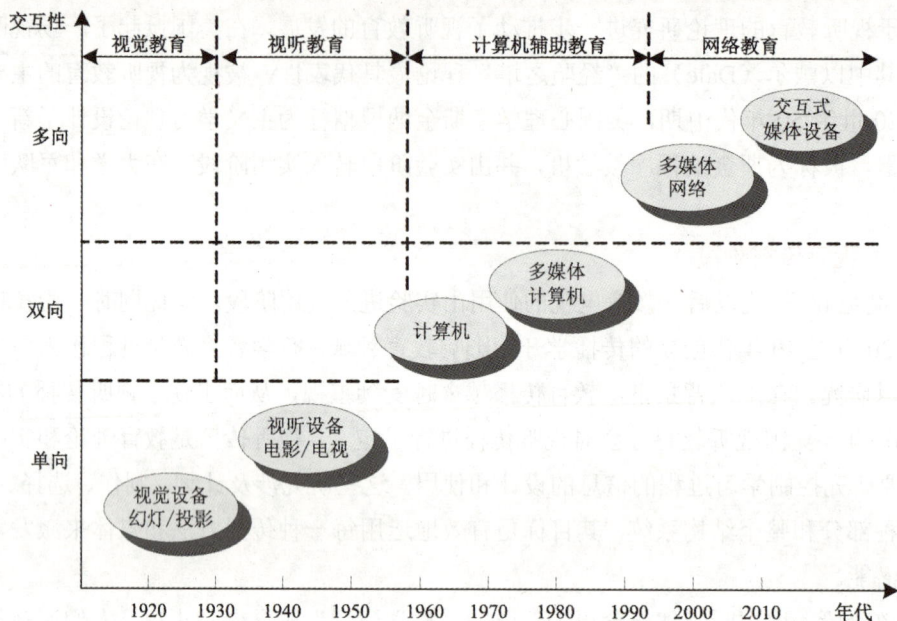

图 1-3 国外教育技术发展历程

2. 我国教育技术发展简史

我国教育技术萌芽于 20 世纪 20 年代,起步于 30 年代。20 世纪 90 年代中期以后,我国教育技术得到了迅速发展。

20 世纪 20 年代初期,受到美国视听教育运动的影响,我国教育界开始尝试在课堂教学中引入电影、幻灯和广播等媒体。南京、上海、无锡和苏州等城市最早出现了电化教育实验。20 世纪 30 年代,"电化教育"这一专有名词被正式提出。1922 年,商务印书馆出版了我国第一本教育技术专著《有声电影教育》。1936 年,江苏省立教育学院创办电影广播教育专修科,这是我国第一个教育技术专业。1938 年金陵大学设电化教育专修科,这是我国第一个用"电化教育"命名的教育技术专业。

1949 年新中国成立后,教育技术因受到重视而得到了进一步发展,当时文化部下设科学普及局,该局设立了电化教育处专门指导教育技术工作。1951 年,教育部召开高等师范院校课程讨论会,决定将"电化教育"列为教育系的选修课。

1978 年我国开始改革开放,教育技术再一次获得长足发展,在此期间,我国一部分高等学校相继设置了电化教育专科。1983 年华南师范大学创办了新中国第一个电化教育本科专业。1987 年,在国家教委发布的普通高等学校本科专业目录中正式确定"电化教育"专业名称,在 1993 年又将其更名为"教育技术学"专业。

20 世纪 90 年代中期以后,我国教育技术进入了迅速发展阶段。1995 年,中国教育科研网（CERNet）开通，标志着中国网络教育应用的开端。1998 年，时任教育部部长的陈至立指出："要把现代教育技术当作整个教育改革的'制高点'和'突破口'"。2010 年，教育部颁布《国家中长期教育改革和发展规划纲要（2010—2020 年）》，其中第十九章明确提到加快教育信息化进程的内容，把教育信息化纳入国家信息化发展整体战略，超前部署教育信息网络。至 2020 年，要基本建成覆盖城乡各级各类学校的教育信息化体系，促进教育内容、教学手段和方法现代化。

在教育技术组织机构方面，从 1979 年开始，教育部成立了电化教育局和中央电教馆，负责全国的教育技术管理工作和业务工作。其后，中央和各省市都建立了电化教育馆，2004 年，教育部基础教育资源中心正式成立，与中央电化教育馆合署办公，是我国基础教育信息化建设中的重要支撑力量。

拓展阅读

教育技术的专业组织与机构（部分）

中国教育技术协会（CAET）

CAET（www.etr.com.cn）成立于 1991 年，原名中国电化教育协会，是经教育部批准、民政部备案的国家一级社团组织。协会成员覆盖了高等教育、基础教育、职业与成人教育四大领域的许多学校和机构。协会设立学术委员会和标准化委员会，下设广播电视教育、信息技术教育、外语、体育、高校工科、高校文理科、期刊、出版、煤炭、机械、中医药、职业技术等数十个专业委员会。

中央电化教育馆（NCET）

NCET（www.ncet.edu.cn）成立于 1978 年，是我国教育部直属的事业单位。中央电化教育馆重点为基础教育和职业教育服务，主办有《中国电化教育》期刊，下设全国中小学教师教育技术能力建设办公室、中国教育技术协会秘书处等机构。2004 年，教育部基础教育资源中心正式成立，并与中央电化教育馆合署办公。

1.2.2 现代教育技术的发展趋势

（1）教育技术网络化

教育技术网络化最明显的标志是互联网（Internet）应用的急剧发展。目前，体现在 Internet 上的远程、宽带、广域通信网络技术的重大革命，肯定会对未来的高等教育产生深远的影响。这种影响不仅表现在教学手段和教学方法的改变上，而且将引起教学模式和教育体制的根本变革。

基于互联网环境的教育体制与教学模式不受时间、空间和地域的限制，通过计算机网络可扩展至全社会的每一个角落甚至是全世界，这才是真正意义上的开放式大学。在这种教育体制下，每个人既是学生又是教师，可以在任意时间、任意地点通过网络自由地学习、工作和娱乐。学习者所需要的老师、专家、资料和信息虽然相隔万里，但又信手拈来。不管是什么样的家庭条件或者身份，都可以享受到这种最高质量的教育，这代表着真正意义上的全民教育。

拓展阅读

"云计算"与"云教育"

　　"云计算"是一个发展的概念，现在尚没有统一的定义。一般认为，云计算是一种基于 Internet 的超级计算模式，数万甚至数千万台计算机和服务器通过网络互联起来，构成了性能强大的远程数据中心，用户通过计算机、笔记本电脑、手机等方式接入，按各自的需求进行存储和运算。

　　将云计算的技术用到教育中就产生了"云教育"（也称为"云端教育"），云教育对教育的影响主要体现在以下几个方面：可减少硬件重复建设，节省投资；可整合信息资源，消除信息孤岛；可缩小教育的区域差距，促进教育水平；可创建多元的虚拟学习社区，构建个性化的教与学环境，云教育将促进教与学模式的变革和创新。随着云计算技术逐渐走向成熟，云教育将在未来的教育中占有越来越重要的位置，并将对教育领域产生重大而深远的影响。

（2）教育技术多媒体化

　　如今，多媒体教育应用正迅速成为教育技术中的主流技术，也就是说，目前国际上的教育技术正在迅速走向多媒体化。

　　① 多媒体教学系统。与应用其他媒体的教学系统相比，应用多媒体教学系统具有以下优点：多重感观刺激；传输信息量大、速度快；信息传输质量高、应用范围广；使用方便、易于操作；交互性强。

　　② 多媒体电子出版物。多媒体技术除了可直接应用于教学过程外，在教育领域还有另一方面的重要应用，就是以 CD-ROM 光盘作存储介质的电子出版物，如电子百科全书、电子词典、电子刊物等。在电子百科全书中，它的每个条目不仅有文字说明，还有声音、图形，甚至活动画面的配合。此外，多媒体技术还具有辅助教学功能，可以对学生进行辅导、答疑、布置作业。

（3）重视教育技术理论基础的研究

没有理论的实践是盲目的实践，没有理论指导的应用只能停留在一个较低的水平上，不会有突破性的进展。因此近年来，国际教育技术界在大力推广应用教育技术的同时，日益重视并加强对教育技术理论基础的研究，这表现在以下两个方面。

① 一方面是重视教育技术自身理论基础的研究。最明显的例子就是美国 AECT 学会撰写的专著"教育技术的定义和研究范围"。该书不仅是美国教育技术界的重要理论研究成果，也将对我国教育技术事业的发展产生深刻的影响。

② 另一方面是加强将认知学习理论应用于教育技术实际的研究。对于认知心理学来说，这类研究本属应用范畴；但是对于教育技术学来说，由于认知心理学是其理论基础之一，所以，上述研究属于教育技术学本身的理论方法研究。

（4）重视人工智能在教育中应用的研究

智能辅助教学系统有"教学决策"模块、"学生模型"模块和"自然语言接口"模块，因而具有能力与人类优秀教师相媲美的功能：了解每个学生的学习能力、认知特点和当前知识水平；能根据学生的不同特点选择最适当的教学内容和教学方法，并可对学生进行有针对性的个别指导；允许学生用自然语言与"计算机导师"进行人机对话。

（5）强调教育技术应用模式的多样化

目前在发达国家，教育技术的应用大体上有 4 种模式：基于传统教学媒体（以视听设备为主）的"常规模式"，基于多媒体计算机的"多媒体模式"，基于 Internet 的"网络模式"和基于计算机仿真技术的"虚拟现实模式"。

其中，常规模式不论是在我国还是在发达国家，在目前或今后一段时间内仍然是主要的教育技术的应用模式，在广大中小学更是如此。在重视"常规模式"的同时，应加速发展"多媒体模式"和"网络模式"，这是现代教育技术发展的未来和方向。

课堂互动

有一年，中央电视台《焦点访谈》栏目播放了一个《水神》的节目，讲的是宁夏西海固地区，连年干旱，水对当地老百姓来讲比金子重要。在播放片子时，为了说明水的奇缺，一年级的一位语文教师说："在以前，孩子们没有像城里的孩子一样见过水龙头流出水，也没有见过小溪的水，没有见过浪花，所以孩子们学习到哗哗哗的象声词时就不能理解。"

请大家互相讨论一下，单纯从应用的角度看，我们通过现代教育技术的常规应用模式、多媒体模式、网络模式，分别可以使用那些技术和手段为这位语文教师解决难题？在这些模式当中，老师和学生分别会发生怎样的变化？你对"现代教育技术在教学中能做什么"这个问题有何感想？

1.3 现代教育技术的理论基础

教育技术学是一门新兴的综合性应用科学，它综合了多门相关学科的相关理论，特别是许多随信息技术的发展而建立起来的新观念、新理论，它们交叉渗透，形成了本学科的基础理论体系，推动着本学科的持续发展。学生的学习活动是一切教学活动的落脚点，教师的教都是为了促进学生的学。因此，了解学习活动的基础特点和有关理论是教师进行有效教学的基础和前提。下面将介绍作为教育技术学理论基础的视听教育理论、学习理论和教育传播理论对教育技术学发展与应用的影响。

1.3.1 视听教育理论

视听教育研究录音、广播等视听教育手段在教学中怎样使用，会产生什么样的效果等一系列问题，总结出了很多视听教学的方法，并提出了相关的教学理论，即视听教育理论。

1. "经验之塔"理论

视听教育理论的核心是埃德加·戴尔（Edgar Dale）的"经验之塔"。埃德加·戴尔是美国从事视听教育的心理学家，也是视听教育理论的主要代表人物。他总结了视听教育的经验，把人类获取知识的各种途径和方法概括为一个"经验之塔"来系统描述。

"经验之塔"的主要特征是以塔形构造将学习的形式（或者称为获得经验的手段）分成若干种类，并按某种规律将它们排列起来。该理论对我们在教学中如何选择教学媒体、如何增强学生的感性认识及如何提高学生的学习兴趣具有重要的指导意义。

"经验之塔"的概念将人们获得的经验分为三大类，即做的经验、观察的经验和抽象的经验，并将各种经验按抽象程度分为 10 个层次，如图 1-4 所示。

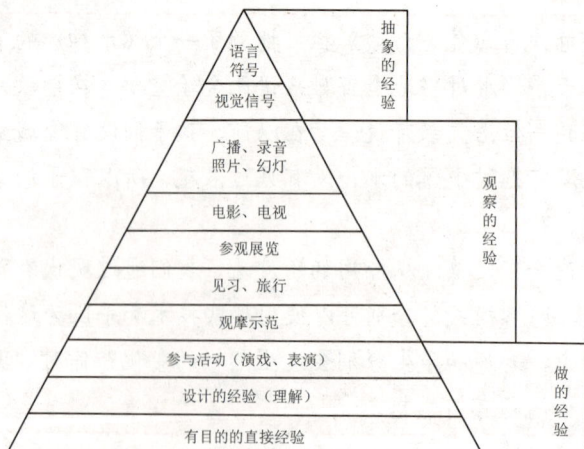

图 1-4　戴尔的"经验之塔"理论

（1）"做"的经验

做的经验位于塔基的 3 个层次中，都含有亲自的"活动"。在这 3 种方式中，学习者不仅仅是活动的旁观者，更是活动的参与者，故称为做的经验。这些活动获得的是直接做的经验。

➢ **有目的的直接经验**：指直接与真实事物本身接触而获取的经验，是通过对真实事物的直接感知（即看、听、尝、嗅、触、做）取得的最丰富的具体经验。

➢ **设计的经验**：指通过模型、标本等间接材料的学习获取的经验。模型、标本是通过人工设计、仿造的事物，与真实事物的大小和复杂程度有所不同，它是"真实的改编"。这种改编可以使人们更容易理解和领会真实事物。

➢ **演戏的经验**：指让学生在戏剧中扮演某一角色，使他们在尽可能真实的情境中获得经验。通过演戏或表演来感受那些在正常情形下无法获得的感情上和观念上的体验。

（2）"观察"的经验

观察的经验包括 5 个层次。

➢ **观摩示范**：通过看别人怎么做，使学生知道一件事是怎样做成的，这样他们以后自己就可以动手模仿着去做。

➢ **见习、旅行**：通过野外的学习旅行，看到真实事物和各种景象，以此获得经验。

➢ **参观展览**：通过参观展览，使学生通过观察来获得经验。

➢ **电影和电视**：通过观看电影、电视获得经验。屏幕上的事物是实际事物的代表，而不是它本身，通过看电影和电视得到的是替代的经验。

➢ **广播、录音、照片、幻灯**：以听觉或视觉的方式获得经验，与电影和电视相比，抽象层次更高一些。

（3）"抽象"的经验

抽象的经验包括两个层次。

➢ **视觉信号**：主要指表达一定含义的图表、地图等抽象符号。他们已看不到事物的实在形态，是一种抽象的代表。如某些图表上的星星代表一个城市，云朵和水滴组合的符号代表下雨等。

➢ **语言符号**：包括口头语言和书面语言（文字符号）两种，是事物抽象化了的代表或观念的符号。

2. "经验之塔"理论的基本观点

戴尔把"经验之塔"理论的要点概括为以下 5 个方面：

① 塔最底层的经验最具体，学习时最容易理解，也便于记忆，越往上升则越抽象，越易获得概念，便于应用。然而，这并非指获取任何经验都必须经过从底层到顶层的阶梯，也不是说底层的经验比上层的经验更有用。划分这些阶层只是为了说明各种经验的具体或

抽象的程度。

② 教育、教学应从具体经验入手，逐步到抽象经验。有效的学习之路，应该充满具体经验。教育、教学最大的失败在于使学生记住许多普通法则和概念时，没有具体经验作这些理论的支柱。例如，在教学过程中，可以先让学生自己去实验什么样的物体可以漂浮在水面上，等学生自己尝试过后，自然会发现一定的规律，获得丰富的经验。

③ 教育、教学不能止于具体经验，而要向抽象和普通经验发展，要形成概念。概念可以供推理之用，是最经济的思维工具，它把人们探求知识的过程大为简单化、经济化。例如，在教会幼儿数具体物品后，一定要去掉具体的环境，使幼儿熟悉并学会处理抽象的数字关系。

④ 在学校教学中应使用各种教学媒体，使学习更为具体，也能为抽象概括创造条件。例如，在学校中，拥有大量、丰富的电化教育工具可以为学校教育提供良好的资源和更为方便的操作模式。

⑤ 位于"塔"的中间的那些视听教材和视听经验，既比上层的言语和视觉符号具体、形象，又能突破时间和空间的限制，弥补下层各种直接经验方式的不足。例如，电视、电影和录像等资源可以弥补因学生的年龄和身份所缺少的经历和经验，扩大他们的视野和知识面。

3. "经验之塔"理论的启示

"经验之塔"理论所阐述的是经验抽象程度的关系，符合由具体到抽象、由感性到理性、由个别到一般的认识事物的规律；而位于塔中部的广播、录音、照片、幻灯、电影、电视等介于做的经验与抽象经验之间，既能为学生学习提供必要的感性材料，易于理解记忆，又便于借助解说或教师的提示、概括和总结，从具体的画面上升到抽象的概念和定理，形成规律，是一种有效的学习手段。因此，"经验之塔"理论不仅是视听教育的心理学基础，也是现代教育技术的重要理论基础之一。

1.3.2 学习理论

学习理论是研究人类学习过程的心理机制的一门学问，是从心理学角度讨论人类如何进行学习的理论，我们学习和了解学习理论的目的是思考在新的教学环境下如何改进学习方法，提高教学质量，促进有效学习。目前，具有一定影响力的学习理论有行为主义学习理论、认知主义学习理论、建构主义学习理论等。

行为主义学习理论从桑代克对动物学习的研究到华生综合巴普洛夫的条件反射，发展到了斯金纳的程序教学。行为主义强调学习是刺激—反应—强化的过程，提倡循序渐进、积极反应、自定步调等学习原则，在个别化教学、计算机辅助教学等方面有重要的指导作用。

认知主义学习理论认为，学习的实质是在学习者的头脑中形成认知结构。它注重通过知觉和经验，用综合的方法学习整体的特性。布鲁纳的发现学习和奥苏贝尔的有意义学习，是认知主义学习理论的两个典型学习模式。从认知主义的学习模式可以看出，信息加工是核心特征。教师提供丰富的教学资源，设计有效的教学活动，目的就是提高学生解决问题的能力，促进学生认知结构的变化。

建构主义学习理论认为，学习是学习者主动建构内部心理结构的过程。它强调在较真实的情景学习活动中，在原有的经验和认知结构基础上，通过主动建构知识的意义来达到个人对新知识的理解。

1. 行为主义学习理论

行为主义学习理论产生于 20 世纪 20 年代的美国，它在 20 世纪 60 年代以前一直作为占统治和主导地位的心理学派而存在。它分为经典行为主义和新行为主义，代表人物有伊万·彼得罗维奇·巴普洛夫（Pavlov）、约翰·华生（John Broadus Watson）、爱德华·李·桑代克（Edward Lee Thorndike）和斯金纳。

➢ **经典行为主义（巴普洛夫、华生）**：人们的学习就是以一种刺激代替另一种刺激建立相应的条件反射的过程。

➢ **新行为主义（斯金纳）**：① 学习是刺激与反应的联结，是反应概率的变化。如果一种反应之后伴随着一种强化物，那么在类似环境里发送这种反应的概率就会增加。② 反应有两种：一是应答性反应（由刺激引发的反应），是有机体被动地对环境做出的反应；二是操作性反应（由有机体自发产生的反应），是有机体主动作用于环境的行为反应。③ 学习应该是小步子、自定步调、积极反应、及时强化的，强化是学习成功的关键。

（1）核心观点

行为主义学习理论将人的外显行为作为研究对象，认为学习是一个刺激和反应（S-R，S 代表刺激，R 代表反应，有什么样的刺激就有什么样的反应）联结的过程，行为的多次愉快或痛苦的后果会改变学习者个体的行为。斯金纳把条件反射分为两类：与应答性行为相对应的是应答性反射，称为 S（刺激）型（S 型名称来自英文 Stimulation）；与操作性行为相对应的是操作性反射，称为 R（反应）型（R 型名称来自英文 Reaction）。S 型条件反射是强化与刺激直接关联，R 型条件反射是强化与反应直接关联。

较为典型的行为主义学习理论包括巴普洛夫的经典条件反射学习观、华生的行为主义学习观、桑代克的联结主义学习观和斯金纳的操作条件反射学习观。

拓展阅读

斯金纳与"斯金纳箱"动物实验

斯金纳是新行为主义心理学的创始人之一，他通过研究提出了程序教学的思想与原则，并推动了程序教学运动，从而促进了教学设计过程和理论的诞生与早期发展。

斯金纳关于操作性条件反射作用的实验，是在他设计的一种动物实验仪器即著名的斯金纳箱中进行的，如图1-5所示。

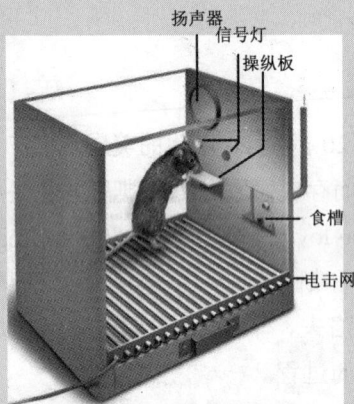

图 1-5　斯金纳箱

箱内放进一只白鼠或鸽子，并设一杠杆或键，箱子的构造尽可能排除一切外部刺激。动物在箱内可自由活动，箱外有一装置记录动物的动作。下面简单介绍几个斯金纳箱的实验。

实验1：行为与"奖励"。将一只很饿的小白鼠放入一个有操纵板的箱中，每次按下操纵板，则掉落食物。结果：小白鼠自发学会了按操纵板。

实验2：行为与"惩罚"。每次小白鼠不按下操纵板，则箱子通电。结果：小白鼠学会了按操纵板。但遗憾的是，一旦箱子不再通电，小白鼠按操纵板的行为迅速消失。从长远来看，惩罚对于行为的制止并不会起到显著作用。现实生活中，惩罚有时甚至会起反作用。

实验3："迷信"的小白鼠。将很饿的小白鼠放入斯金纳箱中，按随机概率掉落食物。结果：这些小白鼠培养出很多奇特的行为习惯，比如撞箱子、作揖、扬声器播放音乐时转圈跳舞。这是因为掉落食物前，小白鼠正好在进行这些行为，于是产生了"迷信"。

（2）斯金纳的程序教学理论

斯金纳认为，只有通过机械装置才能提供大量必要的强化训练，这就是斯金纳设计教学机器、提倡程序教学的主要出发点。程序教学是一种个别化的自动教学方式，由于经常用机器来进行，也称为机器教学。斯金纳正是由于对程序教学理论作出了杰出贡献而被称为"程序教学之父"。

斯金纳提出的程序教学基本原则如下：

➢ **积极反应原则**：通过教学机器或教材给学生呈现知识，使学生对一个个问题做出积极的反应。

➢ **小步子原则**：将教学内容按内在联系分成若干小的步子。学生每次只走一步，做对了才能走下一步。

➢ **及时强化原则**：在每个学生做出反应后，必须让学生立即知道其反应是否正确，告知学生结果，这也是程序教学中最常用的强化方式。

➢ **自定步调原则**：以学生为中心，不强求统一进度，鼓励每一个学生以他自己最适宜的速度进行学习。这一原则需要以个别化教学方式为基本前提。

➢ **低错误率原则**：要求在教学过程中尽量避免学生出现错误的反应，错误的反应会得到令人反感的刺激，过多的错误会影响学生的情绪和学习的速度。少错误或无错误的学习可以增强学生学习的积极性，提高学习效率。

（3）合理与不足

行为主义学习理论的贡献在于行为主义学者以实验为基础研究了人类学习行为，提出学习的刺激和反应理论，并对各种强化程序安排的效果做了详细而科学的考察。

但行为主义学习理论的不足之处也很明显：第一，它无法适当地解释如何获得高层次技能以及理解深层次的学习过程（如语言发展、问题解决、做出推测、批判性思维）；第二，过度关心人的外部反应，完全忽视了人的内心感受，把人类的学习仅仅看成是机械式的刺激和反应的过程。

2. 认知主义学习理论

20 世纪 60 年代之后，认知主义学习理论逐渐占据了主导地位，其代表人物有杰罗姆·布鲁纳（Jerome Seymour Bruner）、戴维·保罗·奥苏贝尔（David Pawl Ausubel）、加涅（R. M. Gagne）等。

（1）核心观点

认知主义理论认为，人的认识不是直接由外界刺激给予的，而是外界刺激和认知主体内部心理过程相互作用的结果。学习在于内部认知的变化。

根据上述观点，教师的任务不是简单地向学生灌输知识，而是应该激发学生的学习兴趣和学习动机，然后将当前的教学内容与学生原有的认知结构有机地联系起来。学生不再是外界刺激的被动接收器，而是主动地对外界刺激提供的信息进行选择性加工的主体。

认知主义理论的主要特点是：重视人在学习活动中的主体价值，充分肯定学生的自觉能动性；强调认知、意义理解、独立理解、独立思考等意识活动在学习中的重要地位和作用；重视人在学习活动中的准备状态，即一个人学习的效果，不仅取决于外部刺激和个人的主观努力，还取决于一个人已有的知识水平、认识结构和非认知因素。

较为典型的认知主义学习理论包括苛勒的顿悟说、布鲁纳的认知发现说、奥苏贝尔的有意义学习理论、加涅的信息加工学习论等。

拓展阅读

布鲁纳与认知发现说

布鲁纳，美国心理学家、教育学家，对认知过程进行过大量研究，在词语学习、概念形成和思维方面有诸多著述。1915 年生于美国纽约，1960 年创建哈佛大学认知研究中心，1962 年获得美国心理学会颁发的杰出科学贡献奖，1965 年当选为美国心理学会主席。

布鲁纳的认知发现说是一个十分重要的学习理论，他也因为对教育的杰出贡献而闻名于世，他认为"任何学科以一定的知识的正当形式，能有效地教给处于任何发展时期的任何儿童。"

（2）奥苏贝尔的有意义学习理论

奥苏贝尔教育心理学中最重要的部分是他对意义学习（meaningful learning）的描述。在他看来，学生的学习，如果要有价值的话，应该尽可能地有意义。

意义学习有两个先决条件：学生表现出一种意义学习的倾向，即表现出一种在新学的内容与自己已有的知识之间建立联系的倾向；学习内容对学生具有潜在意义，即能够与学生已有的知识结构联系起来。这里要特别注意的是，这种联系不能是一种牵强附会的或逐字逐句的，而应是实质性的联系。

奥苏贝尔认为，当学生把教学内容与自己的认知结构联系起来时，意义学习便发生了。所以，影响课堂教学中意义学习的最重要的因素是学生的认知结构。所谓认知结构，就是指学生现有知识的数量、清晰度和组织方式，它是由学生眼下能回想出的事实、概念、命题、理论等构成的。因此，要促进新知识的学习，首先要增强学生认知结构中与新知识有关的观念。

从安排学习内容这个角度来讲，要注意两个方面：要尽可能先传授学科中具有最大包摄性、概括性和最有说服力的概念和原理，以便学生能对学习内容加以组织和综合。另外要注意渐进性，也就是说，要使用安排学习内容顺序最有效的方法，构成学习内容的内在逻辑，适当组织和安排练习活动。

从教学的角度来讲，研究认知结构的目的在于识别和控制影响意义学习的变量。奥苏贝尔认为，学生是否具有起固定作用的概念，对学习是否有意义起重要作用。

（3）合理与不足

认知主义学习理论弥补了行为主义只注重研究学习的外显行为这一缺陷，注重对学习者内部如何学习这一过程的研究。认知理论强调，无论学什么，都要以形成认知能力为根本出发点。围绕这一核心，认知主义学者关注了理解、技能与策略的掌握，解决问题的认知过程以及动机等几方面的问题。

但认知主义学习理论完全否定了行为主义的理论观点，它过度关心学习者的内部学习活动过程，忽视了学习的外显行为和外部条件对学习的影响。

3．建构主义学习理论

建构主义在教育技术领域成为一种理论倾向虽然是近几年的事，但它的哲学根源可追溯到古代的苏格拉底、柏拉图和康德的年代，是行为主义发展到认知主义以后的进一步发展。建构主义也是认知心理学派中的一个分支，其主要代表人物有杜威（John Dewey）、皮亚杰（Jean Piaget）、乔纳森（David H. Jonassen）、维果斯基（Lev Vygotsky）等。

（1）核心观点

学习是一种能动建构的过程，知识不是通过教师传授得到的，而是学习者在一定的情境，即社会文化背景下，借助他人的帮助，利用必要的学习资料，运用意义建构的方法获得的。也就是说，世界是客观存在的，但是对世界的理解和为世界赋予意义却由每个人自己决定。人们是以自己的经验为基础来建构或解释现实的，一个人的个人世界是用自己的头脑创建的，由于各自的经验以及对经验的信念不同，使得人们对外部世界的理解也不同。所以人们对知识正误的判断只能是相对的。因而建构主义更关注如何以原有的经验、心理结构和信念为基础来建构知识，强调学习的主动性、社会性和情境性，对学习和教学提出了许多新的见解。

拓展阅读

"鱼牛"童话

关于建构主义学习理论，可通过一则童话故事来进行初步的理解，如图 1-6 所示。

图 1-6 "鱼牛"童话

在德国，有一则关于"鱼牛"的童话，说的是在一个小池塘里住着鱼和青蛙，他们是一对好朋友。他们听说外面的世界好精彩，都想出去看看。鱼由于自己不能离开水而生活，只好让青蛙一个人走了。

这天，青蛙回来了，鱼迫不及待地向他询问外面的情况。青蛙告诉鱼，外面有很多新奇有趣的东西。"比如说牛吧，"青蛙说，"这真是一种奇怪的动物，它的身体很大，头上长着两个犄角，吃青草为生，身上有着黑白相间的斑点，长着四只粗壮的腿，还有大大的乳房。"鱼惊叫道："哇，好怪哟！"同时脑海里即刻勾画出她心目中"牛"的形象：一个大大的鱼身子，头上长着两个犄角，嘴里吃着青草。

鱼脑中的牛形象（我们姑且称之为"鱼牛"）在客观上当然是错误的，但对于鱼来说却是合理的，因为它根据从青蛙那里得到的关于牛的部分信息，从本体出发，将新信息与自己头脑中已有的知识相结合，构建出了"鱼牛"形象。

所以，在教学中，学生应该处于中心地位，教师只是学习的帮助者。建构主义学习理论的基本内容可从知识观、学习观、学生观、师生角色定位、学习环境和教学原则等多个方面得到反映。这里我们从"学习观"与"教学观"两个方面进行说明。

① 建构主义学习理论的学习观。建构主义学习理论认为，知识是学习者通过意义建构的方式获得的。关于学习的主要观点如下：

➢ 以学习者为中心。

➢ 强调学习是学习者主动建构内部心理表征的过程。学习过程中要充分发挥学习者的主动性。

➢ 学习过程同时包括两方面的建构，既包括对旧知识的改组和重构，又包括对新信息的意义建构。

➢ 学习既是个别化的行为，又是社会性的行为，学习需要交流和合作。

➢ 强调学习的情景化，重视教育过程对情境的创设。

➢ 强调学习资源对意义重构的重要性。

可见，"情境"、"协作"、"会话"和"意义建构"是建构主义学习环境中的四大要素。

② 建构主义学习理论的教学观。建构主义学习理论要求一切活动要以学习者为中心。学生是信息加工的主体，是意义的主动建构者，而不是外部刺激的被动接受者和被灌输的对象；教师是意义建构的帮助者、促进者，而不是知识的传授者和灌输者。建构主义很好地解释了如何通过个体与环境之间的交互作用将知识内化为认知结构的过程，同时也解释了学习的机制。

当代建构主义观点主要来源于维果斯基的理论。维果斯基的理论强调学习的社会特性，强调儿童对处于最近发展区（最近发展区是指儿童现有的独立解决问题的水平和通过成人或更有经验的同伴的帮助而能达到的潜在的发展水平之间的区域）的概念学得最好，强调提供支架或中介性学习的重要性。

➤ 学生要成为意义的主动建构者，就要在学习过程中从以下几个方面发挥主体作用：主动搜集分析有关信息资料、所学问题，提出各种假设并努力加以验证；尽量把当前学习内容和已知的实物相联系，并加以认真思考；把"协作"和"会话"结合起来，使意义建构的效率更高、质量更好。

➤ 教师要成为学生意义建构的帮助者，就要在教学过程中从以下几个方面发挥指导作用：激发学生的学习兴趣，帮助学生形成学习动机；通过创设符合教学内容要求的情境和提供新旧知识之间联系的线索，帮助学生建构当前所学知识的意义；为了使意义建构更有效，教师应该组织好协作学习，并对协作学习过程进行引导，使之朝着有利于意义建构的方向发展。

（2）皮亚杰的儿童认知发展理论

皮亚杰是法国著名的心理学家，因其创立了儿童认知发展理论，被认为是当代建构主义理论的最早提出者。所谓认知发展是指个体自出生后在适应环境的活动中，对事物的认知及面对问题情境时的思维方式与能力表现随年龄增长而改变的历程。皮亚杰通过儿童心理学把生物学与认识论、逻辑学沟通结合起来，从而将传统的认识论改造成为一门实证的实验科学。

（3）合理与不足

建构主义被认为是认知主义的一个分支，它既继承了认知主义的合理之处又另有发展，它不仅仅停留在研究如何认知这个客观过程，还重点研究了学习者作为学习的主体如何利用学习情境对知识进行意义建构，提倡在意义建构时运用多种形式和方法来进行，包括外显的行为方式。他提出了探究学习和合作学习等新颖的学习方法。

建构主义学习理论的不足之处在于其难以解决个人差异问题。建构主义理论指出，世界是客观存在的，但是对世界的理解和赋予意义却是由个人决定的，这导致了个人对外部世界理解的差异性。学习者原有的经验是受学习者个体和群体种族、民族和社会地位影响的，客观地说，城市和农村，甚至同一城市里面的穷人家庭和富人家庭的儿童在入学以前的学习经验就存在差别。因此，对他们进行知识建构时就会受到这些因素的干扰，各自理解出心中不同的"意义"，最终造成了教育的隐性结果的不同。

再者，建构主义学习理论容易缺失换位思考能力。建构主义倡导的知识建构都基于自身的经验，但是如果学习者凡事都以自身经验为出发点来思考问题，并养成思维习惯，做任何事都从自己的角度去观察和思考，则不利于发展学习者换位思考的能力，难以站在他人的角度或者换一个角度看待问题，可能在解决某一问题时会出现钻牛角尖的情况。

课堂互动

观察图 1-7，大家互相讨论一下，在这堂音乐课上，学生的意义建构过程是怎么样的。

图1-7 "郎"和"狼"

1.3.3　教育传播理论

传播的英文是 Communication，也有人将其翻译为"交流""沟通""传通""通信"等。传播是自然界和人类社会普遍存在的信息传递过程。人类对传播理论的研究始于 20 世纪 40 年代末，研究内容从最初的新闻学所研究的"新闻传播"发展到"信息传播"，探讨自然界一切信息传播活动的共同规律。人类进行教与学的过程，其实质是一个信息传播的过程，所以传播理论也是教育技术的基本理论之一。

1.　传播与教育传播

（1）传播的概念

传播是自然界和人类社会的普遍现象，从远古的生物进化，到现代形形色色的社会活动，无不涉及信息的传播和利用。那么什么是传播呢？

归纳起来讲，传播是指传播者运用词语、体语、数字、图片、图表等符号传递思想、感情、知识、技能等信息内容，以影响受传者的行为，或达到信息交流和信息共享目的的行为或过程。

（2）教育传播的概念与特点

教育传播是由教育者按照一定的要求，选定合适的信息内容，通过有效的媒体通道，把知识、技能、思想、观念等传递给特定的教育对象的一种活动，是教育者和受教育者之间的信息交流活动。它的目的是促进学习者的全面发展，为社会培养各种人才。

与其他传播活动相比，教育传播具有以下特点：

➢ **目的明确**：教育传播是以培养人才为目的的活动。

➢ **内容严格**：教育传播的内容是按照教学计划和教学大纲的要求严格规定的。

➢ **受者特定**：教育传播的接受者是特定的人群。

> **媒体的多样化：** 在教育传播中，教育者既可以充分发挥口语和形体语言的作用，又可以用板书、模型、幻灯、电视等作媒体；既可以面对面交流，又可以远距离传播。

2. 典型传播模式

作为人类传播活动的一个分支，教育传播也必然遵循人类传播活动的一般规律。对人类史上著名的传播模式进行研究有助于我们正确理解和认识教育传播的过程。利用传播理论的概念、传播过程的要素等来解释教学的过程，并提出适合教学传播过程的理论模式，可以为教育传播学奠定理论基础。

传播学者研究传播过程时，都毫不例外地把传播过程分解成若干个要素，然后用一定的方式去研究这些要素之间的相互联系和作用，这样就构成了数个不同的研究传播过程的模式。

（1）拉斯韦尔模式

美国政治学家哈罗德·拉斯韦尔提出了一个用文字形式阐述的线性传播过程模式，简称为"5W"的模式。简单来说就是从 Who（传播者）→Say what（信息）→In which channel（媒介）→To whom（受众）→With what effects（效果）的过程。

拉斯韦尔传播模式在大众传播中获得了广泛的应用。但是这一模式过于简单，具有几个明显的缺陷。

第一，它忽略了"反馈"的要素，是一种单向的而不是双向的模式。由于这种模式的影响，过去的传播研究忽略了反馈过程的研究；

第二，这种模式没有重视"为什么"或动机的研究问题。在动机方面，有两种动机值得重视：一是受众为何使用传播媒体；二是传播者和传播组织为什么去传播。

于是，在"5W"的基础上又产生了"7W"模式。其中每个"W"都类同于教学过程中的一个相应要素。这些要素自然也称为研究教学过程，是解决教学问题所关心、分析和思考的重要因素。这"7W"所指内容如表 1-1 所示。

表 1-1　"7W"模式

模式要素	含义	在教学中的体现
Who	谁	教师或其他信息源
Say what	说什么	教学内容
In which channel	通过什么渠道	教学媒体
To whom	对谁	教学对象，即学生
With what effects	产生什么效果	教学效果
Why	为什么	教学目的
Where	在什么情况下	教学环境

这些要素之间的关系揭示了教学过程是一个动态的传播过程。我们研究教学的效果可以从这些传播要素着手。如传播者和受传者的技能、态度、知识结构、文化背景等，都会对传播效果产生影响；此外，传播渠道和传播信息本身等要素也会影响整个传播的过程。

（2）香农－韦弗（Shannon-Weaver）的传播模式

香农－韦弗在研究电报通信时提出了一种传播模式，这一模式最初是单向直线式，后来他们改进了这一模式，增添了反馈系统。这一模式被引入解释人类传播过程，获得了广泛的认可。

该模型把传播过程分为 7 个基本要素：信源、编码、信道、解码、信宿、干扰和反馈。这是一种带有反馈的双向传播模式。该模式对传播过程的解释是：传播过程是从信源选出准备传播出去的信息，然后把这一信息经编码器转换为符号与信号，通过一定的信道传送出去。接收端接收到信号之后，经译码器转换成符号并解释为信息的意义，最后为信宿所接受利用。受传者收到信息后，在生理和心理上产生反应，并通过各种形式为传播者反馈信息。另外，传播过程中存在干扰信号，干扰信号可以影响信源、编码、信道、译码、信宿等部分。

现代教育技术采用香农—韦弗的传播模式，主要在于选择与制作适合表达和传播教育信息的现代教育媒体，及时分析来自各种渠道的反馈信息，以取得教育的最优化。

3. 教育传播综述

在教育传播中，当教育信息通过教育媒体在教育者与受教育者之间进行传递时，产生了动态的过程，这就是教育传播的过程。在教育传播实践中，人们总结出一种非常有效的教育传播系统结构，这种结构用文字或图表等形式表达出来，就成为一种教育传播的模式。教育传播模式是对教育传播现象的概括和简明表述，是对教育传播过程的各要素的构成方式与关系的简化，它反映了教育传播现象主要的、本质的特征。

（1）教育传播要素

在教育传播中，构成传播系统的基本要素包括教育者、教育信息、受教育者及媒体/通道。

① 教育者

教育者是教育传播系统中具备教育教学活动能力的要素，是系统中教育信息的组织者、传播者和控制者，如学校的教师、社团的指导者、学生家长等。学校中直接面对学生进行教育教学活动的教师是最重要的教育者。

教师的首要任务是发送教育信息，因此从这个意义上说，"教师"这一名称并不局限于讲台上的教师，还应包括教育管理者和教材编制者等。在特定条件下，教学机器也可以称为教师。

在教育传播活动中，教师起着"把关人"的作用，传播什么内容、利用什么媒体，都是由教师决定的。因此，教师必须能实现教育传播系统的整体目标，使学生在德育、智育、体育、美育、劳动诸方面都得到和谐的发展。而要完成这一重任，教师必须做好设计、组织、传递、评价等工作。

② 教育信息

信息是教育传播系统的要素之一，是指以物理形式出现的教育信息。教育传播过程是一个信息交流的过程，自始至终充满了教育信息的获取、传递、交换、加工、储存和输出。在教育信息传播过程中，主要的信息是教学目标信息、预测学生信息、教师传送信息、实践教学信息、家庭教育信息、大众传媒信息、人际交往信息、学生接受信息和学生反馈信息等。

信息本身是抽象的，只有当它被某种符号表征出来时才是具体的。表征教育信息的符号可分为语言符号和非语言符号两大类。语言符号包括自然语言（如口头语言与书面语言）和人工语言（如专业符号语言、计算机程序语言等），具有抽象性、有限性等特征。非语言符号包括动作性符号、音响符号、图像符号、目视符号等，具有形象性、普遍性、重要性、多维性、整体性等特征。在教育传播过程中，语言符号擅长于描述事实与知识，而非语言符号则擅长于表达态度和感情。合理运用各类传播符号，组成各种类型的教育教学传播活动是提高教育传播效率的有效措施。

③ 受教育者

受教育者是施教的对象，一般来说就是接收教育信息的学生。在教育传播过程中，作为受教育者的学生，首先要接收传播信号，如阅读教科书和参考书，认真聆听教师的课堂讲授，视听其他多种教学媒体，视听大众传播媒体，参加教学实践与社会活动等。然后，要对所接收的信息进行加工和储存，即将接收到的信号转换为语言符号或非语言符号，再将这些符号和已有的经验进行比较、分析与判断，得到符号的信息本义。但在教育传播系统的运行过程中，学生对教育信息的接收并不是机械的、被动的，在大多数情况下，学生主动地接收教育信息，甚至有选择地去接收与理解教育信息。

④ 媒体/通道

在教育传播通道中，教育传播媒体是必不可少的要素。教育传播媒体就是载有教育、教学信息的物体，是连接教育者与学习者双方的中介物，是人们用来传递和取得教育、教学信息的工具。

各种教育、教学资料都属于教育传播媒体，如标本、直观教具、教科书、教学指导书、教学幻灯片、电影片、录音带、录像带、计算机课件。承载教育信息的所有物质形式都必须能为师生双方的感官所能感受到，这样才能实现教育者与受教育者之间的信息沟通联系。

教育传播通道是教育信息传递的途径，教育信息只有经过一定的通道，才能完成传递任务，达到教育传播的目的。按传递的信号形式来分，通道包括图像通道、声音通道和文字通道。

通道的组成要素有各种教育媒体、教学环境、人的感觉器官、处理和传播信息的方式。通道也包括由一方传送到另一方所建立的联系方式。师生间面对面地进行教学是一种口耳相传的古老的联系方式。目前，除了印刷技术和光学影像技术外，通信技术、多媒体网络技术也已为教育传播系统广泛采用，成为师生间另一种重要的联系方式。

（2）教育传播过程

教育传播过程是由教育者借助教育媒体向受教育者传递与交换教育信息的过程。通过信息的控制，这些要素之间相互作用，形成一个连续的动态过程。这一过程可分为 6 个阶段，如图 1-8 所示。

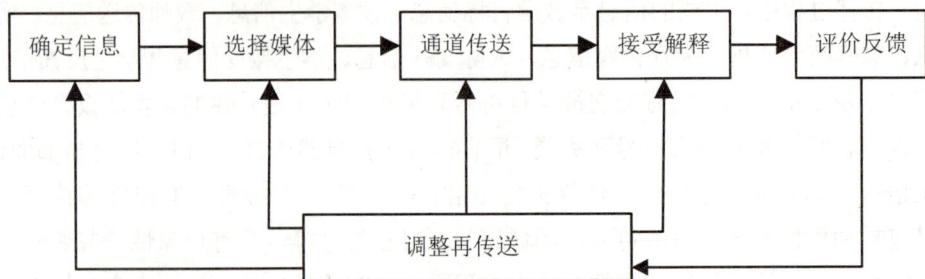

图 1-8　教育传播过程的 6 个阶段

① 确定教育传播信息。教育传播过程的第一步是确定传送的教育信息。传送什么信息，要依据教育目的和课程的教学培养目标来确定。在这一传播阶段，教育者要认真钻研文字教材，对每章节的教学内容进行分析，将内容分解为若干个知识点，并确定每个知识点要求学习者达到的学习水平。

② 选择教育传播媒体。选择教育传播媒体来呈现传送的信息，其实质就是编码的过程。某种信息该用何种符号和信号的媒体去呈现或传送是个复杂的问题，要用一套理论与方法去指导。一般来说，一是需要选择的媒体能准确地呈现信息内容；二是需要选用的媒体符合学习者的经验与知识水平，容易被学习者接受和理解；三是选用的媒体容易取得，需付出的代价较少，且能取得较好的传播效果。

③ 通道传送。教育传播通道通过教育媒体传送出信号，也称为施教。在这里首先要解决两个问题：一是信号传递的距离与范围；二是信息内容传送的先后顺序。因此，在通道传送前，教育者必须做好每一次传送的结构设计，在通道传送时，有步骤地按照教学结构方案去传送信号。通道传送应尽量减少各种干扰，确保传送信号的质量。

④ 接受与解释。在这一阶段，受教育者接收信号并将它一一解释为信息，也就是信息译码。受教育者首先通过视、听、触等感觉器官接收传来的信号，信号对感官的刺激通过神经系统传至中枢神经，通过分析将它转换为相应的符号，然后，受教育者依据自身的知识与经验，将符号解释为信息意义，并将它储存在大脑中。

⑤ 评价与反馈。受教育者接受信号解释信息后，增加了知识，提高了能力，但是能否达到预定的教学目标，还要进行评价。评价的方式方法很多，可以观察学生的行为变化，也可以通过课堂提问、课堂作业以及阶段性的考试等形式进行。评价的结果是教育传播过程中一种非常重要的反馈。

⑥ 调整再传送。通过将掌握的反馈信息与预定的教学目标相比较，发现教育传播过

程中的不足，调整教育信息、教育媒体和教育传送通道，进行再次传播。例如，在教学当中由老师提问，发现问题后可以当即调整；在测验和知识回顾中发现问题，可以进行辅导调整；除此之外还可以补发辅导资料，或者集中处理问题等。

（3）教育传播的基本原理

① 共同经验原理。教师与学生必须把沟通建立在双方共同的经验范围内，才能进行有效地传播。要使学生了解一件事物，教师必须用学生经验范围内能够理解的比喻，引导他们进入新的知识领域。教育媒体的选择与设计必须考虑学生的经验。

② 抽象层次原理。传播的内容必须在学生能明白的抽象范围内进行，并且要在这个范围内的各抽象层次上下移动；既要说出抽象要点，又要用具体事物来支持；讲解了熟悉的具体事物后，要分析、综合、推理、演绎得出抽象的概念。

③ 重复作用原理。将一个概念在不同的场合重复呈现，能取得较好的传播效果。同一概念用不同的方式重复呈现，也能增强教育传播效果。

④ 信息来源原理。可靠的传播来源有较佳的传播效果。当传播者是接受者乐于接受的对象时，能取得更好的传播效果。教师应以自己的言行树立起学生认可的形象与权威，同时也要与学生建立良好的关系。教师选用的教材、资料的来源应正确、真实和可靠。

⑤ 最小代价律与媒体选择原理。这是指以最小的努力得到最大的收获。媒体选择原理遵循的公式为：预期选择率=可能得到的报酬/需要付出的努力。

1.4 教师教育技术能力标准

1.4.1 中小学教师教育技术能力标准

2004 年 12 月 25 日，国家教育部正式颁布了《中小学教师教育技术能力标准（试行）》（以下简称《标准》）。这是我国中小学教师的第一个专业能力标准，它明确指出了作为一个专业化的教师应该具有的教育技术能力。

《标准》分为教学人员标准、管理人员标准、技术人员标准 3 类。

➢ **教学人员子标准：** 适用对象为中小学学科教师，其主要职责包括教学环境的设计与管理、教学资源的设计与管理、教学活动的组织与开展。

➢ **管理人员子标准：** 适用对象为中小学教育教学管理人员，其主要职责包括规划与决策、组织与应用、评估与发展、合作与交流。

➢ **技术人员子标准：** 适用对象为基础教育系统中从事技术支持的人员，其主要职责包括辅助教学人员的教学工作、辅助管理人员的管理工作、维护和管理校内的资源、提供技术支持与服务。

3 个子标准又可以划分为 4 大模块：意识与形态、知识与能力、应用与创新、社会责任。其中，"应用与创新"是整个《标准》的核心，"意识与形态"是"应用与创新"的前提，"知识与能力"是"应用与创新"的基础，而"社会责任"规范了教师使用教育技术的道德。

标准颁布后，教育部于 2005 年颁布《中小学教学人员（初级）教育技术能力培训大纲》，正式启动全国中小学教师教育技术能力建设计划项目，进一步贯彻落实了上述标准，以全面提高教师教育技术应用能力，促进教育技术在教学中的有效应用。

2006 年教育部开启教师教育技术培训和认证考试，组织开展以信息技术与学科教学有效整合为主要内容的培训。如今中小学教师教育技术能力培养，从培养机制、考核机构、考核办法、考核方式和认证都已建立一套全国性规范体系，全面提高了广大教师实施素质教育的能力水平。

课堂互动

请大家自主阅读《中小学教师教育技术能力标准（试行）》（见附录），重点关注教学人员标准，了解其中所规定的学科教师必须掌握的教育技术能力要求，讨论 4 个能力维度（包括意识与态度、知识与技能、应用与创新和社会责任）的基本要求都有哪些。思考作为未来的教师的"我"，要怎样做才能达到这些基本要求。

1.4.2　教师教育技术能力解读

在制定相应的教师教育技术能力标准时，不同国家和地区往往会结合各自的特点和已有的教师教育实践经验来进行。因此对于标准的制定，不同国家也许会从不同的出发点进行分析和阐述，内容也会各有侧重。然而各国标准的制定又都基于教育信息化这一相同的时代背景，因此，各国在制定相应的教师教育技术能力标准时，对信息化背景下的教师专业发展的考察和分析也都有许多的基本共识。纵观国内外现有的教师教育技术能力标准可以看出，标准体系的建构主要有下面 4 个维度。

（1）理解技术和应用技术的能力

① 理解技术。理解各种技术的基本概念及其对当前社会生活的影响，理解当前的技术资源及其对教学的不同功能。

② 应用技术。即能够利用技术解决问题，包括了解并掌握技术及其工具的基本操作和了解并掌握技术应用的社会伦理、法律和安全要求。掌握技术工具包括掌握效能工具、交流/合作工具、研究工具与解决问题和决策工具。

➤ **效能工具**：包括使用技术工具提高效能、激发创造力；使用工具开展合作，开发其他具有创造性的产品。

➤ **交流/合作工具**：利用技术与同伴、专家及其他读者合作，发布作品并进行交流；采用各种媒体和方式把信息和观点有效地传播给广大受众。

➤ **研究工具**：使用技术从不同的资源中查找、评价、收集信息；使用技术工具处理数据、汇报成果；根据特定任务的要求，评价与选择新的信息资源，进行技术革新。

➤ **问题解决与决策工具**：使用技术工具资源解决问题并作出明智的决策；把技术应用在策略开发中，以解决现实生活中的问题。

（2）利用技术支持学生学习的知识和能力

① 理解技术支持的教学。教师需要从整体上理解技术对社会的深远影响，特别是对教学带来的影响，包括信息社会对学生提出的新的学习要求，技术为学生创造的新的学习条件，以及技术为新的学习理论的实践提供了可能等。

② 开展技术支持的教学。教师必须认识到教师角色通过开展技术支持的教学慢慢在发生转变，教师们可以尝试各种各样的教育方法来完成教学任务。

（3）利用技术处理课程与资源的知识和能力

① 教师需要理解信息化教学资源和环境的特征。

② 教师需要能够利用技术处理课程和资源。

（4）利用技术开展新的专业实践的知识和能力

① 理解技术条件下的专业实践。技术正在改变教师和学生之间的教育关系，技术使得远程的、分布式的、柔性的学习成为可能，教师需要具备一定的技术洞察力，理解技术所具有的潜力。

② 利用技术开展新的专业实践。技术能够以多种方式帮助教师开展各方面的教学工作，包括为日常专业实践提供帮助、提高专业发展、为教师新的学习和专业发展提供机会。

实践活动

【训练目的】

了解现代教育技术应用模式的具体展现形式，强化对"经验之塔"理论的理解，强化对教育传播的基本原理的认识。

【训练环境】

能够连接 Internet 的多媒体计算机，或者可供播放视频的多媒体教室。

【训练内容】

对现代教育技术概念与基础理论的认识强化。

【训练任务】

观看所学专业优秀教师的多媒体课堂教学情景，完成以下任务：

① 根据"经验之塔"理论，该教师在课堂上采用了哪些手段使学生获得不同层次的

学习经验？对当前课程的教学方式有何启示？

② 该教师在教学过程中运用了哪些传播原理？举例说明。

本章小结

本章首先介绍了教育技术的相关主要概念，如教育技术的定义、教育技术的 AECT'94 定义与 AECT'05 定义。通过对这些定义的讲解，指出了教育技术的作用和给教学带来的各种影响。然后在回顾现代教育技术发展历程的基础上，总结了当前教育技术的发展趋势。其次从视听教育理论、学习理论、教育传播理论 3 个方面介绍了现代教育技术的理论基础。最后，通过对国家教育部颁布的《中小学教师教育技术能力标准（试行）》的解读分析了我国中小学教师所应具备的教育技术能力。

本章习题

一、选择题

1. 目前教育技术发展处于（   ）阶段。

    A．硬件建设　　　　　　　　　B．软件制作

    C．系统方法和教学设计　　　　D．人类绩效技术研究

2. "学习是刺激与反应的联结。"这一认识属于（   ）。

    A．行为主义学习理论　　　　　B．认知主义学习理论

    C．构建主义学习理论　　　　　D．以上都不对

3. 美国教育技术作为一个新兴的实践和研究领域而出现始于（   ）内容。

    A．计算机辅助教育　　　　　　B．网络技术应用

    C．程序教学法　　　　　　　　D．视听运动

4. 最早提出使用教学机解决教学问题的学者是（   ）。

    A．戴尔　　　　　　　　　　　B．斯金纳

    C．克劳德　　　　　　　　　　D．加涅

5. 程序教学法是强调以（   ）为中心的教学模式。

    A．教学资源　　　　　　　　　B．学习者

    C．系统设计思想　　　　　　　D．教学实践

6. 第一个传播过程模式是（   ）。

    A．香农－韦弗模式　　　　　　B．施拉姆循环模式

C．香农－施拉姆模式 　　　　D．贝罗模式

7．教育传播的内容必须在（　　）范围内进行。

A．学生能明白的抽象 　　　　B．老师制定的教学计划

C．学生感兴趣的知识领域 　　D．传播媒体的信息容量

8．《中小学教师教育技术能力标准（试行）》的核心是（　　）。

A．意识与形态 　　　　　　　B．知识与能力

C．应用与创新 　　　　　　　D．社会责任

二、填空题

1．教育技术是以＿＿＿＿＿＿＿＿为基础，运用系统科学和信息技术来提高＿＿＿＿＿＿＿，优化＿＿＿＿＿＿＿的理论和实践的技术。它包含了两个要素，一个是＿＿＿技术，另一个是＿＿＿技术。

2．AECT'94 定义为：教学技术是对＿＿＿＿＿和＿＿＿＿＿进行＿＿＿、＿＿＿、应用、＿＿＿、＿＿＿的理论和实践。

3．国外教育技术发展经历了＿＿＿＿＿＿、＿＿＿＿＿＿、＿＿＿＿＿＿、＿＿＿＿＿＿4 个阶段。

4．教育技术在我国的发展，主要有＿＿＿＿＿的形成和发展以及改革开放以后电化教育向教育技术的＿＿＿＿＿两大阶段。

5．程序教学是一种个别化的＿＿＿＿＿＿方式，由于经常用＿＿＿＿＿＿来进行，也称为＿＿＿＿＿＿。

6．在教育传播中，构成传播系统的基本要素包括＿＿＿＿＿、教育信息、受教育者、＿＿＿＿＿。

7．《中小学教师教育技术能力标准（试行）》分为＿＿＿＿＿＿＿标准、＿＿＿＿＿＿＿标准、技术人员标准三类。

三、简答题

1．试说出与教育技术学的形成与发展密切相关的 3 个主要方面。

2．简述 AECT'94 定义与 AECT'05 定义的不同之处。

3．现代教育技术的研究内容包括哪几个方面？根据我国教育技术的研究现状与应用实际，你认为教育技术的各个研究范畴中，哪些与实际教学联系最紧密？

4．简述建构主义学习理论的核心观点。

5．简述拉斯韦尔传播模式的内容。

6．作为 21 世纪教师应该具备哪些信息素养？

第 2 章

网络教育信息资源的检索与利用

本章导读

在当今的信息社会中，Internet 是人们交流信息和获取知识的最强有力的工具。同时，随着我国教育信息化步伐的加快，网络教育信息资源的开发与利用正日益引起人们的重视。在面对浩如烟海的网络信息时，广大的教育工作者应能够高效、便捷地获取网络教育信息资源并将其转化为自身的专业知识，以便于教学运用。本章将介绍网络教育信息资源的相关概念和网络教育信息资源的获取与交流方法。

学习目标

- 了解网络教育信息资源的概念、特点与分类
- 了解常用的网络教育信息资源的检索技巧
- 能够利用搜索引擎检索出合适的教学信息资源
- 能够利用学术数据库检索出合适的教学信息资源
- 能够下载各种类型的网络教育信息资源
- 能够分享和交流网络教育信息资源

2.1　网络教育信息资源概述

教育资源是指教育系统中支持整个教育过程达到一定教育目的，实现一定教育功能的各种资源。它包括物质资源（各种设备、媒体、器材、工具）、人力资源（教学研究人员、教学管理人员、教学支持人员及学生）、信息资源（教学内容以及伴随教学内容产生的其他信息）。

而 Internet（因特网）作为一个开放的信息传播平台，它的出现与发展为教育工作者提供了最为广泛的教学信息资源。网上教育信息资源形式多样、种类繁多，广大的教育工作者普遍面临着一个突出的矛盾：一方面是浩瀚的网络信息海洋，另一方面却是面对海量信息无所适从，不能转化为自身专业知识以便有效利用。因此，每一位教师都需要很好地了解教育信息资源的分类及特点，以便更好地在实际教学中利用这些资源。

2.1.1　网络教育信息资源的概念

网络教育资源是指基于网络的、为教学目的而专门设计的或能为教育服务的各种资源。网络教育资源包括网络教育环境资源（硬件）、网络教育支持系统（软件）、网络教育信息资源（资源内容）和网络教育人力资源（管理者），如表 2-1 所示。

表 2-1　网络教育资源的组成

组成部分	内　容
硬件	构成网络物理空间的各种硬件设备、网络设备、通信设备等
软件	支持网络正常运行的各类系统软件、应用软件、工具软件和教学软件等
资源内容	在网络中蕴藏的各种形式的、能够为教育过程所用的知识、资源、情报、消息等的集合
管理者	包括网上教育教学机构人员、任课教师、教辅人员、行政管理者，以及能通过因特网联系到的各个领域的专家、学者

其中，网络教育信息资源是网络教育资源的核心，其他资源是为网络教育信息资源的建立、传播和利用而服务的。具体来说，网络教育信息资源是一种以网络为承载、传入媒介的新型信息资源。由于这种信息资源主要是在因特网上获取的，因此我们也将基于网络的教育信息资源称为网络教育信息资源，而将其他三者统称为网络教育工具资源。网络教育信息资源是实施网络教育的前提和基础。

2.1.2　网络教育信息资源的特点

网络教育资源的核心是网络教育信息资源，网络教育信息资源不仅具有一般网络教育资源的特点，还体现了指导者与学习者之间的关系。网络教育信息资源具有以下几个典型的特点。

➢ **信息分布的广泛性**：网络教育信息资源存在于世界各地的联网计算机中，是涉及地域最广的教育资源。它以超链接的方式将文字、图像、音频、视频等信息链接成超文本和超媒体系统，成为全球最大的信息资源库。

➢ **信息形式的多样性**：网络教学信息资源通过计算机将文本、图形、动画、影像、声音等多种媒体形式有机地联系到一起，集各种媒体之长，图文并茂，生动有趣，使抽象事物形象化，极大地丰富了信息内容的表现力，能够创造良好的学习资源。信息形式的多样性也有助于人们知识结构的更新和重构。

➢ **信息获取的快捷性**：网络教育信息资源可通过网络终端随时随地获取，打破了其他媒体信息在查找时所受到的时间、空间等因素的限制。学习者只要具备学习的愿望，就能够在任何时间、任意地点获取自己所需要的信息。

➢ **信息资源的共享性**：网络教育信息资源除了具备一般意义上的信息资源的共享性外，其优势还表现为一个因特网网页可供所有的因特网用户同时访问，不存在传统媒体信息由于副本数量的限制所产生的信息不能多人同时获取的现象。

➢ **信息传递的时效性**：网络媒体的信息传播速度及影响范围使信息的时效性大大增强，学生能在第一时间及时获得第一手网络教学资料。

➢ **信息交流的互动性**：互动性是网络的主要特点之一。网络信息一般具备双向传递功能，即用户在接收到相关的网络信息后可针对该信息随时向信源提供反馈。网络用户既是网络教育资源的使用者，也是网络教育资源的发布者。网络教育资源是为网络教学服务的，应便于学生通过网络自主学习、便于教师组织网络教学材料、便于教学管理人员对教学效果进行跟踪与评测。信息交流的互动性为教学的各个环节的实施提供了技术保障。

拓展阅读

教育类网站及其类型

近年来，作为网络资源重要组成部分的教育类网站发展迅速，在各级各类教育中发挥着重要的作用。一般而言，教育网站主要有以下几种类型。

① 教育行政部门的网站。这类网站也称为教育政务网站。例如，我国的教育部官网、国家基础教育资源网、中央电教馆网站等。

② 学校与 ICP（Internet 内容提供商）主办或合办的网站。这类网站也被称为教学同步网站。该类网站包括面向高等教育的网站（如浙江大学的"开放课程网"）、面向中小学教育的网站（如 101 网校）、面向终身教育的网站（如全国中小学教师继续教育网）等。

③ 教育研究机构的网站。这类网站提供最新的教育科研动态、专业讨论社区、教育教学资源，主要面向教育研究工作者，如教育技术通信网。

④ 社会机构主办的网站。这类网站主要提供行业知识信息，以及经过专业化加工的主题知识资源，如中国教育技术协会网站、中国科普网。

⑤ 个人开发的网站。这类网站主要提供教学研究经验、互动学习空间，以及某一特定事物的资源。该类网站一般面向特定的学习者、教师、家长等。

2.1.3　网络教育信息资源的类型

网络教育信息资源是指学习的资源，包括支持教与学的系统、教学材料和环境，由于资源众多，其分类方法也较为多样，一般有以下几种类型。

1. 按资源主要使用对象分类

从网络教育信息资源的主要使用对象来看，主要有以下几种类型。

① 学习资源。即供学习者使用的各学科的电子讲稿、网上教程、课程资料、学习论坛、讨论组、试题库、教学软件等。

② 备课资源。即供教师备课使用的各种课程资料、教育软件、教案、指导刊物、学术会议资料、交流心得等。教师在教学准备过程中，需要搜集大量的资料，网络为教师制作各种类型的教案提供了丰富的教学资源，有利于优化教学设计，提高备课效率。

③ 科研资源。即供教育科研人员和学习者使用的各学科的专业文献资料、各种政策法规、各种教育新闻、教育统计信息等。

④ 管理资源。即供教育管理人员对各类教育信息资源及各类教学活动进行统一管理的数据库管理系统。学习资源、备课资源和科研资源的正常组织与使用都离不开管理资源，否则教学活动过程将变得凌乱无序。

2. 按资源的组织形式分类

根据《教育资源建设技术规范》的界定，网络教育信息资源主要包括各类网络媒体素材、网络题库、试卷、网络课件、网络课程、教学案例、常见问题解答、资源目录索引、文献资料等。具体到实际当中，网络教育信息资源涵盖的范围大致有以下几种。

① 媒体素材。媒体素材是承载教学信息的载体，构成各种资源的基础，也是传播教学信息的基本材料单元，主要分为文本、图形、图像、音频、动画、视频等类型。

② 试题。试题是测试中使用的问题、选项、正确答案、得分点和输出结果等的集合。它是评价学生知识掌握情况的依据，也是教学过程中必不可少的一种教学资料。试题没有固定的存储格式，通常是以试卷或题库的形式存储。

③ 课件。课件是针对一个或几个知识点，体现教学策略，实施相对完整的教学过程

的软件。根据运行平台划分，可分为网络版的课件和单击运行的课件。网络版的课件需要能在标准浏览器中运行，并且能通过网络教学环境被大家共享；单击运行的课件可通过网络下载后在本地计算机上运行。

拓展阅读

虚拟仿真课件与教学游戏课件

　　在有职业技能学习要求的院校，还会用到虚拟仿真课件和教学游戏课件。虚拟仿真课件主要包括虚拟实验室、虚拟设计、虚拟实训等课件资源。这种资源利用多媒体技术、网络技术等营造出一个与真实实验/实训类似的交互环境，使学生身临其境，并对学习者的不同操作给出与现实环境相符合的反馈。

模板与混凝土的接触面应清理干净
并涂刷隔离剂，浇筑混凝土前，
模板内的杂物应清理干净。

　　教学游戏课件主要指有游戏功能的教学或学习课件。在游戏中学生进行技艺或创造力比拼，给予晋级、奖品等激励，激发学生学习的热情。教学游戏课件需要恰当地利用游戏的特征，思考如何构建合适的游戏化学习环境，最大限度地开发学生的学习思维。

　　④ 教学案例。教学案例是由各种媒体元素组合表现的有现实指导意义和教学意义的代表性事件或现象。简单地说，案例是对某一事件的过程与结果的描述，以及对原因和效果的分析。教学案例通常是在教授某理论、原理或规律时作为典型实例提供给学生的，它能够启发和促进学生对教学内容的掌握。

　　⑤ 网络课程。网络课程是通过网络表现的某门学科的教学内容及实施的教学活动的总和，它包括两个组成部分：按一定的教学目标、教学策略组织起来的教学内容和网络教学管理系统。

　　⑥ 网络教学支撑环境。网络教学支撑环境是网络教学正常开展的保障，可分别为网上教育的实施者和学习者提供完整的教学辅助、教学管理与学习指导工具，包括网络课件制作工具、多媒体素材集成软件、网上答疑、网上讨论、在线测试等系统软件、工具软件及应用软件等。

　　⑦ 教学资源管理系统。教学资源管理系统是通过对教学资源产生、教学资源分类、教学资源使用、教学资源评价的动态循环管理，对原始数据（如视频、音频、动画、图片等）、半成品（如课件）、成品（如教案）等形式的教学资源进行全面整合，从而实现校内资源管理、区域管理、Web 资源管理、教师评估管理和资源共建共享管理的多层次、全方位的管理功能。

⑧ 文献资料。文献资料是指各学科的相关专业文献，有关教育方法的政策、法规、条例、规章制度及重大事件的记录、重要文章、书籍等。

⑨ 常见问题解答。常见问题解答是针对某一具体领域，如某一学科中某一个具体的知识点最常出现的问题给出全面的解答。

⑩ 资源目录索引。资源目录索引列出某一领域中相关的网络资源地址链接和非网络资源的索引。

课堂互动

请同学们一起展开"头脑风暴"活动，讨论一下教育信息资源都有哪些形式，不同类型资源的作用有什么不同。然后观察身边接触到的事物，指出哪些属于网络教育资源，对其进行归类并指出其作用。

2.2　网络教育信息资源的获取与交流

如今，全世界范围内的各个国家、地区、企业、机构、个人的不同类型的计算机及其网络通过互联网设备高速连接，从而使世界范围内各个领域的信息资源融为一体，供所有的网上用户共享。虽然网络教育信息资源只是网络信息资源中很小的一部分，但是面对互联网上浩瀚的知识海洋，如果不掌握一定的获取网络信息的技能，很难便捷地利用网络教育资源。下面，我们就简单介绍网络教育信息资源的获取与交流方法。

2.2.1　普通信息资源的检索与利用

普通的网络信息资源主要包括 WWW 信息资源（如 Web 网页）、FTP 信息资源（如远程计算机上的文件夹）、Blog 信息资源（如博客、播客等）、Telnet 信息资源（如直接调用远程主机）、BBS、论坛信息资源、P2P 信息资源（如私人计算机上的信息资源）、数据库和收费网站等。

由于网络信息资源具有信息量大、传播广、缺乏统一的组织和管理、良莠不齐等特点，所以在网络信息资源检索中，常常要借助于搜索引擎的帮助来检索过滤。

搜索引擎一般有两类，一类是以网页搜索为主的搜索引擎，其代表有百度、Google、微软必应等；另一类是以 FTP 和 P2P 资源搜索为主的搜索引擎，其代表为迅雷、Grid FTP 搜索引擎等。

1.　网页搜索引擎

一般来说，网页搜索引擎主要可以分为目录搜索引擎和全文搜索引擎两大类。

目录搜索引擎是由信息管理专业人员在广泛搜集网络资源并进行加工整理的基础上，按照某种主题分类体系编制的一种可供检索的等级结构式目录。在每个目录类下提供相应的网络资源站点地址，使用户能通过该目录体系的引导，查找到有关信息。

目录搜索引擎的主要优点是所收录的网络资源经过专业人员的选择和组织，可以保证质量，减少了检索中的"噪声"，从而提高了检索的准确性。但是由于收集整理信息需要花费大量的人力和时间，所以难以跟上网络信息的迅速发展，涉及信息的范围有限，其数据库的规模也相对较小。

而使用全文搜索引擎检索信息时，无需对类目、归属判断，使用更为方便。但是，全文搜索引擎也存在一些缺陷，例如由于人工干预过少，其准确性较差，检索结果中有较大部分的冗余信息。为了更加便捷地获取信息，避免或减少在信息检索过程中所走的弯路，应掌握一些网上信息的检索策略和技巧。

➢ **自然语言检索**：直接采用自然语言中的字、词或句子进行提问式检索。

➢ **短语检索**：在搜索词中将一个短语当作一个独立单元，进行严格匹配，以提高检索的精度和准确度。短语检索不仅支持词组的检索，并且采用双引号来强调短语，如"高等数学"。除此之外，在搜索书籍时还可以使用书名号，在百度中，书名号是可以被查询的。

➢ **提炼搜索关键词**：就是从复杂的搜索意图中提炼出最具代表性和指示性的关键词，对提高信息查询效率至关重要，这方面的技巧是搜索技巧的基础。例如，搜索与瓷器有关的资料，可提炼关键词"哥窑""定窑"等。

➢ **细化搜索条件**：搜索条件越具体，搜索引擎返回的结果就越精确，有时多输入一两个关键词效果就会完全不一样，这是搜索的基本技巧之一。例如，要了解英国戏剧文化，搜索条件可为："英国""戏剧"。

➢ **用好逻辑符号**：这一方法也称布尔逻辑检索。不同的搜索引擎对该功能的支持程度有所不同，有的是"完全支持"全部以上逻辑运算。另外，在提供运算符号方面也有所区别，有些搜索引擎采用常规的命令驱动方式，即用逻辑运算符进行逻辑运算，有的则采用符号"＋"和"－"分别代替"and"和"not"。

➢ **截词检索**：常用的截词检索方法有左截、右截、中间截断和中间屏蔽 4 种。通常只运用右截法，而且搜索引擎的截词符通常采用星号"*"。例如，educat* 相当于education、educational、educator 等。

拓展阅读

搜索小技巧

当无法打开某个搜索结果或打开页面速度特别慢时，可使用网页快照。

用搜索引擎检索到相关网页后，有时会发现所要的文件并没有出现在当前屏幕中。可按【Ctrl＋F】组合键，在"查找"对话框中输入待查找的关键词。

　　在信息检索中，当一个很长的网址链接不上时，可以试试"右切断网址"的方法，即从右至左一次删除网址中斜杠后面的内容，直至链接成功。

　　百度是我们日常所熟悉的、最常用到的全文搜索引擎。百度搜索引擎中有一些特色的搜索功能，可以大大方便我们的信息检索工作。

　　① 专业文档搜索。很多有价值的资料，在互联网上并非是普通的网页，而是以 Word、PowerPoint、PDF 等格式存在。百度支持对 Office 文档（包括 Word、Excel、PowerPoint）、Adobe PDF 文档、RTF 文档进行全文搜索。要搜索这类文档，在普通的查询词后面，加一个"filetype："，即文档类型限定。在"filetype："的后面可以跟上文件格式，比如"DOC""XLS""PPT""PDF""ALL"等。其中"ALL"代表搜索所有这些文件类型。

　　② 高级搜索语法。高级搜索语法一般有以下几种。

➤ **把搜索范围限定在网页标题中：**可以使用"intitle："。网页标题通常是对网页内容提纲挈领式的归纳。把查询内容范围限定在网页标题中，有时能获得良好的效果。使用方法为：在查询内容中特别关键的部分的前面加上"intitle："。例如，要查找某一个朝代的官制，可以这样查询："宋朝 intitle：官制"。

➤ **把搜索范围限定在 url 链接中：**可以使用"inurl："。网页 url 中的某些信息，常常有某种有价值的含义。如果对搜索结果的 url 做某种限定，就可以获得良好的效果。例如，找关于美图秀秀的使用技巧，可以这样查询：美图秀秀 inurl：jiqiao。在这里，"美图秀秀"可以出现在网页的任何位置，而"jiqiao"则必须出现在网页 url 中。

➤ **把搜索范围限定在特定站点中：**可以使用"site："。在特殊情况下，如果你知道某个站点中有自己需要找的东西，就可以把搜索范围限定在这个站点中。使用时在查询内容的后面加上"site：站点域名"即可。

提　示

　　"intitle："与"inurl："和后面的关键词之间不要有空格；"site："与后面跟的站点域名不要带"http://"，和站点名之间也不要有空格。

　　③ 分类搜索。百度搜索引擎的搜索服务有很多，如网页搜索、图片搜索、音乐搜索、视频搜索、新闻搜索等。

2. FTP 或 P2P 搜索引擎

　　FTP 是在 Internet 上使用最广泛的一种服务，使用 FTP 几乎可以传送任何类型的文件，如文本文件、二进制的可执行程序、科学论文、图像文件、压缩文件、声音文件等。因此有大量有价值的信息资源存储在 Internet 网上的 FTP 服务器上，获取这些资源也是信息检索的一项基本内容。

P2P 是英文 Peer-to-Peer（对等）的简称。"对等"技术是一种网络新技术，依赖网络中参与者的计算能力和带宽，而不是把依赖都聚集在较少的几台服务器上。除此之外，P2P 还是英文 Point to Point（点对点）的简称。它是下载术语，意即在你自己下载的同时，自己的电脑还要继续主机上传，这种下载方式，人越多速度越快，但缺点是对硬盘损伤比较大（在写的同时还要读），还有就是对内存占用较多，影响整机速度。

从 FTP 和 P2P 的工作方式可以看出，它们都不是传统意义上的 WWW 网站，而是直接在两台计算机之间进行的远程通信和文件传输。所以百度和 Google 这类搜索引擎对这两类信息资源的搜索往往不能奏效，这就需要新的类型的搜索引擎。

目前常用的 FTP 或 P2P 搜索引擎有迅雷、酷狗音乐、Grid FTP 等。

课堂互动

请同学们讨论一下，利用网络收集教育信息资源还有其他的方法吗？随着网络技术的发展，还有哪些新事物可以有利于我们检索和收集网络教育信息资源？你如果对这些方法的使用技巧有一定了解，也可以分享给大家。

2.2.2　学术数据库的检索与利用

专业网络教学信息资源的检索主要依赖于专业的学术数据库。下面我们对国内外主要的专业学术数据库进行介绍。

1. 国内主要专业学术数据库

（1）维普资讯网

维普资讯网（http://www.cqvip.com/）是重庆维普资讯有限公司开发研制的中文电子期刊数据库，收录了 1989 年以来我国自然科学、工程技术、农业科学、医药卫生、经济管理、教学科学和图书情报等学科 12 000 余种期刊的 1 700 余万篇文章的全文，并以每年 100 万篇的速度递增。维普资讯网首页搜索栏如图 2-1 所示。

图 2-1　维普网

维普资讯网快速检索方法：通过首页中的搜索栏，输入简单检索条件，在任意字段进行查询。进入结果显示页面，可实现题录文摘的查看或下载，以及全文下载功能，同时也可进行检索条件的再限制检索或重新检索。

（2）CNKI 中国知网

CNKI 中国知网（http://www.cnki.net/）主要应用包括中国期刊全文数据库、中国优秀博士硕士论文全文数据库、中国重要报纸全文数据库、中国医院知识仓库、中国重要会议论文全文数据库。中国知网首页的搜索栏如图 2-2 所示。

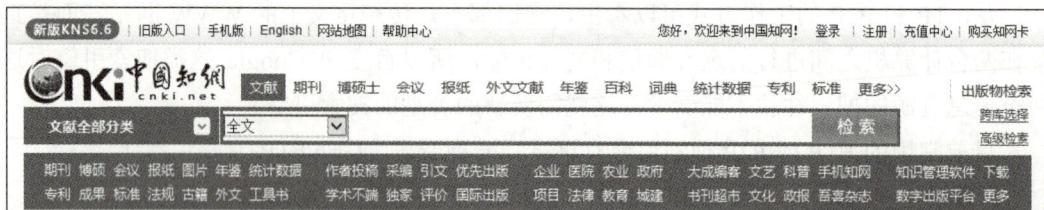

图 2-2　中国知网

中国知网为用户提供了在线的使用指南。其个人数字图书馆使用手册网址为 http://epub.cnki.net/grid2008/Help/gerenguan/index.html。

拓展阅读

Google 学术搜索

Google 学术搜索是一项专门用来搜索学术文章的 Google 网络应用，它包括世界上绝大部分已出版的学术期刊，因此可以搜索众多学科和资料来源，如来自学术著作出版商、专业性社团、预印本、各大学及其他学术组织经同行评论的文章、论文、图书、摘要等。Google 学术搜索的主要功能包括：从一个位置方便地搜索各种学术资源；查找报告、摘要及该资源被引用的情况；通过所在图书馆或在 Web 上查找完整的论文。

（3）超星数字图书馆

超星数字图书馆（http://www.ssreader.com/）设文学、历史、法律、军事、经济、科学、医药、工程、建筑、交通、计算机和环保等几十个分馆。目前拥有数字图书 10 多万种，包括 51 个学科分类，涉及哲学、宗教、社科总论、经典理论、民族学、经济学、自然科学总论，计算机等各个学科门类。收录年限为 1997 年至今。超星发现系统搜索首页如图 2-3 所示。

图 2-3 超星发现系统首页

（4）中国国家数字图书馆

目前，中国国家数字图书馆（http://www.nlc.gov.cn/）已在因特网上发布了 72 万册件、馆域网上发布超过百万册件的电子书。国家数字图书馆将成为世界上最大的中文文献收藏中心、中文数字资源基地和中国最先进的信息网络服务基地。中国国家数字图书馆首页搜索栏如图 2-4 所示。

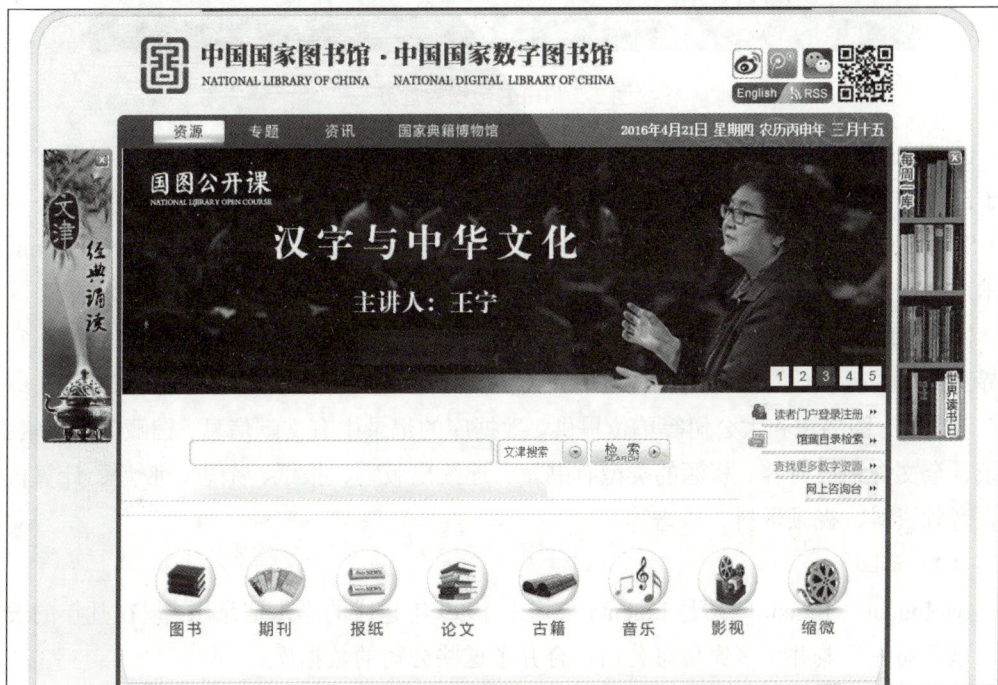

图 2-4 中国国家数字图书馆首页

2. 国外主要专业学术数据库

(1) 美国

① Wiley InterScience。Wiley InterScience(网址为 http://onlinelibrary.wiley.com/)是 John Wiley & Sons 公司创建的动态在线内容服务,1997 年开始在网上开通。通过 InterScience,Wiley 公司以许可协议形式向用户提供在线访问全文内容的服务。Wiley InterScience 收录了 360 多种科学、工程技术、医疗领域及相关专业期刊,多种大型专业参考书以及实验室手册的全文与 500 多个题目的 Wiley 学术图书的全文。

② IEEE/IEE。收录了美国电气与电子工程师学会(IEEE)和英国电气工程师学会(IEE)自 1988 年以来出版的全部 150 多种期刊、5 670 余种会议录及 1 350 余种标准的全文信息。IEE 是电子信息领域最著名的跨国性学术媒体,其首页 (http://ieeexplore.ieee.org/Xplore/guesthome.jsp) 如图 2-5 所示。

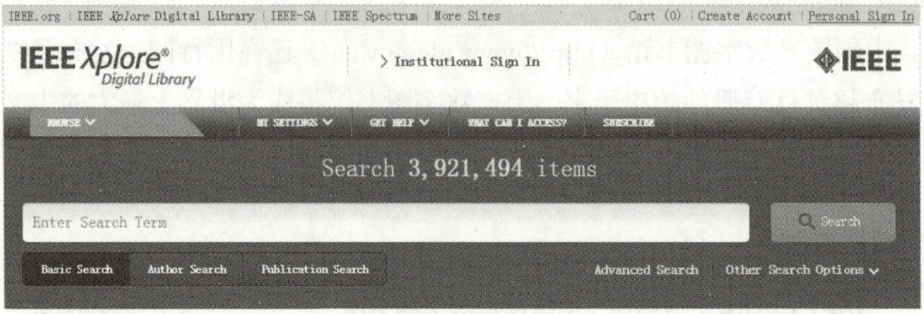

图 2-5　IEEE 数据库首页

③ EBSCO。EBSCO 的网址为 http://search.ebscohost.com/,该公司从 1986 年开始出版电子出版物,共收集了 4 000 多种索引和文摘型期刊、2 000 多种全文电子期刊。该公司拥有 BSP(Business Source Premier,商业资源电子文献库)、ASP(Academic earch Premier,学术期刊全文数据库)等多个数据库。

④ OCLC。联机计算机图书馆中心(Online Computer Library Center,OCLO),它是世界上最大的提供信息服务的机构之一。其数据库绝大多数由一些美国的国家机构、联合会、研究院、图书馆和大公司等单位提供。数据库的记录中有文献信息、馆藏信息、索引、名录、全文资源等内容。资源的类型有书籍、连续出版物、报纸、杂志、胶片、计算机软件、音频资料、视频资料、乐谱等。

(2) 英国

① Ingenta。Ingent 网站是 Ingenta 公司于 1999 年建成的学术信息平台。在几年的发展中,该公司先后兼并了多家信息公司,合并了这些公司的数据库。

② Blackwell。Blackwell 出版公司是世界上最大的期刊出版商之一,总部设在英国伦敦的牛津,以出版国际性期刊为主,包含很多非英美地区出版的英文期刊。它所出版的学术期刊在科学技术、医学、社会学以及人文科学等学科领域享有盛誉。

2.2.3 网络教育信息资源的下载

1. 文本下载

(1) 网页文本的下载

① 全文下载。想要将网页文本信息全部下载，只需把网页另存为文本文件即可。

② 局部下载。进行局部下载就是将部分文本内容进行复制，一般有以下步骤。

步骤 1▶ 浏览包含教学文本资源的网页，选取需下载的文本（在拟选取文本的起点位置按住左键不放，拖动鼠标至拟选定文本的终点，然后松开鼠标，被选中文本将反相显示）。

步骤 2▶ 复制所选中的文本至剪贴板。

步骤 3▶ 启动记事本，将剪贴板中的内容粘贴到记事本中。

步骤 4▶ 将文本保存为记事本文件（执行菜单命令："文件/另存为"），将文件保存在个人资源中心内适当的文件夹中。

步骤 5▶ 下载完成后需检查下载情况：启动"资源管理器"找到所保存的文件夹，单击该文件夹的图标，在"资源管理器"右窗格中找到所保存的记事本文件，双击该文件的图标，即可启动记事本来查看所下载的结果，并可进一步编辑、整理。

由于是通过 Windows 的剪贴板进行粘贴和保存的，所以实际上可以将内容粘贴到任何可以接受文本信息的应用程序中。记事本有占据存储空间小的优点，所以一般建议用这种格式单独保存。

提 示

下面是网页上的文字无法选择复制时的获取方法。

方法 1：通过网页菜单栏执行"文件/另存为"命令，在弹出的保存网页对话框中将保存类型选择为"txt"，即可保存网页上的文字。

方法 2：通过执行"工具/internet 选项"命令，在"安全"标签卡的"自定义级别"中，将所有的项目"禁用"，然后刷新网页，即可复制网页上的文字。注意复制完所需的文字后，要记得恢复"启用"网页的其他选项。

方法 3：执行"工具/查看源文件"命令，在源文件里选择所需的文字片段，复制即可。

(2) PDF 格式的文本复制

网上有些文本资源是以 PDF 文件格式出现的，这是 Adobe 公司开发的文本格式，其文件扩展名通常为".pdf"。PDF 文件采用 Acrobat Reader 作为浏览器。

在 IE、NetScape 等支持插件的浏览器中都可以利用 Acrobat Reader 来浏览 PDF 文件，使用上与浏览 HTML 网页相似，只是在界面中增加了一排 Acrobat Reader 中特有的工具栏。

复制 PDF 文件中文本内容及图形的一般步骤如下。

步骤 1▶ 用 Acrobat Reader 打开 PDF 文档，或者双击文件的图标打开。

步骤 2▶ 单击工具栏中的"文本选择工具"按钮，光标变为"I"形状。选定当前页中欲复制的文本内容，右击后选择"复制"项，进行选定文本的复制操作。

2. 网上图片下载

下载网上图片可以通过以下步骤完成。

步骤 1▶ 打开包含要下载图片的网页，在待下载的图片上右击。

步骤 2▶ 从弹出的快捷菜单中选择"图片另存为"命令，打开"保存图片"对话框，选择适当的位置，必要时修改文件名称，单击"保存"按钮即可完成下载任务。

图片下载后也应及时检查，认真核查所下载的文件是否正确、清晰可用。

3. 网上音乐下载

目前可以从网上下载音乐的主流网站有百度音乐、网易云音乐等，在这些网站的搜索框内输入歌名或者歌手名字，然后进行搜索，就能打开一个包含相关信息的窗口，选择喜欢的歌曲，单击"链接"就能将歌曲下载到计算机中。

此外，利用 QQ 音乐、酷狗音乐等音乐播放器，也可以播放和下载音乐。

4. 网上视频下载

（1）利用 Internet 临时文件夹下载

首先我们需要看完或缓冲完所需下载的视频，通过 IE 菜单栏"工具"下拉菜单中的"Internet 选项"命令打开"Internet 选项"对话框，单击"常规"选项卡下的"设置"按钮，弹出"网站数据设置"对话框，单击"查看文件"按钮，打开 IE 临时文件夹。单击鼠标右键选择按大小排列，由于视频文件比较大，会排在最前面。找到视频文件，直接拉到桌面上或者复制粘贴到另建的文件夹里即可。

（2）利用软件下载

常用的下载工具如迅雷、网际快车、QQ 旋风、RealPlayer 等都具备此功能，只要打开在线视频的播放页面，下载工具便会自动监视页面上的视频文件，并在播放的视频上显示下载图标，只要单击图标即可进行下载。

课堂互动

根据自己的学科，从 Google、百度或其他你熟悉的搜索引擎中搜索出相关的网站，并浏览其内容，将你认为比较有价值的网站与同学互相分享、讨论。根据之前学习到的知识，下载自己认为有用的文本、图片、音频、视频和动画等资源，与同学一起分享下载策略。

5. 网页下载

如果我们需要下载浏览过的网页，可以在浏览器中执行菜单命令"文件/另存为"，出现"保存 Web 页"对话框，选择合适的保存位置，必要时还可以修改文件名，单击"保存"按钮，即可保存当前网页中全部的信息（注意，除网页直接保存在指定位置外，图片等会保存在"[网页标题].files"子文件夹中）。

下载后，还应在"资源管理器"中检查下载结果。

6. 网上文件下载

FTP 是为了在特定主机之间"传输"文件而开发的协议，任何人都可以匿名登录到 FTP 服务器下载文件。这里简单介绍一下 FTP 文件的检索下载方法。

步骤1▶ 进入 FTP 搜索引擎主页，如"Grid"（http://grid.ustc.edu.cn/），它是中国科学技术大学精心打造的 FTP 搜索引擎。

步骤2▶ 输入关键词进行检索。

步骤3▶ 浏览检索结果，在相应的文件名图标上右击，选择"目标另存为"命令，出现"另存为"对话框，选择合适的文件夹，必要时可修改文件名，然后保存。

步骤4▶ 如果一切正常，接着系统就会开始下载并报告下载进度，下载结束后出现"下载完毕"的对话框，单击"关闭"将结束下载操作。

7. 网站下载

网站下载需要应用离线浏览软件进行下载，下面介绍几款常用的网站下载工具。

（1）WebCHM

WebCHM 是中国最强大的多线程离线浏览软件。它可以下载整个网站所有的文件，也可以只下载同一个目录中的文件，还可以下载指定的层次，是专业的下载大型网站的工具。WebCHM 的主要特色是可以下载超大型的网站（容量>10 GB，文件数目>100 万的网站），并且内置了 CHM 压缩引擎，可以灵活方便地将下载的网页制作成 CHM 压缩文档。下载大型网站时，可以边下载边压缩到 CHM 文档，以节省空间；下载几百篇文章时，可以下载后再制作为可以在 PDA 上阅读的 CHM 格式的电子书。WebCHM 支持断点续传、在线升级、分类管理等功能，操作方便。

（2）WebZip

WebZip 把一个网站下载并压缩到一个单独的 ZIP 文件中，可以帮用户将某个站点全部或部分资料以 ZIP 格式压缩起来，供其以后快速浏览这个网站。

2.2.4　网络教育信息资源的管理与存储

随着时间的推移，计算机中积累的素材、资料会越来越多，为了日后查找使用方便，对下载的资源要做好管理与存储的工作。构建一个结构合理、层次清晰的文件夹系统，是一种比较好的方法，图 2-6 所示即为一个学科教师所建的资源管理文件夹系统。这样，当在网络上发现了一个比较好的素材或其他资源时，或者设计了一份教学设计，编写了一套试题或撰写了一篇论文时，就可以将其以紧扣内容主题的文件名来命名，分别归纳到相应的文件夹中。

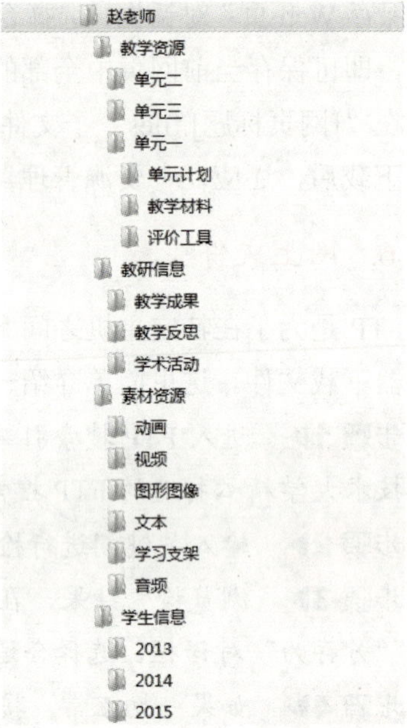

1. 建立个人资源管理文件夹

由于教学资源形式的多样性和数量的无限性，我们需要大量地检索和下载网络资源，为了充分有效地利用这些资源，要对资源进行及时评估、分类和保存。

图 2-6　赵老师的"信息化教学资源中心"

有目的地创建个人教学资源中心，可提高工作效率和方便利用网络教育信息资源。教育资源中心的存储目录要有清晰的分层机构，使下载的信息资源能分门别类地存放到相应的文件夹下，确保资源有序存放，切忌随意乱存，以保证在需要时能进行高效的检索和提取。

课堂互动

　　请同学们认真观察图 2-6 中赵老师的"信息化教学资源中心"文件夹样例，分析一下赵老师是如何组织和管理自己的信息化教学资源的。通过观摩和分析，请同学们思考并一起讨论，这种管理方法的优点及缺陷。然后在电脑上创建自己的个人信息化教学资源中心，并根据自己的喜好去发展和完善该中心。但需确保信息化教学资源中心达到以下要求。

　　① 结构合理，便于搜索管理。

　　② 为每个素材和作品起一个有意义的名字，以便日后使用。

　　③ 内容丰富，有一定的容量。

2. 建立自己的网络储存空间

当我们积累了大量的教学资源后，就需要将它们合理保存，保存的目的是在使用的时候能够快速、准确地查询到相关内容。除了可以保存在自己计算机中之外，为了方便使用，还可以建立网络硬盘进行在线存储。保存在本地的好处是较为安全，断网的时候也能查看，保存在网络硬盘的好处是只要能上网就能查看，而且便于分享与交流。

网络硬盘，又称为网络 U 盘、网盘、云盘等，是一些网络公司推出的在线存储服务，向用户提供文件的存储、访问、备份、共享等文件管理功能，使用起来十分方便。它是一种不花钱的移动硬盘。用户可以把网盘看成是一个放在网络上的硬盘或 U 盘，不管你是在家、单位或是其他任何地方，只要能够联网，就可以管理、编辑网盘里的文件。不需要随身携带，更不怕丢失。

目前国内常用的网盘有百度云网盘、腾讯微云、360 云盘、乐视云盘、联想网盘、115 网盘、网易网盘等。上述网盘有些是免费的，有些则是收费兼免费的，用户可以根据需要选用。

用户在选用网盘时应当慎重，因为一些免费网盘的存活期比较短。用户重要的文件资源最好在上传后进行备份，以免网盘提供商停止服务后，造成用户文件永久性的丢失。

2.2.5　网络教育信息资源的分享与交流

除了管理好自己的网络教育信息资源外，教师还应更新观念，树立开放、协作与交互的观念，特别是通过网络加强分享和协作。社会性软件作为增加网上交流的工具，极大地促进了网络教育信息资源的交流与利用，为实施网络教育提供了有利的条件。

近年来，社会性软件在教育、教学领域的应用日益深入，提供了友好的学习支持，延伸了学习的空间，丰富了学习资源，实现了知识共享，激发了知识创新。同时，社会性软件的应用也促进了学习者信息处理能力、分享和协作能力的培养，因此受到了广泛的关注。

社会性软件能够促进网络教育资源的分享与交流的原理在于：Internet 应用模式正在从传统的"人机对话"逐渐转变为"人人对话"。传统的个人软件主要是让计算机完成文档处理或者获取信息，而社会性软件的功能主要是通过网络实现人与人的交流。人们在使用普通软件时，会感觉到正在使用一种工具。但在使用社会性软件时，人们感觉到的或者关注的是社会关系，这种转变使得网络上的教与学的系统有了极大的发展。

学习者应用社会性软件，可以实现信息的过滤、整理、分类、归纳、积累和分享，有助于个人知识的重构和知识在群体中的传递，并促进新知识的产生。在这一过程中，社会软件不仅实现了知识的积累，还实现了学习方法的改进、学习能力的提高。在利用协作工作空间后，可以实现观点交流、文件共享和协同作业。

典型的社会性软件有博客（Blog）、维客（Wiki，支持多人协作的写作工具，例如百度百科、维基百科等都是 Wiki 技术的应用）、社会性网络服务（如 Facebook、微信、QQ 群）、"问—答"服务平台等。

1. 博客

中文"博客"一词，源于英文单词 Blog/Blogger。Blog，是 Weblog 的简称。Weblog，其实是 Web 和 Log 的组合词。Web 展开来说就是 World Wide Web，意即互联网；Log 的原义则是"航海日志"，后指任何类型的流水记录。综合来说，Weblog 就是在网络上的一种流水记录形式或者简称"网络日志"。

从形式上来讲，Blog 就是一个网页，它通常由简短且经常更新的帖子（Post）所构成，这些张贴的文章都按照年份和日期倒叙排列。博客存在的方式一般有三种类型：一是托管博客，无需自己注册域名、租用空间和编制网页，博客们只要去免费注册申请即可拥有自己的博客空间，是最"多快好省"的方式。二是自建独立网站的博客，有自己的域名、空间和页面风格，需要一定的条件。三是附属博客，将自己的博客作为某一个网站的一部分（如一个栏目、一个频道或者一个地址）。这三类博客之间可以演变，甚至可以兼得，一人个可以创建多种博客网站。

能申请个人博客的网站比较多，新浪、网易、搜狐、腾讯都有自己的博客空间，此外，还有博客中国、博客大巴等专门的博客网站也可以申请个人博客。学习者可以根据自己的上网习惯和网络人际交流习惯建立自己的博客天地，利用博客来记录、反思自己的教育、学习活动，方便相互交流与学习。

课堂互动

请同学们通过搜索引擎来检索一些优秀的教育博客，直观了解优秀教育博客的特点和应用，在搜索观察中，与同学讨论，将你们认为比较优秀的教育博客推荐给其他同学，并说出推荐理由。

2. 百度百科

"百度百科"是百度公司推出的一部内容开放、自由的网络百科全书，是一份涵盖各领域知识的中文信息收集平台。它本着平等、写作、分享、自由的互联网精神，充分调动互联网用户的力量，汇聚上亿用户的头脑智慧，其中不乏专家、学者，所有人共同协作编写百科全书，让知识在一定的技术规则和文化脉络下得以不断组合和拓展，为用户提供一个创造性的网络平台。

与传统的百科全书相比，"百度百科"具有搜索便捷、条目涵盖面广、内容丰富且通俗易懂等诸多优势。它省去了用户去图书馆翻书的繁琐。在教育教学中，合理利用"百度百科"，可以很好地弥补学生知识面狭窄、理论不足的劣势，增加对理论性知识的理解，让学生在动手的同时明白原理，实现手脑全面发展；百科条目语言通俗，解释图文并茂，浅显易懂，对于学生来说无疑是一大福音；而且百科条目涵盖面极其丰富，足以满足学生的知识需求。

经典案例

《计算机基础》课程中的百度百科应用

计算机是一个庞大的系统，涉及诸多 IT 技术及电路知识，仅依靠教材和教师获取知识显然不够。而且，随着科技的飞速进步，硬件发展日新月异，教材的滞后性需要通过其他知识途径弥补。

① 课程开始前，教师可以布置预习作业：根据教材相关内容，依托"百度百科"平台查找相关条目，初步了解计算机各硬件概念及参数。

学生可以登录百度百科页面，搜索"显卡"。根据目录，学生可以有针对性的阅读。在简介位置可以看到百度百科对"显卡"进行了简单介绍；"分类"则对"核芯显卡""集成显卡""独立显卡"做了简单介绍。下面还有更为详细的品牌与参数信息，清晰而全面的条目让学生对于"显卡"有了足够的理解。

② 课程过程中，可能教材上关于"显卡"的示例已经落后了，结合"百度百科"的介绍，学生可以了解主流的一些显卡品牌与产品。

③ 课后，教师可以提出课后问题，引导学生运用"百度百科"获取答案。对于"百度百科"上不尽如人意的、或者自认为不完善的地方进行编辑修改。

在教学过程中，全面整合各种教学资源，善于在信息时代的今天挖掘检索优秀的教学资源，是对教师信息素养的基本要求。

当然，"百度百科"也不尽完美，开放的编纂制度使其权威性不足、各条目水平参差不齐。我们还可以尝试对自己所属专业的相关条目进行增补和修正。

3. "问—答"服务平台

"问—答"服务（Answer-Service）平台是一个基于网页的问题解决工具，任何人都能通过这个基于网页的服务系统提出问题，等待热心的访问者留下他的答案。国内为公众服务的"问—答"平台，有新浪"爱问"，百度知道等。

"问—答"服务的主要作用体现在以下几个方面。

① 当学生提出问题后，教师在网站上留下答案。当其他学生遇到类似问题时，就不必让教师重复回答了，只需在网站上搜索即可看到正确的回答。

② 如果问题的答案不是很完整，其他教师可以在网站上补充。

③ 老师和学生都可以参与到问题的回答中来。

④ 学生在家学习需要提问时，"问—答"服务能比电话或其他即时通信工具更好地帮助学生。

实践活动

【训练目的】

掌握使用专业学术数据库的方法检索所需网络教育信息资源的技巧，管理、存储、分享与交流网络教育资源的方法。

【训练环境】

能够连接 Internet 的多媒体计算机。

【训练内容】

利用超星数字图书馆检索所需的电子书；利用百度文库（或百度学术）下载电子书；在百度云上建立自己的个人信息化教学资源中心；分享保存的电子书链接。

【训练任务】

1. 利用超星数字图书馆检索电子书

按照以下步骤，检索一本与专业相关的电子书。

① 下载安装超星阅读器，下载地址：http://ssreader.chaoxing.com/。

② 启动超星阅读器，进行新用户注册。注册完成后，登录电子书店：http://book.chaoxing.com/。

③ 选择合适的关键词查找自己专业所需的电子书，如无目标则可对《计算机基础》进行检索。

2. 利用百度文库（或百度学术）下载图书文档

按照以下步骤，使用百度文库下载一篇文档。

① 注册一个百度账号。

② 在百度产品大全（http://www.baidu.com/more/）中找到百度文库或百度学术，在百度文库或百度学术的搜索框中输入关键词搜索需要的文档，如对《计算机基础练习题》进行检索并下载。

3. 利用百度云保存电子书文档

回到百度产品大全，进入百度网盘（即百度云下的网盘功能），如图 2-7 所示。

图 2-7　百度云

① 进入网盘后，单击"新建文件夹"按钮，建立以自己名字命名的文件夹，作为自己的"个人信息化教学资源中心"。

② 在以自己名字命名的文件夹中，按照图 2-6 的例子，认真设计并新建"个人信息化教学资源中心"的框架。

③ 在"个人信息化教学资源中心"合适的层级中上传之前下载好的电子书。

4. 分享百度云的资源链接

利用百度云的分享功能分享网盘中电子书的资源链接。

① 进入自己的"个人信息化教学资源中心"。找到电子书，选中文件左侧的复选框，然后单击上方的"分享"按钮。

② 在弹出的页面中，选择你要分享的渠道或方式，将电子书分享给同学。

本章小结

本章首先介绍了网络教育信息资源的相关概念。通过对网络教育资源所涵盖的内容、特点与分类的讲解，让大家对网络教育资源的概念有了一个准确的定位。然后从网页搜索引擎、FTP 或 P2P 搜索引擎两个方面介绍了普通信息资源的检索及利用，其后还大致罗列了国内外较为著名的专业学术数据库，让大家能够掌握一些对普通信息资源和专业学术数据库进行检索和利用的技巧。随后还介绍了各种网络教育资源的下载方法、网络教育资源的管理与存储方法、网络教育资源的分享和交流方法，强化我们运用网络教育资源的手段，为教育信息化提供坚实的基础和条件。

本章习题

一、选择题

1. 教学设备属于教育资源的（　　）。

　　A. 物质资源　　　　　　　　B. 人力资源

　　C. 信息资源　　　　　　　　D. 以上都不对

2. 超星数字图书馆的收录年限为（　　）。

　　A. 1907 年至今　　　　　　　B. 1997 年至今

　　C. 2007 年至今　　　　　　　D. 1097 年至今

3．下列选项中，能快速转换 PDF 文件格式的小工具是（　　）。

A．Acrobat Reader　　　　　　　B．RealPlayer

C．Offline Explorer　　　　　　　D．Solid Converter

二、填空题

1．网络教育资源包括网络教育_____、网络教育_____、网络教育_____和网络教育_____。其中，网络教育_____是核心。

2．网络教育信息资源主要包括各类_____、网络题库、_____、_____、网络课程、教学案例、常见问题解答、资源目录索引、文献资料等。

3．由于网络信息资源具有信息量大、传播广、缺乏统一的组织和管理、良莠不齐等特点，所以在网络信息检索中，常常要借助于_____来帮助我们检索过滤。

4．网络教育信息资源具有广泛性、共享性、_____、_____、_____、_____六大特征。

三、简答题

1．按资源的组织形式分类，网络教育信息资源有哪几种基本类型？

2．简述百度百科与学术数据库的联系与区别。

3．网络信息检索工具有哪两类？它们的优缺点分别是什么？

4．社会性软件能够促进网络教育资源的分享与交流的原理是什么？

第 3 章

多媒体素材的获取与处理

本章导读

在教学过程中，多媒体素材用于呈现教学内容的各种数据，是承载网络教育信息资源的基本单位，没有对多媒体素材的获取与处理，也就无从谈起进行多媒体教学。多媒体素材以其生动形象的知识展示形式，大大方便了教师的信息化教学，加强了教学效果。因此，制作多媒体素材是多媒体在教学应用中的一项极为重要的工作。常见的多媒体素材主要有文本素材、图形素材、音频素材和视频素材，本章将为大家介绍这几种素材的获取和处理方法。

学习目标

- 认识文本素材并掌握获取和处理文本素材的方法
- 认识图形、图像素材并掌握获取和处理图形、图像素材的方法
- 认识音频素材并掌握获取和处理音频素材的方法
- 认识视频素材并掌握获取和处理视频素材的方法

3.1 获取与处理文本素材

3.1.1 认识文本素材

文本在多媒体应用系统中作为重要的媒体形式而被广泛应用。下面将对文本素材的概念及类型进行介绍。

1. 文本素材的概念

文本素材是由字符、数字和汉字组成的文本。

在计算机中，西文字符最常用的编码是 ASCII 码（美国信息交换标准代码）。它用 7 位二进制数进行编码，可以表示 2^7 即 128 个字符，其中包括数字字符 0～9、大小写英文字符、运算符号、标点符号、标识符号和一些控制符号。在计算机中存储时，一个西文字符占用 1 个字节。

汉字字符在计算机中也是以编码形式处理的，汉字输入用输入编码（如各种汉字输入法），汉字存储用机内码，汉字输出用字型码。在计算机中存储时，一个汉字占 2 个字节。

2. 文本素材常见的文件类型

文本素材的文件类型是指在计算机中存储文本文件的格式，下面介绍常见的文本文件格式。

➢ **TXT 格式**：纯文本文件，可使用 Windows 系统的"记事本"程序进行编辑和存储。纯文本文件除了换行和回车外，不包括文字的任何格式信息，如字体、大小、颜色、位置等。纯文本文件的通用性很强，在大多数文字处理软件和多媒体开发软件中均可直接使用（打开或导入等）。

提 示

　利用纯文本文件不包含任何格式信息的特点，可以方便地用它清除文本的格式信息。例如，如果将网页上的文本直接复制到 Word 等文字处理软件中，往往会带有一些不需要的格式符号，不方便编辑。因此，可首先将这类文本复制到"记事本"等纯文本程序中以转换为纯文本，然后再将纯文本复制到 Word 中。

➢ **DOC 和 DOCX 格式**：文字处理软件 Microsoft Word 默认使用的文件格式。其中，DOC 为 Word 2003 及以前版本使用；DOCX 为 Word 2007 及以后版本使用。这两种格式的文件除可包含文本和各种排版格式外，还可包含图片、自选图形、表格、图表和超链接等信息。DOC 和 DOCX 是目前最常用的文本文件格式。

提　示

　　使用 Word 编辑的文档也可以存储为 TXT、HTML、RTF 等格式，只需在保存时选择相应的保存类型即可。同样，也可以直接在 Word 中打开这些格式的文档。需要注意的是，在 Word 2003 或以前的版本中不能打开 DOCX 格式的文件，但可使用 Word 2007 或以后的版本打开 DOC 格式的文件。

- ➤ **RTF 格式**：Windows 的"写字板"程序默认使用的文件格式，在该格式的文档中可以包含文本、图片和超链接等信息。RTF 格式的文件被许多文字处理软件和多媒体开发软件支持，如 Word 和 Authorware 等。
- ➤ **WPS 格式**：金山 WPS 文字处理软件默认使用的文件格式。
- ➤ **HTML 格式**：HTML 是超文本标记语言的简称，这是一种网页文档格式，其最大的特点是使用各种标记来表示文档的结构和组成元素。
- ➤ **PDF 格式**：由 Adobe 公司开发的一种电子文档格式。PDF 格式的优点是它可以将文字、图形、图像等封装在一个文件中。该格式文件还可以包含超链接、声音和动态影像等信息。

提　示

　　各种格式的文本文件可通过一定的方法相互转换。例如，要将 DOC 格式的文件转换成 RTF 格式，可先使用 Word 打开该文件，然后执行"另存为"命令，在打开的"另存为"对话框的"保存类型"下拉列表中选择"RTF 格式"，单击"保存"按钮即可。

3.1.2　获取文本素材

　　获取文本素材的方法主要有通过键盘输入、通过扫描识别获取、通过网络下载获取，以及将 PDF 转换为 Word 文档等，下面分别进行介绍。

1. 通过键盘输入

　　键盘输入是传统的也是主要的获取文本素材的手段，如图 3-1 所示。计算机的通用键盘源自传统的打字机，本身是为英文字母的键入而设计的，因此，如果要输入英文字母和符号，直接敲击相应的按键即可。但如果要输入汉字，则需要通过输入编码（汉字输入法）进行输入。

图 3-1　键盘输入

汉字的三个要素是形、音、义，因此，汉字的输入编码主要分为形码（如五笔字型输入法）和音码（如微软拼音输入法、搜狗拼音输入法）两大类。

汉字输入法种类繁多，而且新的输入法还在不断涌现，功能在不断增强。例如，搜狗拼音输入法除不仅可以通过输入全拼、简拼方式输入汉字外，还可以结合汉字的词义与语义特性，进行词汇与整句等的智能化输入。

拓展阅读

手写输入

手写输入法是一种用特制的感应书写笔，在与计算机接口相连的手写板（见图3-2）上书写文字来完成文字输入的方法。手写输入法符合人们用笔写字的习惯，只要将手写板接入计算机，在手写板上按平常的习惯写字，计算机就能将其识别出来，显示在文字录入窗口中。

手写识别输入的优点是不用专门学习训练，即写即得；缺点是潦草的字迹会影响识别率，导致输入结果不是很精确。

图 3-2　手写板

语音输入

语音输入法是将声音通过话筒输入计算机后直接转换成文字的一种输入方法。利用语音识别技术，计算机能迅速、自然地把读入计算机的声音信息转换成计算机中的文本。

语音输入法在硬件方面要求计算机必须配备能正常录音的声卡和录音设备（如麦克风），在软件方面需要安装语音识别软件。目前较好的语音识别软件有 IBM 公司的 ViaVoice。

2. 通过扫描识别获取

在实际应用中，当需要将印刷品中的大量文字输入计算机时，如果仍用手工录入，无疑会浪费时间，而利用扫描仪＋OCR 识别输入可以大大加快文字录入速度，提高工作效率。

OCR 是光学字符识别技术的英文缩写。扫描仪＋OCR 识别输入就是将印刷品上的文字以图像的方式扫描到计算机中，再用 OCR 软件将图像中的文字识别出来，并转换为文本格式的文件。被扫描的原稿印刷质量越高，识别的准确率就越高。如果原稿的纸张较薄，那么有可能在扫描时将纸张背面的图形、文字也透射过来，干扰最后的识别效果。

提　示

需要注意的是，扫描仪本身并没有文字识别功能，它只能将文稿扫描到计算机中后以图片的方式保存，文字识别则由 OCR 软件处理完成。

经典案例

使用捷速 OCR 文字识别软件进行图片识别输入

下面是使用捷速 OCR 文字识别软件对图片进行文字识别输入的操作，步骤如下。

① 安装捷速 OCR 文字识别软件后，利用"开始"菜单启动捷速 OCR 软件，在其工作界面中单击"从图片读文件"按钮，如图 3-3 所示。

② 在打开的"打开"对话框中选择本书配套素材"素材与实例"＞"第 3 章"文件夹中的"图像识别素材.tif"图像素材，并单击"打开"按钮，如图 3-4 所示。

图 3-3　单击"从图片读文件"按钮　　　　图 3-4　打开图像素材

③ 打开图像素材后，它会显示在捷速 OCR 文字识别软件的窗口中，此时可单击捷速 OCR 文字识别软件"主页"选项卡中的"识别"按钮，识别出来的结果如图 3-5 所示。

④ 识别转换完成后，可在文本编辑区进行文字校对，检查识别转换是否有误，如果有错，可将光标移至识别有误的文字左侧，然后通过校对栏选择候选字；在文本编辑区内还可以进行文字编辑，以及完成诸如删除、修改文字等操作。

⑤ 单击"主页"选项卡中的"Word"按钮，会自动启动 Word，新建一个 Word

文档并将文字识别结果拷贝到 Word 文档中。单击"图片"按钮，会打开"另存为"对话框，设置保存路径、文件名和保存格式，即可将文字识别结果保存为图片，如图 3-6 所示。

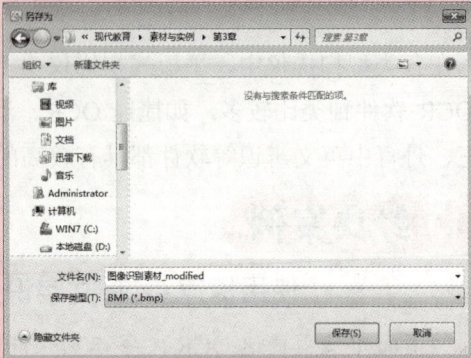

图 3-5 识别图像   图 3-6 将文字识别结果保存为图片

提 示

用户也可以使用扫描仪扫描印刷品资料，将扫描仪连接到计算机，将印刷品资料整齐地放入扫描仪中，然后启动捷速 OCR 文字识别软件，并单击"从扫描仪读取文件"按钮，然后设置扫描参数并进行扫描，再单击"主页"选项卡中的"识别"按钮，即可进行文字识别。

3. 通过网络下载获取

通过庞大的互联网，我们可以找到不同类型的素材，文本素材也可以在互联网中找到。但必须注意的是，有些互联网中的文本素材是有版权的，这样的文本素材是不能随意使用的，否则可能会受到法律的追究。对于可以使用的文本素材，可以通过框选将其选中，然后通过复制、粘贴操作，将其复制到文本编辑软件中进行编辑处理。

4. 将 PDF 转换为 Word 文档

互联网中的文本素材有些是 PDF 格式的，这种格式的文本素材通常只能浏览而无法复制。若想使用 PDF 文件中的文本素材，可利用 PDF to Word Converter 软件，将其转换为 Word 文档，具体步骤如下。

步骤1▶ 安装 PDF to Word Converter 软件后，双击桌面上的快捷图标，启动 PDF to Word Converter，打开其工作界面，如图 3-7 所示。

步骤2▶ 单击"点击这里添加 PDF 文件"按钮，在打开的"选择要转换的文件"对话框中选择要转换的 PDF 文件，并单击"打开"按钮，如图 3-8 所示。

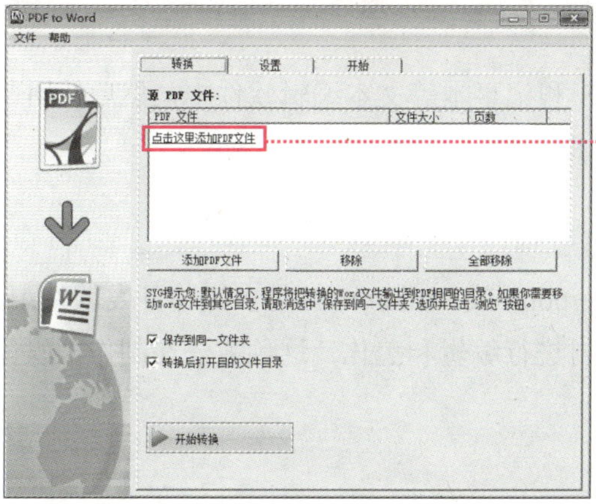

图 3-7　PDF to Word Converter 工作界面 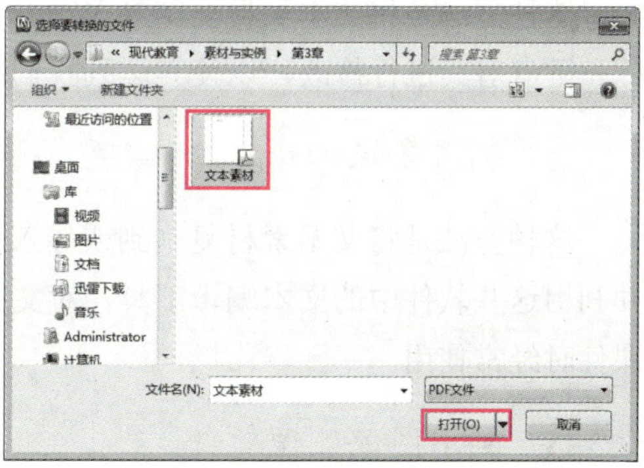　　　　　图 3-8　选择要转换的 PDF 文件

步骤 3▶　　勾选 PDF to Word Converter 工作界面下方的"保存到同一文件夹"复选框，并单击"开始转换"按钮  ，等待一段时间后会弹出一个对话框，单击"确定"按钮，即可将所选 PDF 文件转换为 Word 文档，如图 3-9 所示。

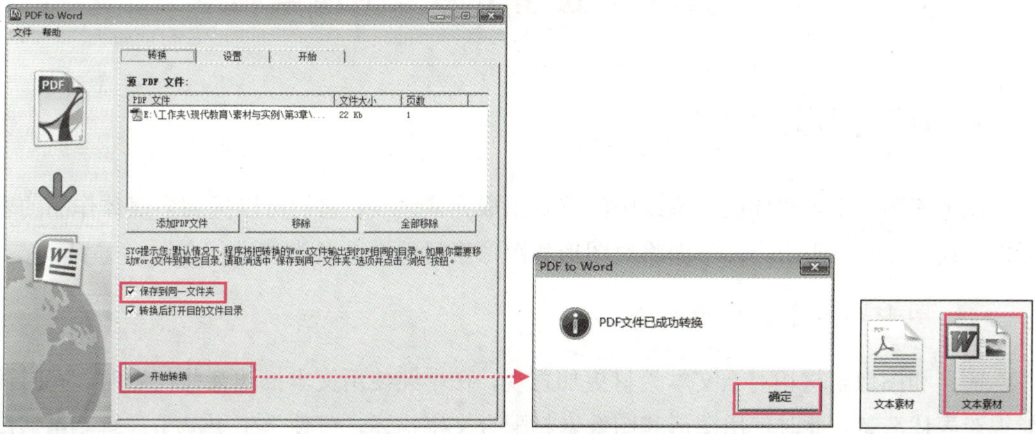

图 3-9　将 PDF 文件转换为 Word 文档

3.1.3　处理文本素材

互联网中的资源虽然庞大，但有时找到的文本素材并不能完全满足我们的需要，此时可以对文本素材进行编辑处理，以使其满足我们的需要。处理文本素材主要包括编辑文本、设置文字属性、设置段落属性、美化文本和转换文本格式等方面。下面介绍几种编辑处理文本素材的常见方法。

1. 利用文字处理软件

这种方法是将文本素材复制到 Word、WPS 和记事本等文本编辑软件中，然后使用鼠标和键盘对其进行修改，以使其达到我们的要求。

2. 利用多媒体开发工具

这种方法是将文本素材复制到或导入 Powerpoint 或 Authorware 等多媒体开发软件中，并利用这些软件中的文本编辑工具，对文本素材进行编辑和美化。这种方法在制作多媒体课件时经常使用。

3. 利用图像处理软件

这种方法是将文本素材复制到 Photoshop、Coreldraw 或 Illustrator 等图像编辑软件中，对其进行编辑和美化，然后保存或导出为图像文件。这样文本的显示就可以不受计算机中字库等因素的限制。

3.2 获取与处理图形、图像素材

3.2.1 认识图形、图像素材

图形和图像是多媒体应用系统中的重要组成元素之一，它们可以提高多媒体作品的表现力，使其更具有吸引力。下面将对图形和图像素材的概念及类型进行介绍。

1. 图形和图像素材的概念

图形和图像素材相对于文本素材更加直观，在单纯使用文本描述某些问题时，有时可能很难表述清楚，此时使用图形和图像素材配合文字描述，可使学生更易于理解。虽然图形和图像的作用相同，但它们之间具有明显的区别。严格地说，位图被称为图像，矢量图被称为图形，下面分别进行介绍。

（1）位图

位图又称为点阵图，它是由许多细小的色块组成的，每个色块就是一个像素，每个像素都有特定的位置和颜色值。在处理位图图像时，用户编辑的实质上是像素。

日常生活中，我们所拍摄的数码照片、扫描的图像都属于位图。与矢量图相比，位图具有表现力强、色彩细腻、层次多且细节丰富等优点。位图的缺点是受到分辨率的限制，放大后会失真，如图 3-10 所示。此外，在保存位图图像时，由于需要记录每个像素的位置和色彩信息，所以占用的存储空间也较大（与分辨率有关）。

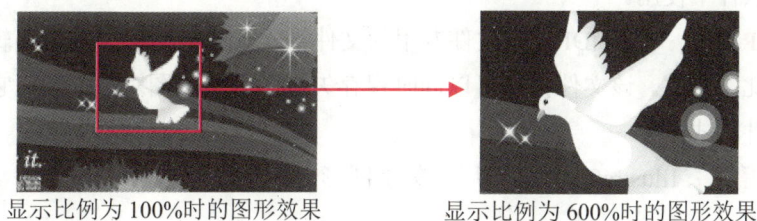

显示比例为100%时的图像效果　　　　显示比例为400%时的图像效果

图 3-10　位图放大前后的效果对比

（2）矢量图

矢量图是使用直线和曲线定义的图形，如点、线、矩形、圆和弧线等，并可通过设置这些对象的属性来得到图形的外观。矢量图形一般是在计算机中使用绘图软件绘制得到的，典型的矢量图形绘制软件有 Illustrator、CorelDRAW 和 AutoCAD 等。此外，Photoshop 中的钢笔工具、形状工具等都是与矢量图形有关的功能。

矢量图具有占用存储空间小、任意缩放都依然清晰（与分辨率无关）的优点，常用于设计标志、插画、卡通和产品效果图等。矢量图的缺点是色彩单调，细节不够丰富，无法逼真地表现自然界中的事物。如图 3-11 所示为矢量图放大前后的效果对比。

显示比例为100%时的图形效果　　　　显示比例为600%时的图形效果

图 3-11　矢量图放大前后的效果对比

提　示

由于计算机的显示器只能在网格中（像素组成的网格）显示图像，因此，无论是矢量图形还是位图图像，在屏幕上均显示为像素。

2. 图形、图像素材常见的文件类型

图形、图像在多媒体作品中的应用非常广泛，为了适应不同方面的应用，图形、图像可以以多种格式进行存储。下面是一些常见的图形、图像格式。

➢ **PSD 格式**：Photoshop 专用的图像文件格式，可保存图层、通道等信息。其优点是保存的信息量多，便于修改图像；缺点是文件较大。

➢ **BMP 格式**：Windows 操作系统中"画图"程序的标准文件格式，此格式与大多数 Windows 和 OS/2 平台的应用程序兼容。由于该格式采用的是无损压缩，因此，其优点是图像完全不失真，缺点是图像文件的尺寸较大。

- ➤ **JPEG 格式：** JPEG 能以很高的压缩比例来保存图像（可选择压缩比例）。虽然它采用的是具有破坏性的压缩算法，但图像质量损失不多，通常用于存储自然风景照、人和动物的各种彩照、大型图像等。但是，该格式不适用于保存包含较小文字的图像。否则，将导致图像中的字迹模糊。

- ➤ **GIF 格式：** GIF 格式为 256 色的图像，其特点是文件尺寸较小，支持透明背景，特别适合作为网页图像。此外，还可以制作 GIF 格式的动画。

- ➤ **PNG 格式：** PNG 格式可以在不失真的情况下压缩保存图像，并且支持透明背景和消除锯齿边缘的功能。

- ➤ **TIFF 格式：** 一种应用非常广泛的图像文件格式，可以保存图层、通道和透明信息等，几乎所有的扫描仪和图像处理软件都支持它。

- ➤ **PDF 格式：** PDF 格式是由 Adobe Acrobat 软件生成的文件格式，该格式可以保存多页信息，其中可以包含图形和文本。此外，由于该格式支持超级链接，因此是网络信息交流中经常使用的文件格式。

- ➤ **WMF 格式：** 一种矢量图形文件格式，文件尺寸很小，可以在 CorelDRAW、Illustrator 等软件中使用。

- ➤ **CDR 格式：** CorelDRAW 软件专用的文件格式，其他图形、图像编辑软件无法编辑此类文件。该文件格式可以同时保存矢量图形和位图对象，因而它是一种混合文件格式。

- ➤ **AI 格式：** Illustrator 软件专用的矢量图形文件格式。

3.2.2 获取图形、图像素材

　　获取图形、图像素材的途径主要是通过购买素材光盘、到网上下载或使用绘图软件绘制。此外，还可利用抓图软件抓取电脑显示屏幕上的图像，或通过扫描仪或数码相机获取，以及从视频中提取等方式获取图像素材。

1. 从网上下载

　　浏览网页时，可以利用右键快捷菜单中的"图片另存为"命令将需要的图片保存在电脑中。此外，网上有许多提供图像素材的网站，如素材中国（www.sccnn.com）和素材天下（www.sucaitianxia.com）等，用户可直接从这些网站下载需要的素材。

2. 利用数码相机拍摄

　　可以利用数码相机拍摄需要的照片，然后将数码相机与计算机连接，并将数码相机中的照片传输到电脑中。

3. 利用扫描仪扫描

利用扫描仪可以将印刷品上的图像扫描输入到电脑中。

4. 利用【Print Screen】键拷屏

按下键盘上的【Print Screen】键，可以将显示器当前显示的画面拷贝到剪切板中，将剪切板中的图像粘贴到 Windows 系统自带的画图工具或 Photoshop 等绘图软件中，即可对图像进行处理或保存。

5. 利用 SnagIt 软件捕获

SnagIt 是一款常用的抓图软件，如图 3-12 所示。单击"捕捉"按钮●或设置好的热键，即可按照指定方式（全屏幕、窗口、滚动窗口或区域等）抓取显示屏幕中的画面。

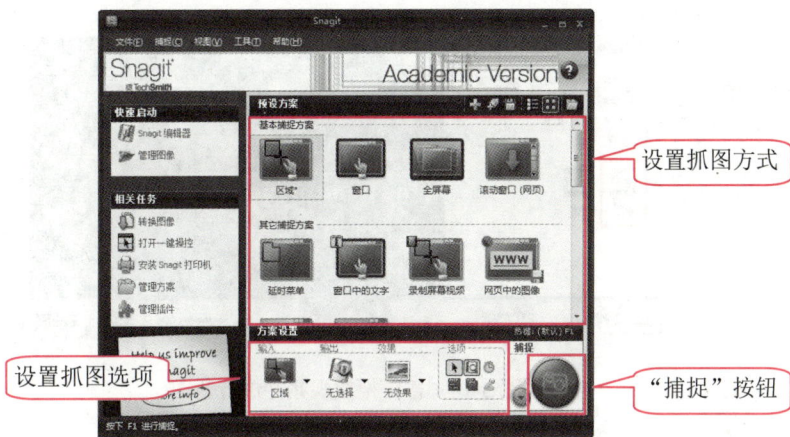

图 3-12　SnagIt 抓图软件

常用的抓图软件还有 HyperSnap、WinSnap、Screen Thief 和 Capture Professional 等。

6. 从视频中提取

在使用 QQ 影音、风雷影音和暴风影音等播放器播放视频的时候，可以将正在播放的画面保存为图像。下面以使用暴风影音播放器提取图像为例，介绍从视频中提取图像素材的方法。

步骤1▶　安装并启动暴风影音播放器，单击播放器播放窗口中的"打开文件"按钮，打开本书配套素材"素材与实例" > "第 3 章"文件夹中的"汽车鉴赏片头.mp4"视频文件，如图 3-13 所示。

步骤2▶　开始播放视频后，当播放器播放到想要提取图像的位置时，单击"暂停"按钮▮▮暂停播放视频，然后单击播放器左下方的"工具箱"按钮📷，在弹出的对话框中单击"实用工具"列表中的"截图"按钮▣，即可将播放器播放窗口中的当前画面复制到剪切板中，如图 3-14 所示。

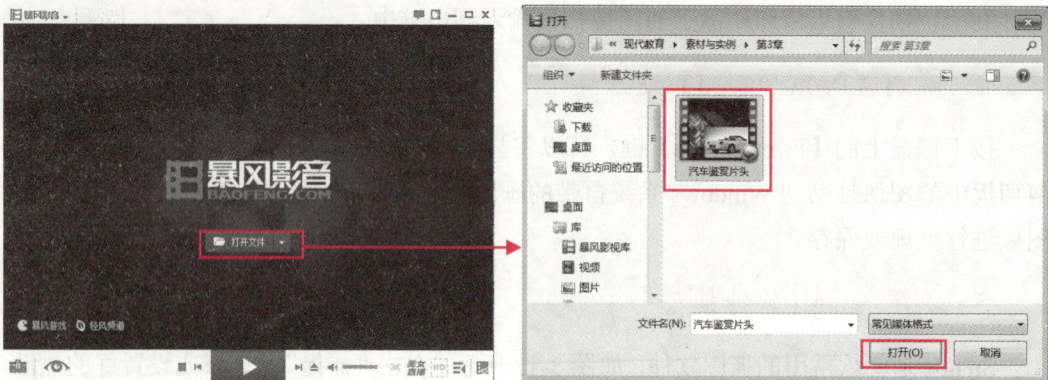

图 3-13　启动暴风影音并打开视频文件

图 3-14　暂停播放视频并进行截图

步骤 3▶ 将剪贴板中的图像粘贴到 Word 文档或图像处理软件中，即可对提取的图像进行编辑和保存。

7.　利用绘图软件绘制

利用绘图软件可以通过绘制的方式制作图形、图像素材，这需要操作者能够对绘图软件进行熟练的操作，还需要有一定的美术基础。目前用于绘制和处理位图的软件主要有 Photoshop、PhotoImpact、Fireworks、Paintshop 和 ACDSee 等；用于绘制和处理矢量图形的软件主要有 CorelDRAW、Illustrator 和 Flash 等。

3.2.3　使用 Photoshop 处理图像素材

Adobe Photoshop 简称"PS"，是一个由 Adobe 公司开发和发行的图像处理软件。Photoshop 可以说是当前最主流的图像处理软件，目前其最新版本为 Photoshop CC，下面以 Photoshop CC 为例，介绍使用 Photoshop 处理图像的方法。

1. 调整图像

获取图像素材后，经常需要调整图像素材的大小、角度和亮度等，有时还需要对图像进行裁剪，以去除不需要的部分。下面通过一个实例介绍调整图像素材的方法。

步骤1▶ 启动 Photoshop CC，选择"文件">"打开"菜单，打开本书配套素材"素材与实例">"第 3 章">"图像处理素材"文件夹中的"调整图像素材.jpg"图像素材，如图 3-15 所示。

步骤2▶ 选择"图像">"图像大小"菜单，在打开的"图像大小"对话框中将"宽度"设为"800 像素"，此时"高度"选项会自动发生变化，然后单击"确定"按钮，即可调整图像大小，如图 3-16 所示。

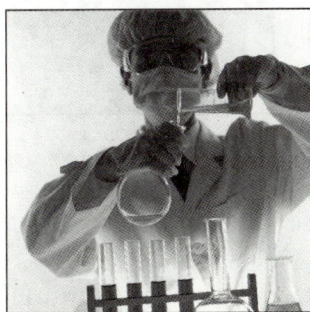

图 3-15　打开图像素材　　　　图 3-16　调整图像大小

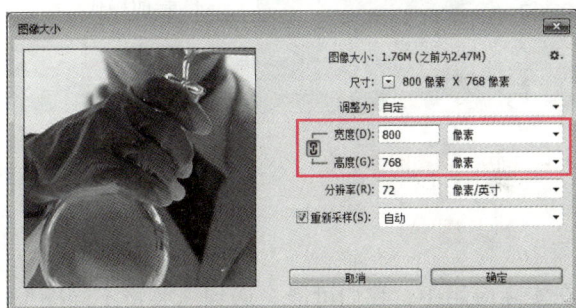

步骤3▶ 选择"图像">"调整">"亮度/对比度"菜单，可在打开的"亮度/对比度"对话框中设置图像的亮度和对比度（通过增加亮度和对比度，可使图像更加清晰，但数值不宜过大），例如将"亮度"和"对比度"选项都设为"10"，然后单击"确定"按钮，如图 3-17 所示。

步骤4▶ 由图 3-15 可以看出图像的角度有些倾斜，下面使用"裁剪工具" ◫ 调整图像的角度，并删除多余的部分。单击选择工具箱中的"裁剪工具" ◫，此时图像上会出现一个裁剪框，拖动裁剪框四条边线上的调节点可调整裁剪框的高度和宽度，例如拖动裁剪框左侧边线上的调节点调整裁剪框的宽度，如图 3-18 所示。

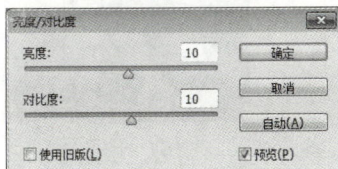

图 3-17　调整图像的亮度和对比度　　　　图 3-18　调整裁剪框宽度

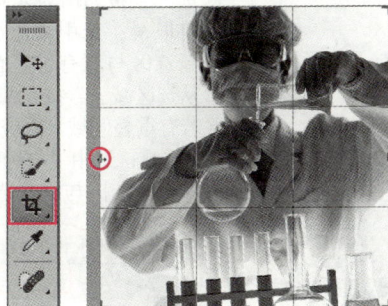

步骤 5▶ 拖动裁剪框四个边角处的调节点可调整裁剪框的角度，例如拖动裁剪框右上角的调节点，使裁剪框下方的边线与试管架平行，如图 3-19 所示。

步骤 6▶ 调整好裁剪框后，单击工具属性栏中的"确认"按钮✔，即可对图像进行裁剪，如图 3-20 所示。本例最终效果可参考本书配套素材"素材与实例" > "第 3 章"文件夹中的"调整图像效果.jpg"。

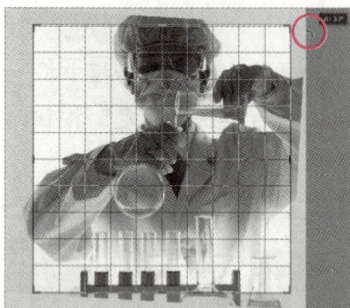

单击"复位"按钮🔄，裁剪框会恢复到最初状态；单击"取消"按钮⊘，会取消裁剪操作

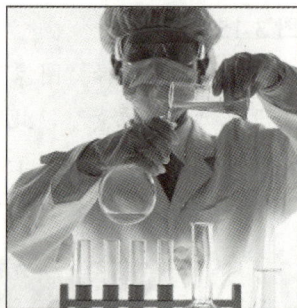

图 3-19　调整图像角度　　　　　　图 3-20　裁剪图像

2. 合成图像

在实际应用中，我们可能会遇到需要将不同图像中的对象添加到一幅图像中，以合成一幅新的图像的情况。Photoshop 提供了强大的选区工具和图层功能，利用它们便可以完成合成图像的操作。下面以制作一幅艺术化相片为例，介绍合成图像的方法。

步骤 1▶ 打开本书配套素材"素材与实例" > "第 3 章" > "艺术照素材"文件夹> "背景.jpg"、"人物 1.jpg"、"人物 2.jpg"和"花朵.jpg"图像文件。

步骤 2▶ 将"人物 1.jpg"图像置为当前窗口，选择"矩形选框工具"▣，在工具属性栏中设置"羽化"值为"50 像素"，如图 3-21 所示；然后在图像中拖动鼠标绘制图 3-22 所示的选区。通过为选区设置"羽化"值可以控制选区边缘的柔和程度。

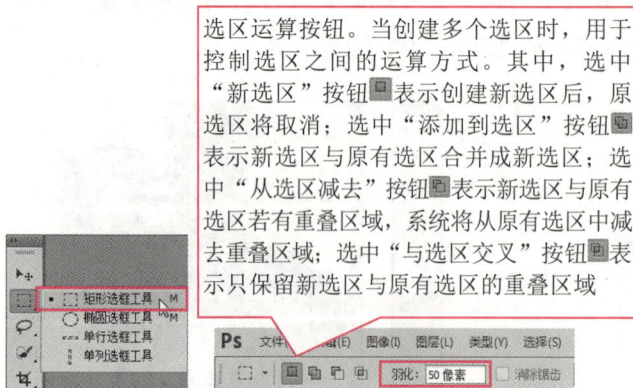

选区运算按钮。当创建多个选区时，用于控制选区之间的运算方式。其中，选中"新选区"按钮▣表示创建新选区后，原选区将取消；选中"添加到选区"按钮▣表示新选区与原有选区合并成新选区；选中"从选区减去"按钮▣表示新选区与原有选区若有重叠区域，系统将从原有选区中减去重叠区域；选中"与选区交叉"按钮▣表示只保留新选区与原有选区的重叠区域

图 3-21　选择选区制作工具并设置属性　　　　图 3-22　选取人物图像

步骤 3▶ 按快捷键【Ctrl＋C】将选区内图像复制到剪贴板，然后将"背景.jpg"图像置为当前窗口，按快捷键【Ctrl＋V】，将剪贴板中的图像粘贴到窗口中。再选择"移动工具" ，在图像上按住鼠标左键并拖动，将其移至窗口的右下方，效果如图 3-23 所示。

步骤 4▶ 此时在"图层"面板中会自动生成一个新的图层，双击"图层 1"的图层名称，将其重命名为"人物 1"，如图 3-24 所示。

图 3-23 将选取的人物图像复制到背景图像中　　图 3-24 重命名图层

提　示

　　在 Photoshop 中，图层是一个非常重要的功能。用户在编辑图像时，执行的所有操作都与图层有着密切的联系。我们可以将图层想象为透明的玻璃，每层玻璃上都有不同的画面，将多层玻璃叠加在一起就能构成一幅完整的图像。

　　在 Photoshop 中，每个图像都由一个或多个图层组成，图层与图层之间是相互独立的，当对当前图层（在"图层"面板中单击选中该图层）中的图像进行操作时，不会影响到其他图层，这就方便我们分别对图像的不同部分进行处理。此外，利用图层还可以制作各种特殊图像效果。

步骤 5▶ 将"花朵.jpg"图像置为当前窗口。选择"磁性套索工具" ，然后沿红心和花朵边缘移动鼠标，选出花朵和红心形图像，如图 3-25 所示。利用"磁性套索工具" ，系统会自动对光标经过的区域进行分析，找出图像中不同对象之间的边界，并沿着该边界制作出需要的选区。

步骤 6▶ 参考步骤 3 的操作，将选区内的图像复制到"背景.jpg"图像窗口，放在合适位置，如图 3-26 所示；参照步骤 4 的操作将新生成的"图层 1"重命名为"鲜花"。

步骤 7▶ 将"人物 2.jpg"图像置为当前窗口。选择"椭圆选框工具" ，在其工具属性栏中设置"羽化"为"50 像素"，然后在图像窗口绘制椭圆选区，框选人物上半部分图像，如图 3-27 所示。

步骤 8▶ 参考步骤 3 的操作方法，将选区内的图像复制到"背景.jpg"图像窗口中，并移至窗口的左上角位置。再参照步骤 4 的操作将新生成的"图层 1"重命名为"人物

2"，如图 3-28 所示。

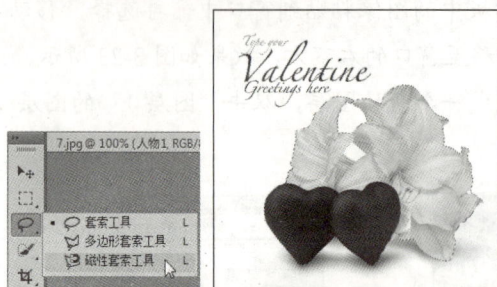

图 3-25　选取花朵和红心图像

图 3-26　将选取的花朵和红心图像复制到背景图像中

图 3-27　选取人物上半部分图像

图 3-28　重命名"人物 2"图层

步骤9▶　选择"横排文本工具"[T]，在其工具属性栏中将"字体"设为"隶书"，"字体大小"设为"60"，"文本颜色"设为"白色"，然后在"背景.jpg"图像窗口中单击并输入文本，如图 3-29 所示。

步骤10▶　在"图层"面板的文本图层上右击，在弹出的快捷菜单中选择"混合选项"菜单，如图 3-30 所示。

图 3-29　输入文本

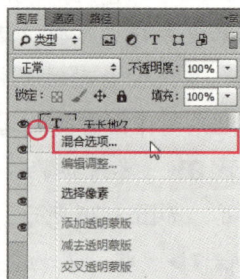

图 3-30　选择"混合选项"菜单

步骤11▶　在打开的"图层样式"对话框中勾选"外发光"和"投影"复选项，然后单击"确定"按钮，如图 3-31 所示；最终效果如图 3-32 所示。

步骤 12▶ 最后选择"文件">"存储为"菜单，在打开的"存储为"对话框中设置文件的保存路径和保存名称，单击"保存"按钮保存图像。本例最终效果可参考本书配套素材"素材与实例">"第 3 章"文件夹中的"合成艺术照.psd"。

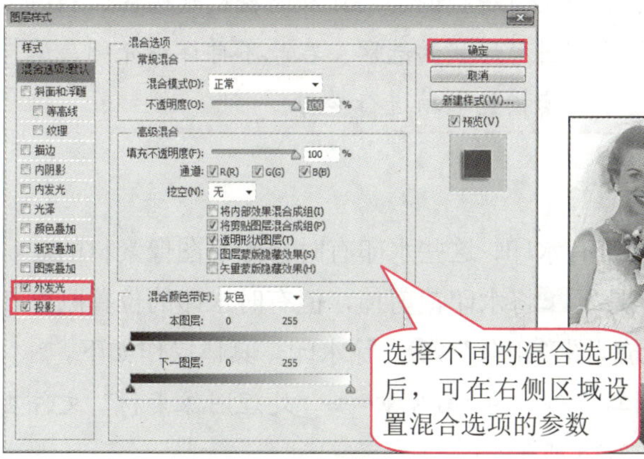

图 3-31　设置图层样式

图 3-32　最终效果

提　示

　　在图 3-25 所示的套索工具组中还有两个工具也是经常使用的选区制作工具。其中，利用"套索工具" 可创建任意形状的选区。选择该工具后，将鼠标光标移至希望选取的区域的合适位置，然后按住鼠标左键不放，沿要选取区域的轮廓移动鼠标光标，当到达起始点时释放鼠标即可创建选区。

　　利用"多边形套索工具" 可以定义一些像三角形、五角星等棱角分明、边缘呈直线的多边形选区。选择该工具后，在图像窗口中单击定义起点，再将鼠标光标移至另一点后单击鼠标定义第二点，依此类推，直至返回起点，当光标呈 形状时单击鼠标即可形成一个封闭的选区，如图 3-33 所示。

定义第二点　定义其他点　单击起始点　定义起始点

图 3-33　利用"多边形套索工具"创建选区

提 示

　　除了上面介绍的创建选区的方法外，利用"魔棒工具" 可以为颜色相近的区域创建选区；利用钢笔工具组中的工具可以通过创建和调整锚点及路径创建选区；利用几何图形工具组中的工具可以创建常见几何图形形状的选区。在此不再详细介绍，读者若想了解这些工具的具体使用方法，可阅读相关书籍进行学习。

3. 去除图像水印

　　从互联网中下载的图像素材通常都会带有水印，这些水印有时会影响图像素材的观赏性。通常可利用 Photoshop 中的"裁剪工具" 将水印裁剪掉，但有时水印的位置刚好在我们想要保留的位置上，此时可利用"仿制图章工具" 去除水印，具体操作如下。

　　步骤 1▶ 打开本书配套素材"素材与实例">"第 3 章">"处理图像素材"文件夹中的"去水印素材.jpg"图像素材，如图 3-34 所示。

　　步骤 2▶ 选择"仿制图章工具" ，在工具属性栏中设置笔刷为主直径为 172 像素的柔边笔刷，其他参数保持默认，如图 3-35 所示。

图 3-34　打开图像素材

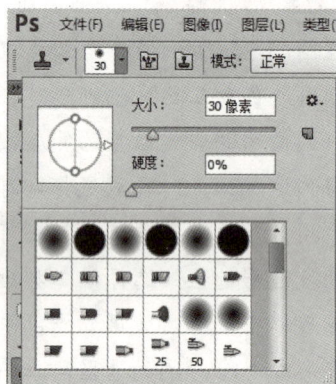

图 3-35　设置"仿制图章工具"笔刷

　　步骤 3▶ 在按住【Alt】键的同时，将光标移至水印周围，当光标呈⊕形状时，单击鼠标左键定义取样点，如图 3-36 所示。

　　步骤 4▶ 释放【Alt】键后，在水印图像上按住鼠标左键不放并拖动进行涂抹，此时取样点的图像被复制过来，并将水印图像覆盖，如图 3-37a 所示；应根据水印图像所在区域的不同，多次定义取样点和复制图像，直至图像素材中的水印被完全覆盖，最终效果如图 3-37b 所示。本例最终效果可参考本书配套素材"素材与实例">"第 3 章"文件夹中的"去水印效果.jpg"。

图 3-36 定义取样点

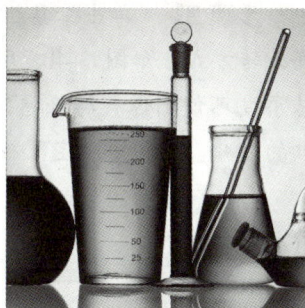

（a） （b）
图 3-37 覆盖水印

3.2.4 使用光影魔术手处理图像素材

光影魔术手是一款可以改善提升图像画质并进行效果处理的图像处理软件。它具有简单、易用的特点，不需要任何专业知识，就可以制作出专业胶片摄影的色彩效果，是摄影作品后期处理、图片快速美容，以及数码照片冲印整理的利器。下面通一个简单实例，介绍使用光影魔术手处理图像素材的方法。

步骤 1▶ 安装并启动光影魔术手，单击其工作界面上方工具栏中的"打开"按钮，打开本书配套素材"素材与实例"＞"第 3 章"＞"处理图像素材"文件夹中的"幼儿英语.jpg"图像素材，如图 3-38 所示。

图 3-38 启动光影魔术手并打开图像素材

步骤 2▶ 单击工具栏中的"尺寸"按钮，可在打开的对话框中设置图像的尺寸，例如将图像的宽度设为"1024 像素"，此时因为勾选了"锁定宽高比"复选框，所以图像的高度也随之发生变化，单击"确定"按钮，即可改变图像尺寸，如图 3-39 所示。

步骤3▶ 单击工具栏中"旋转"按钮图右侧的下拉按钮，可在展开的下拉列表中设置旋转方式，如图 3-40a 所示；单击"旋转"按钮图后在下方的"角度"编辑框中输入旋转角度可使图像旋转任意角度，若勾选"自动裁剪"复选框，则会自动删除超出矩形窗口的部分，单击"确定"按钮可确认旋转和裁剪，如图 3-40b 所示。

图 3-39　设置图像素材的尺寸　　　　　　图 3-40　旋转和裁剪图像素材

步骤4▶ 单击工具栏中的"裁剪"按钮，然后在下方的编辑框中设置宽度和高度，或者在图像窗口中按住鼠标左键并拖动拖出一个裁剪框，框选要保留的图像，然后单击"确定"按钮，即可裁剪图像素材，如图 3-41 所示。

步骤5▶ 在"基本调整"和"数码暗房"选项卡中，光影魔术手为用户提供了多种图像调整和艺术处理选项，通过这些选项可以制作出不同的图像效果。例如单击"基本调整"选项卡中"一键设置"选项组下的"自动美化"按钮，如图 3-42 所示。

在"数码暗房"选项卡中提供了胶片处理的不同艺术效果

利用"文字"选项卡中的选项可为图像素材添加文本

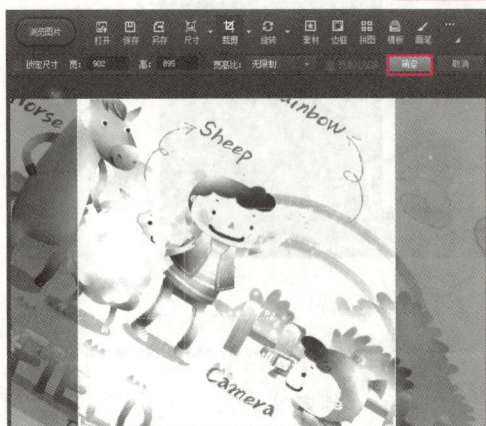

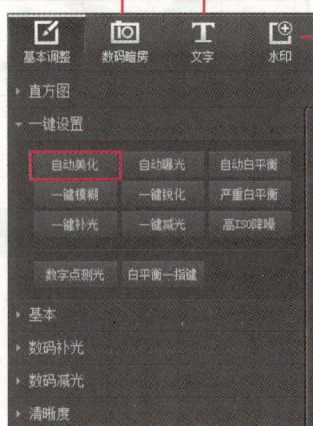

利用"水印"选项卡中的选项可为图像素材添加水印

图 3-41　裁剪图像素材　　　　　　图 3-42　自动美化图像素材

步骤 6▶ 图像处理好后，单击工具栏中的"保存"按钮▣，可保存图像；单击"另存"按钮▣，可在打开的"另存为"对话框中设置文件的保存路径和保存名称，然后单击"保存"按钮，可将图像另存。

3.3 获取与处理音频素材

3.3.1 认识音频素材

声音是人类最熟悉的传递消息的方式，对声音的合理使用可以使多媒体教学变得更加丰富多彩。随着多媒体信息处理技术的发展和计算机处理能力的不断增强，音频处理技术日益受到重视，并得到了广泛的应用。下面将对音频素材的概念及类型进行介绍。

1. 音频素材的概念

声音是通过一定介质（空气、水等）传播的一种连续的波，是一个随着时间连续变化的模拟信号，在物理学中称为声波。声波具有普通波所具有的特性：反射（Reflection）、折射（Refraction）和衍射（Diffraction）。各种声音一般都具有周期性强弱变化的特性，因而也使得输出的压力随信号周期变化。人们将这种变化用图示——正弦波来形象地表示，如图 3-43 所示。

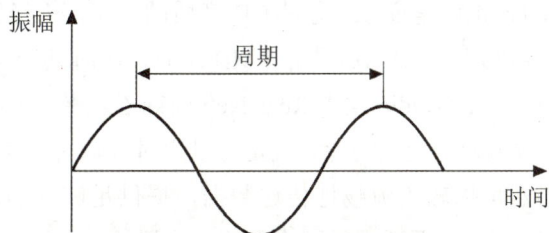

图 3-43 声音波形图

在声音波形图上，人们把曲线上的任一点再次出现（如声音由高到低再到高）所需的时间间隔称为周期；把声波在振动过程中偏离平衡位置的最大绝对值称为振幅；把 1 秒钟内声音由高（压力强）到低（压力弱）再到高（压力强）循环出现的次数称为频率。

提 示

声音频率的高低与声源物体的共振频率有关。一般情况下，发声的物体（如乐器）越粗大松软，则所发声音的频率就越低；反之，物体越细小紧硬，则所发声音的频率就越高。例如，大提琴的声音比小提琴的低；同是一把提琴，粗弦发出的声音比细弦的低；同是一根弦，放松时的声音比绷紧时的低。

　　振幅表示了声音的大小，也体现了声波能量的大小。同一发声物体（如乐器），敲打、弹拨、拉擦它所使的劲越大，则所产生振动的能量就越大，发出声音的音量就越大，对应声波的振幅也就越大。

2. 音频素材常见的文件类型

常见音频素材的文件格式有 WAV、MP3、WMA、MIDI 等，采用不同格式的音频文件，其文件大小和音质也不相同，下面分别进行介绍。

➢ **WAV 格式：**WAV 格式音频文件的特点是声音层次丰富、还原性好、表现力强，如果使用足够高的采样频率，其音质极佳。此外，几乎所有的播放器都能播放 WAV 格式的音频文件，而且各种多媒体工具软件都能直接使用此类音频文件。但是，WAV 格式的音频文件较大，不利于网络传播。

➢ **WMA 格式：**WMA 的全称是 Windows Media Audio，是微软力推的一种音频格式。WMA 格式是以减少数据流量但保持音质的方法来达到更高的压缩率的，其压缩比一般可以达到 18∶1，生成的文件大小只有相应 MP3 文件的一半。此外，WMA 还可以通过 DRM（Digital Rights Management）方案加入防止拷贝，或者加入限制播放时间和播放次数，甚至加入播放机器的限制，从而有力地防止盗版。

➢ **MPEG 音频文件 MP1、MP2 和 MP3：**MPEG 音频编码具有很高的压缩比，其中 MP1 和 MP2 的压缩比分别为 4∶1 和 6∶1 左右，而 MP3 的压缩比则高达 10∶1，甚至可达 12∶1，也就是说，一分钟 CD 音质的音乐，未经压缩需要 10 MB 存储空间，而经过 MP3 压缩编码后只有 1 MB 左右，同时其音质基本保持不失真。

➢ **RealAudio 格式：**RealAudio 是由 Real Networks 公司推出的一种音频文件格式，它支持多种音频编码，最大的特点就是可以实时传输音频信息，尤其是在网速较慢的情况下仍然可以较为流畅地传送数据，提供足够好的音质让用户能在线聆听，因此 RealAudio 主要适用于网络上的在线播放。

➢ **AIFF 格式：**AIFF 格式是苹果公司开发的音频文件格式。AIFF 虽然是一种很优秀的文件格式，但它主要针对苹果机，并没有在普通 PC 平台上流行。

➢ **OGG 格式：**OGG 格式使用 Ogg Vorbis 编码技术，它可以在相对较低的码率下实现比 MP3 更好的音质，但不被大多数软件支持。

➢ **APE 格式：**APE 编码是一种新兴的无损音频编码，可以提供 50%～70%的压缩比。

➢ **MIDI 文件：**MIDI 音频与数字化波形音频完全不同，它不是对声波进行采样和量化编码，而是将电子乐器键盘上的弹奏信息记录下来，包括键名、力度、时值长短等，是乐谱的一种数字式描述。当需要播放时，只需从相应的 MIDI 文件中读出 MIDI 消息，生成所需要的声音波形，经放大后由扬声器输出。

3.3.2 获取音频素材

获取音频的方法有许多种，例如购买音频素材光盘，从网上下载，使用录音软件（如 Windows 的录音机和 GoldWave 软件）和麦克风录制等。

1. 从网上下载

Internet 网上有大量音频素材，如果你知道一些专门提供音频素材的网站，就可以直接登录这些网站下载需要的音频素材；也可以在搜索引擎，如百度网站（www.baidu.com）中输入"音频素材"或其他关键词，查找提供音频素材的网站。此外，还可以利用百度网站的音乐搜索功能搜索需要的音乐文件，具体操作步骤如下。

步骤 1▶ 打开百度网站主页，在搜索栏中输入歌曲名称，如输入"故乡"，然后单击搜索栏上方的"音乐"超链接，并单击"百度一下"按钮，如图 3-44 所示。

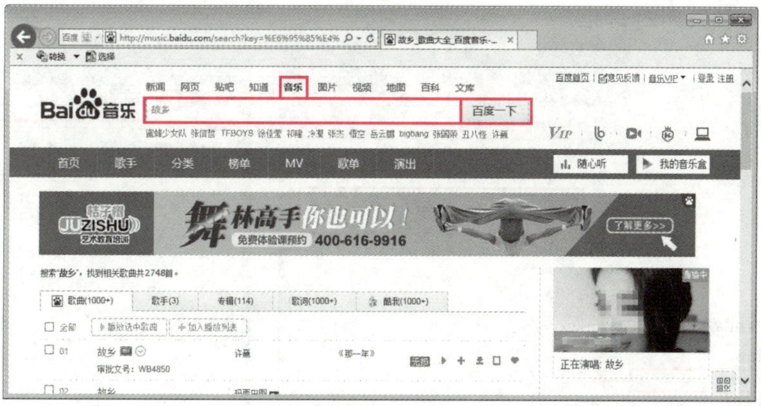

图 3-44 输入关键词并单击"音乐"超链接

步骤 2▶ 搜索出与"故乡"相关的歌曲后，单击任一歌曲名右侧的"播放"按钮▶，可在线试听该歌曲，单击"下载"按钮⬇，可将该歌曲保存到计算机中，如图 3-45 所示。

图 3-45 播放和下载网络中的音乐

2. 购买音频素材库

若在网络中找不到想要的音频素材，或找到的音频素材不符合我们的需要，可到音像商店购买音频素材库光碟，或到淘宝、京东和当当等网店进行购买。

3. 使用"录音机"录制声音

利用 Windows 系统自带的录音机，可以快捷地录制声音，生成 WAV 格式的音频文件。要使用录音机录制声音，可先设置录音的音量，然后使用录音机录制声音，具体操作如下。

步骤1▶ 将麦克风连接到计算机后，右击桌面右下角系统通知区域中的"扬声器"图标🔊，在弹出的快捷菜单中选择"录音设备"菜单，如图 3-46a 所示。

步骤2▶ 在打开的"声音"对话框中选择麦克风，再单击"属性"按钮，如图 3-46b 所示；在打开的"麦克风 属性"对话框中单击"级别"选项卡，然后将麦克风的音量调到 90（注意麦克风音量最好不要调到最大，否则会有杂音），如图 3-46c 所示，再连续单击"确定"按钮关闭对话框。

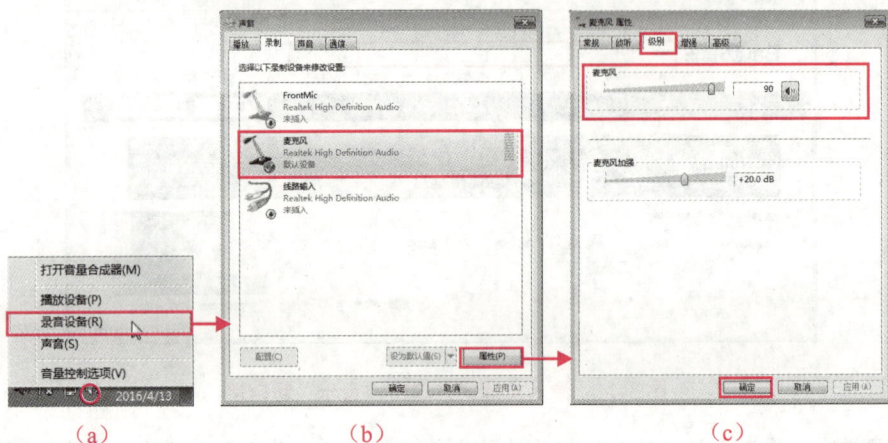

（a）　　　　　　　（b）　　　　　　　（c）

图 3-46　调整麦克风音量

步骤3▶ 单击桌面左下角的"开始"按钮，选择"所有程序">"附件">"录音机"菜单，启动录音机，如图 3-47a 所示。

步骤4▶ 单击录音机的"开始录制"按钮（●开始录制(S)），计算机便会开始从麦克风处获取音频信息，如图 3-47b 所示。

步骤5▶ 录制完成后单击录音机的"停止录制"按钮（停止录制(S)），会打开"另存为"对话框，在对话框中设置声音的保存名称和保存路径，单击"保存"按钮，将录制的声音以 WAV 格式保存，如图 3-48 所示。

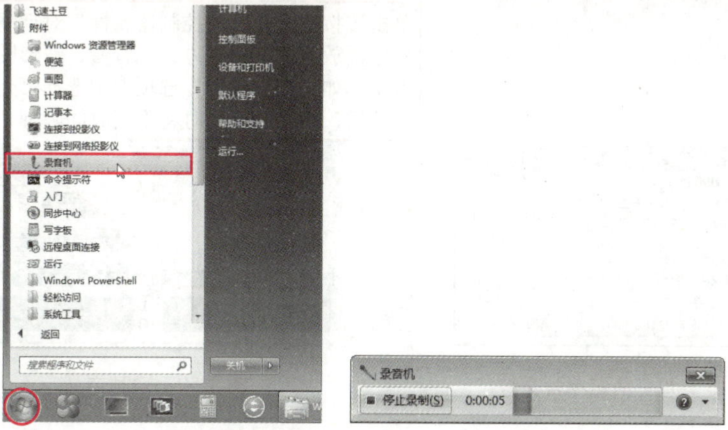

（a）　　　　　　　　　　　　　（b）

图 3-47　启动录音机并录制声音

图 3-48　保存录制的声音

3.3.3　使用 GoldWave 录制和编辑音频素材

虽然使用录音机录制音频很简单，但它不是专业的录音软件，很多功能无法实现。为此，可以使用 GoldWave 等专业音频处理软件录制和编辑音频素材。

1.　使用 GoldWave 录制音频素材

下面介绍使用 GoldWave 录制和编辑音频素材的具体方法。

步骤 1▶　安装并启动 GoldWave，选择"文件"＞"新建"菜单，在打开的"新建声音"对话框中将"声道"设为"2（立体声）"，"采样率"设为"44100"，"预置音质设置"设为"CD 音质"，"持续时间"设为 2 分钟，然后单击"确定"按钮，创建声音文件，如图 3-49 所示。

步骤 2▶　单击"控制器"调板中的"录音"按钮 ● ，计算机便开始从麦克风处获取音频信息，如图 3-50 所示。

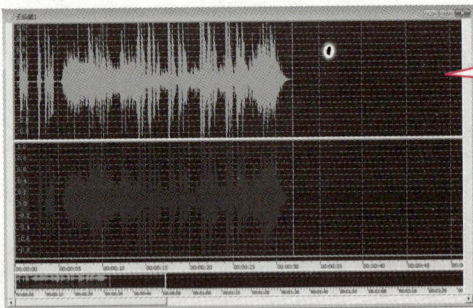

图 3-49 新建声音文件

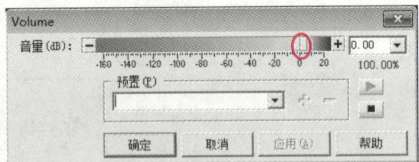

单击该按钮将打开"控制器属性"对话框,用于调整播放方式、录音方式、音量、波形图及声音设备,如果在"录音"选项卡中选择"无限制"单选钮,则录制声音时将不受时间限制

图 3-50 录制声音

步骤 3▶ 录制完成后,单击"控制器"调板中的"停止录音"按钮 ■,此时可通过查看声音的波形确定声音的大小,波形越大音量越大,如图 3-51a 所示;也可单击"控制器"调板中的"播放"按钮 ▶ 预览录制的声音,若声音过大或过小可选择"效果" > "音量" > "更改"菜单,在打开的"Volume"对话框中通过拖动滑块改变音量的大小,如图 3-51b 所示。

GoldWave 的声音编辑区分上下两部分,分别为左右声道的声音波形

（a）

（b）

图 3-51 确认并调整音量的大小

步骤 4▶ 调整好音量后,选择"文件" > "保存"菜单,在打开的"保存声音为"对话框中设置保存路径、保存名称和保存格式,然后单击"确定"按钮,即可将录制的声音保存到计算机中,如图 3-52 所示。

提 示

在"控制器"调板中单击"暂停录音"按钮 ❙❙,可暂停声音录制;再次单击"开始录音"按钮 ●,可继续录音;录音结束后,单击绿色"播放"按钮 ▶ 可播放录制的声音;单击黄色"播放"按钮 ▶ 可按播放属性的设置来播放声音。

通过设置声音文件的保存类型，可以将声音文件保存为各种格式。我们可以打开一个声音文件，通过"另存为"命令，将其转换为其他格式的声音文件

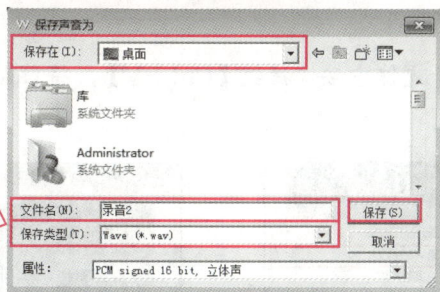

图 3-52　保存录制的声音

2. 使用 GoldWave 编辑音频素材

GoldWave 作为一款专业的音频处理软件，不但可以录制音频素材，还可对音频素材进行剪辑、降噪和匹配音量等编辑操作。下面介绍使用 GoldWave 编辑音频素材的方法。

步骤1▶　选择"文件">"打开"菜单，在打开的"打开声音文件"对话框中选择本书配套素材"素材与实例">"第 3 章"文件夹中的"江雪.mp3"声音文件，如图 3-53 所示。

步骤2▶　按空格键播放声音，当听到"千山鸟飞绝"时可以看到播放头正好处于第 13 秒处，按空格键停止声音的播放，然后在波形图的第 13 秒处右击，在弹出的快捷菜单中选择"设置开始标记"菜单，如图 3-54 所示。

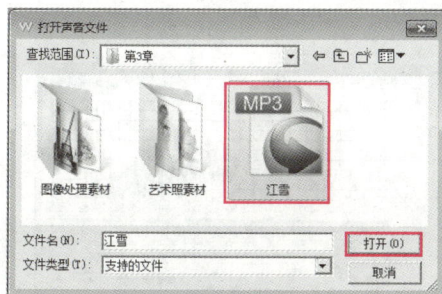

图 3-53　打开声音文件

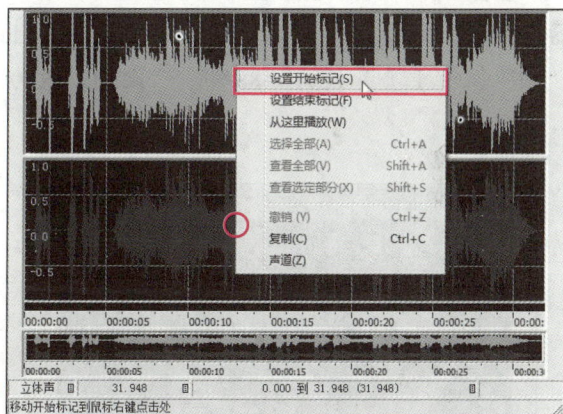

图 3-54　设置声音的开始标记

步骤3▶　按空格键继续播放声音，当听到读完"独钓寒江雪"时可以看到播放头正好处于第 26 秒处，按空格键停止声音的播放，然后在波形图的第 26 秒处右击，在弹出的快捷菜单中选择"设置结束标记"菜单，如图 3-55 所示，这样便选中了开始和结束标记之间的声音片段。

步骤4▶　按快捷键【Ctrl＋C】，将选中的声音复制到剪贴板中，然后选择"文件">"新建"菜单，在打开的"新建声音"对话框中将"声道"设为"2（立体声）"、"采样频率"设为"44100"、"预置音质设置"设为"CD 音质"、"持续时间"设为 30 秒，

并单击"确定"按钮。

步骤 5▶ 在新建的声音文件中按快捷键【Ctrl＋V】，将剪贴板中的声音粘贴到新建声音文件中，如图 3-56 所示。

图 3-55　设置声音的结束标记

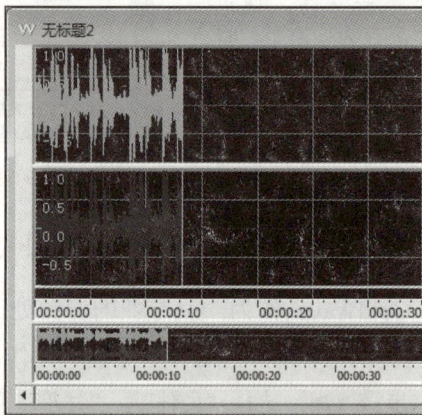

图 3-56　新建声音文件并粘贴声音

步骤 6▶ 按住鼠标左键拖动以选中新建声音文件右侧中没有波形图的部分，然后按【Delete】键删除，效果如图 3-57 所示。

步骤 7▶ 按快捷键【Ctrl＋A】选择声音文件中的全部波形，选择"效果" > "过滤器" > "降噪"菜单，在打开的"Noise Reduction"对话框中将"FFT 大小"设为"14"，"重叠"设为"88"，"比例"设为"70"，然后单击"确定"按钮，如图 3-58 所示。

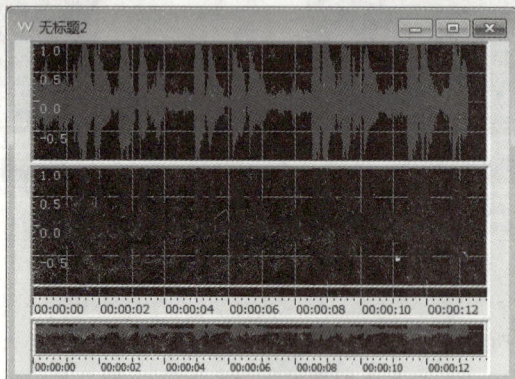

图 3-57　删除没有声音的部分

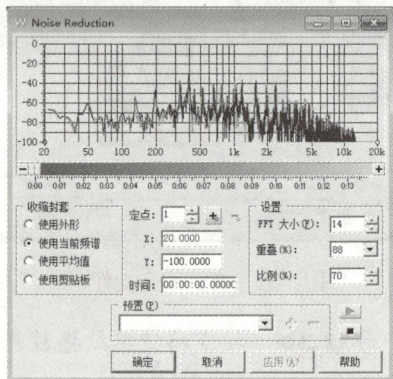

图 3-58　利用"降噪"命令去除杂音

步骤 8▶ 进行降噪操作后，会发现声音的音量变小了，此时选择"效果" > "音量" > "匹配"菜单，在打开的"Match"对话框中将"平均值"设为"-12"（该数值越小声音越小），并单击"确定"按钮，此时会发现音量变大了，如图 3-59 所示。

步骤 9▶ 最后选择"文件">"另存为"菜单，在打开的"保存声音为"对话框中设置声音的保存路径、保存名称和保存类型，单击"保存"按钮将声音保存。

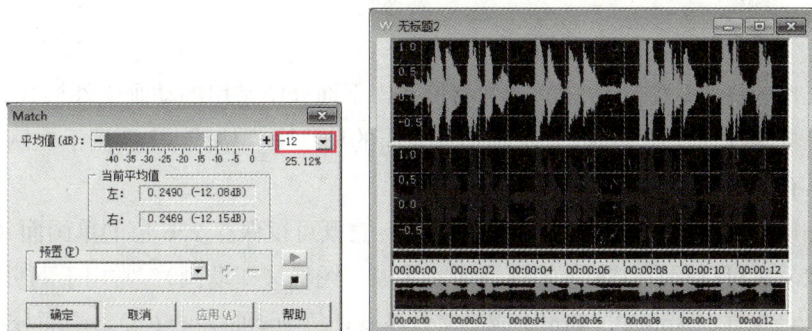

图 3-59 匹配声音

提 示

除 GoldWave 外，常用的音频处理软件还有 Adobe Audition、NGWave Audio Editor、All Editor 和 Audio Recorder Pro 等，其使用方法本书不再详细介绍，读者可购买相关书籍进行学习。

3.4 获取与制作动画素材

3.4.1 认识动画素材

动画可以说是最具吸引力的媒体，其具有表现力强、直观和易于理解等特点。下面将对动画素材的概念及类型进行介绍。

1. 动画素材的概念

动画由人工绘制或计算机生成的多幅画面组成，当画面快速、连续地播放时，由于人类眼睛存在"视觉滞留效应"而产生动感。图 3-60 所示为一个小狗奔跑的动画，它由 7 个画面连续播放形成。

图 3-60 小狗奔跑动画的组成画面

动画的构成原则如下。

➢ 动画由多画面组成，并且画面必须连续。

- 画面之间的内容必须存在差异。
- 画面表现的动作必须连续，即后一幅画面是前一幅画面的继续。

2. 动画素材常见的文件类型

动画文件的格式决定了动画的类型和特点，下面介绍常用的动画文件格式。

- **SWF 格式：**使用 Flash 软件制作并发布的动画文件格式，主要用于在网页上演播，具有数据量小、播放流畅等特点。
- **GIF 格式：**GIF 是一种图像文件格式，它既可以保存 256 色的单画面（单帧）图像，也可以保存 256 色的多画面（多帧）图像（即动画），常用于网页制作。
- **FLC 格式：**Animator Pro 生成的文件格式，每帧画面为 256 色，画面分辨率 320×200～1 600×1 280。FLC 格式的文件被大量用在多媒体产品中。
- **AVI 格式：**AVI 是一种视频文件格式，用户可以将制作的一些动画输出为该格式。

3.4.2 获取动画素材

互联网中有很多专门提供动画素材的网站，进入这些网站后可先预览想要下载的动画，然后通过网站提供的下载地址进行下载，如图 3-61 所示。

在互联网中经常可以看到一些有趣的 gif 动画，想要获取 gif 动画只需在 gif 动画上右击，在弹出的快捷菜单中选择"图片另存为"菜单，即可将 gif 动画保存到本地计算机中。

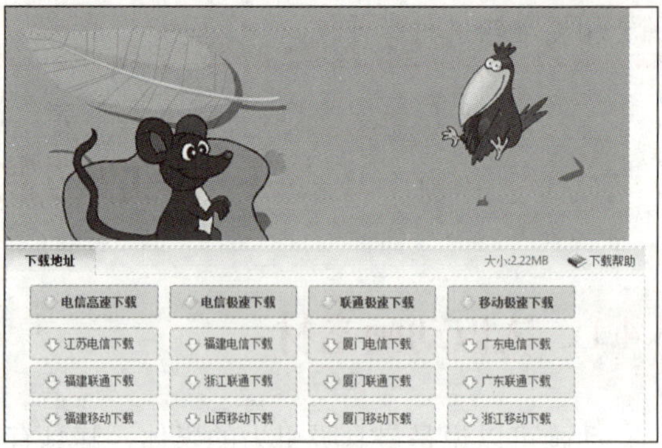

图 3-61　在素材网站下载动画素材

3.4.3 制作动画素材

要想制作出精美的动画，需要具备一定的绘画基础并掌握相关软件的应用。其中绘画基础需要长期培养，而软件应用则相对较易掌握。下面介绍一些常用的动画制作软件。

- **Adobe Flash：**Flash 是目前应用最广泛的多媒体动画制作软件之一，它以强大的图形绘制、动画制作以及交互功能，博得了广大多媒体制作人员、网页设计师，以及动画制作爱好者的青睐。
- **Ulead GIF Animator：**友立公司推出的 GIF 网页动画制作软件。
- **Ulead COOL 3D：**友立公司推出的一款专门制作文字三维效果的软件，通过它可以方便地生成具有各种特殊效果的三维动画。

> Maya：Autodesk 公司出品的世界顶级的三维动画软件，应用对象是专业的影视广告、角色动画和电影特技等。
> 3ds Max：美国 Autodesk 公司推出的三维动画制作软件，常用于电脑游戏中的动画制作，以及影视片的特效制作等。
> Animator Pro：美国 Autodesk 公司推出的二维动画制作和编辑软件。使用它也可以方便地编辑在 3ds Max 中制作的图片和动画。

3.5　获取与处理视频素材

3.5.1　认识视频素材

视频包含运动的图像和音效，它具有信息量大、表现力强的特点。下面将对视频素材的概念及类型进行介绍。

1. 视频素材的概念

视频是指使用录影设备录制的影像信息，如电视中的画面信息。

电影、电视与动画都是利用人的视觉滞留现象的原理来工作的。由于人眼对视觉信号的处理需要一定的时间，所以物体在眼睛的视网膜中成像后，并不会立即消失，而是会保留 25～200 ms（毫秒，1 毫秒=1/1 000 秒），相当于 5～40 帧/秒。因此，如果快速播放一系列相关的画面，就会使人产生连续的运动视觉。

2. 视频素材常见的文件类型

目前常见的视频格式如表 3-1 所示。

表 3-1　常见的视频格式

格式	格式说明
AVI	微软推出的视频格式，可用来封装多种编码的视频流，如 DivX、XviD（这两种编码属于 MPEG-4 编码的变种）、RealVideo、H.264、MPEG-2、VC-1 等
MKV	与 AVI 格式一样，可用来封装多种编码的视频流，被誉为万能封装器
MPG	MPEG 编码的默认文件格式
MOV	苹果公司开发的音视频文件格式，常用来封装 QuickTime 编码的视频流，可以提供体积小、质量高的视频
WAV	微软公司主推的一种网络视频格式，常用来封装采用 WMV、VC-1 编码的视频流，具有很高的压缩比
RM/RMVB	用来封装采用 RealVideo 编码的音视频流，优点是具有很高的压缩比，缺点是多数视频编辑软件不支持 RealVideo 编码，需要转码才能使用

续表

格式	格式说明
TS	高清视频专用的封装容器，多见于原版的蓝光、HD DVD 转换的视频影片，这些影片一般采用 H.264、VC-1 等最新的视频编码
MP4	目前被广泛应用于封装 H.264 视频和 ACC 音频
3GP	相当于 MP4 格式的简化版本，但文件体积更小，是手机上经常使用的视频格式。3GP 格式支持多种视频编码，如 H.263、H.264 和 MPEG-4 等
FLV	FLV 是 Flash Video 的简称，文件扩展名为.flv，它是 Adobe 公司推出的一种视频文件格式，具有生成的视频文件小、下载速度快等特点，满足了用户在网络中在线观看视频音频文件的需要，是目前网络上广泛应用的视频格式

3.5.2 获取视频素材

获取视频素材的主要途径有从网络中获取、从素材光盘中获取、从 VCD/DVD 中截取和从数码摄像机中采集等方式。

1. 利用摄像机拍摄

随着人们生活水平的提高，数码摄像机已经成为一种十分普及的电子产品，很多摄像爱好者都喜欢用数码摄像机拍摄视频。下面介绍利用 Premiere Pro CS6（将在 3.5.4 节具体讲解使用该软件编辑视频的方法）将数码摄像机中的视频采集到计算机中的方法。

若需要采集高质量的视频，需要在电脑中安装专业的视频采集卡，如图 3-62a 所示；若需要采集数码摄像机中的视频，并且对视频的质量要求不是很高，则只需在电脑中安装一块普通的 IEEE 1394 接口卡即可，有些电脑还自带 IEEE 1394 接口。此外，对于视频质量没什么要求的用户，则还可以通过 USB 接口从数码摄像机、数码相机或手机等设备中采集视频。

（1）手动采集视频

手动采集是在任何情况下都可以使用的最简单的采集视频方法，无论是通过 IEEE 1394 接口、USB 接口还是其他接口采集视频，都可以使用该方式。

步骤 1▶ 将 IEEE 1394 线的 4 针接口连接到 DV 的 IEEE 1394 接口，另一端连接到电脑的 IEEE 1394 接口，如图 3-62b 所示。

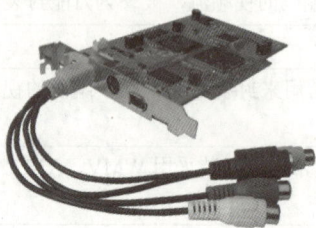
（a）
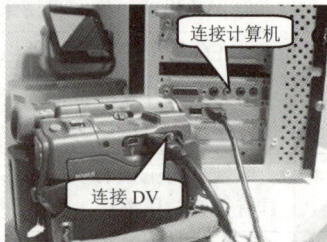
（b）

图 3-62 视频采集卡以及连接数码摄像机和计算机

步骤 2▶ 启动"Adobe Premiere Pro CS6"程序，在打开的欢迎界面中单击"新建项目"按钮，打开"新建项目"对话框，在"常规"选项卡中设置项目的保存位置，并在"名称"编辑框中输入项目名称，其他参数保持默认不变，如图 3-63 所示。

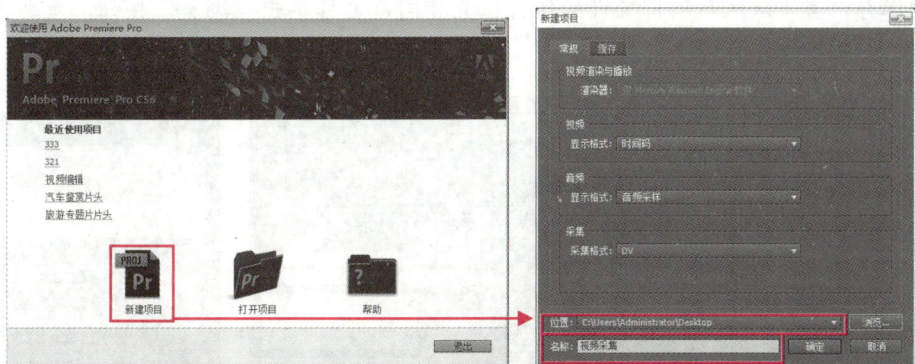

图 3-63 设置项目的保存位置和名称

步骤 3▶ 切换到"新建项目"对话框的"缓存"选项卡，可设置保存和预览所采集视频和音频的位置，本例保持默认的"与项目相同"选项不变，如图 3-64a 所示。

步骤 4▶ 单击"新建项目"对话框中的"确定"按钮，打开"新建序列"对话框，用户可在该对话框的"序列预置"选项卡中设置视频标准，本例选择"DV-PAL"文件夹下的"标准 48KHz"选项，单击"确定"按钮，创建一个项目文件，如图 3-64b 所示。

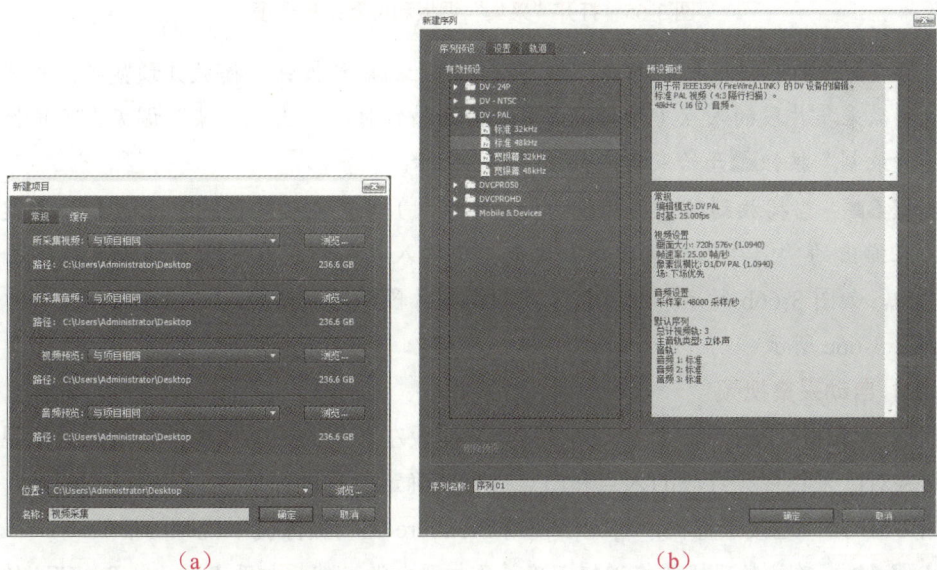

（a）　　　　　　　　　　　　　　（b）

图 3-64 设置视频保存位置和视频标准

步骤 5▶ 在 Premiere Pro CS6 主界面中选择"文件">"采集"菜单，打开"采集"调板，在"采集"调板右侧的"记录"选项卡的"采集"下拉列表中选择是采集视频、音频还是音频和视频同时采集，在"素材数据"设置区输入磁带名、素材名称等信息，如图 3-65a 所示。

步骤 6▶ 在"采集"调板右侧的"设置"选项卡的"采集位置"设置区设置所采集素材的保存位置（默认与项目文件的保存位置相同，也可单击"浏览"按钮，重新选择保存位置），如图 3-65b 所示。

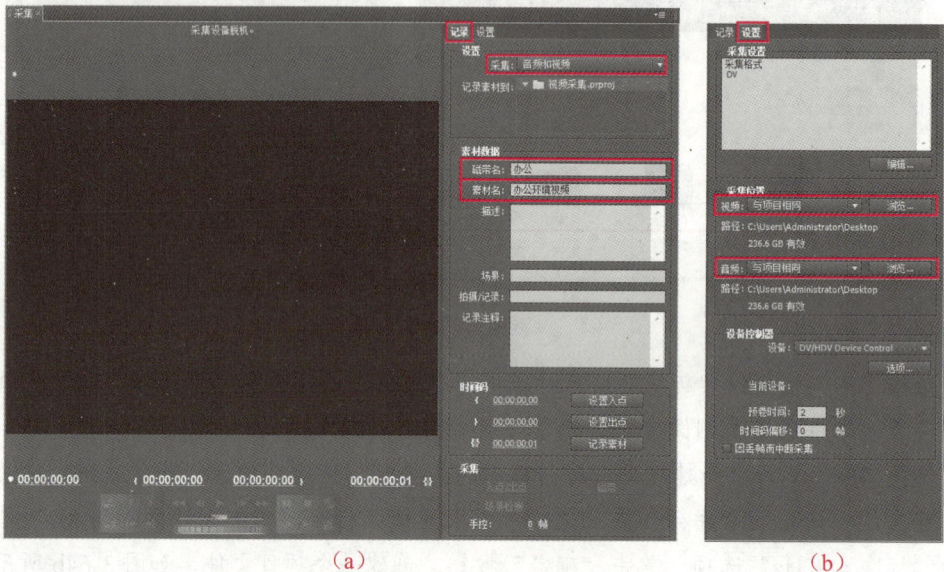

（a）　　　　　　　　　　　　（b）

图 3-65　打开"采集"调板和设置采集选项

步骤 7▶ 打开摄像机的电源，按下摄像机上的播放按钮，播放并预览拍摄的视频。当播放到欲采集片段的入点（开始）位置之前几秒钟时，单击"采集"调板左下角控制面板中的"录制"按钮◉开始采集，如图 3-66a 所示。

步骤 8▶ 当播放到欲采集片段的出点（结束）位置之后几秒钟时，按【Esc】键停止采集，在弹出的"保存已采集素材"对话框中输入相关信息或保持默认设置，单击"确定"按钮，如图 3-66b 所示，即可将采集的视频片段保存到硬盘，并出现在"项目"调板中，如图 3-66c 所示。

（2）自动采集视频

我们还可利用 Premiere Pro CS6 "采集"面板左下角的控制面板控制摄像机中视频的播放，并对欲采集视频片段的入点和出点进行精确定位后进行采集。值得注意的是，如果是使用 USB 接口连接摄像机，将无法使用 Premiere 控制摄像机中视频的播放。

步骤 1▶ 确认数码摄像机连接正确并已打开电源，然后打开 Premiere Pro CS4 的"采集"面板，在面板右侧切换到"设置"选项卡，在"设备控制器"选项组的"设备"下拉列表中选择设备，这里选择"DV/HDV 设备控制"，如图 3-67a 所示，接着单击"选项"按钮，在打开的对话框中设置视频制式和设备品牌等，如图 3-67b 所示。

提　示

　　如果 Premiere 没有提供摄像机的品牌和型号（通过"设备品牌"和"设备类型"下拉列表选择），也可以选择"通用控制器"和"标准"。此外，还可单击"转到在线设备信息"按钮，联网查看设备的相应信息。

（a）　　　　　　　　（b）　　　　　　　　（c）

图 3-66　采集视频

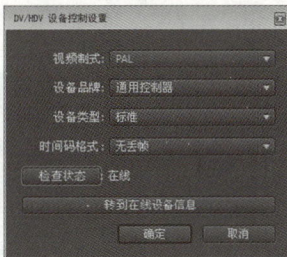

（a）　　　　　　　　　　　　　　（b）

图 3-67　设置摄像机

　　步骤2▶　使用面板左下角的视频控制按钮将摄像机中的视频调整到欲采集片段的第1 帧，然后单击"设置入点"按钮，将其设为入点；继续将视频调整到欲采集片段的最后 1 帧，然后单击"设置出点"按钮，从而完成欲采集片段的选择。入点和出点之间的视频片段将被采集，如图 3-68 所示。

提　示

　　也可通过单击"记录"选项卡"时间码"选项组中的"设置入点"和"设置出点"按钮，设置欲采集视频的入点和出点，如图 3-69 所示。

当前帧的位置　　　　入点位置　　　出点位置

入点和出点之间的视频片段
长度。如果没有设置入点和
出点，则是整段视频的长度

● 00:03:27:00　　{ 00:03:20:24　　00:03:26:03 }　　00:00:05:05

设置入点和出点

将视频转到
入点和出点

这些按钮用来控制摄像机中视频的播放，包括倒带■■、逐帧
退■、播放▶、逐帧进■▶、快进▶▶、暂停■■、停止■、慢退
■和慢放■等，利用它们可以将视频调到需要采集的位置

图3-68　视频控制面板

步骤3▶　参考手动采集视频的操作来设置要采集的素材类型、保存位置和素材名等信息，然后单击"记录"选项卡"采集"选项组中的"入点/出点"按钮，如图3-69所示，系统将自动对记录的入点和出点之间的视频片段进行采集，完成后将弹出"保存已采集素材"对话框，单击"确定"按钮即可。

提　示

　　若用户使用的是高清摄像机，希望采集高清视频，可在"设置"选项卡的"采集设置"选项组中单击"编辑"按钮，在打开的"采集设置"对话框的"采集格式"下拉列表中选择"HDV"选项，如图3-70所示。

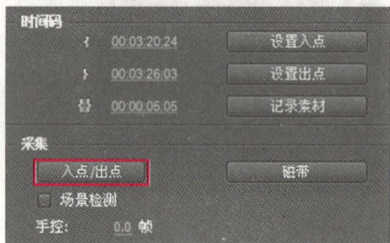

时间码

{　00:03:20:24　　设置入点

}　00:03:26:03　　设置出点

号　00:00:05:05　　记录素材

采集

入点/出点　　磁带

☐ 场景检测

手控：0.0 帧

采集设置

采集格式：DV

✓ DV

HDV

确定　　取消

图3-69　"时间码"和"采集"选项组　　　图3-70　"采集设置"对话框

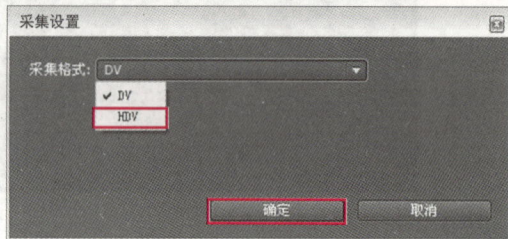

2.　捕捉屏幕视频

　　通过使用Camtasia Studio、SnagIt、HyperCam和ScreenCam等软件，可捕捉显示器屏幕上的实时操作，并将其保存为视频素材。下面以使用Camtasia Studio捕捉屏幕视频为例，介绍捕捉屏幕视频的方法。

　　步骤1▶　安装并启动Camtasia Studio，在欢迎页中单击"录制屏幕"按钮■，打开Camtasia录像机，如图3-71所示。

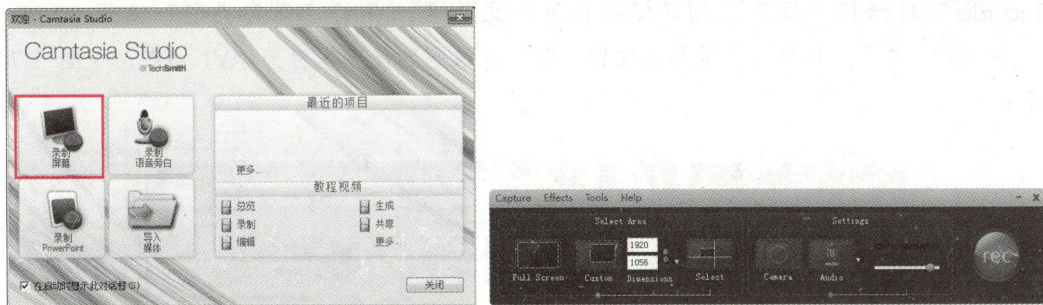

图 3-71　单击"录制屏幕"按钮打开 Camtasia 录像机

步骤 2▶ 切换到要录制的应用程序，在 Camtasia 录像机中单击"Select Area"选项区中"Cystom"按钮右侧的下拉按钮，在展开的下拉列表中可设置捕捉屏幕的区域，本例选择"Lock to Application"选项，此时会自动将当前应用程序作为捕捉区域，如图 3-72 所示。

提　示

单击"Select Area"选项区中的"Select"按钮，然后在应用程序的标题栏上单击，可将应用程序作为捕捉区域；单击"Select"按钮后，在屏幕中按住鼠标左键并拖动，可创建一个任意尺寸的捕捉区域。

在"Settings"选项区中，可以设置是否在捕捉屏幕视频时启用摄像头或麦克风。

步骤 3▶ 此时单击"捕捉"按钮或按快捷键【F9】，开始录制视频，再次按【F9】键可暂停录制，按【F10】键停止录制，并弹出如图 3-73 所示的"Preview"对话框，在该对话框中可预览录制的视频。

图 3-72　将当前应用程序作为捕捉区域

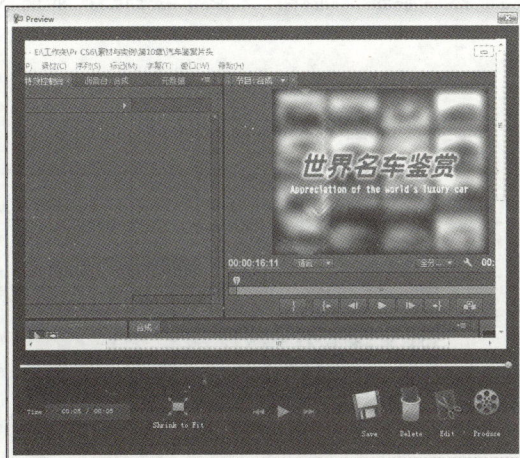

图 3-73　在"Preview"对话框中预览录制的视频

步骤 4▶ 预览视频后，单击"Preview"对话框下方的"Save"按钮打开"Camtasia

Recorder" 对话框，设置视频的保存位置和文件名，并将"保存类型"设为"Video File(*.avi)"格式，并单击"保存"按钮，即可将录制的视频保存为 AVI 格式，如图 3-74 所示。

图 3-74　保存录制的视频

3. 截取视频片段

在使用播放器播放影片时，可以将其中的精彩片段截取出来作为收藏或素材，下面以使用豪杰超级解霸从 DVD 中截取视频片段为例，介绍从影片中截取视频片段的方法。

步骤 1▶ 将 DVD 光盘放入光驱后启动豪杰超级解霸，选择"文件">"自动搜索播放光盘"菜单，播放 DVD，如图 3-75a 所示。

步骤 2▶ 当看到想要截取的片段后，单击"循环播放"按钮，将播放头移至要截取的片段的开始处，然后单击"选择开始点"按钮，将播放头移至要截取的片段的结束处，然后单击"选择结束点"按钮，如图 3-75b 所示。

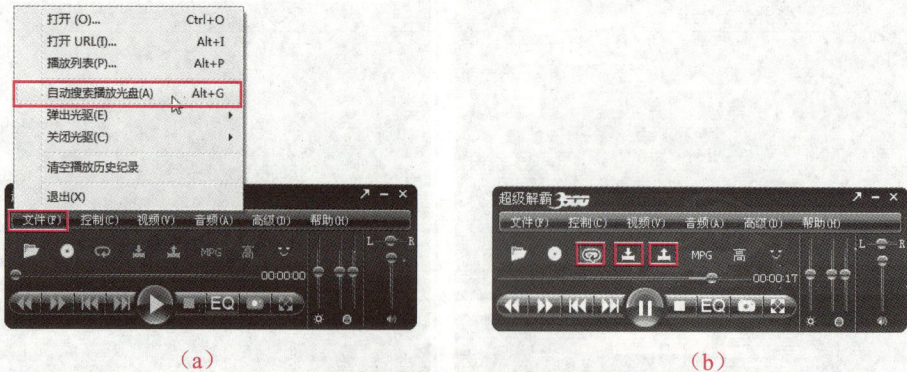

（a）　　　　　　　　　　　　　　　　（b）

图 3-75　利用豪杰超级解霸截取视频片段

步骤 3▶ 单击"保存 MPG"按钮，在打开的"保存 MPEG 文件"对话框中设置保存路径和保存名称，然后单击"保存"按钮，即可将截取的片段保存为视频文件，如

图 3-76 所示。

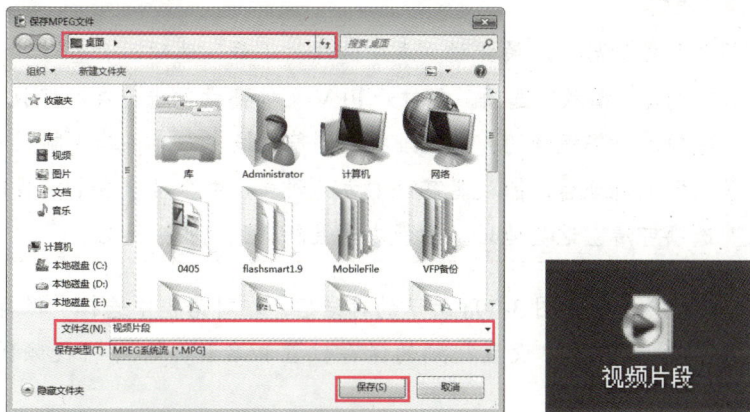

图 3-76 保存截取的视频片段

4. 利用 UUmeFLVSpy 从网上下载

UUmeFLVSpy 是一款集 FLV 探测、下载和播放于一体的下载软件。下面介绍使用 UUmeFLVSpy 从网上下载视频的方法。

步骤 1▶ 启动 UUmeFLVSpy，在上方的文本框中输入视频地址，并单击"开始捕捉"按钮，此时视频会自动开始播放（若没有自动播放，可单击视频的播放按钮），在播放器下方会显示视频的真实地址，如图 3-77 所示。

步骤 2▶ 在播放器窗口的下方选中视频的真实地址，然后单击"操作"按钮，在展开的列表中选择"在当前会话中下载"选项，如图 3-78 所示。

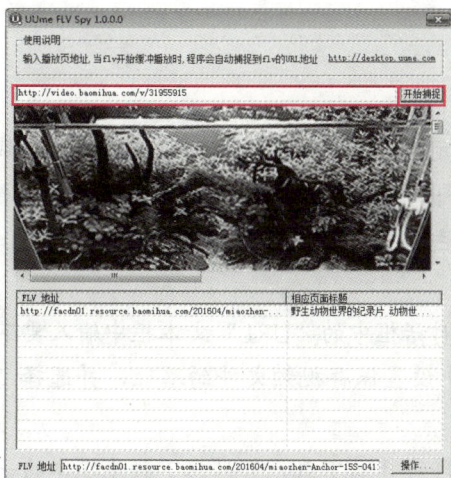

图 3-77 捕捉视频的真实地址   图 3-78 选择"在当前会话中下载"选项

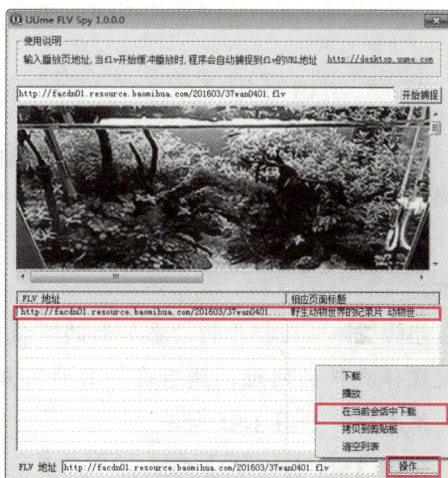

　　单击"操作"按钮后，在展开的列表中选择"下载"选项，会直接在 IE 浏览器窗口进行下载；选择"播放"选项，会打开 FLV 文件播放器进行在线播放；选择"拷贝到剪切板"选项，会将视频的真实地址拷贝到剪切板中，可将其复制到下载软件中进行下载；多次探测地址后，播放器窗口下方的列表框中会显示多个下载地址，选择"清空列表"选项可清空这些地址，方便查看最新找到的视频地址。

　　步骤 3▶　此时会弹出如图 3-79a 所示的对话框，在对话框中选择"保存"按钮，再在打开的"另存为"对话框中设置视频的保存位置和名称，即可将视频保存到计算机中，如图 3-79b 所示。

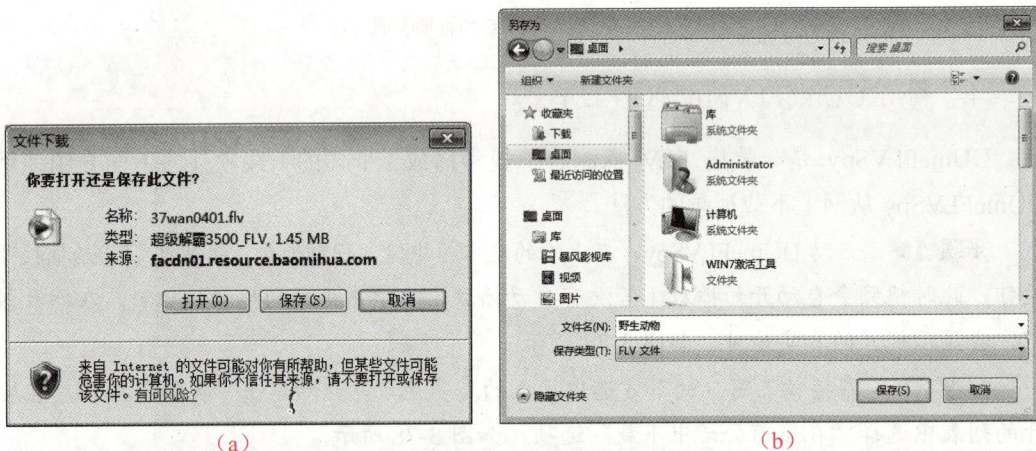

（a）　　　　　　　　　　　　　　　（b）

图 3-79　保存视频

5. 利用网络传送带下载

　　网络传送带（Net Transport）是一款高效稳定且功能强大的下载工具，它具有下载速度快、CPU 占用率低以及可以流下载等特点。下面介绍使用网络传送带下载视频的方法。

　　步骤 1▶　安装并启动网络传送带，然后单击工具栏中的"新建"按钮📄，如图 3-80所示。

　　步骤 2▶　在打开的"添加新的下载任务"对话框中的"URL"文本框中输入要下载的流媒体文件的网址，然后在"目录"编辑框中设置保存视频文件的路径，并选择"立即"单选钮，如图 3-81 所示。

　　步骤 3▶　设置完成后单击"确定"按钮，即可开始下载，若只想下载流媒体的一部分，可在下载过程中单击"停止"按钮📄。

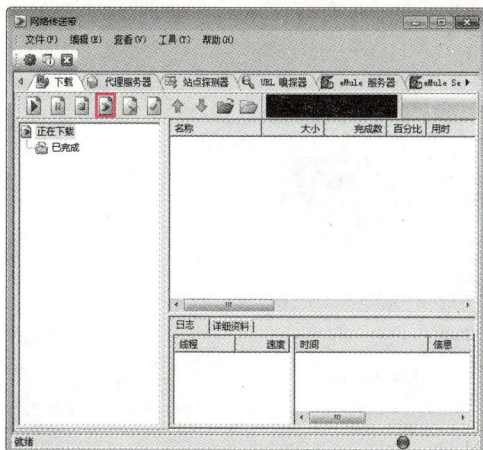

图 3-80   网络传送带工作界面

图 3-81   "添加新的下载任务"对话框

3.5.3 转换视频素材格式

不同软件所支持的视频格式有所不同，因此经常会遇到需要转换视频格式的情况。下面通过使用格式工厂将 AVI 格式视频转换为 MP4 格式，学习转换视频格式的方法。

步骤 1▶ 安装并启动格式工厂，打开其工作界面，然后单击 "->MP4" 按钮，如图 3-82 所示。

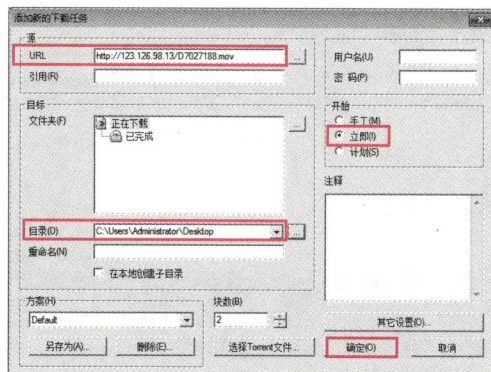

图 3-82   单击 "->MP4" 按钮

步骤 2▶ 在打开的 "->MP4" 对话框中单击 "添加文件" 按钮，在打开的 "打开" 对话框中选择本书配套素材 "素材与实例" > "第 3 章" > "视频素材" 文件夹中的 "转换素材.avi"视频文件,单击"打开"按钮,如图 3-83 所示。

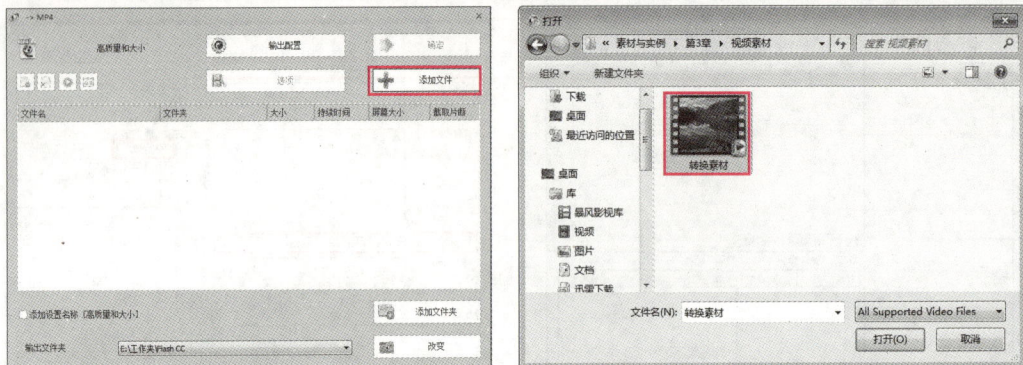

图 3-83　添加要转换的视频文件

步骤 3▶ 单击"输出设置"按钮,可在打开的"视频设置"对话框中设置输出视频、音频和字幕等参数,如图 3-84 所示,本例保持默认参数不变,单击"确定"按钮。

步骤 4▶ 单击"->MP4"对话框中的"选项"按钮,可在打开的对话框中截取要转换的视频片段,本例将视频的开始时间设为"2 秒",结束时间设为"40 秒",单击"确定"按钮,如图 3-85 所示。

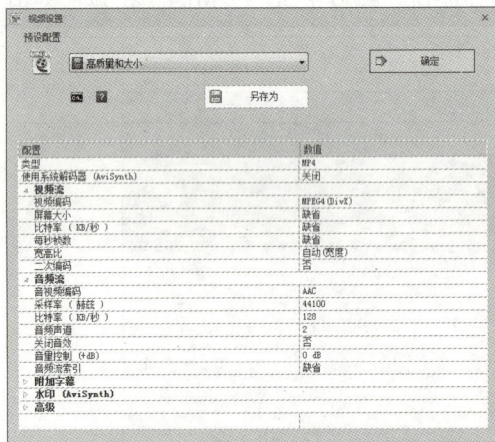

图 3-84　"视频设置"对话框

图 3-85　截取视频片断

步骤 5▶ 设置好视频的参数后,单击"->MP4"对话框中的"确定"按钮,然后单击格式工厂工作界面上方的"选项"按钮,在打开的"选项"对话框中勾选"输出至源文件目录"复选框,并单击"确定"按钮,如图 3-86 所示。也可单击"改变"按钮,设置视频的输出文件夹。

步骤 6▶ 单击"确定"按钮关闭"选项"对话框,然后单击格式工厂工作界面上方的"开始"按钮，即可开始转换视频的格式,等待一段时间,即可在选定的文件夹中生成转换格式后的视频文件,如图 3-87 所示。

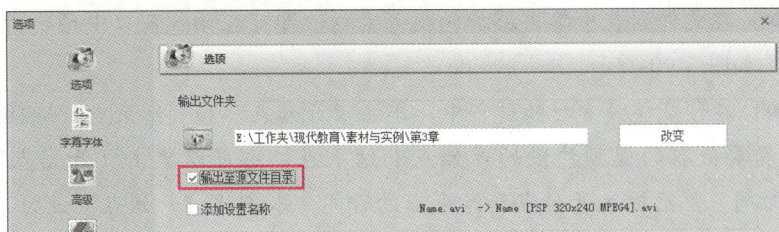

图 3-86　设置视频输出路径

图 3-87　转换视频格式

3.5.4　剪辑视频素材

在互联网中获取的视频素材有时并不完全符合我们的需要，需要对其进行适当的剪辑和处理。SplitIt 是一款简单易用的视频编辑软件，下面通过使用 SplitIt 编辑视频素材，介绍剪辑视频素材的方法。

步骤 1▶ 安装并启动 SplitIt，在打开的启动界面中选择"暂不选择"按钮，如图 3-88 所示。

步骤 2▶ 选择"文件">"添加文件"菜单，在打开的"打开"对话框中选择本书配套素材"素材与实例">"第 3 章">"视频素材"文件夹中的"采茶.wmv"视频文件，然后单击"打开"按钮，如图 3-89 所示。

图 3-88　SplitIt 的启动界面

图 3-89　打开视频素材

步骤 3▶ 在文件列表中单击添加的视频素材，即可在预览窗口中预览所选视频素材的播放效果，如图 3-90 所示。

步骤 4▶ 在预览视频素材的过程中，单击"开始点"和"结束点"选项右侧的☑按钮，可以设置要截取的视频片段的开始点和结束点，也可以单击"开始点"和"结束点"右侧的时间，然后输入开始点和结束点的时间，本例将"开始点"设为"22 秒"，将"结束点"设为"1 分 06 秒"，如图 3-91 所示。

单击✖按钮，可取消设置好的开始点或结束点

图 3-90　预览视频素材　　　　　　　　图 3-91　设置开始点与结束点

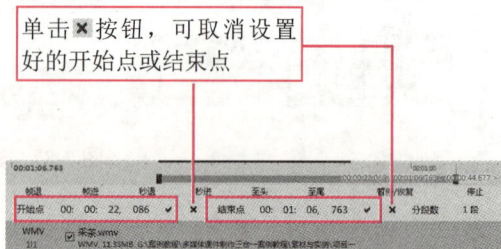

步骤 5▶ 单击"设置"按钮✖设置，可在打开的对话框中设置视频和音频的输出参数，本例保持默认不变，单击"确定"按钮，如图 3-92 所示。

步骤 6▶ 单击"输出格式"按钮，可在展开的下拉列表中选择视频片段的输出格式，本例选择"H.264"格式，再在打开的"选择适合的品质与速度设置"对话框中单击"平衡"按钮，如图 3-93 所示。

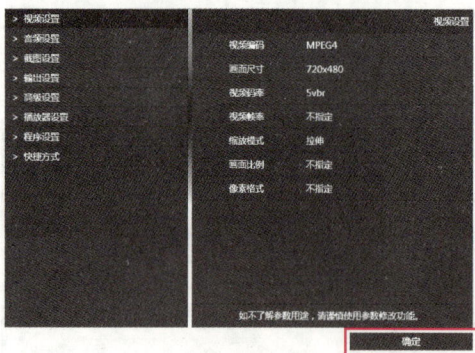

图 3-92　设置视频和音频参数　　　　　　图 3-93　设置输出格式

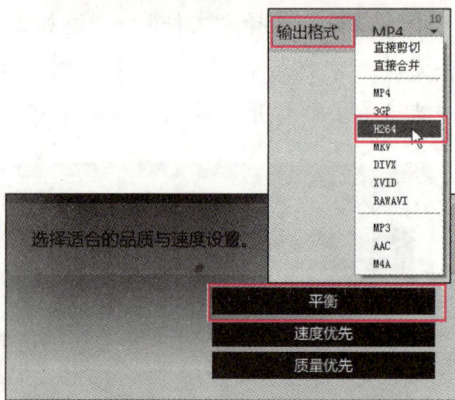

步骤 7▶ 设置好输出格式后，单击 SplitIt 工作界面下方的"输出目录"按钮，在展开的"浏览文件夹"对话框中选择保存生成视频片段的文件夹，然后单击"确定"按钮，如图 3-94 所示。

步骤 8▶　单击 SplitIt 工作界面左上方的"开始"按钮 ▶ 开始，等待一段时间后，即可生成"开始点"和"结束点"之间的视频片段，如图 3-95 所示。

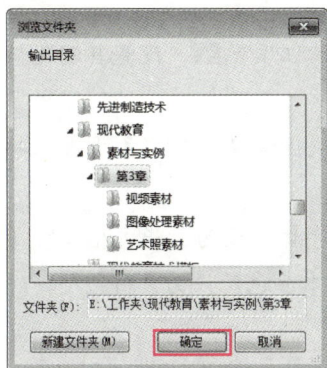

图 3-94　设置输出目录

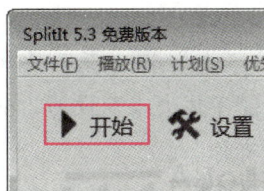

图 3-95　生成视频文件

实践活动

【训练目的】

了解文本素材、图像素材、音频素材、动画素材和视频素材的相关概念，并掌握获取及处理这些素材的方法。

【训练环境】

能够连接 Internet 并可运行相关程序的多媒体计算机。

【训练内容】

掌握获取及处理多媒体素材的方法。

【训练任务】

1. 获取与处理文本和图像素材

在互联网（或本书配套素材）中获取所需图像素材，并使用 Photoshop 对其进行编辑，再输入并美化文本，形成如图 3-96 所示的效果。

图 3-96　制作婚纱照

① 在互联网中搜索并下载所需的背景及人物图像素材（读者也可打开本书配套素材"素材与实例" > "第 3 章" > "照片素材"文件夹中的"人物"和"背景.jpg"图像文件进行操作）。

② 启动 Photoshop CC 打开素材图像，选择"磁性套索工具" ![icon]，设置其羽化值，然后在人物图像素材中创建人物选区。

③ 将选区中的人物图像复制到背景图像素材中，按快捷键【Ctrl＋T】调整人物图像的大小和位置。

④ 选择"横排文字工具" ![icon]，在工具属性栏中将"字体"设为"华文楷体"（可根据自己喜好设置），将"字体大小"设为"60"，将"文本颜色"设为"白色"，然后在图像窗口中输入"今生有你"。

⑤ 右击文本图层，在弹出的快捷菜单中选择"混合选项"菜单，在打开的"图层样式"对话框中勾选"外发光"复选框，最后保存文件。本例最终效果可参考本书配套素材"素材与实例" > "第 3 章"文件夹中的"制作婚纱照.psd"。

2. 获取与处理音频素材

利用 GoldWave 录制一段音频（或打开本书配套素材"素材与实例" > "第 3 章"文件夹中的"音频素材.wav"音频文件进行操作），首先对素材进行裁剪，去除不需要的声音，然后对素材进行降噪和匹配处理，最后将该音频文件另存为 mp3 格式。

3. 获取动画素材

登录一个素材网站，从中下载一个 SWF 格式的 Flash 动画。

4. 获取与处理视频素材

使用 UUmeFLVSpy 从互联网中下载一个视频素材，然后启动 SplitIt 对下载的视频进行剪辑，去除不需要的部分。

本章小结

本章主要介绍了文本素材、图像素材、音频素材、动画素材和视频素材的相关概念及文件类型，并通过实际操作介绍了这些素材的获取及处理方法。在学习完本章知识后，应了解不同素材的概念和类型，并掌握从多种渠道获取各种素材的方法，还应掌握使用文本处理软件、图像处理软件、音频处理软件和视频处理软件处理相关素材的方法，以及了解用于制作二维和三维动画的软件。

本章习题

一、选择题

1. 下列不属于文本素材文件类型的是（　　）。
   A. TXT
   B. DOC 和 DOCX
   C. MPEG
   D. HTML

2. 下列不属于获取文本素材的方法的是（　　）。
   A. 手写获取
   B. 通过键盘输入
   C. 通过扫描识别获取
   D. 通过网上下载获取

3. 关于图形和图像下列说法错误的是（　　）。
   A. 位图被称为图像，矢量图被称为图形
   B. 位图又称为点阵图，它是由像素组成的
   C. 矢量图是使用直线和曲线定义的图形
   D. 位图的缺点是色彩单调，细节不够丰富

4. 下列不属于音频素材文件格式的是（　　）。
   A. MP3
   B. WAV
   C. MOV
   D. AIFF

5. 下列不属于动画制作软件的是（　　）。
   A. Adobe Flash
   B. CorelDRAW
   C. 3ds Max
   D. Maya

6. 下列不属于视频素材格式的是（　　）。
   A. AVI
   B. RM/RMVB
   C. WMF
   D. FLV

二、填空题

1. 文本素材是由_____、_____和_____组成的文本。

2. 处理文本素材的方法主要有_____、_____和_____。

3. 严格地说，位图被称为_____，矢量图被称为_____。

4. 获取图形、图像素材的途径主要是_____、到_____或_____。

5. 在声音波形图上，人们把曲线上的任一点再次出现（如声音由高到低再到高）所需的时间间隔称为_____；把声波在振动过程中偏离平衡位置的最大绝对值称为_____；

把 1 秒钟内声音由高（压力强）到低（压力弱）再到高（压力强）循环出现的次数称为＿＿＿＿。

6．动画可以说是最具吸引力的媒体，其具有＿＿＿＿＿、直观和＿＿＿＿＿＿等特点。

7．电影、电视与动画都是利用人的＿＿＿＿＿＿＿＿现象的原理来工作的。

8．获取视频素材的主要途径有＿＿＿＿＿＿＿、＿＿＿＿＿＿＿、从＿＿＿＿＿＿中截取和从＿＿＿＿＿＿中采集等方式。

三、简答题

1．获取文本素材的途径有哪些？

2．图形和图像素材的区别是什么？各有什么优缺点？

3．如何使用 Photoshop 调整图像的大小、裁剪图像和去除图像的水印？

4．如何录制音频素材？如何使用 GoldWave 对音频素材进行剪辑。

5．动画的构成原则是怎样的？有哪些常用的动画制作软件？

6．获取视频素材的方法有哪些？如何使用 UUmeFLVSpy 从网上下载视频素材？

7．如何使用格式工厂转换视频素材格式？

8．如何使用 SplitIt 对视频素材进行剪辑？

第 4 章

多媒体课件制作技术

本章导读

随着计算机技术日新月异的高速发展，利用计算机制作多媒体教学课件，并在上课时进行辅助教学，已经成为教育界最常用的教学手段之一。但如何制作多媒体课件却困扰着很多教师。本章将介绍多媒体课件的概念、类型、制作原则、常用软件和开发流程，还将通过实际操作介绍制作多媒体课件的方法，使读者对如何制作多媒体课件有一个系统的了解。

学习目标

- ⤳ 了解多媒体课件的概念、类型和设计原则
- ⤳ 认识常用的多媒体课件开发软件
- ⤳ 掌握多媒体课件的设计与开发流程
- ⤳ 掌握制作演示型多媒体课件的方法

4.1　多媒体课件概述

4.1.1　多媒体课件的概念

多媒体课件（Courseware）是在一定的学习理论指导下，根据教学目的设计的，包含文本、图形、图像、音频和视频等多媒体元素的教学软件。

4.1.2　多媒体课件的类型

多媒体课件有多种分类方式。例如，按学科可以分为语文、数学、英语、物理和化学课件等；按学段可以分为幼儿园、小学、初中、高中、大学课件等；按制作工具可以分为 PowerPoint、Flash、Authorware、几何画板、仿真模拟实验室和方正奥思课件等；按实现的功能可以分为演示型、练习训练型、模拟型、游戏型和咨询型课件等。

下面简单介绍一下演示型、练习型、模拟型、游戏型和咨询型课件的特点。

➢ **演示型课件**：以向学生传授新知识为目标，包括呈现各种形式的教学内容（如概念、例子、说明等），以及针对所学内容向学生提问，从而帮助学生正确地理解和掌握相关知识，以及判断学生对相关知识的掌握情况。

➢ **练习型课件**：不是向学生传授新知识或技能，而是向学生提出问题并等待学生回答，当学生输入答案或做出回应后，计算机再判断正确与否，并根据学生回答的情况给予相应的反馈，从而强化已经学过的重要知识和技能。

➢ **模拟型课件**：利用计算机来模拟真实的实验现象、自然现象或社会现象，学生通过观察、操作与思考，自己总结出结论，或通过操作来掌握相关实验。当真实实验花费过大或很难实现，或者包含危险因素时，使用模拟型课件代替真实实验，可以得到很好的教学效果。

➢ **游戏型课件**：一种以游戏的形式呈现教学内容的课件。它把教学和娱乐融为一体，使学生在玩的过程中达到学习目标。

➢ **咨询型课件**：像一个为学生答疑的老师，学生提出问题，计算机回答并解释相关内容。使用咨询型课件的教学过程中，学习的主动权完全在学生手里，从而为以学生为中心的自主学习创造了情境。

4.1.3　多媒体课件的设计原则

多媒体课件的主要作用是辅助学习，因此应遵循以下设计原则。

➤ **辅助性原则**：课件一般用于课堂辅助呈现知识，在开发时要详细分析教学内容和合理安排学生活动，注重充分发挥教师自身的组织、引导和控制作用，协调好课件与其他教学因素之间的关系。

➤ **多重刺激原则**：课件呈现信息时应当采用多样的媒体形式，如文字、图形、声音、动画等。多媒体性、大容量性、非线性是现代教学媒体的优势所在，应当充分发挥。

➤ **结构清晰原则**：在制作课件时应突出本学科知识的层次、归属、类推等逻辑关系，应在教学设计中考虑并在教学活动中呈示给学生这种结构关系，以减轻学生组织、判断知识关系的负担，提高学习效率。

➤ **界面设计和谐原则**：包括屏幕版面设计、色彩设计和显示次序设计三方面。屏幕版面设计是对幻灯片内的内容布局进行统筹安排，为文字、图形、图像、影像等进行定位、美化和大小设计，力求做到主次分明，符合视觉传达规律；色彩设计是对幻灯片的色彩基调、布局、对比、风格等作协调安排；显示次序设计是根据教学内容和课堂活动设计幻灯片的显示次序，包括各幻灯片和幻灯片中内容的显示次序、呈现时间以及动画效果的设计。

4.2   常用多媒体课件开发软件

1. PowerPoint

PowerPoint 是微软公司推出的一款用于设计和制作演示文稿的软件。利用它可以制作集文字、图形、图像、表格、声音、视频及动画等元素于一体的演示文稿。PowerPoint 最大的特点是简单易用，只要对软件操作有一些简单了解，便可以制作出效果不错的多媒体课件，适用于制作只具有简单动画或交互效果的多媒体课件。

2. Flash

Flash 是 Adobe 公司推出的一款具有强大的图形绘制、动画制作以及交互功能的动画制作软件。目前在互联网上有很多用 Flash 制作的多媒体课件，它主要适用于制作包含大量动画和交互效果的多媒体课件。

3. Authorware

Authorware 是 Macromedia 公司推出的一款基于图标和流程线的多媒体设计软件。它支持多种格式的图像、声音、动画和视频，且具有丰富的函数功能和强大的控制系统，适用于制作大多数类型的多媒体课件。

4. 几何画板

几何画板是由全国中小学计算机研究中心在 CAI 中推广的一款多媒体制作软件。它主要以点、线、圆为基本元素，通过对这些基本元素进行变换和计算等操作，制作出其他较为复杂的图形，适用于制作数学和物理课件。

4.3 多媒体课件设计开发流程

多媒体课件并没有统一的制作流程，但大多会遵循设计脚本、准备素材、制作合成和测试打包的顺序。

1. 设计脚本

在制作课件之前，应先系统地设计好课件脚本，然后根据课件脚本进行课件制作。课件脚本是将课件的教学内容、教学策略进一步细化。首先要对课件进行整体构思，将主界面和各分界面设计好，将要用到的文字、图形、解说、音频、视频以及交互都设计好，同时还要对播放课件的时间进行规划。

2. 准备素材

设计好课件脚本后，接下来的工作就是准备课件需要的各种素材，包括文字、图形、图像、动画、视频、音频等。素材可以在网上下载或通过购买素材光盘获取，也可以自己采集。

3. 制作合成

准备好素材后，课件开发人员便可根据课件脚本，利用多媒体课件制作软件对素材进行合成，制作多媒体课件。

4. 测试打包

制作好多媒体课件后，应在本地计算机上进行放映，观看放映效果，并对出现的错误进行修改和调试。课件测试后应将课件连同与其有关的文件一起打包，从而方便在其他计算机中播放。

4.4 制作演示型多媒体课件

下面通过使用 PowerPoint 2010 制作如图 4-1 所示的"陆地和海洋"课件，使读者进一步了解制作多媒体课件的方法。

图 4-1 "陆地和海洋"课件

4.4.1 课件设计

要设计一个好的课件脚本，首先应确定课件题目、创作思路、教学目标、课件结构等，然后确定具体的内容和表现形式等。下面以编写"陆地和海洋"课件的脚本为例说明。

步骤1▶ 制作一张表格，填写"陆地和海洋"课件的题目、教学目标、创作平台、创作思路和内容简介等信息。

步骤2▶ 设计"陆地和海洋"课件的整体结构图，如图 4-2 所示。

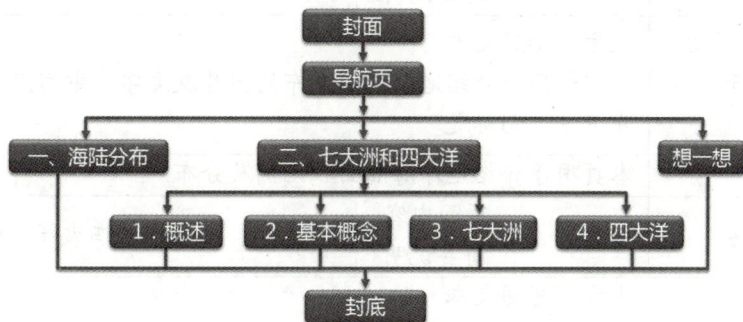

图 4-2 "陆地和海洋"课件整体结构图

步骤3▶ 根据实际需要完成具体脚本的编写，如表 4-1 所示。

表 4-1 "陆地和海洋"课件的脚本

页面序号	1	页面内容简要说明	课件封面
屏幕显示	主标题：第二章　陆地和海洋 副标题：第 5 节　大洲和大洋 右侧：地球图片		
说明	主标题和副标题的样式和位置需要调整，主标题与副标题之间有用于装饰的线条		

续表

页面序号	2	页面内容简要说明	目录页
屏幕显示	上方：标题 中间：装饰图像 左侧：导航文本		
说明	单击导航文本会跳转到相应页面		
页面序号	3	页面内容简要说明	一、海陆分布（地球？水球）
屏幕显示	上方：标题文本 左侧：一段介绍从太空看地球的文字 右侧：太空中地球的图片 左下方：副标题		
说明	本页用于介绍从太空看地球时的感觉		
页面序号	4	页面内容简要说明	一、海陆分布（海陆比例及分布）
屏幕显示	上方：标题文本 中间：用于介绍地球海陆分布的图片及文字，中间用装饰线分隔 左下方：副标题		
说明	本页用于介绍地球海陆面积比例及分布		
页面序号	5	页面内容简要说明	二、七大洲和四大洋（概述）
屏幕显示	上方：标题文本 左侧：小标题及概述文字 右侧：七大洲和四大洋的图片 左下方：副标题		
说明	本页幻灯片用于概述七大洲和四大洋		
页面序号	6	页面内容简要说明	二、七大洲和四大洋（基本概念）
屏幕显示	上方：标题文本 左侧：小标题及介绍相关概念的文字 右侧：用于演示地貌的图片 左下方：副标题		
说明	本页幻灯片用于介绍不同地貌的概念		

页面序号	7	页面内容 简要说明	二、七大洲和四大洋（七大洲）
屏幕显示	上方：标题文本 左侧：用于演示七大洲地貌形状的图片 右侧：小标题及七大洲的介绍文字 左下方：副标题		
说明	本页幻灯片用于介绍关于七大洲的基本知识		
页面序号	8	页面内容 简要说明	二、七大洲和四大洋（四大洋）
屏幕显示	上方：标题文本 左侧：小标题及四大洋的介绍文字 右侧：用于演示四大洋面积比例的图片 左下方：副标题		
说明	本页幻灯片用于介绍关于四大洋的基本知识		
页面序号	9	页面内容 简要说明	想一想
屏幕显示	上方：标题文本 左侧：用于演示七大洲地貌的图片 右侧：两个关于七大洲的问题 左下方：副标题		
说明	本页幻灯片用于提出关于七大洲的问题，让学生进行回答		
页面序号	10	页面内容 简要说明	封底
屏幕显示	中间：感谢欣赏 左下方：副标题		
说明	本页幻灯片用于结束幻灯片		

4.4.2 课件制作

编写好课件脚本后应准备课件素材（本课件的素材都位于本书配套素材"素材与实例" > "第 4 章" > "大洋和大洲素材"文件夹中），准备好素材后，便可根据课件脚本制作课件的具体内容。

1. 设置"陆地和海洋"课件外观

步骤 1▶ 启动 PowerPoint 2010，然后依次选择"文件" > "新建" > "主题"选项，然后在打开的列表中选择"波形"主题，再单击"创建"按钮，如图 4-3 所示。

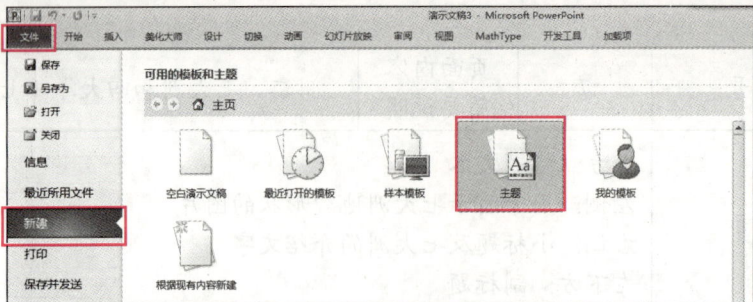

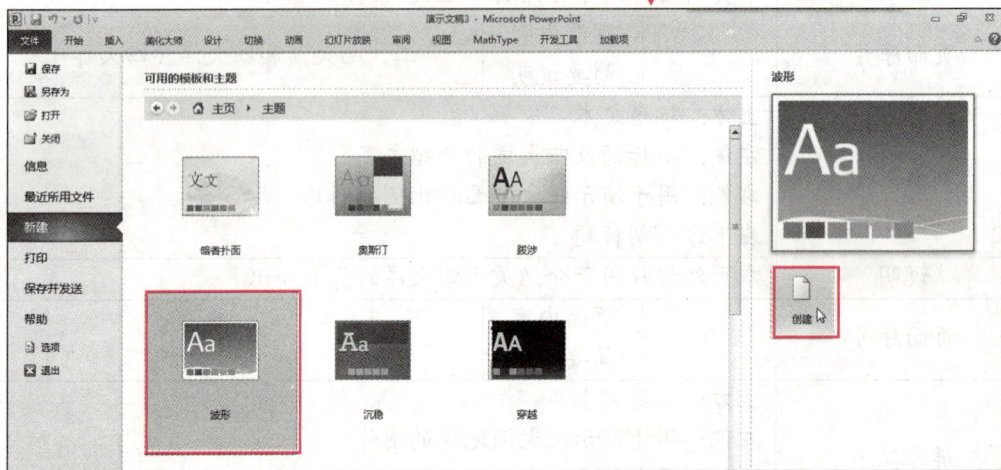

图 4-3　利用主题创建演示文稿

步骤 2▶　选择"文件">"保存"选项（或按快捷键【Ctrl＋S】），在打开的"另存为"对话框中的"保存位置"下拉列表中选择演示文稿的保存路径，在"文件名"编辑框中输入演示文稿的名称，在"保存类型"下拉列表中选择演示文稿的保存格式，然后单击"保存"按钮，保存演示文稿。

2. 制作"陆地和海洋"课件封面

（1）在演示文稿中输入文本

在演示文稿中输入文本的方法主要有利用占位符输入和利用文本框输入两种，下面通过在"陆地和海洋"课件封面中输入文本进行介绍。

步骤 1▶　在第 1 张幻灯片中的"标题占位符"处单击，然后输入"第二章　陆地和海洋"文字，如图 4-4 所示。

步骤 2▶　单击第 1 张幻灯片中"副标题占位符"的边缘将其选中，然后按【Delete】键将其删除，再单击"插入"选项卡"文本"组中"文本框"按钮下方的小三角，在展开的下拉菜单中选择"横排文本框"菜单，如图 4-5 所示。

图 4-4　在标题占位符中输入文字　　　　图 4-5　选择插入文本框的类型

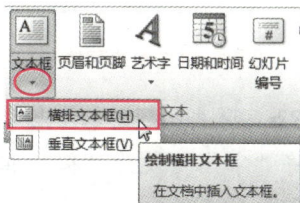

步骤 3▶　在第 1 张幻灯片主标题的上方单击，创建一个文本框，然后输入"第 5 节大洲和大洋"文字，并拖动文本框的边缘将其移至主标题文本的左上方，如图 4-6 所示。

提　示

除了上述方法外，还可在选择插入文本框的类型后，在幻灯片中按住鼠标左键不放并拖动，确定文本框的宽度，然后再输入文本。用此方式创建的文本框，当输入的文本的宽度超过文本框的宽度后，文本会自动换行，如图 4-7 所示。使用单击方式插入的文本框没有固定宽度，文本框的宽度会随文本的输入自动增大。

图 4-6　通过插入文本框输入文本　　　　图 4-7　通过拖动设置文本框中文本的宽度

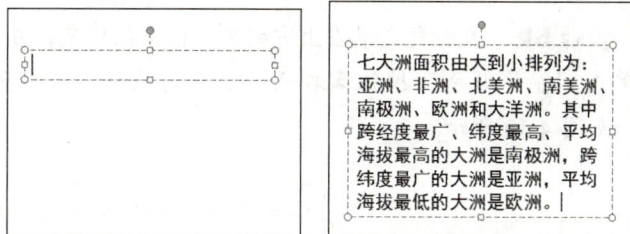

（2）设置文本的字符格式

在演示文稿中输入文本后，可在"开始"选项卡的"字体"组中设置文本的字体、大小、间隔和颜色等属性。下面通过设置"陆地和海洋"课件封面中文本的字符格式介绍设置文本字符格式的方法。

步骤 1▶　单击标题占位符的边缘将其选中，在"开始"选项卡的"字体"组中将"字体"设为"微软雅黑"，并单击"加粗"按钮 **B**，如图 4-8 所示。

步骤 2▶　单击"开始"选项卡"段落"组中的"文本左对齐"按钮 ，设置文本的对齐方式，如图 4-9 所示。

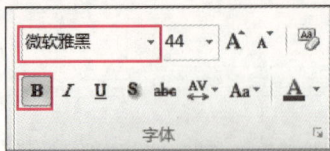

图 4-8　设置标题文本的字体和字号　　　　图 4-9　设置文本对齐方式

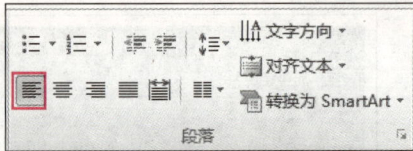

步骤 3▶　单击标题文本左上方的文本框边缘将其选中，然后在"开始"选项卡的"字体"组中将"字体"设为"微软雅黑"，并单击"加粗"按钮 **B**，再将"字号"设为"20"，如图 4-10 所示。

步骤 4▶　单击"字体颜色"按钮 ▲ 右侧的小三角按钮，在展开的字体颜色下拉列表中选择白色，如图 4-11 所示。

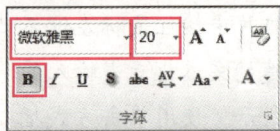

图 4-10　设置文本字符格式　　　　图 4-11　设置文本颜色

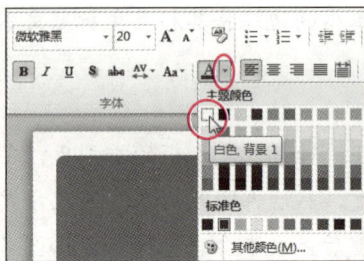

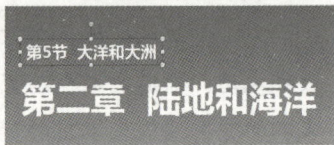

步骤 5▶　在标题文本左上方的文本框中按住鼠标左键并拖动，单独选中"5"字，然后单击"字体颜色"按钮 ▲ 右侧的小三角按钮，在展开的字体颜色下拉列表中选择红色，如图 4-12 所示。

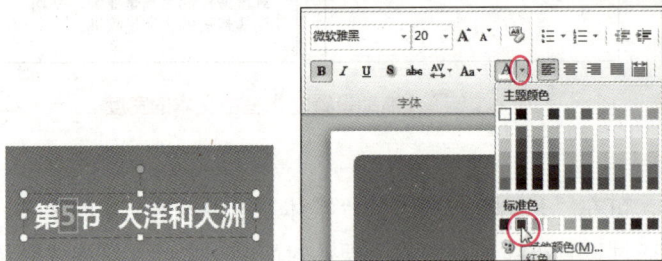

图 4-12　单独改变"5"字颜色

步骤 6▶　单击"插入"选项卡"图像"组中的"图片"按钮，在打开的"插入图片"对话框中选择本书配套素材"素材与实例" > "第4章" > "大洋和大洲素材"文件夹中的"封面图像.jpg"图像素材，并单击"插入"按钮，如图 4-13a 所示。

步骤 7▶　选中插入的图片，拖动图片四周出现的控制点，调整图片的大小，再调整图片及文本的位置，如图 4-13b 所示。

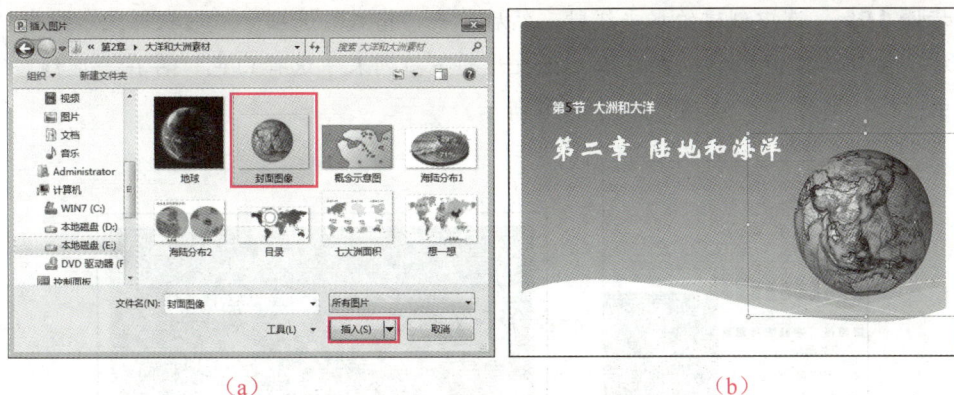

（a） （b）

图 4-13 插入图片并调整图片及文本

步骤8▶ 选中插入的图片，单击"图片工具 格式"选项卡"图片样式"组中的"其他"按钮 ，在展开的下拉列表中选择"矩形投影"图片样式，如图 4-14 所示。

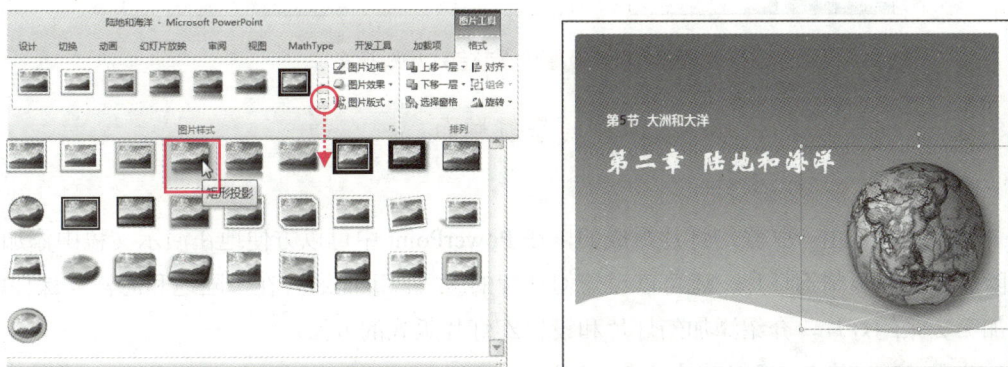

图 4-14 为图片添加图片样式

步骤9▶ 单击"插入"选项卡"插图"组中"形状"按钮下方的小三角按钮，在展开的下拉列表中选择"直线"工具 ，然后在按住【Shift】键的同时按住鼠标左键并拖动，在两个文本之间创建一条水平线段，如图 4-15 所示。

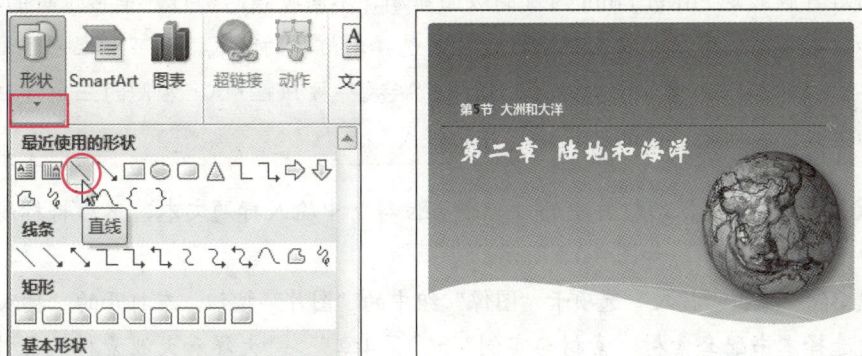

图 4-15 创建水平线段

步骤 10▶ 选中创建的水平线段，然后单击"格式"选项卡"形状样式"组中"形状轮廓"按钮☑右侧的小三角按钮，在展开的下拉列表中选择白色，再在"虚线"下拉列表中选择"划线-点"选项，如图 4-16 所示。

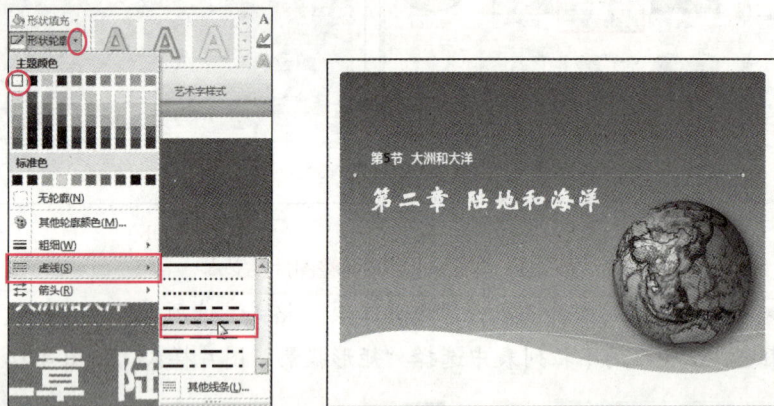

图 4-16 设置线段颜色和虚线样式

3. 制作"陆地和海洋"课件的导航界面

（1）添加第 2 张幻灯片

演示文稿是由一张张幻灯片组成的，在 PowerPoint 中可以方便地在演示文稿中添加、删除、移动和复制幻灯片，还可以设置幻灯片的版式。下面通过在"陆地和海洋"课件中添加第 2 张幻灯片，介绍添加幻灯片和设置幻灯片版式的方法。

步骤 1▶ 单击"开始"选项卡"幻灯片"组中"新建幻灯片"按钮下方的三角按钮，在展开的幻灯片版式列表中选择"仅标题"版式，添加一张"仅标题"版式的幻灯片，如图 4-17 所示。

提 示

幻灯片版式是 Power Point 内置的版面布局，不同版式的幻灯片中占位符的数量、类型和位置不同。用户可以在新建幻灯片时选择幻灯片的版式，也可以在创建幻灯片后，单击"开始"选项卡"幻灯片"组中"版式"按钮 版式 右侧的三角按钮，在展开的版式下拉列表中重新选择幻灯片的版式。

步骤 2▶ 在第 2 张幻灯片中的"标题占位符"中输入标题文本，然后将标题文本的字体设为"微软雅黑"，如图 4-18 所示。

步骤 3▶ 单击"插入"选项卡"图像"组中的"图片"按钮，在打开的"插入图片"对话框中选择本书配套素材"素材与实例"＞"第4章"＞"大洋和大洲素材"文件夹中的"目录.jpg"图像素材，并单击"插入"按钮插入图片，再调整插入图片的位置，如图

4-19 所示。

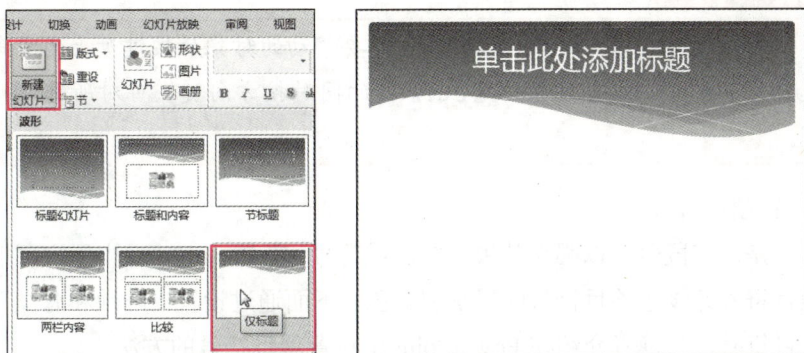

图 4-17 添加第 2 张幻灯片

图 4-18 输入标题并设置其字体

图 4-19 插入图片并调整其位置

步骤4▶ 在第 2 张幻灯片左上方小圆中插入一个横排文本框，输入数字"1"并将其"字体"设为"Franklin Gothic Book"，"字号"设为"28"，"字体颜色"设为"金色，强调文字颜色 5，深色 50%"，再调整文本框的位置，效果如图 4-20 所示。

步骤5▶ 参照步骤 4 的操作在其他圆中输入数字"2"、"目录"文字和导航文本，其中数字"2"的格式与"1"相同；"目录"文字的"字体"为"微软雅黑"，"字体颜色"为黑色，"字号"设为"28"；导航文本的"字体"为"黑体"，"字体颜色"为蓝色，"字号"设为"20"，如图 4-21 所示。

图 4-20 输入数字"1"

图 4-21 输入其他文本

提　示

除了使用拖动方式移动对象位置外，选中要移动的对象后按键盘上的方向键也可调整所选对象的位置，如果在按住【Ctrl】键的同时按方向键，可对所选对象的位置进行微调。

（2）设置项目符号

项目符号是放在段落前以强调效果的图形或符号。在 PowerPoint 中用户可根据需要为段落添加项目符号并设置项目符号的形状和颜色。下面通过设置"陆地和海洋"课件中导航文本的项目符号，为读者介绍在 PowerPoint 中设置项目符号的方法。

步骤 1▶　在按住【Shift】键的同时依次单击第 2 张幻灯片中的两个导航文本将其同时选中，然后单击"开始"选项卡"段落"组中"项目符号"按钮 右侧的下拉按钮，在展开的下拉列表中选择"项目符号和编号"选项，如图 4-22 所示。

图 4-22　选择"项目符号和编号"选项

步骤 2▶　在打开的"项目符号和编号"对话框中选择作为项目符号的符号，若对话框中没有满足需要的符号，可单击"自定义"或"图片"按钮，本例单击"图片"按钮，如图 4-23 所示。

步骤 3▶　在打开的"图片项目符号"对话框中选择一个要作为项目符号的图片，然后连续单击"确定"按钮，关闭"图片项目符号"和"项目符号和编号"对话框，如图 4-24 所示。

4. 制作"陆地和海洋"课件第 3 张幻灯片

（1）绘制图形并设置形状样式

通过使用 PowerPoint 提供的绘图功能，可以根据需要在幻灯片中绘制一些诸如标志、图标、提示框和装饰线等图形对象；通过为图形对象添加形状样式，可以快速美化图形对象。下面通过绘制第 3 张幻灯片下方的装饰图形，介绍在 PowerPoint 中绘制图形及应用形状样式的方法。

单击该按钮，可在展开的颜色列表中
设置项目符号的颜色

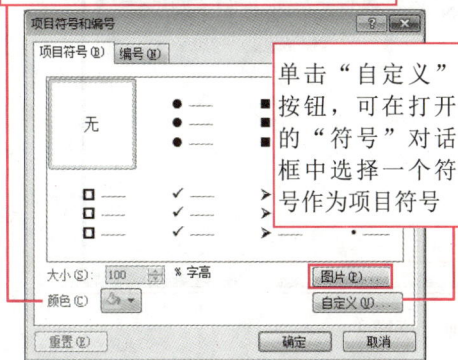

单击"自定义"
按钮，可在打开
的"符号"对话
框中选择一个符
号作为项目符号

图 4-23　"项目符号和编号"对话框

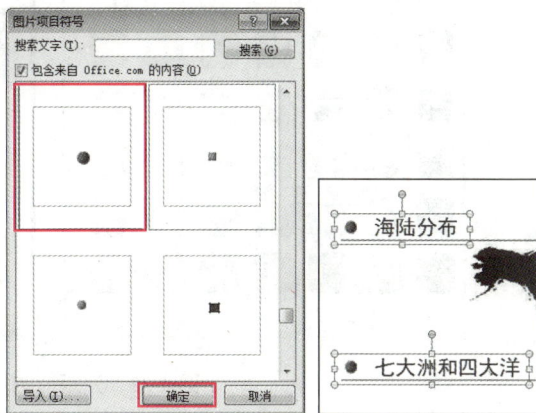

图 4-24　设置项目符号的显示效果

步骤 1▶　单击"开始"选项卡"幻灯片"组中"新建幻灯片"按钮下方的三角按钮，在展开的幻灯片版式列表中选择"仅标题"版式，创建第 3 张幻灯片。

步骤 2▶　单击"开始"选项卡"绘图"组中"形状"列表框中的"矩形"工具，如图 4-25 所示，然后在第 3 张幻灯片的下方按住鼠标左键不放并拖动，创建一个与幻灯片宽度相同的矩形图形，如图 4-26 所示。

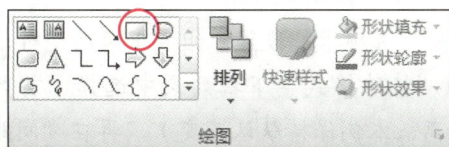

图 4-25　在"形状"列表框中选择"矩形"工具

图 4-26　绘制矩形图形

步骤 3▶　选中绘制好的矩形图形，然后单击"绘图工具　格式"选项卡"形状样式"组中的"其他"按钮，在展开的形状样式列表中选择"细微效果-蓝色，强调颜色 1"形状样式，如图 4-27 所示。

步骤 4▶　参照步骤 2，3 的操作，在矩形图形左侧再绘制一个较短的矩形图形，并为其添加"细微效果-金色，强调颜色 5"形状样式，如图 4-28 所示。

步骤 5▶　选中绘制的第 2 个矩形图形，然后输入"第 5 节　大洋和大洲"文本，并将其"字体"设为"黑体"，"文本颜色"设为"深蓝，文字 2，深色 50%"，如图 4-29 所示。

图 4-27　为矩形图形添加形状样式

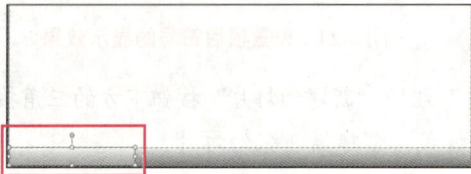

图 4-28　绘制第 2 个矩形并添加形状样式

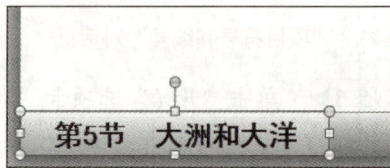

图 4-29　在形状图形中输入文本

（2）设置文本段落格式

通过设置文本的段落格式可使文本更有层次，下面通过设置第 3 张幻灯片中文本的段落格式，介绍设置文本段落格式的方法。

步骤 1▶　在第 3 张幻灯片中的"标题占位符"中输入标题文本"一、海陆分布"，并将其字体设为"微软雅黑"，然后利用插入文本框的方法，输入第 3 张幻灯片中的正文文本及正文标题，并将正文文本及正文标题的"字体"设为"黑体"，正文标题的"字号"设为"28"，调整两个文本框的宽度和位置，效果如图 4-30 所示。

步骤 2▶　选中正文文本框，然后单击"开始"选项卡"段落"组右下角的"对话框启动器"按钮，在打开的"段落"对话框的"特殊格式"下拉列表中选择"首行缩进"选项（可在"度量值"编辑框中设置缩进距离，本例保持默认不变），再在"间距"选项区中将"段前"和"段后"选项都设为"6 磅"，并单击"确定"按钮，如图 4-31 所示。

图 4-30　输入正文标题和正文文本

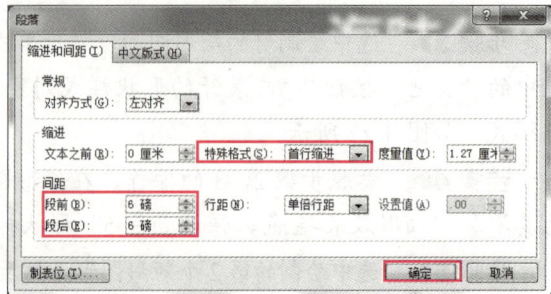

图 4-31　设置文本段落格式

（3）美化文本框和文字

通过为文本框设置填充颜色、轮廓线和形状样式，为文本设置艺术字样式，可以使文本框和文本更加美观，或是突出显示指定文本，以达到突出主题的目的。下面就来美化第3张幻灯片中的文本框和文本。

步骤1▶ 单击正文标题文本框的边缘将其选中，然后单击"绘图工具 格式"选项卡"形状样式"组中的"其他"按钮，在展开的形状样式列表中选择"细微效果-蓝色，强调颜色1"形状样式，效果如图4-32所示。

步骤2▶ 保持正文标题文本框的选中状态，单击"绘图工具 格式"选项卡"艺术字样式"组中的"其他"按钮，在展开的艺术字样式列表中选择"填充-浅蓝，文本2，轮廓-背景2"艺术字样式，如图4-33所示。

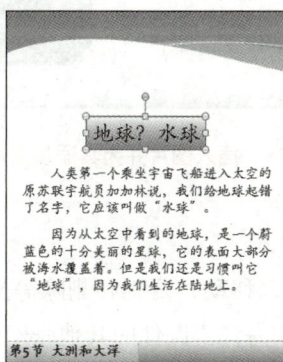

图 4-32 为文本框添加形状样式　　　　图 4-33 为文本添加艺术字样式

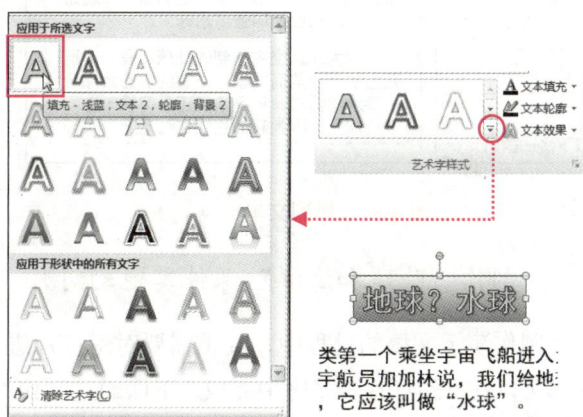

步骤3▶ 选中正文文本框，然后单击"绘图工具 格式"选项卡"形状样式"组中"形状轮廓"按钮右侧的小三角按钮，在展开的形状轮廓列表中将轮廓线的颜色设为"蓝色，强调文字颜色2"，如图4-34所示。

步骤4▶ 再次打开形状轮廓列表，分别选择"粗细"＞"1.5磅"和"虚线"＞"划线-点"选项，如图4-35和图4-36所示。

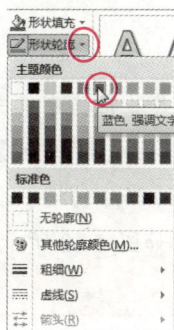

图 4-34 设置轮廓线颜色　　图 4-35 设置轮廓线粗细　　图 4-36 设置轮廓线虚线样式

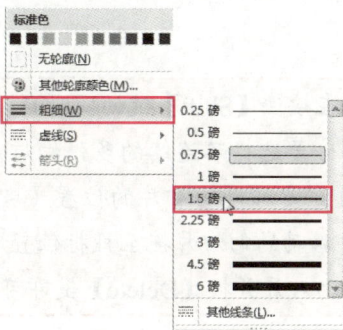

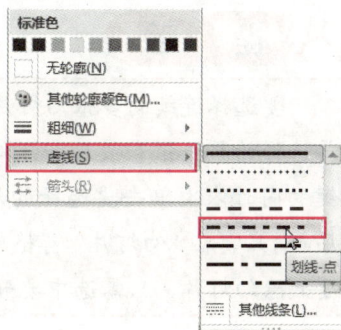

步骤 5▶ 此时若正文文本框的轮廓线压在正文标题上，可选中正文文本框，然后单击 "开始" 选项卡 "绘图" 组中 "排列" 按钮▣下方的小三角按钮，在展开的下拉列表中选择 "置于底层" 选项，如图 4-37 所示。

步骤 6▶ 参照插入课件封面图片的操作，插入本书配套素材 "素材与实例" > "第 4 章" > "大洋和大洲素材" 文件夹中的 "地球.png" 图像素材，然后调整其位置，并为其添加 "剪裁对角线，白色" 图片样式，效果如图 4-38 所示。

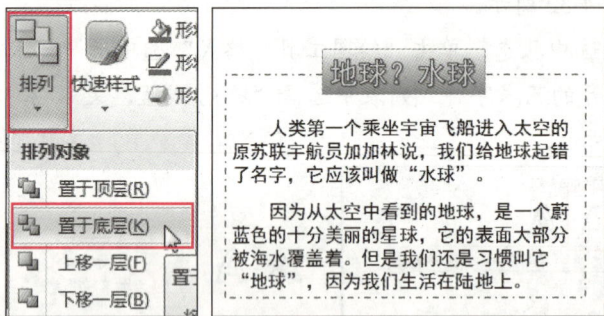

图 4-37　排列文本

图 4-38　插入图片并为其添加图片样式

5. 制作 "陆地和海洋" 课件其他幻灯片

在制作演示文稿的过程中，经常需要对幻灯片进行选择、移动、复制和删除等操作，这些都可以在 "幻灯片" 窗格中完成。下面通过制作 "陆地和海洋" 课件的其他张幻灯片，介绍幻灯片的编辑操作。

步骤 1▶ 单击 "幻灯片" 窗口中的第 3 张幻灯片将其选中，然后在选中的幻灯片上右击，在弹出的快捷菜单中选择 "复制" 选项（若选择 "复制幻灯片" 选项，可直接在所选幻灯片下方生成一个幻灯片副本），将所选幻灯片复制到 "剪贴板" 中，如图 4-39a 所示。

步骤 2▶ 再次在 "幻灯片" 窗格中的第 3 张幻灯片上（或下方）右击，在弹出的快捷菜单中选择 "保留源格式" 选项▣，将 "剪贴板" 中的幻灯片粘贴到第 3 张幻灯片的下方并保留原有格式，如图 4-39b 和 c 所示。

提　示

　　要选择连续的多张幻灯片，可在按住【Shift】键的同时在 "幻灯片" 窗格中单击要选择的第一张和最后一张幻灯片；要选择不连续的多张幻灯片，可在按住【Ctrl】键的同时依次单击要选择的幻灯片。要移动幻灯片的位置（即改变幻灯片的播放顺序），只需在 "幻灯片" 窗格中将要移动的幻灯片拖至目标位置即可，如图 4-40 所示。要删除幻灯片，只需选中要删除的幻灯片并按【Delete】键即可。

步骤 3▶ 删除第 4 张幻灯片中的文本和图片，然后插入本书配套素材"素材与实例"＞"第 4 章"＞"大洋和大洲素材"文件夹中的"海陆分布 1.png"和"海陆分布 2.png"图像素材，并调整其位置，如图 4-41 所示。

选择"使用目标主题"选项，表示复制过来的幻灯片格式与目标位置的格式一致

选择"图片"选项，表示将复制的幻灯片作为图片粘贴到目标位置

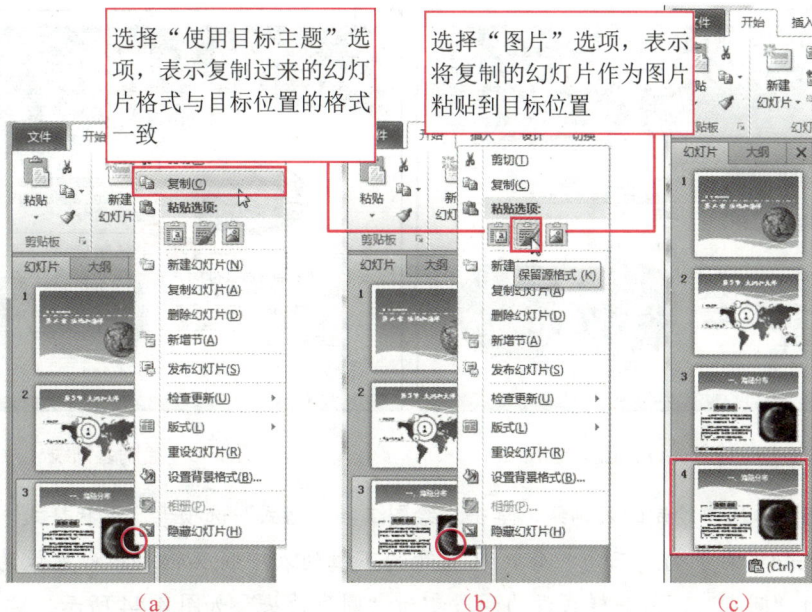

（a）　　　　　　　　　（b）　　　　　　　　　（c）

图 4-39 通过复制创建第 4 张幻灯片

图 4-40 移动幻灯片

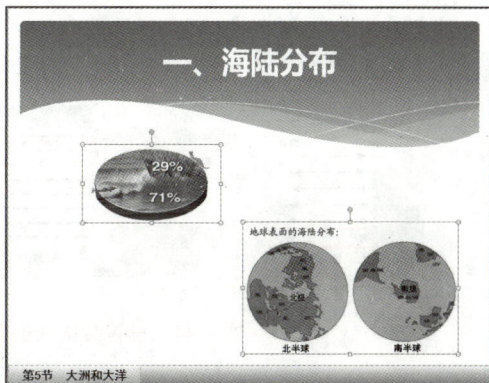

图 4-41 插入图片并调整其位置

步骤 4▶ 插入两个文本框，输入第 4 张幻灯片中的正文文本，调整文本框的宽度和位置，并将文本的"字体"设为"黑体"，再单独选中"71%"、"29%"、"七分海洋三分陆地"、"北半球"和"南半球"文本，将这些文本的"字体颜色"设为"浅蓝"，并单击"加粗"按钮 **B**，如图 4-42 所示。

步骤 5▶ 单击"插入"选项卡"插图"组中"形状"按钮下方的小三角按钮，在展开的形状下拉列表中选择"任意多边形"工具，然后在起点和转折点处依次单击，在结束位置双击，绘制一个如图 4-43 所示的装饰线条。

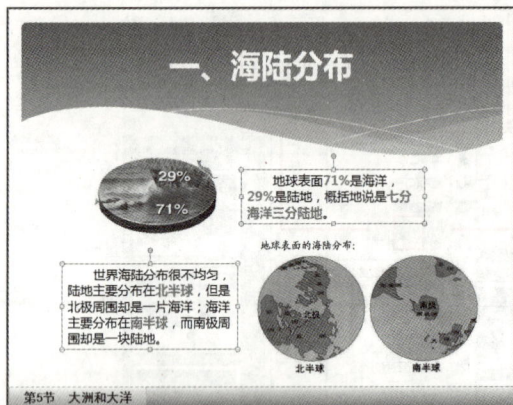

图 4-42 输入并设置正文文本   图 4-43 绘制装饰线

步骤 6▶ 选中绘制的装饰线，单击"绘图工具 格式"选项卡"形状样式"组中"形状轮廓"按钮右侧的小三角按钮，在展开的下拉列表中将其轮廓线颜色设为蓝色，虚线样式设为"圆点"，箭头样式设为两段都为"圆形箭头"如图 4-44 所示。

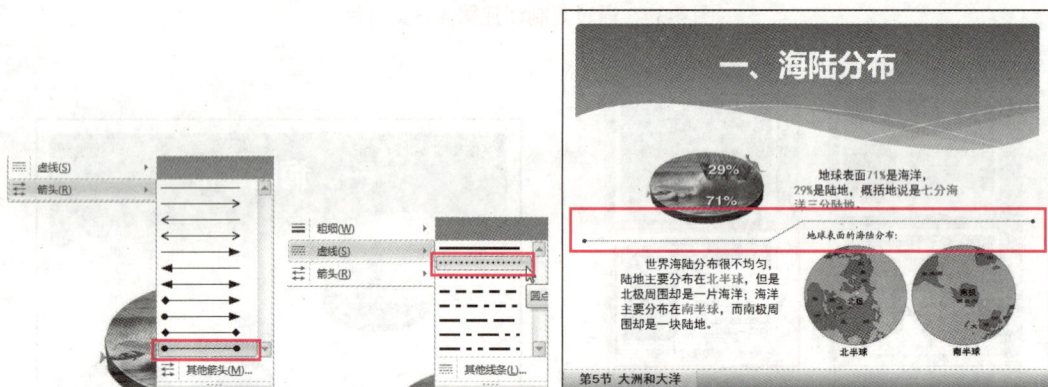

图 4-44 设置装饰线的颜色以及虚线和箭头样式

步骤 7▶ 参照步骤 1 至 5 的操作，制作"陆地和海洋"课件第 5 至 9 张幻灯片（标题的"字体"都为"微软雅黑"，正文的"字体"都为"黑体"，第 5、6、7 张幻灯片中图片添加了"矩形投影"图片样式，第 8 张幻灯片中图片添加了"圆形对角，白色"图片样式，第 9 张幻灯片中图片添加了"简单框架，白色"图片样式），如图 4-45 所示。

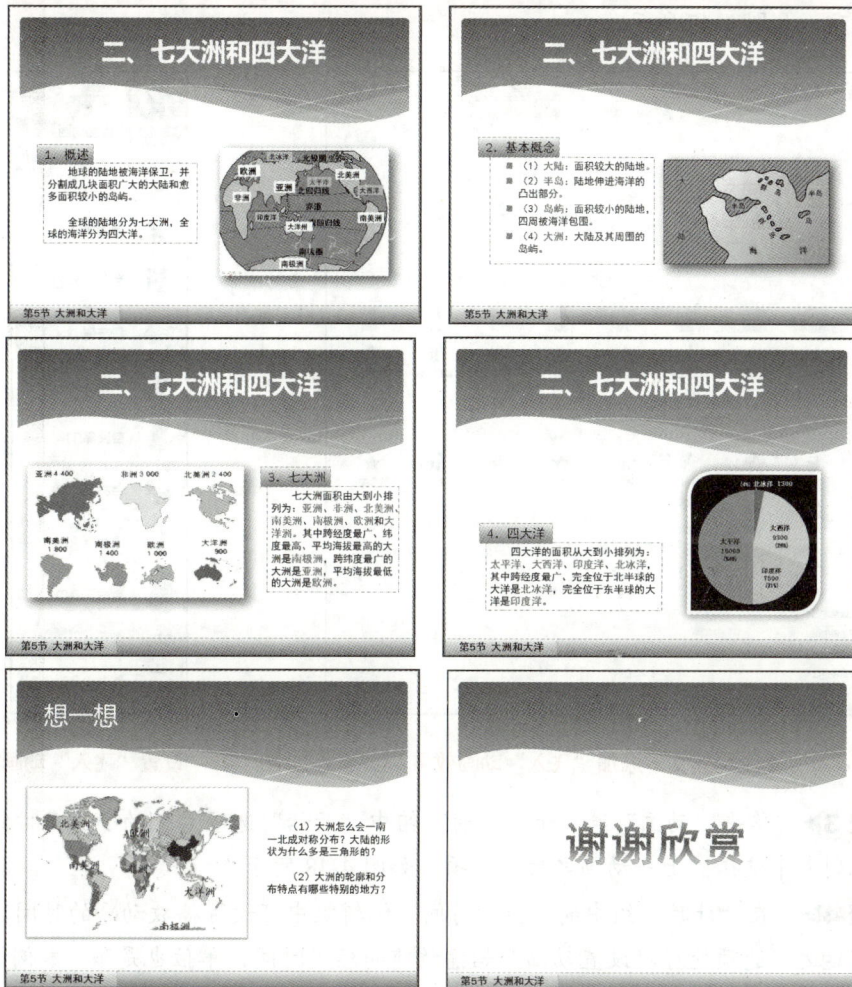

图 4-45　制作其他幻灯片

4.4.3　为课件添加动画和交互效果

1. 为课件添加动画

在 PowerPoint 中可以为幻灯片中的对象添加动画效果，以制作诸如文字从画面外飞入，图片从无到有逐渐显示，以及使对象闪烁以强调一些重要内容等众多效果。下面通过为"陆地和海洋"课件添加动画效果，介绍为幻灯片中的对象添加动画的方法。

步骤 1▶　在"幻灯片"窗格中选中第 1 张幻灯片，然后选中第 1 张幻灯片中的主标题占位符，单击"动画"选项卡"动画"组中的"其他"按钮，在展开的动画列表中选择"进入"分类中的"飞入"动画效果，如图 4-46 所示。

步骤 2▶　单击"动画"组中的"效果选项"按钮，在展开的效果列表中选择"自左侧"选项,如图 4-47 所示。

图 4-46 为主标题文本添加"飞入"动画效果   图 4-47 设置"飞入"动画效果选项

步骤 3▶ 单击"动画"选项卡"计时"组中"开始"选项右侧的小三角按钮,在展开的下拉列表中选择"上一动画之后"选项,如图 4-48 所示。

步骤 4▶ 在"计时"组中的"持续时间"编辑框中可设置播放动画的时间,单位为秒;在"延迟"选项处可以设置动画开始播放前的延迟时间,单位也是秒。本例保持默认设置不变,如图 4-49 所示。

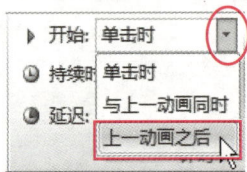

图 4-48 设置动画开始播放方式   图 4-49 设置动画的持续时间和延迟时间

步骤 5▶ 参照步骤 1 至 4 的操作,为副标题文本添加"飞入"动画效果,并将"效果选项"设为"自右侧",再将"开始"选项设为"与上一动画同时"。

步骤 6▶ 参照步骤 1 至 4 的操作,为第 1 张幻灯片中的地球图片添加"淡出"动画效果,并将"开始"选项设为"上一动画之后"。

2. 为课件添加切换效果

幻灯片的切换效果是指放映幻灯片时从一张幻灯片过渡到下一张幻灯片时的动画效

果。用户不但可以根据需要设置幻灯片的切换动画、声音和换片方式，还可以控制每张幻灯片的切换速度等。下面就来为"陆地和海洋"课件中的幻灯片添加切换效果。

步骤 1▶ 在"幻灯片"窗格中选中第 2 张幻灯片，单击"切换"选项卡"切换到此幻灯片"组中的"其他"按钮 ，在展开的效果列表中选择"华丽型"类中的"百叶窗"效果，如图 4-50 所示。

步骤 2▶ 单击"切换到此幻灯片"组中的"效果选项"按钮 ，在展开的效果列表中可设置百叶窗切换效果的方向，本例保持默认的"垂直"选项，如图 4-51 所示。

图 4-50 为幻灯片添加"百叶窗"切换效果　　　图 4-51 设置切换效果的方向

步骤 3▶ 在"计时"选项组中可设置切换效果的"持续时间"，本例将其设为 1 秒，如图 4-52 所示。

步骤 4▶ 单击"计时"选项组中"声音"选项右侧的小三角按钮，在展开的下拉列表中选择一种切换声音，本例选择"照相机"选项，如图 4-53 所示。

选择"单击鼠标时"复选框表示放映演示文稿时通过单击来切换幻灯片；选择"设置自动换片时间"复选框表示在设置的时间后自动切换幻灯片

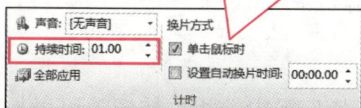

图 4-52 设置切换效果的持续时间　　　图 4-53 为切换效果添加音效

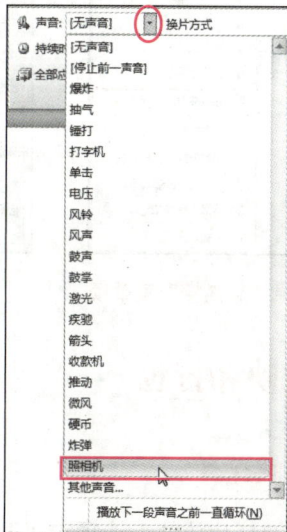

步骤 5▶ 单击"计时"选项组中的"全部应用"按钮 ，此时该演示文稿中的所有

幻灯片，都应用设置好的切换效果。

步骤6▶ 在"幻灯片"窗格中选中第2张幻灯片，单击"切换"选项卡"切换到此幻灯片"组中的"其他"按钮，在展开的效果列表中选择"无"选项，取消该幻灯片的切换效果。

3. 为课件添加超链接

通过为演示文稿中的对象添加超链接，可以实现单击幻灯片的某个对象便跳转到指定的幻灯片、打开某个文件或网页等效果。下面通过为"陆地和海洋"课件的目录页设置超链接，介绍为对象添加超链接的方法。

步骤1▶ 在"幻灯片"窗格中选中第2张幻灯片，单击选中左侧的第1个导航文本，然后在所选文本上右击，在弹出的快捷菜单中选择"超链接"菜单项，如图4-54所示。

步骤2▶ 在打开的"插入超链接"对话框中单击"链接到"列表中的"本文档中的位置"选项，再在"请选择文档中的位置"列表中选择"3.一、海陆分布"选项，并单击"确定"按钮，如图4-55所示。

步骤3▶ 参照步骤1，2的操作为第2个导航文本添加超链接，将其链接到第5张幻灯片。

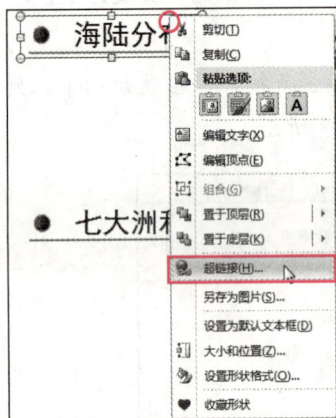

图4-54　选择"超链接"菜单项

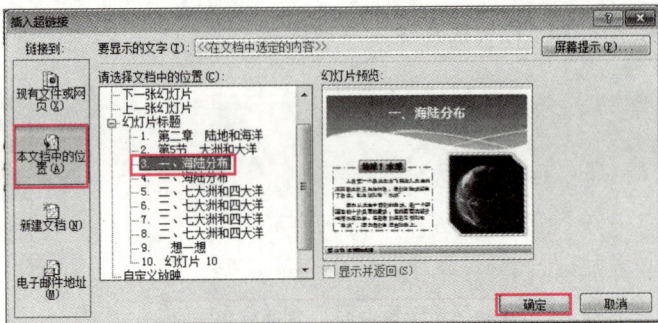

图4-55　为文本添加超链接

4.4.4 放映和打包

1. 放映课件

利用"幻灯片放映"选项卡"开始放映幻灯片"组中的相关按钮，可以按照需求以多种方式放映当前打开的演示文稿，如图4-56所示。

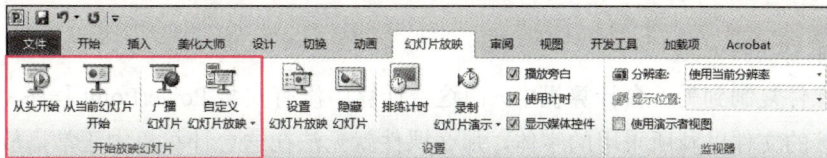

图 4-56　"开始放映幻灯片"组

步骤 1▶　单击"从头开始"按钮 或按【F5】键，可从第 1 张幻灯片开始放映演示文稿。

步骤 2▶　单击"从当前幻灯片开始"按钮 或按【Shift＋F5】键，可从当前幻灯片开始放映演示文稿。

步骤 3▶　单击"自定义幻灯片放映"按钮 ，在展开的列表中选择"自定义放映"选项，然后在打开的"自定义放映"对话框中单击"新建"按钮，如图 4-57 所示。

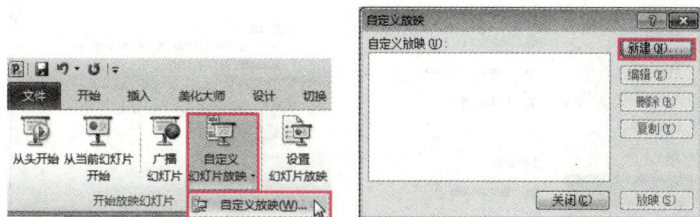

图 4-57　新建自定义放映

步骤 4▶　在打开的"定义自定义放映"对话框中的"幻灯片放映名称"文本框中输入自定义放映的名称，然后在"在演示文稿中的幻灯片"列表中选择要添加到自定义放映中的幻灯片，并单击"添加"按钮，将其添加到"在自定义放映中的幻灯片"列表中，如图 4-58 所示。

步骤 5▶　单击"定义自定义放映"对话框中的"确定"按钮，然后单击"自定义放映"对话框中的"放映"按钮，即可放映自定义的幻灯片。

步骤 6▶　单击"开始放映幻灯片"组中的"自定义幻灯片放映"按钮 ，在展开的列表中选择刚刚新建的自定义放映，即可放映自定义的幻灯片，如图 4-59 所示。

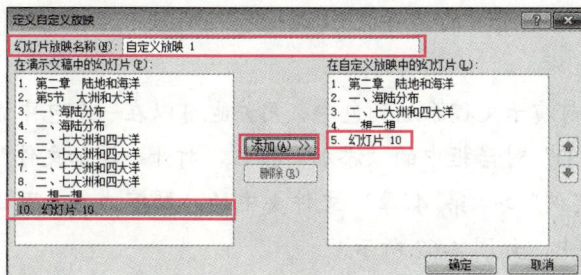

图 4-58　设置自定义放映

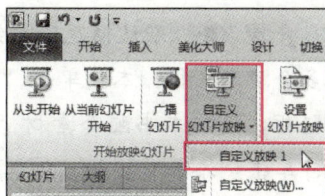

图 4-59　播放自定义放映

2. 打包课件

若将课件复制到另一台计算机中，而这台计算中没有安装 PowerPoint 程序，或没有课件中所链接的文件以及所采用的字体，那么课件就无法在这台计算机中正常播放。为了防止这种情况，可以使用 PowerPoint 提供的"打包"工具，将播放课件所涉及到的有关文件连同课件一起打包，形成一个文件夹，从而方便在其他计算机中进行播放。要打包课件，可参照以下操作。

步骤 1▶ 单击"文件"选项卡标签，在打开的界面中选择"保存并发送" > "将演示文稿打包成 CD" > "打包成 CD"选项，如图 4-60 所示。

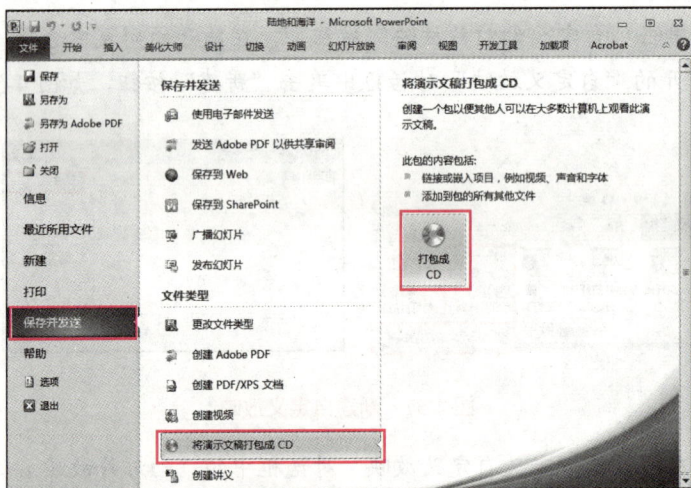

图 4-60 选择"打包成 CD"选项

提 示

利用"保存并发送"界面中"保存并发送"设置区中的选项，可将课件保存并发布到微软提供的互联网空间；利用"文件类型"设置区的选项，可将课件保存为多种格式的文件（与"另存为"对话框中的保存类型相同），以及打包课件等。

步骤 2▶ 在打开的"打包成 CD"对话框中的"将 CD 命名为"编辑框中为打包文件命名，如图 4-61 所示。

步骤 3▶ 默认情况下系统会将当前演示文稿添加到包中，用户也可以在一个包中添加多个演示文稿。本例单击"打包成 CD"对话框中的"添加"按钮，打开"添加文件"对话框，选择本书配套素材"素材与实例" > "第 4 章"文件夹中的"摩擦力.pptx"课件，单击"添加"按钮，将其添加到包中，如图 4-62 所示。

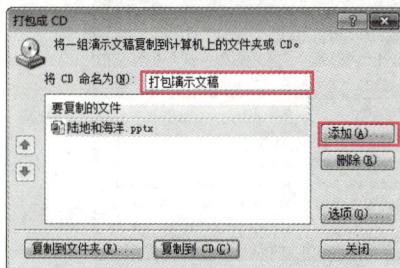

图 4-61　为打包文件命名　　　　图 4-62　添加要打包的演示文稿

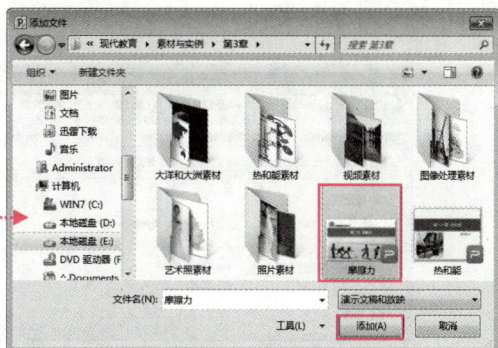

步骤 4▶ 单击"打包成 CD"对话框中的"选项"按钮，在打开的"选项"对话框中可设置打包选项。其中，在"包含这些文件"设置区中可选择需要在打包文件中包含的内容，本例将两个复选框都选中；在"增强安全性和隐私保护"设置区中可设置打开或修改包中的演示文稿时是否需要密码，本例不输入密码；最后单击"确定"按钮，如图 4-63 所示。

步骤 5▶ 单击"打包成 CD"对话框中的"复制到文件夹"按钮，打开"复制到文件夹"对话框，在"文件夹名称"编辑框中为包含打包文件的文件夹命名，然后单击"浏览"按钮，设置打包文件的保存位置，如图 4-64 所示。

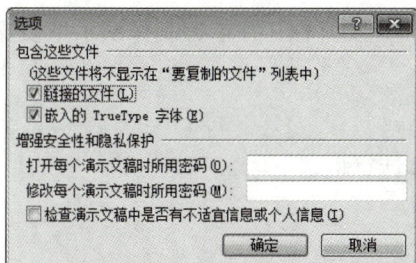

图 4-63　设置打包选项　　　　　图 4-64　"复制到文件夹"对话框

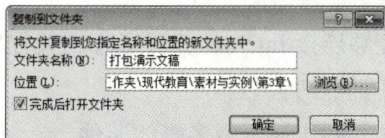

步骤 6▶ 设置完成后单击"确定"按钮，会弹出提示框，询问是否打包链接文件，如图 4-65 所示，本例单击"是"按钮，系统开始打包课件，并显示打包进度。

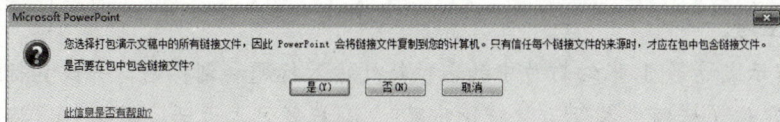

图 4-65　提示框

步骤 7▶ 等待一段时间后，即可将演示文稿打包到指定的文件夹中，并自动打开打包文件夹，显示其中的内容，如图 4-66 所示。最后单击"打包成 CD"对话框中的"关闭"按钮，将该对话框关闭。

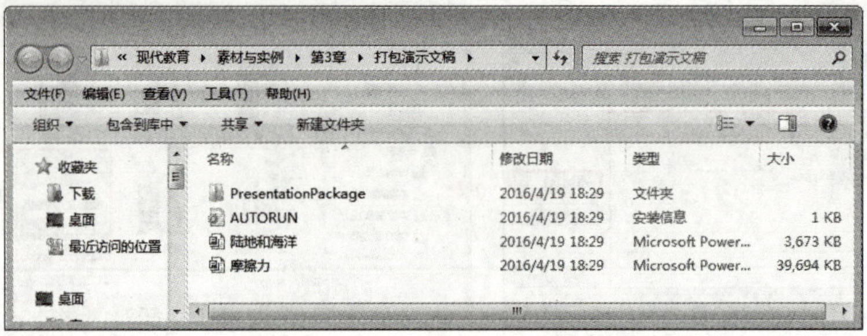

图 4-66　打包文件夹中的文件

提　示

在其他计算机中播放打包文件中的课件时，若其他计算机中没有安装 PowerPoint 2010，需要下载并安装 PowerPoint viwer 2010 播放器才能正常播放课件。

实践活动

【训练目的】

了解多媒体课件的相关概念、常用开发软件和开发流程，并掌握制作演示型多媒体课件的方法。

【训练环境】

能够连接 Internet 并可运行相关程序的多媒体计算机。

【训练内容】

独立制作演示型多媒体课件。

【训练任务】

利用本章所学知识制作如图 4-67 所示的"热和能"课件。本例最终效果可参考本书配套素材"素材与实例"＞"第 4 章"文件夹中的"热和能.pptx"。

① 新建一个空白演示文稿，然后切换到"设计"选项卡，在"主题"下拉列表中选择"平衡"主题。

② 在演示文稿第 1 张幻灯片中的占位符处输入标题和副标题，并设置标题文本和副标题文本的字体（标题文本设为"微软雅黑"，副标题文本设为"黑体"）。将副标题占位符移动到效果图所示的位置，然后单独选中文字"三"，将"字体颜色"设为"红色"，再插入本书配套素材"素材与实例"＞"第 4 章"＞"热和能素材"文件夹中的"封面图像.png"图像素材，调整其大小和位置，并为其添加"柔化边缘矩形"图片样式。

③ 新建一张"仅标题"版式的幻灯片，然后在新建的幻灯片中输入标题文本，并将其"字体"设为"微软雅黑"，"字体颜色"设为"白色"，再将标题文本框的填充颜色设为"橘红色"。

④ 利用"插入"选项卡"插图"组中"形状"按钮列表中的绘图工具，在第 2 张幻灯片中绘制正圆形和直线线段，然后在正圆形中输入数字，并为正圆形添加形状样式；再在正圆形的右侧利用文本框输入导航文本（数字的字体为"Franklin Gothic Book"，导航文本的字体为"黑体"）。

⑤ 在第 2 张幻灯片中插入本书配套素材"素材与实例" > "第 4 章" > "热和能素材"文件夹中的"导航图像.jpg"图像素材，调整其大小和位置，并为其添加"剪裁对角线，白色"图片样式。

⑥ 通过复制第 2 张幻灯片，并进行修改的方式创建其他幻灯片。

⑦ 为幻灯片封面中的标题、副标题和图片添加动画效果。

⑧ 为第 2 至 9 张幻灯片设置切换效果。

⑨ 为第 2 张幻灯片中的导航文本添加超链接。

⑩ 放映幻灯片，并对不满意的地方进行调整。

⑪ 将"热和能"课件打包。

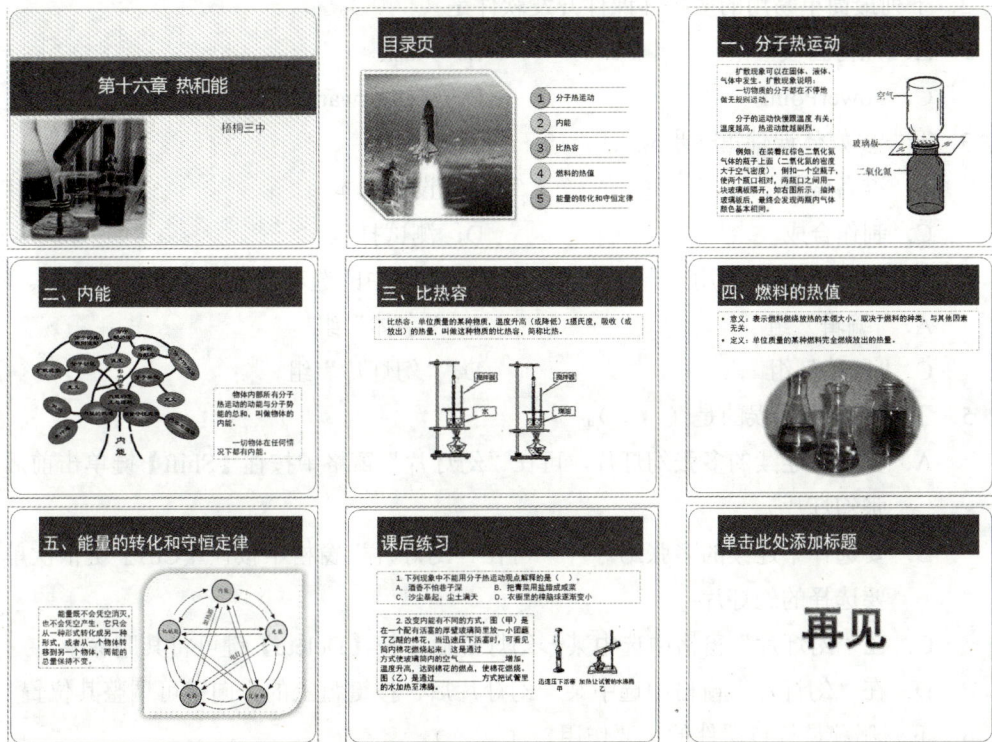

图 4-67 "热和能"课件

本章小结

本章主要介绍了多媒体课件的相关概念、常用的多媒体课件开发软件和多媒体课件设计开发的流程，并通过实际操作带领读者体验了创建演示型多媒体课件的全过程。通过本章的学习，应对如何制作多媒体课件有一个系统的了解，并能使用 PowerPoint 独立完成演示型多媒体课件的制作。

本章习题

一、选择题

1. 以向学生传授新知识为目标属于什么类型的课件？（　　）

    A. 演示型　　　　　　　　　B. 练习型

    C. 模拟型　　　　　　　　　D. 游戏型

2. 下列最简单易用的多媒体课件开发软件是（　　）。

    A. 几何画板　　　　　　　　B. Flash

    C. PowerPoint　　　　　　　D. Authorware

3. 开发多媒体课件第一步应（　　）。

    A. 准备素材　　　　　　　　B. 设计脚本

    C. 制作合成　　　　　　　　D. 测试打包

4. 输入文本后，可利用"开始"选项卡（　　）中的选项设置文本的字符格式。

    A. "编辑"组　　　　　　　　B. "字体"组

    C. "段落"组　　　　　　　　D. "幻灯片"组

5. 下列说法中错误的是（　　）。

    A. 要选择连续的多张幻灯片，可在"幻灯片"窗格中按住【Shift】键单击前后两张幻灯片

    B. 要选择不连续的多张幻灯片，可在"幻灯片"窗格中按住【Ctrl】键依次单击要选择的幻灯片

    C. 在"幻灯片"窗格中选中某一幻灯片后，按【Delete】键可将其删除

    D. 在"幻灯片"窗格中选中某一幻灯片后，按键盘上的方向键可调整其位置

6. 下列哪种是打包课件的主要作用？（　　）

    A. 节省存储空间　　　　　　B. 保证可在其他计算机中正常放映课件

    C. 将多个课件储存到一起　　D. 便于将课件发送到网络

二、填空题

1．多媒体课件按实现的功能可以分为＿＿＿＿、＿＿＿＿＿、＿＿＿＿、＿＿＿＿和＿＿＿＿课件等。

2．在制作课件之前，应先系统地设计好＿＿＿＿，然后根据＿＿＿＿进行课件制作。

3．测试课件后应将与课件有关的文件连同课件一起＿＿＿＿，从而方便在其他计算机中播放课件。

4．要设计一个好的课件脚本，首先应确定＿＿＿＿、＿＿＿＿、＿＿＿＿、＿＿＿＿等，然后确定具体的内容和表现形式。

三、简答题

1．什么是多媒体课件？

2．多媒体课件按照不同分类方式可分为哪些类型？

3．在设计多媒体课件时应注意哪些原则？

4．多媒体课件的开发流程是怎样的？

5．使用 PowerPoint 制作多媒体课件时如何在演示文稿中输入文本？

6．在 PowerPoint 中如何设置文字格式和段落格式？如何美化文本？

7．使用 PowerPoint 制作多媒体课件时如何在演示文稿中插入图片、视频和声音素材？

8．为什么要对多媒体课件进行打包？如何打包？

第 5 章

现代教学媒体与环境

本章导读

　　随着计算机技术及现代教育的发展，越来越多的现代教学媒体出现在我国现代教学环境中。社会对教育提出了新的要求，以课本、粉笔和黑板为主要载体的传统教学已经越来越不能满足现代教学的需要。这就要求教师能够使用现代教学媒体设备，熟悉现代教育技术环境。本章将介绍现代教学媒体的概念、分类和作用，常用的现代教学媒体设备以及现代教育技术环境。

学习目标

- 了解教学媒体的概念
- 了解教学媒体的分类
- 了解教学媒体的作用
- 认识多媒体投影机、视频展示台、交互式电子白板等常用教学媒体设备
- 认识校园网络、多媒体教室、网络机房和微格教学系统这些现代教育技术环境

5.1　认识现代教学媒体

5.1.1　教学媒体的概念

媒体（Media）一词来源于拉丁语"Medius"，音译为媒介，意思为"两者之间"，是指信息在传播过程中，信息源与信息的接受者之间的中介物，即传递信息的载体和物质工具。

媒体有两重含义：一是指承载信息的载体，如语言、文字、符号、声音、图像等；二是指加工、传递、存储信息的实体，如书籍、挂图、报纸、图片、幻灯投影片，以及相关的处理、呈现和存储信息的设备，如录音机、电视机、投影机、计算机等。

以传递教学信息为最终目的的媒体被称为教学媒体。教学媒体用于教学信息从信息源到学习者之间的传递，它是教学资源的重要组成部分，是为实现特定的教学目标服务的。

5.1.2　教学媒体的分类

教学媒体的分类方法有多种，下面介绍几种常用的分类方法。

1.　按照媒体发展先后分类

按发展的先后，教学媒体可分为传统教学媒体和现代教学媒体。一般来说，使用时不需要电源的被称为传统教学媒体，使用时需要电源的被称为现代教学媒体。

➢ **传统教学媒体**：传统教学媒体通常指教学中常用的语言、文字、教科书、黑板、粉笔、挂画、模型、实物、实验演示装置及教师的各种表情、教态等教学媒体。

➢ **现代教学媒体**：现代教学媒体在我国也称为电化教育媒体，主要包括幻灯、投影、录音、电影、电视、录像、计算机等教学媒体，以及由它们组合成的教学媒体系统，如语音实验室、网络机房、微格教学系统、多媒体教室等。

2.　按照作用于人的感官分类

按学习者使用媒体的感官分类，教学媒体可分为以下几种。

➢ **听觉媒体**：听觉媒体是指呈现听觉信息的媒体，如广播、录音机、扩音机、语音实验室等。

➢ **视觉媒体**：视觉媒体是指呈现视觉信息的媒体，如教材、挂图、模型、标本、幻灯、投影等。

➢ **视听媒体**：视听媒体是指呈现视觉与听觉信息的媒体，如电视、电影、视频展示台等。

> **交互媒体**：交互媒体是指能够在媒体与人之间构建起信息传递的双向通道，使双方能够相互作用、相互影响的媒体，如程序教学机、计算机及课件、多媒体教室、微格教室等。

3. 按照媒体的物理性质分类

按照媒体的物理性质，教学媒体可分为以下 4 类。

> **光学投影教学媒体**：这类教学媒体主要通过光学放大元件，把小的不透明或透明的图片、标本、实物放大投射到银幕上，以呈现教学信息，如幻灯机和幻灯片、投影机、电影机和电影片等。

> **电声教学媒体**：这类教学媒体将教学信息以声音形式存储和播放并在一定空间中传播，如扩音机、收音机、录音机、电唱机等。

> **电视教学媒体**：这类教学媒体的特点是存储与传送活动的音像信息，如电视机、录像机、录像带、DVD 光盘等。

> **计算机教学媒体及网络媒体**：包括计算机、课件、计算机网络机房、计算机多媒体教室、校园网系统，以及多媒体辅助教学软件、虚拟现实技术系统等。它们能在各种教学活动中实现文字、图表、图像、音频、视频，甚至其他触觉、味觉等教学信息的传递、存储与加工处理。

5.1.3 教学媒体的特性

1964 年加拿大著名传播学家马歇尔·麦克卢汉在《理解媒介：论人的延伸》中提出"媒体是人体的延伸"的著名观点。例如，电话是嘴巴的延伸、收音机是人耳的延伸、电脑是人脑的延伸等。麦克卢汉的这一观点揭示了媒体最基本的性质，表明了各种媒体对受传者的感官刺激是不同的。

现代教学媒体的教学特性如下。

> **表现力**：教学媒体具有表现客观事物的时间、空间、运动特性，以及表征声音、颜色特性的能力。

> **重现力**：教学媒体具有不受时间、空间的限制，将存储的信息随时重现的能力，有即时重现和事后重现之分。

> **传播力**：教学媒体把信息同时传递到接受者的空间范围，有无限接触和有限接触之分。

> **参与性**：应用教学媒体时，学生可以参与教学活动，有行为参与和感情参与之分。

> **可控性**：可控性是指教学媒体使用的难易程度，有易控和难控之分。

各类媒体具有不同的教学特性，在教学活动中应根据教学内容、教学对象选择合适的媒体，充分发挥媒体的长处，才能取得良好的教学效果。教学中常见教学媒体的教学特性如表 5-1 所示。

表 5-1　主要现代教学媒体的教学特性

教学特性		媒体种类									
		教材	黑板	模型	广播	录音	幻灯	电影	电视	录像	计算机
表现力	空间特性			✓			✓	✓			✓
	时间特性	✓	✓		✓	✓		✓	✓	✓	✓
	运动特性							✓	✓	✓	✓
重现力	即时		✓				✓			✓	✓
	事后	✓		✓		✓		✓		✓	✓
传播力	无限	✓			✓				✓		
	有限			✓			✓	✓		✓	✓
参与性	感情										
	行为	✓		✓			✓				✓
可控性	易控	✓	✓	✓		✓	✓			✓	✓
	难控				✓				✓		

拓展阅读

卫星网络在教育中的应用

中国教育电视台是全国最大的集卫星广播与地面交互为一体的 IPTV 教育新媒体视频平台。它包括教育综合频道、继续教育频道、人文记录频道、空中课堂频道、早期教育专业频道。

中国教育电视台包括 4 个区域。第一个区域提供教育电视节目和语音广播节目的传输。第二个区域包含有条件接收和 EPG（电子节目指南）两部分，对用户进行授权管理和提供各频道的节目时间表、节目介绍及相关信息。第三个区域是 IP 数据广播，这是一种基于网际协议的数据广播。通过卫星将大量多媒体课件和计算机文件发送到学校的局域网服务器或学员、用户的计算机中，学员或用户可以不受时间限制地进行学习。IP 播出还可以实现直播或点播。第四个区域是因特网接入服务。

通过卫星电视广播进行的电大教育是我国远程教育的重要方式之一。它的特点和优势是下行广播，覆盖面积大，工作频带宽，通信质量好，接收终端简单（只需一台电视机），不受地理条件限制。卫星教育电视网正在向数字化、交互式和 Ku 波段方向过渡。卫星教育电视网作为教学工具，利用图像、声音、文字、数据等综合信息，形成远程教育网络。

5.1.4　教学媒体的作用

1.　教学媒体在教育传播活动中的基本作用

教学媒体应用于教学活动中，能够使教学信息传递更加高效，教学过程更加生动有趣，帮助学习者进行自主学习，还可以实现远程教育。教学媒体的具体作用如下。

（1）传递信息

传播是信息的传递，媒体是因为传播的需要而产生和发展的。教师通过教学媒体向学习者呈现信息，学习者通过教学媒体来获取、接收和反馈信息。

（2）存储信息

为了更有效地利用信息，经常需要将信息存储起来。教学媒体能够把教育信息以语言、图像或声音等多种形式存储起来。

（3）控制过程

教育信息的传播是一个参与传播的诸要素共同活动的过程，这个过程的进行状况对传播的效果产生直接影响。因此需要对这个过程加以有效的控制，而通过教学媒体可以完成这个控制。

2.　教学媒体在教育传播活动中的特殊作用

（1）有利于教学资源共享

备课是教师上课前对课程的准备，包括对各种课件以及素材的制作和整理。利用教学媒体，可以重复使用一些教学资料，教师之间也可以共享资料，避免重复劳动。

（2）有利于教学标准化

不同的教师在讲授相同的课堂内容时往往会采用不同的表述方式，选择不同的示例，形成不同的课堂节奏，从而使学生对知识的理解产生不同的效果。使用教学媒体进行教学时，精心设计的媒体素材能够准确、恰当地对教学内容进行表述，实现教学标准化。

（3）有利于创设教学情境

利用教学媒体可以产生形象生动的画面和逼真的音响效果，使学习者尽快进入特定的教学情境，激发其学习兴趣，引发学习动机，带动学习者的情绪变化，达到积极、主动参与教学的目的。

（4）有利于提高教学质量和教学效率

教学媒体可以在短时间内形象地将教学内容传递给学习者，充分利用学习者的各种感官，使学习者快速接受信息，收到更好的学习效果。

（5）有利于进行自主学习

教学媒体可以为学习者提供自主学习的良好条件。学习者可以自选学习方式，对于同样的学习内容，学习者不仅可以选择不同的媒体进行辅助教学，还可以自定学习时间、地点和进度，给予学习者很大的灵活性，有利于终身学习的实现。

课堂互动

　　作为一名职前教师，请大家结合自己的专业，综合比较各类教学媒体，分析在教学的实际情况中这些教学媒体的功能特性及其对教学的作用。

5.2　常用教学媒体设备

5.2.1　多媒体投影机

　　多媒体投影机（见图 5-1）是一种可以将图像或视频投射到银幕上的设备。常用它来把计算机屏幕信息或视频展示台、录像机、DVD 等设备的视频信号进行放大显示。多媒体投影机是多媒体教室中的主要设备之一。

图 5-1　多媒体投影机

1. 多媒体投影机的分类及特点

　　多媒体投影机的产品从技术角度可分为阴极射线管（CRT）投影机、液晶显示（LCD）投影机和数字光路（DLP）投影机。这 3 类投影机的特点如表 5-2 所示。

表 5-2　CRT 投影机、LCD 投影机和 DLP 投影机的特点

分类	特点
CRT 投影机	清晰度高，对比度好，使用寿命长，显示图像色彩丰富，色彩还原性好，具有较强的几何失真调整能力，且技术成熟；其缺点是亮度很低，操作复杂，体积庞大，对安装环境要求较高，并且耗电多，价格昂贵。目前除背投电视外，在教学场合已很少见到这种多媒体投影机
LCD 投影机	图像亮度均匀，色彩还原性好，分辨率高，体积小，重量轻，操作、携带方便，并且价格比较低廉。它是目前投影市场上的主流产品
DLP 投影机	图像灰度等级和总的光效率高，对比度高，色彩锐利，画面均匀，是今后投影技术发展的方向

2. 多媒体投影机的使用

　　多媒体投影机的使用步骤如下。

　　① 放置好多媒体投影机。多媒体投影机通常是固定位置使用的，或固定在天花板上，或固定在升降台上。也可以不固定多媒体投影机的位置，在不同的教室里使用。使用多媒

体投影机时，可以将画面投影到银幕上，也可以将画面投影到浅色墙壁上。

② 根据投影需要，连接好多媒体投影机与计算机或视频展示台、录像机等设备之间的连线。

③ 打开多媒体投影机的电源，等待银幕上出现投影画面时，按聚焦按钮，调整画面使其清晰；按变焦按钮，调整画面大小；必要时调整多媒体投影机的位置，让画面亮度均匀，并接近长方形。

④ 按输入选择按钮选择输入信号，以切换显示在银幕上的画面内容。注意：输入选择要与输入端的连线相对应，否则，银幕上可能无信号画面。

⑤ 使用完毕后，利用多媒体投影机电源按钮关闭电源，待多媒体投影机内部的散热风扇停止转动后，再切断设备电源。需要注意的是，不能以切断设备电源的方式关闭多媒体投影机，因为这样多媒体投影机内部的风扇会立即停止工作，灯泡的余热无法排出，产生的高温极易损坏灯泡，大大缩短灯泡的寿命。

拓展阅读

多媒体投影机的功能很多，调整按钮也很多，机身上的按钮和遥控器上的按钮基本一致。

要避免频繁开关多媒体投影机，而且关机后不能立即再开机，要等待 5 分钟以上，让灯泡冷却下来。此外，要经常清洁防尘网，保证多媒体投影机内空气流通，以利于散热，延长多媒体投影机的使用寿命。

5.2.2 视频展示台

视频展示台又称为实物演示仪、文本摄像机，是一种可以将文字、图片、透明投影胶片、幻灯片、实物等展示物，通过摄像头转换为图像信号，并输出到投影机、监视器等显示设备上展示出来的一种演示设备。

视频展示台常用于教学培训、电视会议、讨论会等场合，可替代光学投影机、幻灯机等。它体积小，重量轻，便于携带，耗电少，寿命长，可以投影幻灯片、投影片、文稿、图片、产品零部件、实验过程等，还可实现远距离摄像、现场书写等高级功能，使广大教师从繁琐的投影片制作工作中解放出来，从而有效地降低了投影教学的难度。

1. 视频展示台的结构

视频展示台由摄像头、照明系统（侧光灯和底灯）、演示平台、控制面板和信号输入/输出接口组成，如图 5-2 所示。

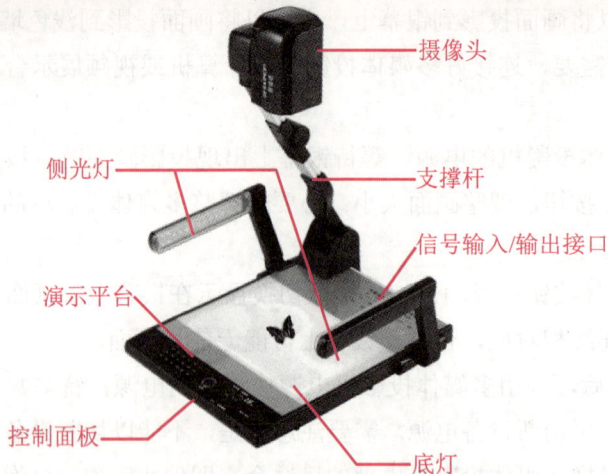

图 5-2　视频展示台

> **摄像头**：将被展示物体的图像光信号转化为电信号，并通过输出端口输送给显像设备显示出来。

> **照明系统**：多数视频展示台设置有两个侧灯和演示平台下的底灯来作为照明光源。

> **演示平台**：用来放置被摄实物、图片或透明胶片等。

> **控制面板**：内置了各种控制按钮，用于各种工作状态的调整控制。

> **信号输入输出接口**：用于图像、声音信号的输入或输出。

2. 视频展示台的使用

视频展示台的使用步骤如下。

① 与相应的设备进行连接。

> **与显示设备配接**：不同类型的视频展示台有不同方式的信号输出，可根据需要将展示台相应的输出端口与显示设备（电视机、投影机等）对应的输入端口连接，从而将摄像头所摄取的信号显示出来。

> **与录像设备的配接**：将视频展示台的视频、音频的输出端口与录像机等设备的视频、音频输入端口连接起来，可以进行实时录像。

② 了解和掌握视频展示台控制面板中各按钮、开关的功能及使用方法。

③ 打开视频展示台的电源开关。

④ 放置实物或图片等展示物，调整摄像头使之对准被摄物。

⑤ 根据实际情况调节光源。若展示物是非透明的，则可以打开侧光灯；若展示物是透明的（如投影片或幻灯片），则可以打开底灯。

⑥ 调焦。可以通过相应的变焦按钮改变摄像头的焦距，从而使成像的范围发生改变；可以通过手动聚焦或自动聚焦调整影像清晰度。

⑦ 若要观看照片的负片，则可按下控制面板上的"负片"按钮，将其转换成负片效果。

视频展示台利用底灯可以把负片转换成正片演示，不用冲洗底版就可以获得真实的照片效果。

⑧ 切换信号源。可以使用控制面板上的信号输入选择按钮来切换信号源（如录像机、DVD、收录机等），以改变银幕上放映的内容和播放的声音。

⑨ 使用完毕，按照与开机顺序相反的顺序关闭视频展示台。

课堂互动

请大家互相讨论并回答以下问题。
① 思考多媒体投影机的教学特点，指出其在实际教学中的优势与劣势是什么？
② 思考视频展示台的教学特点，指出其在实际教学中的优势与劣势是什么？

5.2.3 交互式电子白板

交互式电子白板是一种先进的用于教育或会议的辅助人机交互设备，它可以实现无尘书写、随意书写和远程交流等功能，如图 5-3 所示。将电子白板连接到计算机，并利用投影机将计算机上的内容投影到电子白板上，在专门的应用程序的支持下，可以构造一个大屏幕、交互式的协作会议或教学环境。利用特定的电磁笔代替鼠标在白板上进行操作，可以运行任何程序，可以对文件进行编辑、注释、保存等任何操作。

1. 电子白板的组成

一般来说，交互式电子白板由电子白板、投影系统和计算机系统三部分组成，如图 5-4 所示。

图 5-3 电子白板

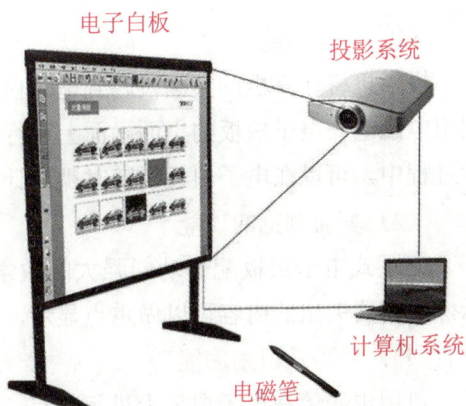

图 5-4 交互式电子白板结构

➤ **电子白板：**电子白板是一块具有正常黑板尺寸、在计算机软硬件支持下工作的感应屏幕，其作用相当于计算机显示器并代替传统的黑板。电磁笔承担电子白板书写笔和计算机鼠标的双重功用。电子白板上有图像传感器，并始终不停地扫描，将电磁笔的位置和运动信息，不断地通过电缆传入计算机。

➤ **投影系统**：投影系统负责将计算机图形界面投射到电子白板上。

➤ **计算机系统**：计算机系统安装有白板操作系统，既能将电磁笔的位置和运动信息转化成对计算机的操作，又能将电磁笔的运动转化成计算机图形。此外，白板操作系统还自带一个强大的学科素材库和资源制作工具库，并且是一个兼容各种软件操作的智能操作平台。

拓展阅读

电磁笔具有书写笔和计算机鼠标的双重功能。电磁笔的笔尖可以在电子白板上书写，同时笔尖相当于鼠标左键，可以单击和双击。电磁笔笔杆上的白色按钮相当于鼠标右键，如图 5-5 所示。当电磁笔在电子白板上书写或操作时，通过电磁感应和红外感应等方式以及电子白板与计算机之间的反馈线将数字信息传送到计算机中，并迅速将计算机的显示内容通过投影机投射到电子白板上。

笔尖=鼠标左键

白色按钮=鼠标右键

图 5-5　电磁笔

2. 交互式电子白板的功能

（1）交互功能

投影机将计算机的桌面投映到电子白板上，启动该系统的交互白板控制软件后，可以利用电磁笔在电子白板的桌面画面上进行单击、双击、右击、拖放等控制操作。教师在教学过程中，可以在电子白板上随时操作计算机。

（2）画面浏览的功能

交互式电子白板配套功能强大的教学辅助工具，能够对屏幕的部分区域实现放大显示，对需要突出的内容可以做重点显示，同时可以屏蔽屏幕其他内容。

（3）手写及识别功能

可用电磁笔在电子白板上进行书写、标注、任意擦除，并且有普通笔、毛笔、荧光笔、毛笔 4 种笔形可供选择，可随意调整笔的粗细和颜色；提供了直尺、量角器、圆规等教学辅助工具，更好地实现教师与学生的互动；具有上下、左右拉幕功能，页面移动的功能能够把页面移动到方便书写的位置，增强了教学的灵活性。

（4）实时记录功能

可实时记录白板上的所有内容，并可保存为 Word、PowerPoint、PDF 或 TXT 格式文档。并且录制成的电子文档可以随时回放，这可使学习者省去了记笔记的时间，避免因记笔记而忽略了重要的讲解。可以直接打开 Office 文档及 PDF 文档，对录制成的电子文档直接进行注解和修改。

（5）远程教学功能

结合视频会议软件可以进行远程教学，使多点能共享一个教学画面。远端的教室不仅可以与主教室的课程进度同步，还可以看到教师在主教室中绘声绘色的讲授。在该系统中所有的操作都能以电子文档的形式进行保存，可进行最大限度地信息共享。

（6）管理功能

交互式电子白板一次可存储几百页的板书内容，可以随时调出记录的任何一页进行重复讲解、补充修改和重点强调。当教师写满白板而又不需要保存时，只要轻轻一敲，满板文字、图形即刻被"擦掉"，省时省力，又无污染。

3. 交互式电子白板的使用步骤

使用交互式电子白板时，可按如下步骤进行操作。

① 通过 USB 数据线，将电子白板连接到计算机。

② 利用厂商提供的白板软件，安装白板的软件应用程序，安装时按照有关的提示进行操作即可，安装完成后重新启动计算机。

③ 启动多媒体计算机并启动白板软件。

④ 定位交互式电子白板。第一次使用或上次使用设备之后，如果投影机或交互式电子白板发生位移，那么需要对电子白板进行重新定位。定位的步骤为：在白板软件启动后，屏幕上会出现一个虚拟的交互式浮动工具条，用电磁笔的笔尖点击电子白板板体校准快捷键，用电磁笔精确点击屏幕四个角上依次出现的黑色"+"号的中间位置，当屏幕中间显示"校准完毕！"后，点击"确定"按钮，即完成校准操作并退出校准程序。

⑤ 创建、打开和保存文档。进入白板软件时会自动创建一个新文档，用户选择浮动工具条上的工具即可在屏幕上绘图或书写。如果在以后的教学中需要回顾当前上课内容，可以选择保存。将书写或修改后的内容保存为电子文档后，在以后的教学中就可以打开该文件使用保存的上课记录。

⑥ 选择白板的工作模式。交互式电子白板提供了 3 种工作模式：控制模式、注解模式和窗口模式。

➢ **控制模式：**又称为计算机界面工作模式或鼠标模式，对计算机的控制就是在该模式下进行的。在该模式下，使用者的手指或电磁笔相当于键盘和鼠标，当用户想打开一个课件或其他的应用程序时，用鼠标在对应的图标上快速点击两下即可（这相当于鼠标的双击），或是按住电磁笔上的辅助按键，然后在对应的图标上点一下，这相当于鼠标的右击。交互式电子白板的这一功能使教师从计算机旁解放出来，从而有利于思路的变换和拓展。

➢ **注解模式：** 又称为计算机界面注释模式或标注模式。该模式允许使用者在计算机呈现的页面上做记录和标注。在计算机打开任何网页或办公文件时，使用者都可以利用交互白板自带的软件在页面上书写或绘图，方便教师实时对案例中的内容进行强调与补充，提高各类资源的使用效率。

➢ **窗口模式：** 也称为白板模式或书写模式。该模式的功能类似于黑板，教师可以设置背景颜色、笔型与色彩等，灵活地调整字体属性和笔头粗细，使用手指或电磁笔在白板上随意书写或绘图，进行重点标记，调出系统资源库中的素材来便利教学。此外，之前的页面可以方便地保存下来，减少了擦黑板的时间，避免了粉尘的危害，也保证了授课思路的流畅性。

⑦ 在所选的工作模式下操作并进行授课。例如，设置页面的背景颜色，对页面进行缩放，拖拽浏览页面，利用橡皮擦、几何工具、普通笔、荧光笔、毛笔等工具进行擦除、书写和绘画，对选择的对象进行缩放、删除、复制，导出图片和网页等操作。

⑧ 退出白板软件。

5.2.4　移动媒体设备

伴随信息化进程的加速，信息技术迅速向社会生活的各个领域渗透，以平板电脑和智能手机为载体的移动学习在教育的各个领域迅速升温并深化。平板电脑（见图 5-6）和智能手机（见图 5-7）以其便携性、大屏幕及可触控性成为一对一数字化学习的理想设备，平板电脑尤其如此。

图 5-6　平板电脑　　　　　　　　　　　图 5-7　智能手机

拓展阅读

拥抱移动学习的 4 个理由

移动网络不仅改变了我们生活、工作、联系的方式，也影响并改变着我们的学习，这已是大势所趋。以下 4 大理由足以让我们拥抱移动学习。

移动设备大幅普及

权威公司预测，到 2017 年，平板电脑和智能手机将占联网设备总销量的 87%。同时，随着 3G/4G 网络及 Wifi 的普及，移动设备的可用性与使用体验都将得到大幅改善。

移动优先

现在，当遇到难题或者需要寻找某些信息时，许多人首先想到的不是去电脑上查一查，而是拿出手机上网搜索，这被称为"移动优先"（MobileFirst）。便于携带和使用是移动设备最显著的优点之一，无论何时何地，人们都可以方便地利用它沟通交流、获取资讯。一旦使用习惯养成，将较难改变，这极大地巩固了人们对移动设备使用的粘性。

满足"新人类"的学习特质

现在，以年轻人为代表的"新人类"是"超级学习者"，他们对学习有着强烈的需求，善于质疑、反思、团队合作，能娴熟地利用各种新技术，尤其喜欢移动互联网。因此，要给他们创造或提供更多学习机会，更好地满足他们的学习需求。在这方面，包含移动学习、社会化学习、游戏化学习等在内的新学习技术能有效地满足"新人类"的学习特质。

移动应用日渐丰富

越来越丰富的移动应用 App 的出现，是推动移动学习发展的重要因素之一。随着移动学习应用的丰富，人们可以更容易地获取自己所需的信息，如产品资讯、电子书、简报等，从而吸引更多的人参与，启动良性循环，推动移动学习的快速发展。

1. 移动媒体的特点

（1）移动性

移动媒体的移动程度是开展移动学习的关键因素，因此移动媒体必须是小型化、方便携带的设备，这样才能使学习者随时随地进行学习。

（2）交互性

移动媒体具有良好的交互性，使教师与学习者之间、学习者与学习者之间可以随时随地地开展双向，乃至多向交流。

（3）多功能性

移动媒体融合了多种媒体的功能，并且是智能化的。它既可以接收和显示各种多媒体的内容，又可以使用户方便地采集和编辑个性化的多媒体内容，具有较强的自我扩散性和自媒体特征。

2. 移动媒体的教学功能

（1）为教学提供了丰富的学习资源

网络提供了数以千计可供下载的教育应用程序，这些应用程序涉及语言、数学、自然科学、历史、地理等课程内容，使学习能够在课堂内外进行，有助于实现个性化教学、满足多样的学习方式，并营造高度互动的课堂氛围。

（2）可提供多样化的教学手段

使用平板电脑和智能手机，可以播放多媒体内容，也可以利用它们进行游戏教学，或者利用动画演示复杂或抽象的教学内容，既可以将它们作为课本使用，也可以利用其与教师互动，提交论文和家庭作业。

（3）具备联网学习的功能

在平板电脑和智能手机上可浏览网站、撰写电邮、翻阅图片或观看教学视频。

（4）具有完善的信息处理能力

教师和学生可以随时随地利用相应的应用程序浏览和编辑 Word 文档和 PPT 演示文稿。

5.2.5 其他设备

1. 光学投影机

光学投影机也称为投影仪或投影器，是在幻灯机基础上发展起来的一种可放映大型透明胶片、便于书写并能投影实物的光学放大器，如图 5-8 所示。

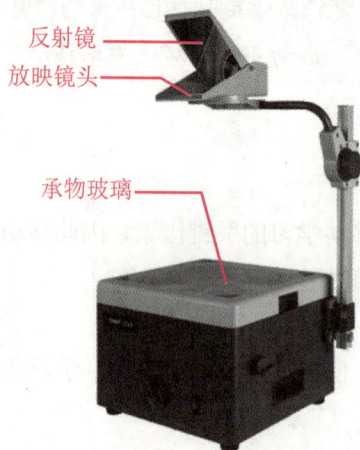

反射镜
放映镜头
承物玻璃

图 5-8　光学投影机

光学投影机具有以下教学特点。

➤ **替代黑板的作用**：在承物玻璃上放置空白投影片或玻璃，教师直接书写画图便可以投影到银幕上，省力又清洁。

➤ **投影胶片可以手绘制作，不需要借助专门的仪器工具，简单容易**：精心制作的投影片可以充分利用展示技巧，甚至可以具有一定的动画效果，有利于知识的形象化表达。

➤ **可以进行教学演示**：在承物玻璃上可以将一些较小的实物或实验直接放大演示，如化学反应生成有色沉淀物、电磁场分布演示实验等。

2. 数码相机

数码相机（见图 5-9）拍摄记录下来的是数字化影像，可以很方便地通过计算机进行图像加工处理、打印照片、制作多媒体幻灯片、存储等，给人们的日常生活带来了很多方便，并且可以为教育教学提供丰富多彩的图像素材。

图 5-9　数码相机

（1）数码相机的基本结构

数码相机包括镜头系统、感光芯片、模/数转换系统、存储器、液晶显示器、接口等。

① 镜头系统。镜头系统起成像作用，被拍摄的景物通过它成像在感光芯片 CCD 或 CMOS 上。镜头系统主要包括镜头、光圈、快门、聚焦系统等。

② 感光芯片。传统相机使用"胶卷"作为记录信息的载体，而数码相机的"胶卷"就是其成像感光元件，而且是与相机一体的，是数码相机的心脏。感光器是数码照相机的核心，也是最关键的技术。

③ 模/数转换系统。用于将拍摄得到的电信号进行数字化后存储。模/数转换部分的质量档次直接决定所拍摄存储影像的质量。

④ 存储器。数码相机所拍摄到的数字文件，要通过数码相机中的驱动机构存储记录在各种存储媒体上。存储器分为内置存储器和可移动存储器。内置存储器安装在相机的内部，用于临时存储图像，装满后要及时向计算机转移文件，否则无法继续存入图像。可移动存储器分为 CF 卡、SM 卡、记忆棒、SD 卡等几类，装满后可取出更换。

⑤ LCD 液晶显示器。数码相机上所装的彩色液晶显示器具有三方面的作用：一是作为取景器，供拍摄者观察被摄景物和景物范围，确定画面构图和拍摄范围；二是使相机具有即显性，拍摄后可及时观看；三是显示参数设置菜单，便于拍摄者根据需要正确控制调整相机。

⑥ 接口。接口是数码相机连接外部设备的通道。常见数码相机的接口有串行接口、并行接口、USB 接口、AV 接口、电源输入接口等。

（2）数码照相机的使用

数码照相机的种类很多，在外观、功能以及性能等方面的差异很大，标识也不同，所以在第一次使用时要详细阅读说明书。以下是大部分数码照相机共同的基本操作。

① 安装存储卡。在相机的关闭状态下进行存储卡的安装。

② 安装电池。打开相机的电池盖，确定电池方向，将电池推入，注意极性相对。

③ 打开电源。

④ 应用模式的选择。数码相机一般分有自动、运动、夜景、风景、特写、录像等模式，拍摄前必须根据拍摄主题的需要选择相应的模式。

⑤ 参数设置。大多数相机会提供一系列参数设置功能，比如，拍摄照片的像素数、闪光灯的控制、焦距光圈的控制等，用户都可以自行设置。

⑥ 取景、构图、拍摄。按下快门后，CCD 拾取图像，接着相机在短时间内对数据进行读取、处理、保存。这时用户可以在显示屏上看到拍摄到的画面，图像显示后可以继续进行拍摄。

⑦ 影像文件下载。读取数码相机图片数据有两种方式：一种是从相机中直接读取；另一种是将存储卡取出，通过读卡器读取。

3. 数码摄像机

（1）数码摄像机的分类

数码摄像机就是人们通常说的 DV（Digital Video，数字视频）摄像机。DV 摄像机按照存储媒体可以分为磁带式数码摄像机、光盘式数码摄像机、硬盘式数码摄像机和存储卡式数码摄像机。

➤ **磁带式数码摄像机**（见图 5-10）：磁带式数码摄像机使用 DV 磁带作为存储媒体。磁带式摄像机已经发展得相当成熟，但是这种使用 DV 磁带拍摄的视频不能直接在计算机中进行播放，它需要通过 IEEE 1394 卡进行采集、压缩，转换成数字格式的影像文件才能在计算机中播放。

➤ **光盘式数码摄像机**（见图 5-11）：光盘式数码摄像机以 DVD 可擦写光盘作为存储媒体。它可以直接将视频保存在 DVD 可擦写光盘上，保存有视频的光盘既可以在 DVD 播放机上播放，也可以通过计算机的 DVD 光驱来播放。

➤ **硬盘式数码摄像机**（见图 5-12）：硬盘式数码摄像机以微型硬盘作为存储媒体。微型硬盘的存储容量大，能够长时间拍摄；体积小，存储速度快；稳定性高，而且可以通过 USB 接口直接将视频输入计算机。

➤ **存储卡式数码摄像机**（见图 5-13）：存储卡式数码摄像机以闪存卡（即存储卡）作为存储媒体。存储卡体积小，携带方便；没有机械运动结构，抗震性好，不容易损坏且功率低。可以直接将视频以数字格式影像文件的形式保存在存储卡上，并可以通过 USB 接口将视频文件输入计算机。

图 5-10　磁带式数码摄像机

图 5-11　光盘式数码摄像机

图 5-12　硬盘式数码摄像机

图 5-13　存储卡式数码摄像机

（2）数码摄像机的特点

数码摄像机的影像清晰度高，色彩纯正，其色度和亮度信号的带宽差不多是模拟摄像机的 6 倍，而色度和亮度的带宽是决定影像质量的主要因素。数码摄像机所记录的信号可以被无数次地复制，但影像质量却不会下降。数码摄像机体积小、重量轻，并拥有一个大尺寸的液晶显示器，让使用者可以灵活、方便地浏览所拍摄的影像。

（3）数码摄像机在教学中的作用

数码摄像机能够真实地记录视频和音频信息，可以把先进的教学方法、教学经验及科学的管理方式等拍摄下来，用于交流和学习；数码摄像机可以用于微格教学，以帮助教师迅速提高教学技能；数码摄像机可以将专业教材拍摄成电视教材，使学习内容得到充分的表达。

课堂互动

请大家互相讨论一下，使用数码相机有哪些技巧，或者在网上搜索一些关于拍摄用光、摄影构图的知识。

4. 扫描仪

扫描仪是采集视觉材料（如图片、书稿、照片、胶片等）的常用设备，它利用光电转换原理，把各种光学图像转化为数字信号，传输到计算机进行加工处理。

（1）扫描仪的分类

扫描仪的种类很多，根据扫描仪扫描介质和用途的不同，扫描仪大体上分为平板式扫描仪、名片扫描仪、底片扫描仪、馈纸式扫描仪和文件扫描仪。除此之外，还可以将扫描仪分为手持式扫描仪、滚筒式扫描仪、鼓式扫描仪、笔式扫描仪、实体扫描仪和 3D 扫描仪。

拓展阅读

平板式扫描仪又称台式扫描仪（见图 5-14），这种扫描仪具有价格低廉、体积小的优点，目前已经成为家庭及办公的主流产品；手持式扫描仪（见图 5-15）扫描宽度较小，价格比平板式扫描仪更便宜，但有扫描幅面太窄、效果差等一系列的缺陷；滚筒式扫描仪的感光器件是光电倍增管，所以输出信号几乎不用做任何的修正就可以获得很好的色彩还原，但滚筒式扫描仪价格昂贵，扫描时间长。滚筒扫描仪主要应用于专业印刷排版领域中。

图 5-14 平板式扫描仪

图 5-15 手持式扫描仪

（2）扫描仪的结构

作为主流产品的平板式扫描仪通常由盖板、压稿胶垫、稿台、接口等构成，如图 5-14 所示。

（3）利用扫描仪扫描图像

不同的扫描仪在扫描图像时，具体步骤虽然会有所差别，但一般都有以下几个步骤。

① 安装扫描仪驱动程序。

② 连接扫描仪。将扫描仪和计算机用匹配的连接线连接起来，然后连接上扫描仪的电源线。

③ 放置扫描原件。打开扫描仪的盖板，将扫描原件中要扫描的内容面朝稿台的玻璃平台放置，合上盖板压住原稿。注意：原稿要放平、放正，否则图像会倾斜甚至模糊。

④ 启动扫描仪驱动程序。

⑤ 设置扫描参数。设置扫描参数包括设置图像类型、扫描图像的分辨率、缩放比例

等，根据扫描图像的实际需要和用途，对扫描类型、扫描色彩、扫描质量要求、扫描分辨率、扫描比例大小等进行调整，以保证扫描结果的品质。

⑥ 选择扫描的区域并正式扫描。

⑦ 保存扫描数字信息。

⑧ 结束扫描。取出原稿，退出扫描程序、关闭扫描仪电源。

（4）扫描仪在教学中的作用

利用扫描仪可以将所需的图像扫描到计算机中。此外，还可以将所需的文字扫描到计算机中，利用文字识别软件将扫描输入的文字图像转换成文本文件，这样能够大大地减轻教师输入文字和绘制图像的负担，让教师把更多的时间投入到教学中。

5. 录音机

录音机是利用电磁转换原理记录和重放声音的一种音响设备。磁带录音机的种类很多，按结构和使用磁带形式，可分为盘式录音机、盒式录音机、卡式录音机；按体积，可分为落地式录音机、台式录音机、录音座、便携式录音机、袖珍式录音机；按处理的信号分，可分为数码录音机、模拟录音机；按功能，可分为立体声录音机、单放机、跟读机、多用机等；按同时记录不同的内容，可分为单通道、双通道以及多通道录音机；按记录在磁带上的磁迹，可分为单轨、双轨、四轨、八轨录音机等。

6. 数码录音笔

数码录音笔（见图 5-16）是数字录音器的一种，造型如笔形，携带方便，同时拥有多种功能，如激光笔功能、MP3 播放器功能等。数码录音笔是通过数字存储的方式来记录音频的，具有重量轻、体积小、连续录音时间长、安全可靠、使用寿命长的特点，目前已经逐步取代了传统磁带录音方式。

图 5-16　数码录音笔

5.3　现代教育技术环境

现代教育技术环境是指在教与学的实践活动中，将不同种类现代教育媒体有机地组合在一起，便于开展多媒体教学活动，并能实现教学功能的教学环境。现代教育技术环境以多媒体、电视广播网和计算机网络为基础，具有教育媒体组合化、集成化，操作、使用方便化，信息传输网络化等特点，它是学校现代化的重要标志，也是学校教学环境建设的重点。

5.3.1　校园网络

校园网络（以下简称校园网），是在校园范围内，将多媒体技术与网络通信技术紧密结合的现代教育应用系统，是由计算机网络设备、通信介质和相应的协议（如 TCP/IP 协议等）以及各类系统管理软件和应用软件，将校园计算机和各种终端设备有机地集成在一起，同时通过防火墙（Firewall）与外部的 Internet 连接，用于教学、科研、学校管理、信息资源共享和远程教育等方面工作的局域网。校园网是 Internet 技术在学校中的一个典型应用。它是学校信息化环境中的一项重要基础设施，也是教育现代化的重要标志。

目前，校园网一般采用"主干加分支"的结构，即利用高速网络技术构建整个校园主干网，其中包括一个或多个出口，用于连接外部城域网或 Internet，学校各部门的局域网或计算机终端则作为校园网的分支通过交换设备或集中设备连接到学校的主干网上。

1. 校园网的组成

校园网系统主要由服务器、工作站、网络互联设备、网络传输介质和网络软件等部分组成。

（1）服务器

服务器是网络上一种为客户端计算机提供各种服务的高性能计算机。根据服务器在网络中所执行的任务不同可以将其分为 Web 服务器、数据库服务器、视频服务器、FTP 服务器、打印服务器、网关服务器和域名服务器等。对于一些小型的校园网络，往往把 Web 服务、FTP 服务、数据库服务集成在一台服务器上。

（2）工作站

工作站就是一台客户机，即网络服务的一个用户。工作站一般通过网卡连接到校园网。工作站要能访问校园网资源，必须添加相应的协议并安装必需的程序。

（3）网络互联设备

① 集线器。集线器是计算机网络中连接多台计算机或其他设备的连接设备。集线器主要用于中转和放大信号。它采用广播模式，把一个端口接收的信号向所有端口分发出去，有些集线器还可以通过软件对端口进行配置和管理。集线器到各节点间采用双绞线、光纤或同轴电缆连接。

② 交换机。交换机和集线器一样，也是数据传输的枢纽，其作用与集线器大致相同，区别在于：集线器采用广播模式，将信号收集放大后传输给其他所有端口，所有端口都共享带宽，在同一时刻只能有两个端口传送数据；而交换机的每个端口都独占带宽，当两个端口工作时，并不影响其他端口的工作。因此，交换机的数据传送速率通常比集线器高很多。

③ 路由器。路由器是连接多个网络或网段的网络设备，它能对不同网络或网段之间的

数据信息进行"翻译",使它们能够相互"读懂"对方的数据,从而构成一个更大的网络。

④ 网关。网关是网络连接设备的重要组成部分,它不仅具有路由的功能,而且能对两个网络段中使用不同传输协议的数据进行互相的翻译转换,从而使不同的网络能够进行互联。网关通常是一台专用的计算机,该计算机上配置有实现网关功能的软件,这些软件具有网络协议转换、数据格式转换等功能。

⑤ 防火墙。防火墙是一种网络安全产品,常常用在局域网与广域网的连接处,主要是防止病毒和黑客的入侵。防火墙有不同类型,可以是硬件自身的一部分,如路由器;也可以是在一个独立的机器上运行的软件。对于直接与 Internet 相连的 PC 机,可以使用个人防火墙软件。

（4）网络传输介质

校园网中常用的网络传输介质主要有双绞线和光纤两种。

① 双绞线。双绞线是由两根相互绝缘的铜导线按照一定的规格相互缠绕而成的。双绞线价格低廉,数据传输距离一般限定在 100 m 内,是目前局域网使用最多的传输介质。

② 光纤。光纤由纤维芯、包层和保护套组成,它以玻璃或有机玻璃为介质,以光脉冲的形式来传输信号。按信号的传输方式,光纤可分为单模光纤和多模光纤。与多模光纤相比,单模光纤具有更高的容量和更大的传输距离,但价格比较昂贵。光纤具有极高的传输带宽,目前可以 1 000 Mbps 以上的速率进行传输,传输距离可达 20 km 以上。光纤的衰减极低、抗干扰能力强,但价格高,安装复杂和精细,需要专门的光纤连接器和转换器。

（5）网络软件

网络软件包括系统软件和应用管理软件。系统软件由操作系统、数据库系统和各类工具软件组成,它是保证校园网硬件正常工作的支撑。应用管理软件则需按校园网所要实现的功能来进行配置或专门开发,如学生成绩管理软件、图书管理软件等。

2. 校园网的主要功能

（1）教学功能

教学功能是校园网的首要功能。校园网为教学提供先进的信息化教学环境,能够准确、及时、可靠地收集、处理、存储、传输多媒体教育信息资源;能够实现包括图书文献、多媒体资源等在内的教学资源的管理与共享;能够为教学提供多媒体演示、视频点播、视频广播等服务;能为教师提供基于网络的备课系统,包括图片采集、音频视频采集、课件制作等模块;能为学生提供自主学习、协作学习、交互学习的良好环境;能为教学提供考试与评价服务等。

（2）信息发布功能

学校的 Web 主页犹如学校的一个窗口,学校可以通过这扇窗口向人们展示学校的形象。一般来说,学校主页内容通常包括学校历史、院系、部门介绍、专业设置、招生考试、教学与科研信息等。在学校主页上可以发布学校的各种重大事件、会议通知和安排,也可以发布各种公文，这样既节省了时间和费用，又增强了公示的效果。

（3）管理功能

建立在校园网络上的学校管理信息系统（MIS）可以为学校在人事、教务、财务、日程安排、后勤管理等方面提供一个先进的分布式管理方式。它使管理模式从原有的单一的、主要依靠个人的经验进行判断和决策的简单模式，发展成多通道、网状的复杂模式，从而能更加及时地收集、统计、分析学校的各种信息，提高管理效率，更好地为教育服务。

（4）科研应用功能

校园网可以使用户共享各类计算机软硬件资源及学术信息资源，从而提高科研的效率。校园网还可以降低科研成本，不同地点的科研人员可以通过网络交流设计思想和设计方案。此外，科研人员可以利用校园网的对外联网，检索世界各地的信息资料，也可以使用 BBS 与世界各地的专家探讨新的思想，交流学术观点等。

（5）数字图书馆

校园网络的建设对数字图书馆的建设与应用有着巨大的影响。数字图书馆以数字化格式存储海量的多媒体信息并能对这些信息资源进行操作。数字图书馆对于教育的支持服务是全方位和个性化的，每个用户都可以通过校园网络方便地对图书馆内的图书、文献信息进行检索与阅读，可以在自己家中或办公室里通过校园网访问图书馆的联机数据库阅读报刊或检索资料。

拓展阅读

北京万方数据股份有限公司打造的万方数据中小学数字图书馆是一款针对中小学师生在线学习及阅读的数字图书馆产品，旨在为全国中小学教师和学生提供一站式的教育教学资源服务。数字图书馆拥有海量优质的基础教育期刊、学位论文、会议论文、图书、视频、试题、微课、教案等数字资源，将全方位满足学校师生的学习和阅读需求，为学生提供便捷优质的在线学习资源，帮助教师掌握课题的研究现状，提高教师教学水平。

据了解，在 2015 年，万方数据面向全国 5 个地市开展了"万方数据爱心数字图书馆进校园"公益项目，共捐赠了总价值 1 000 万元的数字图书产品。

5.3.2　多媒体教室

多媒体教室也称为多媒体演示室，是现代教育教学中较为常见的一种教学环境。它将各种常用的现代教育媒体如投影机、录像机、视频展示台、计算机等集成为一体，构成多功能、综合性的教学教室。利用多媒体教学系统可以实施多媒体组合教学，使教学过程更加符合学生的认知、理解和记忆规律，从而提高教学效率。

1. 多媒体教室的组成

多媒体教室是在普通教室的基础上增加了现代多媒体系统而形成的，它主要由多媒体计算机、视频图像系统（包括多媒体投影机、视频展示台、摄像头、录像机、DVD 播放机、投影银幕等）、声音系统（包括话筒、功率放大器、音箱及接收器等）和多媒体集成控制器等设备组成。多媒体教室如图 5-17 所示。

图 5-17　多媒体教室

（1）多媒体计算机

多媒体计算机是多媒体教室的核心，主要负责展示各种教学信息，在有些情况下，还作为中央控制系统的操作平台。

（2）多媒体投影仪

多媒体投影仪是图像信号的输出终端，主要负责将各类教学信息放大投影到银幕上。

（3）多媒体集成控制器

多媒体集成控制器是多媒体教室的控制中心，主要用于控制多媒体投影机、多媒体计算机、视频展示台、DVD 播放机、功率放大器、音箱、话筒、电动银幕等设备，最常用的控制是切换各路视频信号和音频信号。

（4）DVD 播放机

DVD 播放机用于播放 DVD、VCD 和 CD 光盘。

（5）视频展示台

视频展示台可以将实物、文稿、图片、演示过程等信息通过其摄像头转换成视频信号，并通过多媒体投影仪投影显示出来。

（6）摄像头

摄像头能够摄录多媒体教室内的教学实况，以用于远程教学、异地观摩，或便于以后使用。摄像头最好安装在固定云台上，并配有可自如旋转的镜头。

（7）功率放大器及音响

功率放大器用于放大音频信号。音响用来还原声音，保证教室的任一处均能听清楚教师讲课和媒体播放的声音。

（8）话筒

话筒用来拾取教师讲课的声音，并对拾取的声音进行声电转换，将其变成音频信号输送给功率放大器。话筒要灵敏度高，抗干扰能力强，信噪比高。

（9）电动银幕

电动银幕用于多媒体投影机图像的显示。

2. 多媒体教室的功能

- 可以连接校园网和 Internet，使教师能够方便地调用丰富的网络资源，实现网络联机教学。
- 进行 DVD、VCD、录像等教学资料的播放。
- 连接闭路电视系统，充分发挥电视媒体在教学中的作用。
- 进行各种多媒体教学课件的播放，开展计算机辅助教学。
- 利用视频展示台进行实物、模型、图片、文字等资料的展示。
- 利用大银幕、投影机或电子白板显示计算机信息和各种视频信号。
- 以高保真效果播放各种声音信号。

3. 多媒体教室的使用步骤

多媒体教室的使用步骤如下。

（1）课前准备

① 了解多媒体控制系统的控制方式，熟悉控制面板按键的功能和操作。图 5-18 所示为某一多媒体教学系统的控制面板。

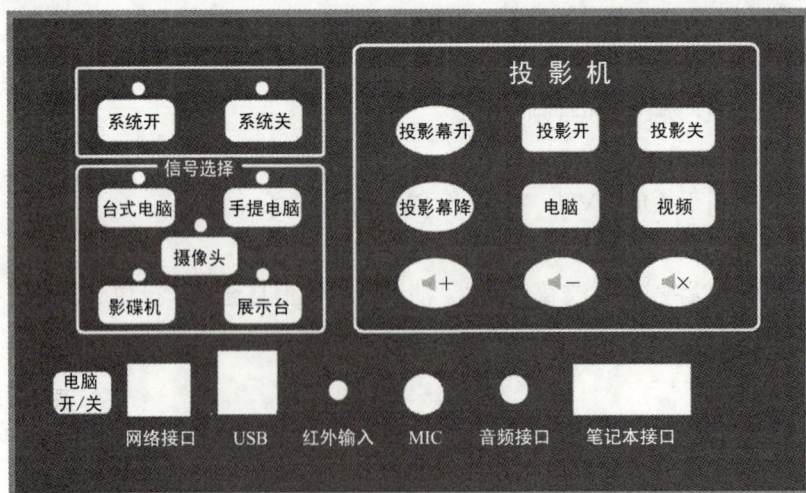

图 5-18　多媒体教学系统的控制面板

② 打开电源总闸。

③ 打开系统电源。

④ 降下投影银幕。

⑤ 开启投影机。

⑥ 启动电脑，将需要的教学软件装入设备中。

（2）课堂操作

根据课堂教学需要，利用控制面板在各种媒体设备之间进行切换操作，如对计算机、笔记本电脑、视频展示台、影碟机、摄像头等进行切换。切换时，只需按下控制面板上相应的按钮即可。

（3）课后结束

① 卸载各种教学软件。

② 正常关闭计算机、视频展示台等外接设备。

③ 关闭投影机，等待其散热冷却。

④ 收起银幕。

⑤ 关闭系统电源。

⑥ 关闭电源总闸。

5.3.3 网络机房

网络机房又称为网络教室，是指分布在一个教室范围内的用于课堂教学的计算机局域网络，是目前国内各类学校，尤其是中小学应用较为普遍的一种网络教学系统。它集普通的计算机机房、多媒体演示室等功能于一体，利用网络和多媒体技术将多台计算机及相关的网络设备互联成小型的教育网络，为提高教学质量、构建协作化学习环境创造了良好的技术基础。网络机房如图 5-19 所示。

图 5-19 网络机房

1. 网络机房的组成

网络机房的基本配套一般包括教师机（带耳机话筒）、学生机（带耳机话筒）、集线器或交换机、服务器等设备，并通过双绞线连接。有条件的网络机房还配置有多媒体投影机、功率放大器、音响等多媒体演示设备。学生机一般为常规个人计算机即可，教师机由于经常处于多任务状态，所以 CPU、内存等的配置要高一些。网络机房是一个小型的局域网，一般情况下，它可以通过路由器、交换机等设备与校园网或 Internet 连接。

2. 网络机房的教学功能

（1）广播教学

网络机房可以将教师机的计算机屏幕画面和语音等多媒体信息（如教学课件等）实时广播给全体、群组或单个学生。

（2）教学示范

教师可以将选定的学生屏幕及声音广播给全体、部分或个别学生进行示范，从而增加学生对教学的参与感，提高学生的积极性。

（3）学习监视

教师可以实时监视每个学生的计算机屏幕，观察学生的学习情况。因此，教师不需要离开座位即可在计算机上查看学生对计算机的操作情况。监视功能不影响被监视者正在进行的操作，也不会被被监视者觉察。

（4）遥控管理

教师可以远程控制锁定学生机，辅导学生完成操作，进行"手把手"的交互式教学辅导。

（5）分组讨论

教师可以将全体学生分成多个讨论组，每个小组的学生可以通过文字、语言、电子版进行交流，教师可以随时加入到任何一组参与讨论。

（6）师生对讲

教师可以与任意指定的学生进行实时双向交谈，并可以选择是否允许其他学生旁听。

（7）联机考试

网络机房支持统一发卷、统一收卷功能，试题支持单选、多选、复选等多种题目类型；可以自动批卷、自动评分并给出对考试结果评估与分析的反馈信息。

此外，网络机房还具有电子论坛、消息发送、电子教鞭、电子抢答、电子举手、远程命令、本地命令、文件传送、网络影院、远程复位、远程关机、系统锁定、电子黑屏、远程管理、课件制作、课件点播等功能。

拓展阅读

网络机房的机房位置及景观布置

随着教育信息化建设与应用的不断深入，人们对多媒体教室、网络机房等教育环境的要求也逐步提高。这里列出网络机房环境设计与建设中的一些基本要求：

① 网络机房应建在空间序列尽端，以减少人为因素的干扰；应有良好的室外视野，便于操作人员定时举目远眺，消除视觉疲劳。机房面积的大小视计算机种类、数量及应用类型而定，其原则是既要满足设备本身的空间要求，又要使学生有足够的操作与行走空间。

② 分隔体高度以 1.5 m 左右为宜，这样便于学生站着时可以看到要找的人，而坐下学习时视线不会受到干扰。中小学生使用的机房可以不分隔。

③ 天花板的色调以乳白色、淡青色为宜；墙壁宜用单色（例如，白灰、浅绿、淡奶黄色）或用双色（例如，上、下可以分别为白灰色和淡绿色、鱼肚白和深绿色或淡青色和米黄色）；地面宜用茶色、灰绿。

④ 室内应当适当布置绿色植物或花卉，它们可以净化机房内部空气，柔化机房内部环境的冷硬感，使教师和学生的神经随时得以放松。

5.3.4 微格教学系统

微格教学（Microteaching）也称为微型教学，它是由美国斯坦福大学艾伦（D.W.Allen）教授等人创立的一种利用现代视听设备（摄像机、录像机等），专门训练受训者掌握某种教学技能、技巧的小规模教学活动。

微格教学就是在一个装备有摄、录像等设备的微型教室中，以很少的（三五个）模拟学生为教学对象，模拟教师只用很短的（三五分钟）时间，展示一种教学技能（如组织教学、提问、复习旧课或布置作业）。训练时，模拟教师与模拟学生的活动行为被录像机记录下来，指导教师与模拟教师、模拟学生一起观看重放录像，共同分析、评价其教学技能的优缺点，然后再做训练，直至掌握正确的教学技能为止。由于这一教学训练活动是用很少的学生、很短的时间，且只训练掌握一种教学技能，所以称之为微格教学。

1. 微格教学的特点

微格教学技术诞生后，得到了迅速的推广，尤其受到各国师范教育界的重视。微格教学已成为教师和师范生培训的基本课程。微格教学主要有以下特点。

（1）学习目标明确

微格教学将传统的教学过程分解成许多容易掌握的单项教学技能，训练目的明确具体，从简单的单项教学技能，如导入技能、讲解技能、实验技能、强化技能、语言技能、板书技能、提问技能、练习技能、课堂技能等入手，制订科学的训练计划。每一项技能达成的目标要求翔实、具体。

（2）学习规模小、参与性强

参加培训的学生采取分组的方式，小组人数一般为 3～5 人，最多不超过 10 人，每人讲课时间一般为 5～10 分钟，听讲人由指导教师和其他培训者组成。在教学的实施过程中，每一位培训者不仅要登台讲课，展示自己对某项技能的理解、掌握及运用情况，还要参与对讲课技巧、教学效果的自评和他评，不断总结经验。

（3）认识自我，反馈及时、客观

微格教学利用现代视听设备作为记录手段，真实而准确地记录了教学活动的全过程。为小组讨论及自评提供了直观的现场资料。受训者可以作为"旁观者"来观察自己的教学活动，进行自我分析和相互讨论评价，获得反馈信息，找出教学中的优点和不足，并有利于及时修正教学中存在的问题。

（4）评价技术科学合理

传统的教师技能培训中的评价主要是他人凭经验和印象进行评价，评价指标也不明确、系统。微格教学中不仅对教学技能进行系统分类，明确学习内容，而且对教学技能要达到的目标尽量做到细化，提高可操作性，制定科学具体的评价指标体系，运用一定的评价技术，对每项技能进行客观的评价。参评人员不仅包括指导教师，还包括受训者自己和其他受训人员，可以通过多次播放录像及时进行技能分析，使信息反馈多元化、教学评议民主化。

（5）便于观摩示范与模仿，利于创新

为了增加对教学技能的感性认识，在微格教学前指导教师一般会提供一些优秀教学范例供学生观摩、评论，有利于受训者在模仿的基础上进行创新，体现教学的灵活性、创造性。由于听课"学生"是指导教师和其他受训者，即使在微格教学中出现差错也不必担心对学校教学或学生造成不良影响，并有利于受训者广泛吸收意见，改进不足，大胆革新，掌握并灵活运用各种教学技能，形成自己的教学风格。

2. 微格教学系统的构成

微格教学系统一般由微格教室、控制室、观摩室组成。图 5-20 所示为微格教学系统的结构与布局。

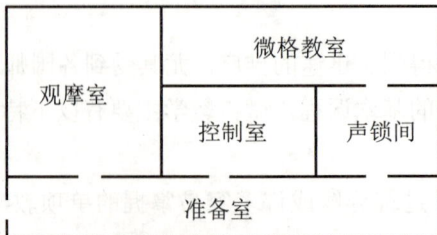

图 5-20　微格教学系统的结构与布局

（1）控制室

控制室装有电视特技台、调音台、录像机、监视器、视频分配器等设备。从每间模拟教室送来的模拟教学活动的两路视频信号经电视特技台控制，一路送到录像机进行录像，另一路则可经视频分配器把教学实况信号直接送到观摩室，供同步评述分析。

（2）微格教室

微格教室是一间专门化的教室，是开展模拟训练的场所。一般的微格教室装有话筒、摄像机、电视机和多媒体教学系统。话筒、摄像机用于拾取模拟教学过程中的声音和画面，摄像机由控制室进行控制；电视机用于重放已录信号，供同步评价分析；多媒体教学系统用来播放课件、电教教材。

（3）观摩室

观摩室是一个装有电视机的普通教室，将来自某一微格教室的视频信号，通过控制室经视频切换器传输到观摩室的电视机，即可实时地播放教学实习的实况，供指导教师现场评述和较多的学生观摩分析。

3. 微格教学的基本程序

微格教学系统的应用需要按一定的程序对学生进行特定教学技能的训练。微格教学的基本步骤如图 5-21 所示。

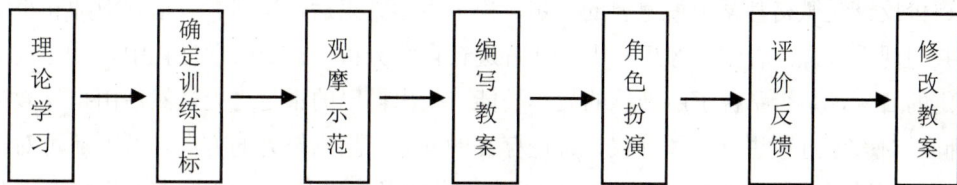

图 5-21　微格教学的基本步骤

（1）理论学习

微格教学是在现代教育理论指导下对教师教学技能进行模拟训练的实践活动。在进行微格教学训练前，应学习有关微格教学、教学目标、教学技能、教学设计、教学评价等相关理论知识。通过理论学习形成一定的认知结构，提高学习信息的可感受性及传输效率，从而促进学习的迁移。

（2）确定训练目标

在进行微格教学训练前，教师应先向受训者讲解本次教学技能训练的具体目标和要求，该教学技能的类型、作用、功能，以及典型事例运用的一般原则、使用方法及注意事项，使受训者对正在进行训练的技能要达到什么样的目标做到心中有数。

（3）观摩示范

为增强受训者对所培训技能的感性认识，指导教师需要提供生动、形象和规范的微格教学示范片或进行现场示范。在观摩过程中，指导教师要根据实际情况给予必要的提示和指导。

观摩后要组织讨论，分析示范教学的成功之处及存在的问题，通过相互交流、沟通，集思广益，酝酿在这一课题教学中应用教学技能的最佳方案，为进一步编写教案做准备。

（4）编写教案

明确要训练的教学技能和教学目标后，受训者就需要根据教学目标、教学内容、教学对象、教学条件进行教学设计，选择合适的教学媒体，编写详细的教案。教案中要说明该教学技能应用的构想，注明教师的教学行为、时间分配和学生的学习行为及对策。

（5）角色扮演——微格教学实践

角色扮演是微格教学中的中心环节，是训练教学技能的具体教学实践过程，即受训者自己走上讲台，扮演教师，小组的其他同学扮演学生，进行模拟教学活动。

受训者在执教之前，要对本堂课做一简短说明，以明确教学技能目标，阐明自己的教学内容和教学设计的思想。讲课时间根据教学技能的要求不同，一般为5～10分钟。

整个教学过程将由摄录系统全部记录下来，以便能及时、准确地反馈。同时整个教学活动的实况将被传送到观摩室，以便其他同学观看，并由指导教师作实时同步地评述分析，以提高学习者对教学技能的认识。

（6）评价反馈

评价反馈是微格教学中最重要的一步。模拟教学结束后，受训者、指导教师和小组同学应共同观看录像。看过录像后先由受训者进行自我分析，检查教学过程中是否达到了自己设定的目标，是否掌握了所训练的教学技能，找出自己的不足之处，然后由指导教师和小组同学对教学过程进行集体评议，讨论存在的问题，指出努力的方向。教师还可对需要改进的问题进行示范，或再次观摩录像，反复分析讨论，以利于受训者进一步改进、提高。

（7）修改教案

评价反馈结束后，受训者需要修改和完善教案，并再次进行实践。在单项教学技能训练告一段落后，要有计划的开展综合教学技能训练，以实现各种教学技能的融会贯通。

实践活动

【训练目的】

熟悉常用的现代教学媒体和现代教育技术环境，深化对现代教学媒体在教学活动中重要作用的认识。

【训练环境】

配置有交互式电子白板的多媒体教室、网络机房、微格教室。

【训练内容】

熟悉多媒体投影机、视频展示台、交互式电子白板的各部分装置的名称和作用；掌握调试、使用多媒体投影机、视频展示台、交互式电子白板的方法；感受多媒体教室、网络机房、微格教室这些现代教育技术环境下的教学氛围，尝试在多媒体教室、网络机房和微格教室中进行教学体验。

【训练任务】

在多媒体教室、网络机房和微格教室这些教学环境下，完成以下任务。

① 了解多媒体投影机、视频展示台各操作部件的名称和作用，认识多媒体投影机、视频展示台各开关按键。如果这两种教学媒体配备有遥控器，则认识遥控器相应按键的功能。

② 试操作交互式电子白板，认识交互式电子白板的 3 种工作模式，在这 3 种工作模式之间进行切换，尝试在每种工作模式下进行一些常用的操作。

③ 正确地连接多媒体投影机、视频展示台、多媒体计算机和交互式电子白板。

④ 观看所学专业优秀教师在多媒体教室、网络机房和微格教室这些环境下的教学实录，熟悉多媒体教室、网络机房和微格教室教学环境，并尝试在这些教学环境中进行教学体验（可自主选择教学内容）。

本章小结

本章首先介绍了教学媒体的概念、分类和作用，然后介绍了多媒体投影机、视频展示台、交互式电子白板等常用教学媒体设备，最后介绍了校园网络、多媒体教室、网络机房和微格教学系统这些现代教育技术环境。通过本章的学习，应重点掌握多媒体投影机、视频展示台、交互式电子白板这 3 种多媒体教学中最常用的教学媒体设备的组成、用途和使用方法，熟悉校园网络、多媒体教室、网络机房和微格教学系统的构成、教学功能和使用步骤。

本章习题

一、选择题

1. 以下设备中，能用来把计算机屏幕信息或视频展示台、录像机、DVD 等设备的视频信号进行放大显示的是（　　）。

    A. 照相机 　　　　　　　　　　B. 数码摄像机

    C. 多媒体投影机 　　　　　　　D. 扫描仪

2．可以将文字、图片、透明投影胶片、幻灯片、实物等展示物，通过摄像头转换为图像信号，并输出到投影机、监视器等显示设备上展示出来的一种演示设备是（　　　）。

  A．视频展示台   B．数码相机

  C．数码摄像机   D．扫描仪

3．作为多媒体教室的核心，主要负责展示各种教学信息，在有些情况下，还作为中央控制系统的操作平台的是（　　　）。

  A．多媒体计算机   B．视频展示台

  C．多媒体投影机   D．摄像头

二、填空题

1．_____在我国也称为电化教育媒体。

2．按学习者使用媒体的感官分类，教学媒体可分为_____、_____、_____和_____4种。

3．多媒体投影机的产品从技术角度可分为_____投影机、_____投影机和_____投影机3类。

4．微格教学系统一般由_____、_____和_____组成。

三、简答题

1．什么是媒体？什么是教学媒体？

2．简述教学媒体在教育传播活动中的基本作用和特殊作用。

3．使用多媒体投影机通常包括哪些基本步骤？

4．简述校园网的主要功能。

5．简述微格教学的基本程序。

第 6 章

现代教学设计与评价

本章导读

20世纪60年代，教学设计首先在美国开始研究与应用，并成为教育技术领域的一个重要分支。随后，其理论和方法体系不断发展，逐渐成为一个独立的学科，并越来越受到人们的重视。教学设计可用于设计不同的教学系统，大到系统的学科专业课程设计，小到某个教学媒体或某个教学知识点的设计。本章将介绍现代教学设计的相关概念和以教为主、以学为主的教学设计的具体实施等内容。

学习目标

- 了解教学设计的含义、作用和模式
- 掌握教学设计的方法与步骤
- 掌握以教为主的教学设计模式和步骤
- 学习并掌握以教为主的教学设计模板
- 能够进行以教为主的教学设计
- 掌握以学为主的教学设计模式和步骤
- 学习并掌握以学为主的教学设计模板
- 能够进行以学为主的教学设计

6.1 教学设计概述

6.1.1 教学设计的含义

教学设计又称教学系统设计，其最终目的是通过优化教学过程来提高教学的效率、效果和吸引力，以利于学习者的学习。它运用现代教育观念和教学方法，以教学论、学习理论、传播论为理论基础，分析教学中存在的问题，充分利用各种教学资源，创设有利于学生学习的环境，使学生达到最优的学习效果。

具体而言，教学设计具有以下特征。

① 教学设计是把教学原理转化为教学材料和教学活动的计划。教学设计要遵循教学设计过程的基本规律，选择教学目标，以解决教什么的问题。

② 教学设计是实现教学目标的计划性和决策性活动。教学设计以计划和布局安排的形式，对怎样才能达到教学目标进行创造性的决策，以解决怎样教的问题。

③ 教学设计以系统方法为指导。教学设计把教学中各要素看成一个系统，分析教学问题和需求，确立解决问题的程序纲要，使教学效果最优化。

④ 教学设计是提高学习者获得知识、技能的效率和兴趣的技术过程。教学设计是教育技术的组成部分，它的功能在于运用系统的方法设计教学过程，使之成为一种具有操作性的程序。

拓展阅读

教学设计的层次

教学设计是问题解决的过程。根据教学中问题范围、大小的不同，教学设计也具有不同的层次和应用范围，一般可归纳为以下 3 个层次。

① 以"产品"为中心的层次：它把教学过程中要使用的媒体、教学材料等当作产品来进行设计。

② 以"课堂"为中心的层次：这一层次的设计范围是课堂教学，它是根据教学大纲的要求，针对一个班的学生，在固定的教学设施和教学资源条件下进行的教学设计。

③ 以"系统"为中心的层次：这一层次的设计通常包括系统目标的确定，实现目标方案的建立、试行、评价和修改等，涉及面广、设计难度较大。

6.1.2 教学设计的作用

为了达到理想的教学效果，必须进行教学设计。因此，学习教学设计具有十分重要的意义。

（1）有助于教学理论与教学实践的结合

被称为"桥梁学科"的教学设计起到了沟通教学理论与教学实践的作用。一方面，通过教学设计，可以把教学理论和研究成果运用于实际的教学活动中，指导教学工作的进行；另一方面，也可以将教师的教学经验升华为教学科学，充实和完善教学理论。

（2）有利于教学工作的科学化，促进青年教师的快速成长

现在的课堂更加关注学生主体性的发挥，更加关注现代教育技术的运用。只靠一支粉笔、一张嘴、一本教材的课堂教学已不多见，无论是青年教师还是老教师都需要更新教育观念、提高教学技能，通过教学设计则可以实现新理论、新方法的有效运用。由此可见，学习和运用教学设计，可促使教学工作的科学化，也为师资队伍的培养提供了一条有效的途径。

（3）有利于科学思维习惯和能力的培养，提高发现问题、解决问题的能力

在利用教学设计优化学习的过程中，设计人员一方面要善于发现教学中的问题，用科学的方法分析问题，谋求解决的方案；另一方面需要在设计、试行过程中不断地反思解决方案，在这个过程中，发现、解决教学问题的能力会逐渐提高。此外，这种解决问题的方法、技术和思维方式具有很强的迁移性，可用于其他相似的问题情境和实际问题。

（4）有利于现代教育技术应用的不断深化，促进教育技术的发展

教学设计是一门将教育技术理论和思想方法运用于教学实践的新学科，它有利于现代教育技术应用的不断深化，同时也使教育技术理论在总结实践经验的基础上得到升华与完善，从而促进教育技术的深入发展。

提　示

在实际教学工作中，教师在开展教学前最常做的工作就是备课。传统备课一般以个人经验或意向为基础，而教学设计则是从教学规律出发，将教学活动预设建立在科学的系统方法基础之上。二者之间的区别主要表现在以下 3 个方面。

（1）目的不同

传统备课中，教师一般考虑的是如何顺利地讲解课程，完成教学任务。也就是说，传统备课关注的是教师"教"的过程。而教学设计强调的是针对学习者的学习去设计教学，它关注的是学习者"学"的过程。

（2）视野不同

传统备课一般是"就课备课"的形式，视野一般是孤立、狭窄的。而教学设计则要求教师以系统的思想着眼于整体，将每一节课放在单元背景、课程背景，乃至整个学科背景下进行设计。

（3）功效不同

传统备课的效果更多地依赖于教师的个人经验或个人意向，而教学设计则在理论上对教师进行指导，可以克服传统教学上完全凭借个人经验和意向组织教学的弊端。

6.1.3　教学设计的模式

教学设计模式是在教学设计的实践中逐渐形成的一套程序化的步骤，其实质是指出了以什么样的步骤和方法进行教学设计。

目前，世界上教学设计模式的种类繁多，不同的教学设计有各自不同的设计步骤。但一般教学设计模式都包括 4 个基本要素：学习者、目标、策略和评价。教学设计的一般模式如图 6-1 所示。

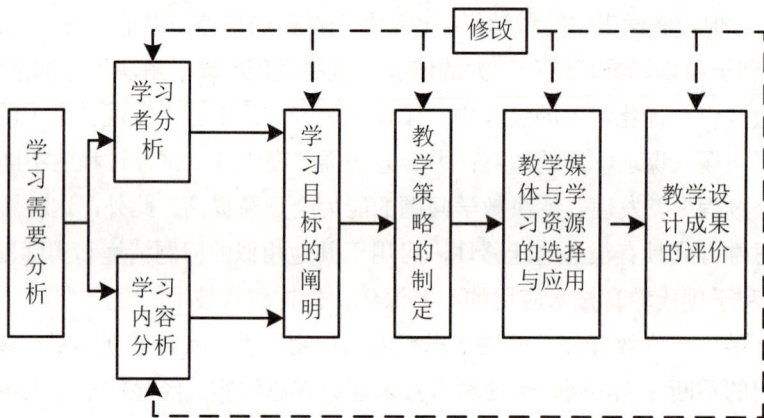

图 6-1　教学设计的一般模型

在实际教学设计工作中，要从教学系统的整体功能出发，保证学习者、目标、策略、评价 4 个基本要素的一致性，使它们相辅相成，从而产生整体效应。另外，教学系统是开放的，教学过程是个动态过程，涉及的如环境、学习者、教师、信息、媒体等各个因素也都处于变化之中，因此教学设计工作具有很大的灵活性。

1.　学习需要分析

在教学系统设计中，学习需要分析是一个特定的概念，是指学习者目前的学习状况与所期望达到的状况之间的差距。教学的目的就是要缩短这个差距，而教学设计就是以这个差距为依据进行的活动。

学习需要分析是一个系统的调查研究过程，其目的包括：发现教学中存在的问题；分析问题产生的主要原因，以确定解决该问题的合适途径；分析现有资源及约束条件，以论证解决该问题的可能性；分析问题的重要性，以确定需优先解决的课题。

学习需要分析的核心是了解问题以及解决问题的必要性和可能性，而不是研究问题的解决方法。只有首先明确问题及其原因，才能找出合适的解决方法。分析学习需要的重点是研究学习者的学习状况，而不是教师教的情况。

无论是运用内部需要分析法还是外部需要分析法，学习需要分析都可以按照以下 4 个步骤进行，如图 6-2 所示。

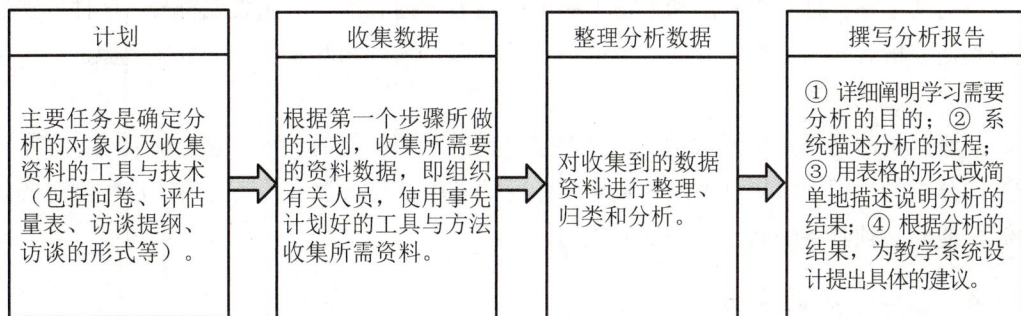

计划	收集数据	整理分析数据	撰写分析报告
主要任务是确定分析的对象以及收集资料的工具与技术（包括问卷、评估量表、访谈提纲、访谈的形式等）。	根据第一个步骤所做的计划，收集所需要的资料数据，即组织有关人员，使用事先计划好的工具与方法收集所需资料。	对收集到的数据资料进行整理、归类和分析。	① 详细阐明学习需要分析的目的；② 系统描述分析的过程；③ 用表格的形式或简单地描述说明分析的结果；④ 根据分析的结果，为教学系统设计提出具体的建议。

图 6-2 学习需要分析步骤

2. 学习者分析

教学设计的最终目的是有效促进学习者的学习，而任何一个学习者都会把他原来所有的知识、技能、态度等带入新的学习过程。是否与学习者特点相匹配，是决定教学设计成功与否的关键。

学习者分析的目的是了解学习者的学习准备情况及其学习风格，为学习内容的选择和编排、学习目标的确定、教学活动的设计、教学媒体及学习资源的选择和设计等提供依据，从而使教学真正促进学习者的学习。

课堂互动

根据学习者特征分析的内容，请同学们两人为一组，分析自己与对方的学习者特征，并比较自我分析和他人分析的异同。

3. 学习内容分析

学习内容是指为了实现教学目标，要求学习者系统学习的知识、技能和行为经验。学习内容分析要解决的核心问题是在学习需要分析的基础上，安排什么样的学习内容才能够实现总的教学目标。我们对学习内容进行分析，即是以教学目标为基础，划定学习内容的范围。

在实践过程中，人们总结出了多种学习内容的分析方法，这里对应用广泛且操作方便的 3 种分析方法进行简单介绍。

（1）归类分析法

归类分析法主要是根据一定的标准将学习内容进行分类，目的是鉴别哪些是实现教学目标所需学习的知识点。使用归类分析法时，确定分类方法后，用图示或列提纲的形式把实现目标所需学习的知识归纳成若干方面，从而确定学习内容的范围。

（2）图解分析法

图解分析法是一种用直观形式揭示教学内容及其要素之间的联系的内容分析方法。图解分析的结果是一种从内容上和逻辑上高度概括教学内容的一套图表或符号。这种方法的优点是使分析者容易觉察内容的残缺或多余部分以及内容相互联系中的割裂现象。

（3）层级分析法

层级分析法是用来揭示教学目标所要求掌握的从属技能的一种内容分析方法。它是一个逆向分析的过程，即从已确定的教学目标开始考虑，要求学习者获得教学目标规定的能力时，他们必须具备哪些次级的从属能力。

4. 教学目标的阐明

教学目标是教学设计者对学习者应取得的学习成果和达到的最终行为目标的明确阐述。教学目标是教学活动的出发点、依据和归宿，它为每门课程、每个教学单元或每一节课的教学活动指明方向。

5. 教学策略的制定

教学策略是指在不同的教学条件下，为达到不同的教学结果所采用的手段和方法。教学策略是教学设计中的最核心环节，这一环节是为了完成特定的教学目标，针对教学顺序、教学活动程序、教学方法、教学组织形式、教学媒体等因素进行总体考虑，主要解决教师"如何教"和学生"如何学"的问题，它直接反映了设计者的教学思想与观念。

大体上可以把教学策略划分为基于"教"的教学策略和基于"学"的教学策略。前者主要说明教师如何做，后者主要说明学习者如何做。在教学系统设计的过程中，教师是选择基于"教"的教学策略，还是选择基于"学"的教学策略，取决于教学目标、教学内容和已有的教学条件等因素。

6. 教学媒体与学习资源的选择与应用

狭义的现代教育技术，就是现代教学媒体在教育中的应用。实践证明，教学媒体可以提高教学的效果和效率，优化教学过程。从传播学的角度讲，教学媒体是教学内容的传递工具，是沟通教师、学习者以及教学内容的桥梁。

为了达到预期的教学目标，需要在不同形式和不同功能的教学媒体中进行选择。在实际操作中，影响媒体选择的因素有很多。因此在选择教学媒体时，一定要把握住问题的关键，在坚持基本原则的前提下，兼顾其他因素。

7. 教学设计成果的评价

教学设计成果评价是指依据评价标准，对教学设计的成果进行价值判断，换句话说，就是对经过系统规划而形成的教学设计方案进行价值判断。

（1）设计教学设计成果评价的要点

设计教学设计成果评价时，要充分考虑以下 3 个方面。

➤ **考虑教学设计方案的完备性和规范性**：一个完整的教学设计方案应该涵盖以下几个部分：① 学习需要分析；② 学习者特征分析；③ 编写教学目标；④ 选择教学媒体和教学资源；⑤ 选择和制定教学策略；⑥ 设计具体的教学过程；⑦ 设计教学评价；⑧ 总结和帮助。虽然一个规范的教学设计方案不一定要严格按照以上 8 个部分的次序来编写，但其内容应该要能够涵盖所有方面。

➤ **考虑教学设计方案的可行性**：教学设计方案的可行性是指这个教学设计方案是否能够在实际的教学中得到实现。具体可以从时间因素、环境因素、教师因素、学生因素 4 个方面进行评价。

➤ **考虑教学设计方案的创新性**：教学设计方案是教学设计者的劳动结晶，是对整个教学内容的系统化设计成果，应该具有一定的创新性。比如在设计理念上，既要发挥教师的主导作用，又要体现学生的主体地位；在教学组织形式上有所创新，有利于发挥每位学习者的积极性等。总之，在教学设计方案中应该能够体现新理念、新方法或新技术的有效应用。

（2）教学设计评价的分类

按评价的功能不同，教学评价可分为诊断性评价、形成性评价和总结性评价。

➤ **诊断性评价**：也称为教学前评价或前置评价，一般在教学之前或教学初期进行，等同于对学生知识和技能、智力和情感、学习风格等状况的检测。

➤ **形成性评价**：是在某项教学活动过程中，为保证教学活动效果而不断进行的评价，如课后测验。形成性评价便于教学设计者及时得到反馈，并调整和改进下一阶段的教学方案，如课后测验。

➤ **总结性评价**：又称事后评价，一般是指在教学活动结束后对教学效果进行最终评价，如学期末的各科考试，目的是检验学生是否达到了教学目标的要求。

这 3 类评价都有各自的特点，在实施时间、评价目的、评价方法和作用 4 个方面有所不同，如表 6-1 所示。

表 6-1　诊断性评价、形成性评价和总结性评价的比较

评价类型 比较项目	诊断性评价	形成性评价	总结性评价
实施时间	教学之前	教学过程中	教学之后
评价目的	摸清学生底细，以便安排学习	了解学习过程，及时调整教学方案	检验学习成果，评定学习成绩
评价方法	观察、调查、作业分析、课前测验	经常性测验、作业分析、日常观察	考试、考察

续表

评价类型 比较项目	诊断性评价	形成性评价	总结性评价
作用	确定学习准备情况和不利因素	确定学习效果,改进教学	评定学业成绩

6.2　以教为主的教学设计

在我国,以教为主的教学系统大量存在,"教师讲,学生听"是目前主要的教学形式。而且,大多数教师比较熟悉的也是以教为主的教学设计的相关理论和方法,并能在教学实践中熟练运用。在这种现状下就对以教为主的教学设计提出了很强的客观需求。

经过多年的研究与发展,以教为主的教学设计已经形成了一套比较完整、严密的理论体系,具有较强的可操作性。

6.2.1　以教为主的教学设计模式

以教为主的教学设计的角度在"教学"上,主要强调教师的主导作用。该模式在客观事实的介绍、行为的矫正、简单认知加工任务的完成、动作技能的学习,甚至问题解决技能的培养等方面均能发挥很好的作用。

以教为主的教学设计模式一般如图 6-3 所示。

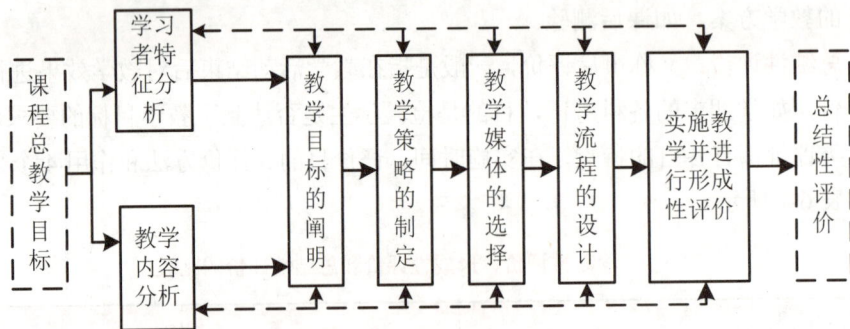

图 6-3　以教为主的教学设计模式

6.2.2 以教为主的教学设计步骤

1. 学习者特征分析

学习者特征分析是教学设计起始阶段的重要任务，主要是获取学习者的起始能力、目标技能、学习风格特点、学习态度等有关信息，这对后续教学设计环节有重要的意义。

学习者特征分析就是了解学习者的学习准备状态和学习风格。因为以教为主的教学设计通常是针对一个班的学习者进行的，所以可以忽略对个人学习风格的分析。学习准备状态包括初始能力和一般特征两个方面。

➢ **初始能力：**是指学习者已经具备的有关知识、技能的基础，以及他们对学习内容的认识和态度。初始能力分析就是了解学习者是否具备学习新知识所必须掌握的知识和技能，如了解学习者对这门课程是否存在疑问，对新知识有无兴趣等。

➢ **一般特征：**是指对学习者学习产生影响的心理、生理和社会特点，包括学习者的年龄、性别、年级水平、认知成熟度、学习动机、生活经验等。它们与具体的学科内容虽然无直接联系，但是影响教学设计者对学习内容的选择和组织，影响教学方法、教学媒体和教学组织形式的选择与应用。

经典案例

"英语'be going to'句型的理解和运用"学习者特征分析

教学背景：本课时的教学内容是初级中学教科书《English》第二册（上）Unit 2 的内容。本课的教学重点是句型"be going to"的理解和运用；教学难点是在实际交际过程中熟练使用该句型。

【学习者特征分析】

1. 知识能力特征

① 学生已熟练地掌握了电脑的基本操作。

② 学生具备了基本的自主学习英语的能力。

③ 学生已经对本册书的生词进行了集中识词，基本掌握了单词的发音和含义。

2. 学习风格特征

① 教学对象是已经使用过网络教室进行学习的学生。

② 该年级学生善于动脑筋，虽然有自己的独特见解，但在很大程度上受到词汇量和语法知识的制约。

"网页设计中行为的运用"学习者特征分析

教学背景：本课是大学一年级《网页设计实训教程》中的一节内容，所使用的教材由清华大学出版社出版。本课是帮助学生进一步学习网页制作的课程，主要内容是

Dreamweaver 中 "行为" 技术的基础知识以及 "行为" 的使用方法。

【学习者特征分析】

1. 知识基础

本节课讲解《网页设计实训教程》第 6 章第 2 节的内容，通过前几章的学习，学生已经掌握了一些网页制作的基本知识与技能，已能够熟练运用 Dreamweaver 提供的大部分功能。

2. 能力基础

① 学生理解运用能力强，能把书本中的知识转化为实际的应用。

② 学生动手操作能力强，能积极顺利地完成一些基本操作。

③ 学生具备一定的分析、概括、归纳及灵活运用知识的能力。

3. 情感态度

① 学生对网页设计中的各种技术很感兴趣，有很强的求知欲。

② 学生认识到学习网页设计这门课的意义，认为能为以后的工作打下一定的基础。

2. 教学内容分析

在常规的教学设计中，教学内容分析工作主要是对选定的教材内容进行分析、研究、组织和安排。具体工作主要包括以下几个方面。

（1）分析教学内容所处的地位，理清教材知识体系

进行教学内容分析时，要考虑当前教学内容在整个学科教学中的地位，以及它与教材各部分之间的关系，也就是要对教材的地位和前后内容的关系进行分析。

知识体系是指各个知识点之间的相互联系。教师一般按照单元组织教学，而一个单元的知识体系要根据课程标准、教材、教师用书中的有关部分来确定。

（2）确定教学知识点、重点和难点

教学知识点就是教学要点，是单元学习内容中相对独立的知识要素。确定知识点的方法一般分为两步：首先要从知识体系中提取需要学习者掌握的内容，然后在确定的知识内容中引出具有相对独立的部分，即知识点。

教学重点通常是指教学内容中最基本、最主要的知识技能，是整个教学内容中最核心的部分。

教学难点是指教学内容中，学习者较难理解或掌握的内容。一般情况下，教学难点不仅与教学内容有关，还与学习者的初始能力有关。

在实际教学过程中，教学重点和教学难点可以是一致的，也可以是不一致的。

（3）确定教学内容之间的顺序

教学活动是一个循序渐进的过程，因此教师应该保证新的学习可以在原有知识的基础上展开。教学内容的顺序只有与知识的内在逻辑顺序和学习者认知发展规律相适应，才能更有利于学习者学习和理解。

经典案例

"电生磁"教学内容分析

本节课为八年级《物理》（下册）中的一节课，电流的磁效应是学习电磁现象的重要基础。因此，教师要尽可能让学生确信电流及其周围的磁场是同时存在且密不可分的。为了说明这个问题，让学生亲自做奥斯特实验，把小磁针放在直导线附近，通过观察导线通电时和断电时小磁针发生的变化，帮助学生加深对知识的理解，初步认识电与磁之间存在着某种关系。

通电螺线管的磁场是本节的重点之一，应让学生自己去探究、总结，用自己的语言描述出通电螺线管的磁场极性与电流方向之间的关系，以培养学生的空间想象能力和语言表达能力。探究结束后，让学生自己归纳出判断通电螺线管的磁场方向与电流方向的方法，再在师生相互交流的气氛中引导学生得出安培定则。让学生自己动手动脑去做电磁铁的实验，并通过实验，以小组的形式讨论、归纳出电磁铁的特点和磁性强弱的决定因素。结论由学生自己得出，易于帮助学生加深理解，此时再让学生举出实际运用的例子，既考查学生的创造力，又能激发学生从日常生活中获取课外知识的兴趣；既能达到及时巩固知识的目的，又能让学生体会到"物理来源于生活，又运用于生活"。

"信息技术第一课"教学内容分析

本节课讲解的是教育科学出版社出版的高中《信息技术基础》第一章第 1 节的知识，从内容上讲，包括丰富多彩的信息和信息的一般特征。前者是与学生的学习、生活紧密联系，简单易懂，学生比较容易接受的内容；后者是重点内容，理论性较强，是教学的难点。作为信息技术课的开篇章节，不能停留在概念的讲解和理论分析上，而是要让学生从生活实际着手，体会到信息技术在现代社会的巨大作用，正确认识信息技术，从而使学生产生学习信息技术的兴趣。

3. 教学目标的阐明

（1）教学目标分类理论

教学设计中对教学目标分析影响最大的就是加涅的学习结果分类理论和布卢姆的教育目标分析体系。

① 加涅的学习结果分类理论

加涅在《学习的条件》一书中将学习结果分为 5 种类型：言语信息、智力技能、认知策略、动作技能和态度，各种学习结果类型及其功能和表现范畴如表 6-2 所示。

表6-2　加涅的学习结果分类

学习类型	功能	表现范畴
言语信息	为学习者提供指导；帮助学习的迁移	陈述信息或用其他方式传递信息
智力技能	进一步学习思维的成分	具体应用时，能够表现出知道如何进行智力的操作
认知策略	控制学习者学习和思维的行为	用有效的手段解决各种实际问题
动作技能	调节动作表现	在各种情境中从事动作活动
态度	调节行为的选择	对某一类人/物/事选择某种行动

② 布卢姆的教育目标分析体系

布卢姆等人将教学活动所要实现的整体目标分为认知领域、动作技能领域和情感领域。

➤ **认知领域**：布卢姆将认知领域的目标分为知道（识记）、领会（理解）、运用、分析、综合和评价6个层次。

➤ **动作技能领域**：哈罗（A. J. Harrow）把动作技能由低级到高级分为反射动作、基础性动作、感知能力、体力、技能动作、有意交流6个等级。

➤ **情感领域**：克拉斯伍（D. R. Kratuwohl）等人制定了情感领域的教学目标分类，依据价值内化的程度，将情感领域的目标分为5级：接收或注意、反应、评价、组织、价值与价值体系的个性化。

（2）教学目标的编写方法

教学目标的编写方法主要有两种：ABCD编写法和内外结合的编写方法。

① ABCD编写法

所谓ABCD编写法是指一个规范的教学目标包括A、B、C、D 4个要素，简称ABCD模式：

A——对象（Audience）：阐明教学对象，即学习者。

B——行为（Behaviour）：说明通过学习后，学习者应能做什么，即行为的变化。

C——条件（Condition）：说明上述行为在什么条件下产生。

D——标准（Degree）：规定上述行为应达到的程度或最低标准。

例如：给出一段短文（C），学生（A）能够找出（B）该段短文中的所有（D）动词。在1分钟时间内（C），学生（A）能够在计算机上用键盘（C）输入（B）100个汉字，错误率低于1%（D）。

在一个学习目标中，行为的表述是最基本的部分，不能省略。相比较而言，条件和标准是两个可选择的部分。

② 内外结合的编写方法

尽管行为目标能够避免传统方法表述目标的含糊性，但是它只强调行为结果，没有注意学习者的心理过程。这时，有人提出了同时兼顾学习者内部心理变化和外在行为变化的方法——内外结合的编写方法。

内外结合的编写方法的具体做法如下。

➤ 用描述学生内部心理过程的术语来陈述学习目标，以反映学习者理解、应用、分析、欣赏、感悟、尊重等内在的心理变化。

➤ 列举出一些能够反映上述内在变化的行为，使教学设计者能够对学习者内在的心理变化进行观察和测验。

➤ 在列举行为的变化时，主要采用前面介绍的 ABCD 编写法。

这种方法既避免了用内部心理特征表述目标的抽象性，又防止了行为目标的机械性和局限性；既避免了行为目标只顾及具体行为而忽视内在心理过程变化的弊端，又防止了用传统方法陈述教学目标的含糊性。

经典案例

案例一：ABCD 编写法

例 1　语文教学目标

小学二年级学生能写出所学的 5 个生字，5 个字中写对 4 个为合格。

初中二年级的学生在十分钟内阅读完一篇 1 000 字的文章，并说出文章结构和段落大意。

例 2　数学教学目标

给出两个不同分母的分数，其中一个分母能被另一个分母整除（如 5/6 和 2/3），小学四年级学生能通分并求出两个分数的和，15 道题中答对至少 12 道题即为及格。

案例二：内外结合的编写方法

例 1　计算机病毒的认识和查杀

【知识与技能】

① 了解某些计算机病毒发作时的症状；

② 了解计算机病毒的特点；

③ 能防杀现存计算机病毒；

④ 演示常用的保证计算机安全的方法及手段。

【过程与方法】

① 通过操作、交流，发现计算机存在的问题；

② 通过交流或是网络查找确定防杀计算机病毒的方法；

③ 制定几种解决方案；

④ 采用比较的方法确定各方案的优缺点，并挑选出最合适的方案；

⑤ 根据实际情况修改方案；

⑥ 借助现存材料信息，解决自己的问题。

【情感态度价值观】

① 认识计算机病毒的危害，提高防范计算机病毒的意识；

② 选择积极参与讨论的态度，学会组内协调并积极交流意见；

③ 培养自学和自我探究的能力。

课堂互动

某小学语文教师编写的一个教学目标为："在本节课中，至少教学生学会 3 个生字，并预习下一节课。"请同学们讨论并回答：

① 该教学目标的编写有什么不当之处？

② 使用 ABCD 编写法改写这个教学目标。

4. 教学策略的制定

目前成熟且影响较大、运用较广的基于"教"的教学策略有先行组织者策略、五段教学策略、九段教学策略等。

（1）先行组织者教学策略

所谓先行组织者是指安排在学习任务之前呈示给学习者的引导性材料。提供先行组织者的目的在于用先前学过的材料去解释、整合和联系当前学习任务中的材料（并帮助学习者区分新材料和以前学过的材料）。先行组织者的作用是将学习者认知结构中的原有观念用恰当的语言文字、媒体或二者的结合形式表述或呈现出来。奥苏贝尔认为先行组织者策略的实施步骤分为 3 个阶段，详见表 6-3 所示。

表 6-3   先行组织者教学策略

教学过程		教学活动
阶段 1	呈现先行组织者	阐明本课的目的 呈现作为先行组织者的概念：确认正在阐明的属性；给出例子；提供上下文
阶段 2	呈现学习任务和材料	使知识的结构显而易见 使学习材料的逻辑顺序外显化 保持注意 呈示材料 演讲、讨论、放电影、做实验和阅读有关的材料
阶段 3	扩充与完善认知结构	使用整合协调的原则 促进积极地接收学习 提示新、旧概念（或新、旧知识）之间的关联

运用先行组织者教学策略需要以下教学条件。

➢   教师起呈现者、教授者和解释者的作用。

> ➤ 教学的主要目的是帮助学生掌握教材，教师直接向学生提供学习的概念和原理。
> ➤ 教师需要深刻理解奥苏贝尔的有意义学习理论和先行组织者策略。
> ➤ 学生的主要任务是掌握观念和信息。
> ➤ 个人的原有认知结构是决定新学习材料是否有意义，是否能够很好地获得并保持的最重要因素。
> ➤ 学习材料必须加以组织以便于同化。
> ➤ 要预先准备先行组织者。

（2）九段教学策略

这是美国著名教育心理学家加涅将认知学习理论应用于教学过程的研究而提出的一种教学策略。加涅认为，教学活动是一种影响学习者内部心理过程的外部刺激，因此教学过程应当与学习活动中学习者的内部心理过程相吻合，即把学习者的学习心理与教师的教学活动一一对应起来。根据这种观点，加涅把学习活动中学习者内部的心理活动分解为 9 个阶段，各阶段的教学事件和教学程序如表 6-4 所示。

表 6-4　九段教学策略的教学阶段

教学阶段	教学事件	教学程序
1	引起注意	采用不同的方法唤起、控制学习者的注意
2	告知学生目标	让学习者具体了解学习目标，包括他们将学会哪些知识、能做什么等
3	刺激回忆	刺激学习者把先前学过的内容提取到短时记忆中
4	呈现刺激材料	向学习者传递与教学内容有关的教学信息
5	提供学习指导	指导学习者对教学内容加以编码，促使他们同化新知识
6	引出学习行为	让学习者积极参与教学活动，促使学习者更好地理解和保持所学的新知识
7	提供行为正确性的反馈	及时让学习者知道自己的学习结果，以便自我调整
8	评价行为	通过各种形式的练习与测验，对学习者的学习表现作出价值判断
9	促进知识保持和迁移	采用间隔复习的方式，增强学习者对已学习知识的保持；采用提示策略，帮助学习者进行知识和能力的迁移

九段教学策略是建立在科学的认知学习理论基础上的，它不仅可以发挥教师的主导作用，也能激发学生的学习兴趣，并可以随时注意调动学生的学习主动性、积极性。

在具体的教学过程中，并非一定要按照这 9 个步骤依次进行，可以根据实际情况进行删减或改变。

（3）五段教学策略

五段教学策略来源于赫尔巴特学派的"五段教学法"（预备、提示、联系、综合、应用），后经凯洛夫的改造而传至我国，是一种接受学习策略。这种教学策略的主要步骤是：

激发动机→复习旧课→讲授新课→运用巩固→检查效果。这是我国课堂教学的经典教学策略，并且还会继续运用下去。

在具体运用这一策略的过程中，不宜机械地按此流程的先后次序进行。比如，激发动机不一定非得在开头进行，也可以在复习旧课之后进行，还可以在讲授新课中进行。

经典案例

"牧羊女"教学策略的制定

在学唱新歌之前，穿插一个音乐游戏：请一些学生模仿小羊的叫声，其他学生来分辨声音的强弱，并了解力度记号。再通过"找羊儿"的音乐游戏趁热打铁，让学生感受、体验力度的变化。和谐的音乐课堂追求乐趣与能力训练并存的交融点。教学中以师生互动和游戏的方式，让学生在找羊儿的情景中感受音乐并在无形中了解力度记号，为下面的歌曲处理做好铺垫。

"使用计算机程序解决问题"教学策略的制定

首先选用学生熟悉的函数图像，通过绘画使学生直观地感受函数，然后让学生自己总结画函数图像的方法和步骤，从而引导出计算机解决函数问题的方法和步骤，即"算法"。教学中采用了"讲授式""活动式""启发式""探究式"等教学方法，教师讲解与学生自主学习相结合，课文中的难点由教师讲解，较容易的知识由学生合作探索。

5. 教学媒体的选择

随着教育信息化的推进，教学媒体的形式愈加丰富，其在教学过程中作为承载与传递信息的媒介，所发挥的效能也越来越大。因此，为了促进教学目标的达成，教师可以根据实际教学需要选择合适的教学媒体形式。

常见的教学媒体形式包括实物演示、口头传播、印刷媒体、静止图像、活动图像、有声电影和教学机器等。

（1）选择教学媒体的依据

选择教学媒体有以下几个方面的依据。

① 依据教学目标选择教学媒体

每项教学活动在前期都要设立好教学目标，教师可以使用教学媒体帮助其完成不同的教学目标。例如，在化学学科教学时，展示实验过程可以选用实物演示媒体，讲解物质概述时可以选用静态图像媒体。

② 依据教学内容选择教学媒体

每项教学活动的教学内容都不尽相同，因此与之适应的教学媒体也会有所不同。例如，讲解外语学科时，可以使用能够提供声音的媒体；讲解物理学科，可以使用能够提供演示的媒体；讲解美术学科时，可以使用能够提供图像展示的媒体。

③ 依据教师和学习者的特征选择教学媒体

在以教为主的教学设计中，教师作为主导者，其特征是选择媒体时不可忽视的重要因素。如果教师对所选择的教学媒体不熟悉，无法熟练地使用教学媒体进行教学，甚至影响教学活动的进行，那么即使选择了合适的教学媒体，也难以完善教学设计并取得好的教学效果。

学习者特征也是影响教学媒体选择的一个因素。例如，小学生的认知特点是直观形象思维占主导地位，注意力难以长时间保持，因此在选择教学媒体时，应该较多地使用幻灯片和录像等媒体，并且幻灯片要生动形象、色彩鲜艳。

④ 依据媒体的经济特性和教学条件选择教学媒体

教学媒体的经济特性是指使用教学媒体所付出的经济代价。在实际教学活动中，选择教学媒体时要考虑它的经济因素。

美国传播学家惠伯·施兰姆提出的决定媒体选择概率的公式是选择媒体的理论依据，该公式表示为：

$$媒体选择的概率(P) = \frac{媒体产生的功效(v)}{需要付出的代价(c)}$$

由上述公式可知，教学媒体的选择概率与媒体产生的功效成正比，与需要付出的代价成反比。因此，在进行教学媒体的选择时，必须遵循低成本高效益的原则。根据施兰姆公式，可以做出教学媒体最优选择决策模型，如图 6-4 所示。

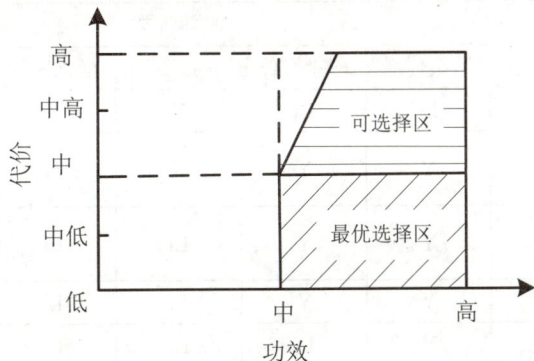

图 6-4　教学媒体最优选择决策模型

在图 6-4 中，纵坐标代表需要付出的代价，横坐标代表媒体产生的功效。斜线区代表代价低而功效高的范围，即最优选择区。横线区代表虽然代价高但是功效也高的范围，即可选择区，在此区域的媒体也是可以考虑选择的。

（2）选择教学媒体的方法模型

教学媒体多种多样，为了准确、系统地对教学媒体进行选择，人们总结了一些选择教学媒体的方法模型。常见的方法模型有问题表、矩阵式和流程图形式 3 种。

① 问题表

问题表实际上是列出一系列要求教师在媒体选择时需要回答的问题，通过对这些问题的逐一回答，来发现适用于一定教学情景的媒体。

问题表中的问题可以有很多种，下面的一组问题可供教师参考。

➤ 所需媒体是用来提供感性材料还是提供练习条件？

➤ 该媒体是用于辅助集体授课还是用于个别化学习？

➤ 媒体材料与学生的认知水平相一致吗？

➤ 教学内容是否要作图解或图示的处理？

➤ 视觉内容是用静止图像还是活动图像来呈现？

➤ 活动图像要不要配音？是用电影还是录像来表达视听结合的活动图像？

➤ 有没有现成的电影或录像以及放映条件？

问题表中列出的问题根据实际情况可多可少；列表时可按逻辑排序，也可不按逻辑排序。这种模型出现较早，并为其他的选择模型提供了理论基础。

② 矩阵式

矩阵式模型是一种使用二维向量呈现教学媒体有关信息的分析模式。加涅在《学习的条件》一书中提出的"数学功能—媒体种类关系二维矩阵表"就是一个典型的例子，如表6-5 所示。其中，Y 表示有此功能，N 表示没有此功能，Li 表示功能有限。

表 6-5　教学功能－媒体种类关系

教学功能	媒体种类						
	实物演示	口头传播	印刷媒体	静止图像	活动图像	有声电影	教学机器
呈现刺激	Y	Li	Li	Y	Y	Y	Y
引导注意和其他活动	N	Y	Y	N	N	Y	Y
提供所期望行为的示范	Li	Y	Y	Li	Li	Y	Y
提供外部刺激	Li	Y	Y	Li	Li	Y	Y
指导思维	N	Y	Li	Li	Li	Li	Li
产生迁移	Li	Y	Y	N	N	Y	Y
评定成绩	Li	Y	Y		Li	Y	Y
提供反馈	Li	Y	Y	N	Li	Y	Y

③ 流程图

流程图模型建立在问题表模型的基础上，它将教学活动分解成一套按序排列的步骤，每个步骤都有一个问题，选择回答"是"或"否"，然后按逻辑被引入不同的分支。回答完最后一个问题，就会产生一种或一组媒体被认为是最适合于特定教学情景的媒体。

媒体选择的流程图可以根据不同需要设计成各种形式。其中，适用于集体授课的教学媒体选择流程如图 6-5 所示。

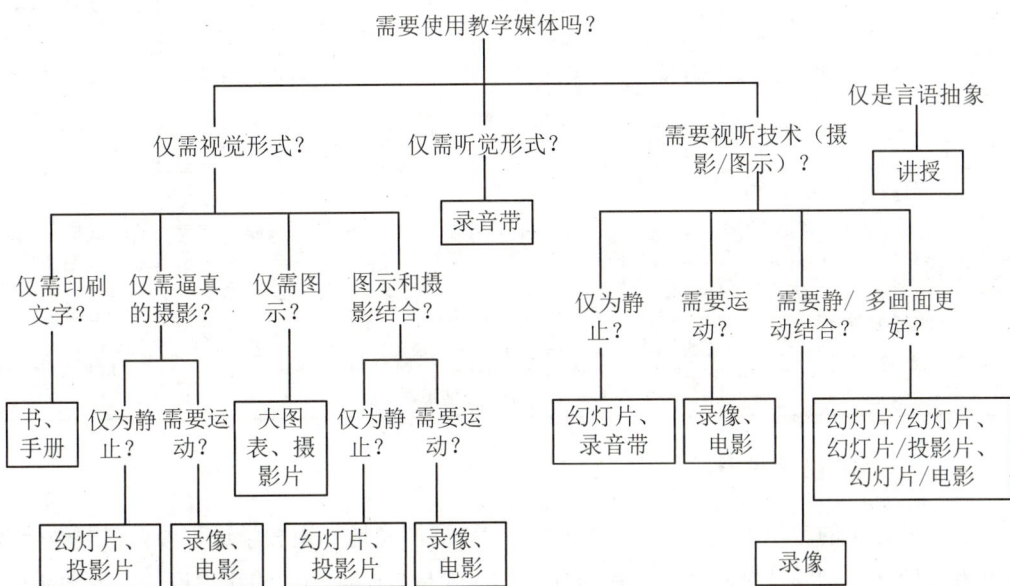

图 6-5　教学媒体选择流程图

经典案例

以生物课《鸟类》为教学内容，选择合适的教学媒体，如表 6-6 所示。

表 6-6　《鸟类》教学媒体的选择

	媒体类型	媒体内容要点	教学作用	使用方式	所得结论	占用时间	媒体来源
教学媒体的选择	视频	鸟类的生活	B	H	唤起学生的学习兴趣	1'	下载
	课件	你喜欢鸟吗？	I	F	营造轻松环境	2'	自制
	图片	鸟类的繁殖行为	A	E	解释鸟类的常识	5'	杂志
	视频	鸟的生殖和发育	E	C	总结鸟的生殖和发育过程	2'	下载
	实物	鸟卵	G	B	观察鸟卵的结构，探究卵壳的功能	20'	自备
	课件	你都观察到了鸟卵的哪些结构？	J	C	概括鸟卵的结构	2'	自制
	课件	推测各部分结构的功能	G	B	讨论鸟卵各结构的功能	2'	自制

续表

教学媒体的选择	媒体类型	媒体内容要点	教学作用	使用方式	所得结论	占用时间	媒体来源
	课件	鸟卵结构复杂与它们所处的环境有关吗?	G	B	鸟的生殖发育与环境	2′	自制
	课件	小结和练习	J	E	对新知识的巩固	5′	自制

① 媒体在教学中的作用

A：提供事实，建立经验；B：创设情境，引发动机；C：举例验证，建立概念；D：提供示范，正确操作；E：呈现过程，形成表象；F：演绎原理，启发思维；G：设难置疑，引起思辨；H：展示事例，开阔视野；I：欣赏审美，陶冶情操；J：归纳总结，复习巩固；K：其他。

② 媒体的使用方式

A：设疑→播放→讲解；B：设疑→播放→讨论；C：讲解→播放→概括；D：讲解→播放→举例；E：播放→提问→讲解；F：播放→讨论→总结；G：边播放、边讲解；H：其他。

6. 教学流程的设计

在以教为主的教学设计中，教师作为主导者，要清楚地知道教学过程中自己要做什么，学习者要做什么，以及先做什么，后做什么，这就是教学活动中的流程设计。教学活动的程序通常采用教学过程流程图直观地表达教学过程，清晰地描述教学过程中教师、学习者、教学内容、教学媒体等基本要素之间的关系，是教师课堂教学活动的组织顺序。

在设计教学流程时，通常采用不同的图形形状来表示不同的对象和活动，常见图形及其含义如表 6-7 所示。

表 6-7　教学过程流程图中常用的图形及其含义

图　形	含　义
▭（圆角）	开始或结束
▭	教学内容、教师活动
▱	学习者学习活动
▭（半圆端）	教师选择的媒体及应用情况
▱（斜端）	学习者应用媒体
◇	教师归纳、判断、推理
⇉	各图之间的连接、进程方向、时间
⇢	信息反馈

在设计教学过程流程图时应该注意以下问题。

① 在框内应该简要说明此步骤的内容。

② 在框上可以注明需要了解的信息。

③ 反馈回路应该是闭合回路，不能断开。

④ 符号可以自创，但是应该在流程图下方说明其意义。

经典案例

以《蜘蛛会被它的网粘住吗？》为教学内容，设计教学流程，如图 6-6 所示。

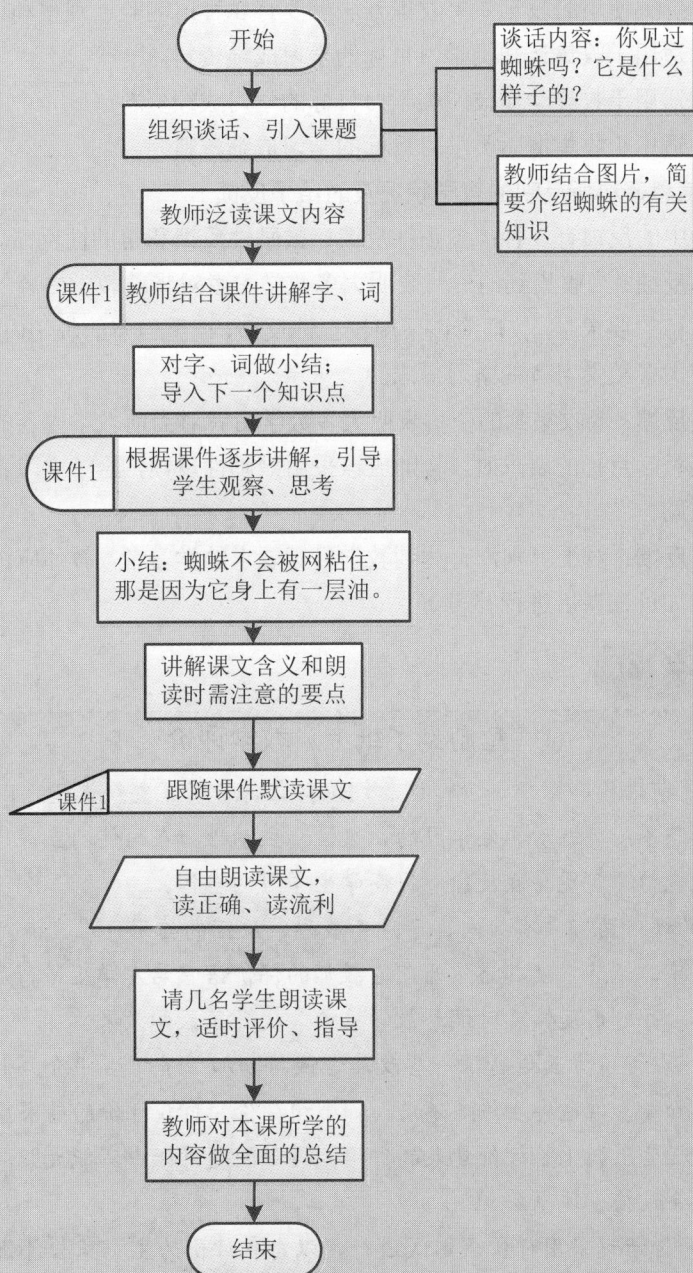

图 6-6 教学流程设计

7. 实施教学并进行形成性评价

教学过程中的形成性评价通常包含两个环节：一是收集反映教学效果的有关信息资料；二是根据信息资料所反映的教学状况及时给予反馈。

（1）收集反映教学效果的有关信息资料

在形成性评价中使用的教学效果收集方法主要有 3 种：测验、观察和调查。

➢ **测验：** 适用于收集认知类学习目标的学习成绩资料。

➢ **观察：** 适用于收集动作技能类学习目标的学习成绩资料。

➢ **调查：** 适用于收集情感类学习目标的学习成绩资料。

（2）根据信息资料所反映的教学状况及时给予反馈

形成性评价中的反馈有 3 种：校正性反馈、鼓励性反馈和帮助性反馈。

➢ **校正性反馈：** 当收集到的资料表明大多数学习者对当前教学内容的掌握没有达到教学目标的要求时，教师应该采用校正性反馈，调整当前的教学内容和教学策略，以适应大多数学习者的学习需求。

➢ **鼓励性反馈：** 当收集到的资料表明大多数学习者对当前教学内容的学习能够较好地达到教学目标的要求时，教师应该采用鼓励性反馈，给予学习者恰如其分的肯定和鼓励。

➢ **帮助性反馈：** 对于个别没有达到教学目标要求的学习者，教师应该采取帮助性反馈，例如可在课后进行补习等。

经典案例

《鱼游到了纸上》教学评价

① 通过课前评价、课中评价、课后评价，让评价贯穿整个课堂，以帮助学生认识自己的优势与不足，调动学生学习的积极性和主动性。在同伴的互评中，及时了解自己的学识与能力，实现自我反馈，提高学生学习的自信。

② 教师的评价语言具有导向、示范、激励、反馈的作用。在交流评价中，教师适当点拨、引导、示范，使其豁然开朗，教师的评价语言启发学生进行原认知反思、学习方法感悟，并利用反馈及时调整教学策略，提升了教学效果。

③ 本节课在评价方面进行了一些改革尝试，如加强了学生评价、小组评价，也让家长参与评价等。但也存在许多不足，如小组评价、自我评价的结果反馈缺乏具体体现，在一定程度上弱化了评价量表的作用；再如问题对话中不能大胆取舍，一味求学生全参与，导致拖堂现象。

④ 课后评价活动采用评价表形式进行，以自我评价为主，家长评价为补充。从内容上来说，既重视了评价，又加强了反思。

6.2.3　以教为主的教学设计模板

以教为主的教学设计模板主要有两种形式，即叙述式和表格式。无论是哪种形式，教学设计基本上都包括教学目标、学习者分析、教学内容分析、教学策略设计、教学过程设计等。教师可以根据学科特点、教学任务及实际需要选择合适的模板，并可以对教学设计模板中的内容进行取舍。

1.　叙述式

课题名称

设计者

第一部分　概述

➢　说明学科和年级。

➢　简要描述课题来源和所需课时。

➢　概述学习内容。

➢　概述本节课的价值以及学习内容的重要性。

第二部分　学习者特征分析

这一部分重点写大部分学习者在学习本节课时的心里状态、知识结构特点和学习准备情况，可作为解决教学重点和难点、选择教学策略的依据。

➢　学习者已有的知识基础。

➢　学习者已有的生活经验和学习该内容的经验。

➢　学习者学习该内容时可能出现的困难。

➢　学习者学的兴趣、学习方式和学习方法分析。

第三部分　教学内容分析

这一部分重点说明本节课的知识点类型及与之前学习内容之间的联系。除此之外，还需要说明本节课教学内容的重点和难点。

➢　教学的主要知识点。

➢　教材的编写特点。

➢　教材内容的核心思想。

➢　教学重点和难点。

第四部分　教学目标分析

既可以采用 ABCD 编写法编写教学目标，也可以采用内外结合的编写方法。如果采用 ABCD 编写法，则要尽可能采用具体的，可观察、可测量的行为动词来描述学习者通过学习应该达到的行为，叙述应该简洁、精确、精炼、概括性强并具有可操作性。

另外，还可以采用三维教育目标描述法，该方法要求叙述清楚以下目标。

> ➢ 知识与技能。
>
> ➢ 过程与方法。
>
> ➢ 情感态度与价值观。

第五部分　教学策略设计

这一部分说明本节课设计的基本理念、采用的教学策略及教学策略实施过程中的关键问题。

第六部分　教学媒体的选择

这一部分说明本节课需要使用的教学媒体的类型及名称。

第七部分　教学流程设计

这一部分要说明教学过程中的环节及所需的媒体支持、具体的活动等。最后，还需要画出教学过程的流程图，并在图中清楚地标注每一个环节的教学活动、教学媒体和相应的教学内容。

第八部分　教学评价设计

这一部分要说明评价使用的学习成绩资料收集方法。教学评价不一定每节课后都必须进行，教师可按实际需求取舍。

2. 表格式

表格式的以教为主的教学设计模板如表 6-8 所示。

表 6-8　表格式教学设计模板

课题名称			
科目		年级	
课时			
1．教材内容分析			
2．教学目标			
3．学习者特征分析			

4. 教学重点和难点	
重点	
难点	

5. 教学媒体	
实验（演示）教具	
教学支持媒体	

6. 教学策略

阶段安排	教学策略	学习内容	教师活动	学生活动	媒体活动	教学设计意图

教学过程流程图	
	□ 教学内容与教师的活动　　　▭ 媒体的运用 ▱ 学生的活动　　　◇ 教师进行逻辑选择

7. 教学评价

8. 教学反思

6.2.4　以教为主的教学设计案例

下面通过两个具体的案例来学习以教为主的教学设计。

1. 叙述式

课题名称：吾日三省吾身，为人谋而不忠乎？与人交而不信乎？传而不习乎？——《论语》

设计者：吴老师

第一部分　概述

本课程为高一年级语文教学内容，教学时长为1个课时，主要讲解"吾日三省吾身，为人谋而不忠乎？与人交而不信乎？传而不习乎？"名句的含义，为进一步学习论语打下基础，并使学生更深入地了解文言文知识。

第二部分　学习者特征分析

高中的学生已经有了几年学习文言文的基础，而且这节内容与学生的日常生活联系密切，容易引起学生的思考。学生读到这则论语时思想就会活跃起来，能够使课堂氛围更加活跃，师生互动也更加容易。

第三部分　教学内容分析

这则论语难度不大，其中要注意重点字词："日"——每天；"三"是虚词，指多次；"谋"——谋略；"忠"——忠诚，引申为尽心；"信"——守信。整句译文是：我每天多次的反省自己，为别人谋略不尽心吗？和人交往不守信吗？传授的知识不温习吗？它主要反映了一种自省的精神。

第四部分　教学目标分析

学习这则论语目的是让学生学习其"尽己，自反自省，反求诸己"的思想，了解孔子传承几千年的伟大思想，并为进一步学习论语打下基础。结合现实生活，提倡学生培养自我反省的能力和习惯，从而在以后的学习和生活中，由内而外地提升自己的修养。

第五部分　学习策略分析

本课程采用先行组织者教学策略，先通过介绍孔子及《论语》使学生初步了解孔子思想，然后开始学习新课。

第六部分　教学流程设计

（1）新课导入：通过介绍孔子及《论语》使学生初步了解孔子思想和课文。

（2）学习新课：① 学生自己读课文，要求：读准字音，注意停顿；② 让学生分组讨论；③ 提问学生，说说自己读后的感受（多名学生）；④ 由老师带领学生学习课文，点出重点字词及其意思，揭示此则论语反映的思想；⑤ 课外链接："见贤思齐焉，见不贤而内自省焉"；⑥ 推荐学生阅读《论语》。

（3）课后总结：先由学生发言谈谈自己上完本节课的感受（多名学生），再由老师总结。例如："这则论语中要注意几个字词，同时它揭示了自省的思想。大家在以后的学习生活中一定要学会自我反省，在反省中不断提升自己的学习和修养。"

流程图如图6-7所示。

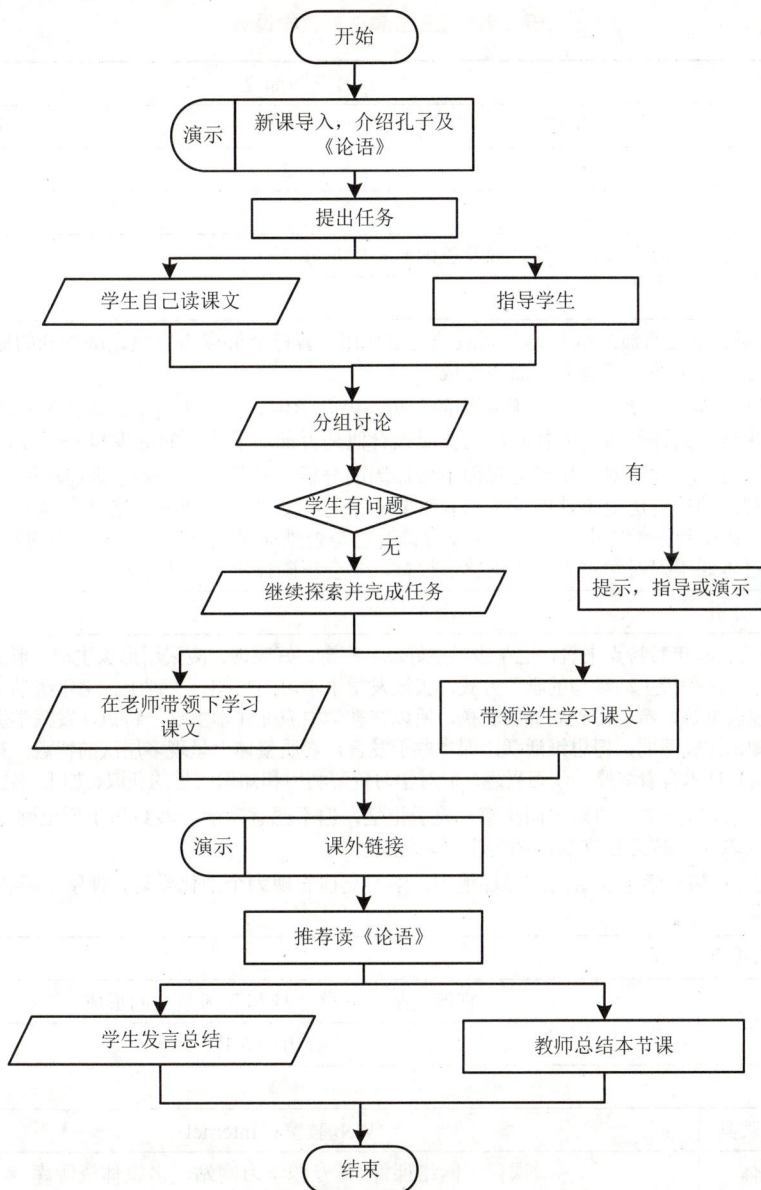

开始

演示 | 新课导入，介绍孔子及《论语》

提出任务

学生自己读课文　　指导学生

分组讨论

学生有问题 —— 有

无

继续探索并完成任务　　提示，指导或演示

在老师带领下学习课文　　带领学生学习课文

演示 | 课外链接

推荐读《论语》

学生发言总结　　教师总结本节课

结束

图 6-7　流程图

第七部分　教学评价设计

本节课通过讲授法、讨论法、提问法，以及师生一起小结的方法，使教师与学生产生充分互动，让学生在轻松的课堂氛围中感受论语的魅力，真正体会自省的含义，在自省中不断提高自己的素质与修养。

2. 表格式

以《三国鼎立》为教学内容，其教学设计如表 6-9 所示。

表 6-9　《三国鼎立》教学设计

课题名称	《三国鼎立》		
科目	历史	年级	7
课时	2		

1. 教材内容分析

本节教材主要讲述了官渡之战、赤壁之战及三国鼎立的形成。

2. 教学目标

（1）知识目标：掌握官渡之战和赤壁之战的历史作用、曹操能够取得官渡之战胜利的原因、赤壁之战曹操失败的原因，了解三国鼎立局面的形成。

（2）能力目标：通过对曹操一胜一败原因的分析，提高学生分析历史现象、抓住现象所反映的本质的能力，使学生认识到评价历史人物时，主要应该看他是否推动了社会的进步和生产力的发展。

（3）情感目标：① 通过对三国鼎立局面形成原因的分析，使学生认识到主观能动性，特别是符合实际情况的主观能动性对历史事件的发生起着重要的作用；② 通过对曹操、诸葛亮等历史人物的分析和评价，使学生认识到评价历史人物时，主要应该看它是否推动了社会进步和生产力的发展；③ 读史使人明智，通过本课学习对学生进行历史感悟教育，学会正确评价历史人物。

3. 学习者特征分析

（1）学习特点：从年龄特点来看，七年级学生好动、好奇、好表现，应采用形象生动、形式多样的教学方法和使学生广泛、积极主动参与的学习方式，去激发学生学习的兴趣。生理上，七年级学生好动，注意力易分散，爱发表见解，希望得到老师的表扬，所以在教学中应抓住学生这一特点，发挥学生的主动积极性。学生理论知识比较薄弱，但思维活跃，课堂敢于发言，素质整体上呈现多层次的特点。对历史学科和计算机等现代信息技术有着浓厚的学习兴趣，但对学习资源利用和知识信息的获取、加工、处理能力很低。

（2）学习习惯：初一学生的知识面狭窄，善于记忆，但不愿意理解，多数乐于死记硬背，习惯于被动接受式的传统教学，缺乏独立发现和自主学习能力。

（3）学习交往：初一学生在新的学习环境中，学习交往表现为个别化学习，课堂上群体性的小组交流与协同讨论很少。

4. 教学重点和难点

重点	官渡之战、赤壁之战和三国鼎立的形成
难点	评价历史人物

5. 教学媒体

实验（演示）教具	Web 教室、Internet
教学支持媒体	课件（网络课件）、专题学习网站、多媒体资源库

6. 教学策略

阶段安排	教学策略	学习内容	教师活动	学生活动	媒体活动
（1）	抛锚式策略	三国鼎立的形成原因	提出问题；提供学习资源；指导学生对问题进行解答	利用网络获取信息、分析加工处理信息；发现问题并积极解答	《初中历史网》《中国历史课程网》
（2）	伙伴	三国鼎立的形成原因	总结点评，反馈学习问题	按照临近原则分成各小组，组内讨论学习形成的原因	历史学科网资源
（3）	支架式策略	评价三国中的历史人物	提出问题；对其中一个作出解答，指导学生进行问题解答	学生利用网络收集其他历史人物资料，对其生平进行了解，并做对比	周瑜与诸葛亮的对比课件

教学过程流程图

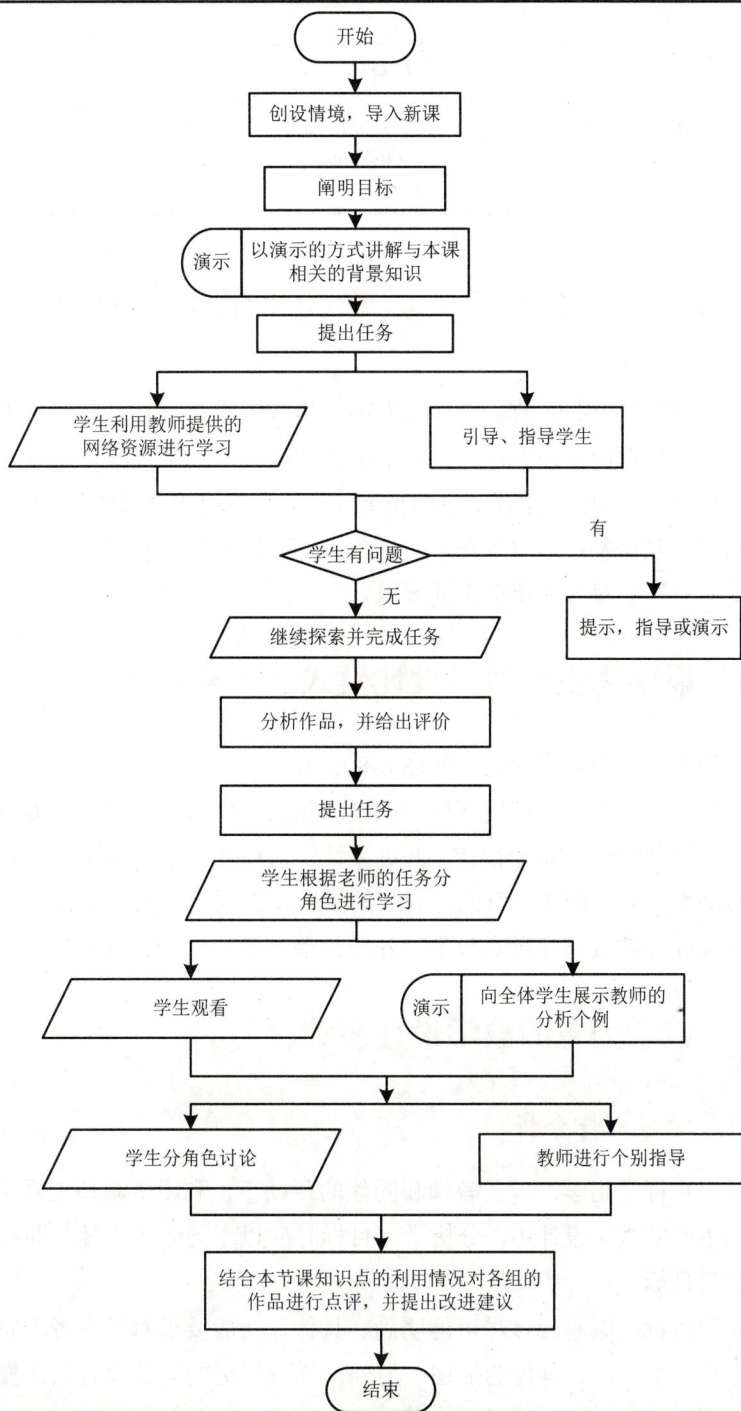

开始

创设情境，导入新课

阐明目标

演示 以演示的方式讲解与本课相关的背景知识

提出任务

学生利用教师提供的网络资源进行学习

引导、指导学生

学生有问题

有

无

提示，指导或演示

继续探索并完成任务

分析作品，并给出评价

提出任务

学生根据老师的任务分角色进行学习

学生观看

演示 向全体学生展示教师的分析个例

学生分角色讨论

教师进行个别指导

结合本节课知识点的利用情况对各组的作品进行点评，并提出改进建议

结束

☐ 教学内容与教师的活动　　◗ 媒体的运用

▱ 学生的活动　　◇ 教师进行逻辑选择

续表

7. 教学评价
本节课以学习任务驱动为方式，以历史问题为中心，以小组探究合作、角色扮演的方法（语言交流和组内讨论方式）进行主动地探究学习。教师抓住本课的学习重点和难点，运用发现、探究、协作、讨论的学习方法，鼓励学生大胆、主动地分析问题和解决问题。在教学过程中注重本课网页素材和相关网站的学习资源利用，联系所学知识和技能，对信息进行获取、收集、加工、处理，提高学生的学习能力。

6.3　以学为主的教学设计

　　以"学"为中心的教学设计称为第三代教学设计，它是在建构主义学习理论的基础上建立的。这种理论特别重视师生、生生之间的交互设计及学习工具与学习资源的设计，也重视"情景""协作"在教学中的重要作用，弥补了传统教学设计过分分离与简化教学内容的局限，强调发挥学习者在学习过程中的主动性和建构性，有利于创造性人才的培养，并满足信息社会对人才所提出的要求。

6.3.1　以学为主的教学设计模式

　　以学为主的教学设计模式如图 6-8 所示。

　　以学为主的教学设计模式以"问题或项目""案例""分歧"为核心，建立学习"定向点"，然后围绕这个"定向点"，通过设计学习情境、学习资源、学习策略、认知工具、管理和帮助而展开。问题、案例、分歧的提出基于对学习目标、学习者特征和学习内容的分析，结束部分的教学评价是教学设计成果趋于完善的调控环节。

6.3.2　以学为主的教学设计步骤

1. 学习目标分析

　　学习目标是指学习者在教师和同伴的帮助下，利用资源和工具学会了什么。因此，在以学为主的的教学设计中，分析学习目标时应以学习者为主体，即在学习者的学习过程中提取学习目标。

　　学习目标的编写应该尽可能明确、具体，一般要求对学习者"完成学习任务后能够做什么"有一个明确、具体的描述。另外，学习目标的设计要有层次性，要根据每个学习者情况的不同，提出与学习者能力发展水平相适应的学习目标。

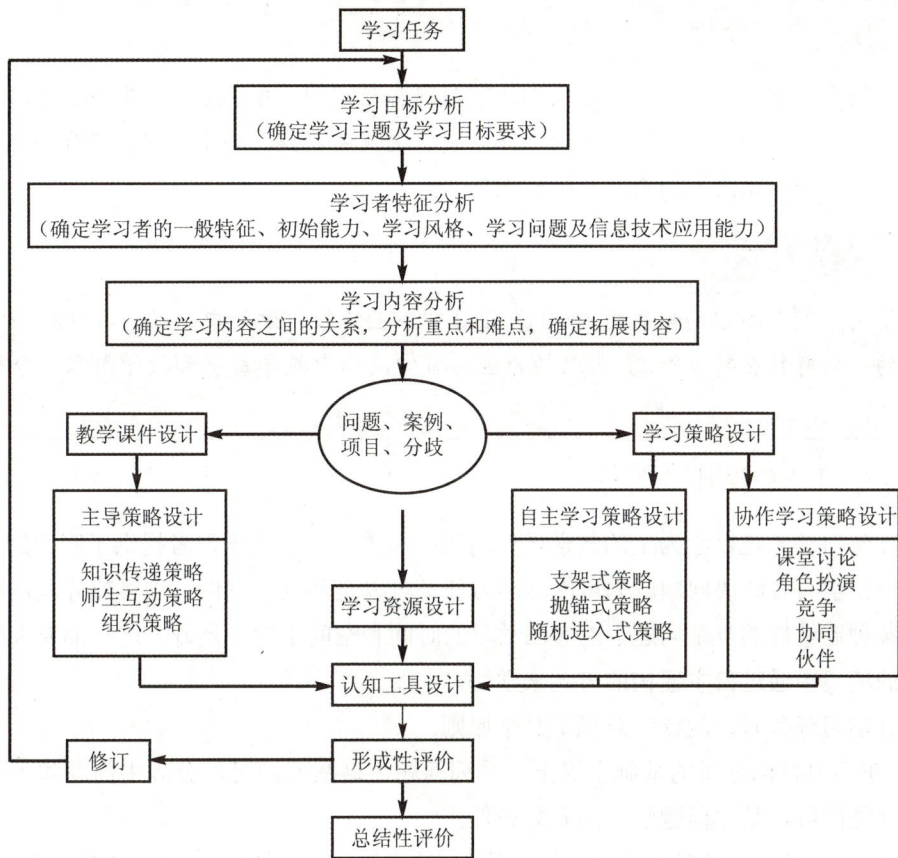

图 6-8 以学为主的教学设计模式

2. 学习者特征分析

以学为主的教学设计中，学习者特征分析包括学习者一般特征、初始能力、学习风格、学习者存在的学习问题及学习者的信息素养。

➢ **一般特征分析和初始能力分析**：与以教为主的教学设计中的方法相同。

➢ **学习风格分析**：学习风格是学习者个别化差异的集中体现，教学设计者应该根据学习者的学习风格为学习者提供适应其学习习惯和学习风格的资源和环境，实现因材施教。

➢ **学习者存在的学习问题分析**：以学为主的设计中，针对的主体是学习者。因此，在进行学习者特征分析时，也应找到学习者存在的问题，并在之后的分析安排中给出相应的解决办法。

➢ **学习者的信息素养分析**：信息素养包括学习者对信息和信息技术基本知识的理解，运用信息技术学习和解决问题的能力。因此，了解、分析学习者的信息素养情况是以学为主的学习者特征分析中不可或缺的部分。

3．学习内容分析

以学为主的学习内容分析除了要确认学习内容之间的关系、重点和难点之外，还可以根据学习者要完成的任务对学习内容进行拓展。这就需要我们对学习内容进行深入分析，明确所需学习的知识内容的类型及结构关系。

课堂互动

请同学们以小组的形式讨论：① 在以学为主的教学设计中，对学习目标和学习内容的分析有什么特点？② 与以教为主的教学设计中教学目标和教学内容的分析有何区别？

4．学习任务设计

设计学习任务是以学为主的教学设计的核心和重点，它为学习者提供了明确的目标、任务，使得学习者解决问题成为可能。学习任务可以是问题、案例、项目或分歧，它们都代表着某种连续性的复杂问题，能够在学习的时间和空间维度上展开，这些都要求学习者在真实的情境中通过自主建构的方式来学习。

设计学习任务时，应该注意以下几个原则。

① 在学习目标分析的基础上提出一系列问题。这些问题可以分为主问题和子问题两类，子问题的解决是主问题解决的充分条件。

② 学习任务要涵盖学习目标所定义的所有知识，并且只能更复杂，不能更简单。

③ 设计学习任务时要设计非良构问题。一个良构问题只有一个满意的解决方案，但是非良构的问题具有多解或无解的特征，一般有多种判断答案的标准，而且与问题相关的概念理论基础具有不确定性。

④ 设计学习任务要符合学习者的特征，不能过多超越学习者的知识能力。

⑤ 设计学习任务时要设计开放性的问题。设计这类问题的目的是鼓励学习者积极参与，并不要求学习者一定得出正确答案。

5．教学课件设计

尽管一再强调学习者的主体地位，但是以学为主的教学设计也同样重视教师在学习过程中的主导作用。在实际教学活动中，教师通常采用课件的形式来引导学习者的学习活动。

教学课件适用于呈现学习任务、创设学习情境、引入学习主题、突破学习内容中的重点和难点，既可以是动作或活动的示范演示，也可以是在学习活动结束时对某些知识点的总结、概括，还可以用于发布教学调控指令。

提　示

在以学为主的教学设计中，教学课件是用来帮助教师组织教学，帮助学生突破学习内容的重点和难点的，并不是帮助教师讲解教学内容的。因此，在制作教学课件时，不需要将所有学习内容都做到课件中，具体的学习内容应在学习资源中呈现。

6. 主导策略设计

主导策略是指教师为了达到特定的教学目标而采取的一系列帮助、引导学习者积极学习的方法和手段。教师主导策略主要包括知识传递策略、师生互动策略和组织策略 3 种，在实际教学活动中，教师可以交叉使用多种主导策略。

（1）知识传递策略

知识传递策略主要包含 7 个环节，各环节的教学过程如表 6-10 所示。

表 6-10　知识传递策略

环节名称	教学过程
情境创设	反映新、旧知识的联系，有助于促进学习者进行思维联想，有利于学习者同化所学知识
问题提出	提出的问题应该是有一定难度、涵盖要学习的所有知识点，最好是与现实生活有密切联系的，需要学习者付出努力才能解决的实际问题
学习目标的明确	教师必须明确每一个学习活动的目标。教师不能绝对的放手，必须明确学习者需要掌握的知识
任务布置	在教学过程中，要让学习者（尤其是低年级学习者）明确自己的任务
重点和难点示范讲解	教师要借助多媒体技术等对所学知识中的重点和难点进行辅助讲解和示范
练习测试	练习测试是为了对所学知识进行巩固，要注意题目的灵活性
概括总结	由于学习者个体之间存在差异，不能保证每个学习者都能达到学习目标的要求。此时，教师的概括总结能够在学习者个体差异的基础上，保证全体学习者对最基本知识的掌握

（2）师生互动策略

师生互动策略主要包括以下几个方面。

➤ **学习辅助**：当学习者遇到困难时，教师要及时给予帮助，或者给出解决问题的思路，然后让学习者自己去解决。

➤ **情感激励**：教师要对取得进步的学习者进行表扬，对学习上有困难的学习者进行鼓励，尤其是在学习者遇到问题时，更要鼓励其想办法解决问题。

➤ **小组对话**：在学习者进行小组活动时，教师应以平等的身份参与到讨论过程中去，与学习者产生积极互动。

（3）组织策略

使用组织策略时，应注意以下几个问题。

➤ **时间进度的把握：** 由于学习者存在个体差异，因此每个学习者学习同样的知识时所需时间不同，这就要求教师在进行教学活动前，根据学习者的具体情况进行预估，以大多数学习者完成任务的时间把握时间进度。

➤ **资源使用的引导：** 在学习者使用学习资源进行学习时，教师应该给出资源使用的引导，如网址、平台名称、资源列表等，使学习者能够快速、准确地找到学习资源。

➤ **技术问题的解答：** 学习者在学习过程中难免会遇到技术方面的问题，如果问题不能得到解决，很容易影响学习者的正常学习。因此，教师要能够解决常见的技术问题。

7. 学习资源设计

从广义上讲，学习资源是指在学习过程中可被学习者利用的一切要素。在以学为主的教学设计中，学习资源主要包括文字、图形、视频、音频等各种形态的信息资源。学习资源设计就是指确定学习主题所需资源的种类和每种资源在本次学习主题中所起的作用。

在设计学习资源时，应该通过恰当的方式向学习者说明在哪儿获取有关的资源，用什么方式或手段获取及如何有效利用这些资源。另外，若学习者确实有困难，教师应及时给予帮助。

8. 学习策略设计

学习策略设计是以学为主的教学设计中促进学习者主动完成意义建构的关键性环节。在以学为主的教学设计中，将学习策略分为自主学习策略和协作学习策略两类。

（1）自主学习策略

自主学习策略设计是学习者充分发挥主动性，体现学习者主体地位的重要保证。目前应用比较广泛的自主学习策略有支架式教学策略、抛锚式教学策略以及随机进入式教学策略。

① 支架式教学策略

支架式教学策略是指应当为学习者建构对知识的理解提供一种概念框架。这种概念是学习者对问题进一步理解所需要的。为此，事先要把复杂的学习任务加以分解，以便于把学习者的理解逐步引向深入，通过概念框架把学习者的智力发展从一个水平引导到另一个更高的水平，就像沿着脚手架那样一步步向上攀升。

支架式教学策略由 5 个步骤组成，如表 6-11 所示。

表 6-11　支架式教学策略

步骤序号	步骤名称	具体内容
1	搭脚手架	围绕学习主题，确定要建构的知识
2	进入支架	创设一定的问题情境，将学习者引入概念框架中的某个知识点

步骤序号	步骤名称	具体内容
3	独立探索	让学习者在支架的帮助下自主寻求问题的答案，探究的内容包括与给定概念有关的各种属性，并将各种属性按重要性进行排序
4	合作学习	引导学习者进行小组协商、讨论，共同解决问题
5	效果评价	对学习效果的评价，包括学习者个人的自我评价和学习小组对个人的学习评价

② 抛锚式教学策略

抛锚式教学要求学习建立在有感染力的真实事件或真实问题的基础上。确定这类真实事件或问题被形象地比喻为"抛锚"，因为一旦这类事件或问题被确定了，整个教学内容和教学进程也就被确定了，就像轮船被锚固定一样。

抛锚式教学的主要目的是使学习者在一个完整、真实的问题背景中产生学习的需要，并通过合作学习，凭借自己的主动学习、生成性学习，亲身体验从识别目标到完成目标的全过程。

抛锚式教学策略由以下几个步骤组成，如表 6-12 所示。

表 6-12　抛锚式教学策略

步骤序号	步骤名称	具体内容
1	创设情境	创设与现实情况基本一致或相类似的学习情境
2	抛锚	在创设好的情境里，选择与当前学习主题密切相关的真实事件或问题作为学习的中心内容，选用的事件或问题就是"锚"，这一环节的作用就是"抛锚"
3	自主学习	教师向学习者提供解决该问题的有关线索，例如需要搜集哪一类资料、从何处获取有关的信息资料及现实中专家解决类似问题的探索过程等，并要特别注意发展学习者的自主学习能力
4	合作学习	学习者相互讨论、交流，通过不同观点的提出，补充、修正、加深每个学习者对当前问题的理解
5	效果评价	抛锚式教学的学习过程就是解决问题的过程，即由该过程可以直接反映出学习者的学习效果。因此对这种教学效果的评价往往不需要进行独立于教学过程的专门测验，只需在学习过程中观察并记录学习者的表现即可

③ 随机进入式教学策略

随机进入式教学策略是指学习者可以随意通过不同途径、不同方式进入同样教学内容的学习，从而获得对同一事物或同一问题的多方面的认识与理解。

随机进入式教学策略主要包括以下几个环节，如表 6-13 所示。

表6-13　随机进入式教学策略

步骤序号	步骤名称	具体内容
1	呈现基本情境	向学习者呈现与当前学习主题的基本内容相关的情境
2	随机进入学习	根据学习者随机进入学习所选择的内容，呈现与当前学习主题的不同侧面特性相关联的情境
3	思维发展训练	由于随机进入学习的内容通常比较复杂，所研究的问题往往涉及许多方面，因此教师应该特别注意发展学习者的思维习惯
4	小组协作学习	围绕呈现不同侧面的情境所获得的认识展开小组讨论。在讨论中，每个学习者以及教师在一起建立的社会协商环境中受到考察、评论，同时每个学习者也对别人的观点、看法进行思考并做出反应
5	学习效果评价	包括自我评价与小组评价，评价内容与支架式教学中的评价内容相同

（2）协作学习策略

协作学习是近年来越来越被重视的一种教学模式，它是指学习者以小组形式进行学习活动。为达到共同的学习目标，这种策略提出在一定的激励机制下，使学习者合作互助，最终达到个人和小组学习成果的最大化。

协作学习有利于发展学习者个体的思维能力、增强学习者个体之间的沟通能力及对学习者个体之间差异的包容能力。此外，协作学习在学习者的学习业绩、批判性思维、创新性思维、乐观的学习态度等方面都能起到明显的积极作用。

在我国，常用的协作学习策略有课堂讨论、角色扮演、竞争、协同和伙伴等。

➢ **课堂讨论**：课堂讨论是教师通过问题引导学习者进行学习的过程，它一般是由教师根据主题确定讨论的初始问题，然后在讨论过程中将讨论一步步引向深入的后续问题。在设计课堂讨论时，切忌直接告诉学习者应该怎么做，而且应该通过提问进行引导，并且在讨论过程中对学习者的表现做出恰当的评价。

➢ **角色扮演**：角色扮演可以让不同的学习者分别扮演学习者和指导者。学习者负责解答问题，指导者则检查其在解题过程中是否有误。当学习者在解题过程中遇到问题时，指导者应予以帮助。在实际学习过程中，所扮演角色可以互换。

➢ **竞争**：竞争是指两个或多个学习者针对同一学习内容或学习情境，比谁能够首先达到学习目标要求的学习策略。

➢ **协同**：协同是指在共同完成任务的过程中，多个学习者发挥各自的认知能力，通过相互讨论、相互帮助、相互提示及分工合作共同完成某项学习任务的学习策略。

➢ **伙伴**：在伙伴学习策略下，学习者可以找到与自己的学习内容相同的学习者，经双方同意后结为学习伙伴。当其中一方遇到问题时，要随时与另一方进行讨论，双方要相互帮助、相互支持，共同解决问题。

课堂互动

在前面的课程内容中，同学们以讨论形式解决了很多问题，请讨论一下：这种教学形式中包含了哪些协作学习策略，并指出其中哪种学习策略最好，效果最明显。

9. 认知工具设计

一切能促进学习者认知、帮助学习者进行思考的工具，包括纸、笔、模型等都可以被称为认知工具。在现代学习环境中，认知工具特指促进某种特定认知过程的信息技术工具，主要是指计算机和通信网络相结合的用于帮助和促进认知工程的工具。

常用的认知工具有 6 类，如表 6-14 所示。

表 6-14 常用的认知工具

分 类	举 例	分 类	举 例
问题/任务表征工具	Word、PowerPoint	协同工作工具	BBS、chat、QICQ
静态、动态知识建模工具	Flash、几何画板、Z+Z 平台	绩效支持工具	网络教学平台、学科群网站、信息平台
信息搜索工具	Google、Yahoo、百度	管理域评价工具	实时测验与分析系统、发展性教学评估系统

认知工具在培养学生批判性思维、创造性思维过程中起着重要作用。它可以帮助学习者更好地表述问题（如视频工具），更好地表述所知道的知识及正在学习的课题（如图表工具），或者自动解决一些低层任务（如计算工具）。此外，某些认知工具还可以帮助学习者搜集并处理解决问题所必须的各种信息，如信息平台。

对于教师而言，认知工具设计主要是根据学习者已有的知识能力和信息技术水平，结合学科特点及教学目标的要求，选择恰当的认知工具并在教学中使用。这样有利于促进学习者的学习，提高学习者的信息技术水平。

10. 教学评价设计

教学评价不能仅仅依据客观的教学目标，还应该包括学习任务的整体性评价、学习参与度的评价等，即通过让学习者去实际完成一个真实任务来检验其学习效果的优劣。因此，以学为主的评价重视对动态的、持续的、不断呈现的学习过程及学习者的评价。

在评价方法上多采用量规评价、档案袋评价和学习契约评价等形式。

（1）量规评价

量规是对学习者学习过程中的行为、认知、态度和各种学习结果进行评价的一套标准。一个量规就是一套等级标准，一般以二维表格的形式呈现出来。它一般由 3 个要素组成：评价指标、评价标准和水平等级。

一般来说，一个有效量规的设计大体上要经历以下 5 个基本环节。

① 确定主要评价要素。

② 确定主要评价指标。

③ 设计评价指标权重。

④ 设计量规的等级。

⑤ 修改和完善评价量规。

（2）档案袋评价

档案袋是指用以显示有关学习者学习成绩或持续进步信息的一系列表现、作品、评价结果及其他相关记录和资料的集合，其中一般包含关于学习者在学习过程中的学习目的、学习活动、学习成果、学习反思等主要信息。而档案袋评价就是指通过对档案袋的制作过程和最终结果的分析而进行的对学习者发展状况的评价。

档案袋既可以呈示学习者的作品，又能够记录学习者的成长轨迹，还可以对学习者进行水平评估。档案袋评价的基本步骤如下。

① 明确评价目标。

② 作品和数据采集。

③ 作品和数据分析。

④ 形成评价结论。

（3）学习契约评价

学习契约是一种由教师与学习者共同设计的学习活动书面协议。它一般包括学习者和教师的基本信息、学习目标、任务和职责、实现的方法与手段、评价方法、惩罚条款、起止日期等，可以有表格式和提纲式两种形式。

6.3.3 以学为主的教学设计模板

以学为主的教学设计模板如表 6-15 所示。

表 6-15 以学为主的教学设计模板

概述					
教学主题					
课程		学时安排		年级	
所选教材					
1. 学习目标分析					
（1）知识与技能：					
（2）过程与方法：					
（3）情感、态度与价值观：					

续表

2．学习者特征分析
（1）一般特征：
（2）预备技能：
（3）学习风格：
（4）信息技术能力：
3．学习内容分析
（1）教材分析：
（2）重点和难点：
（3）拓展知识内容：
4．教学任务设计
5．教学课件设计
6．学习环境选择与学习资源类型
（1）学习环境选择（打√）

① Web 教室	② 局域网	③ 城域网
④ 校园网	⑤ Internet	⑥ 报告厅

（2）学习资源类型

① 课件	② 工具	③ 专题学习网站
④ 多媒体资源库	⑤ 案例库	⑥ 题库
⑦ 网络课程	⑧ 仿真软件	⑨ 其他

（3）学习资源内容简要说明（说明名称、网址、主要内容）

7．主导策略设计（打√，并填写相关内容）

类型	相应内容	使用资源	学生活动	教师活动
知识传递策略				
师生互动策略				
组织策略				

8．学习策略设计

（1）自主学习策略设计（打√，并填写相关内容）

类型	相应内容	使用资源	学生活动	教师活动
① 支架式策略				
② 抛锚式策略				
③ 随机进入式策略				
④ 其他				

（2）协作学习策略设计（打√，并填写相关内容）

类型	相应内容	使用资源	学生活动	教师活动
① 竞争				
② 伙伴				
③ 协同				
④ 课堂讨论				
⑤ 角色扮演				
⑥ 其他				

9. 教学结构流程的设计

教学环节	教学内容 课件展示	教师互动 教法学法	设计意图 媒体资源
流程图			

10. 学习评价设计

（1）测试形式与工具（打√）

① 课堂提问	② 书面练习	③ 测试
④ 学习自主网上测试	⑤ 合作完成	⑥ 其他

（2）测试内容

11. 板书设计及教学反思

（1）板书设计

（2）教学反思

6.3.4 以学为主的教学设计案例

下面通过一个具体的案例学习以学为主的教学设计。

小学英语"Four Seasons"教学设计如表 6-16 所示。

表 6-16 小学英语"Four Seasons"教学设计

教学主题	Four Seasons				
课程	英语	学时安排	1	年级	2
所选教材	剑桥少儿英语第一级上册				

续表

1．学习目标分析
（1）知识与技能：掌握 5 个新单词 season、spring、summer、autumn、winter。 （2）过程与方法：通过卡通欣赏、游戏、情景对话、故事编演等活动，进行自主学习和小组协作学习。 （3）情感、态度与价值观：培养学生热爱生活、热爱大自然的情感和互相帮助、互相学习的品德。
2．学习者特征分析
本节课的教学对象是小学二年级的学生，他们喜新好奇，对于新鲜的事物有着浓厚的兴趣和探究欲望。经过一年多的学习，学生已经掌握了电脑打字操作、简单编辑文字和图片、发送电子邮件及网上浏览的方法。打字、浏览的速度比较快，听、说、读及口语表达能力也有一定的提高。学生对英语学习具有很浓厚的兴趣，学习的积极性和主动性也很高，能运用网络进行自主学习和小组协作学习，能踊跃地参与课堂的每项教学活动。
3．学习内容分析
（1）教材分析：Four Seasons 是剑桥少儿英语第一级上册 Unit 25 的课文内容。 （2）重点和难点：重点是新单词的学习，难点是新单词在生活交际中的应用。
4．教学任务设计
培养学生听、说、读和对话交际的能力、交往能力和实践能力，以及培养学生通过网络进行自主学习和小组协作学习的能力。通过本课的学习，要求学生能够认读单词，理解词义，熟练掌握句型，在生活交际中能学以致用。
5．教学课件设计
（1）第 1 页课件展示四季的图片，配合"seasons"单词。 （2）2～4 页课件描述春天的场景，配合"spring"单词。 （3）5～7 页课件描述夏天的场景，配合"summer"单词。 （4）8～10 页课件描述秋天的场景，配合"autumn"单词。 （5）11～13 页课件描述冬天的场景，配合"winter"单词。
6．学习环境选择与学习资源类型

（1）学习环境选择（打√）

① Web 教室（√）	② 局域网	③ 城域网
④ 校园网（√）	⑤ Internet（√）	⑥ 报告厅

（2）学习资源类型

① 课件（√）	② 工具（√）	③ 专题学习网站
④ 多媒体资源库	⑤ 案例库	⑥ 题库
⑦ 网络课程	⑧ 仿真软件	⑨ 其他（√）

（3）学习资源内容简要说明（说明名称、网址、主要内容）

① 网络课件：提供与四季相关的童话、寓言、成语故事和卡通故事

② 新知堂网：网址 http://www.xinzhitang.com.cn/

③ 百度图库：http://image.baidu.com/

④ 画图工具

续表

7. 主导策略设计（打√，并填写相关内容）

类型	相应内容	使用资源	学生活动	教师活动
知识传递策略（√）	课题引入	网络课件	观看图片，理解学习目标	展示图片，提出学习目标
师生互动策略				
组织策略（√）	单词学习	网络课件和Internet	学生自主利用网络课件和网络资源进行单词的学习	示范指导答疑解难

8. 学习策略设计

（1）自主学习策略设计（打√，并填写相关内容）

类型	相应内容	使用资源	学生活动	教师活动
① 支架式策略（√）	单词学习	网络课件和Internet	学生自主利用网络课件和网络资源进行单词的学习	示范指导答疑解难
② 抛锚式策略				
③ 随机进入式策略（√）	单词的巩固和故事的学习	网络课件	学生利用网络课件中提供的转盘游戏进行单词的巩固，利用课件中的许多故事进行自主学习	示范指导答疑解难
④ 其他（√）	绘画	绘画工具	学生利用绘画工具画出四季的特点	指导、监控、点评

（2）协作学习策略设计（打√，并填写相关内容）

类型	相应内容	使用资源	学生活动	教师活动
① 竞争				
② 伙伴（√）	谈论四季自编对话	网络课件和Internet	按照座位进行分组，每组两个学生，同桌交流对话	指导检查
③ 协同				
④ 课堂讨论				
⑤ 角色扮演（√）	改变故事和表演故事	网络课件	学生以小组为单位自编自演他们所喜爱的季节	指导点评
⑥ 其他				

9. 教学结构流程的设计

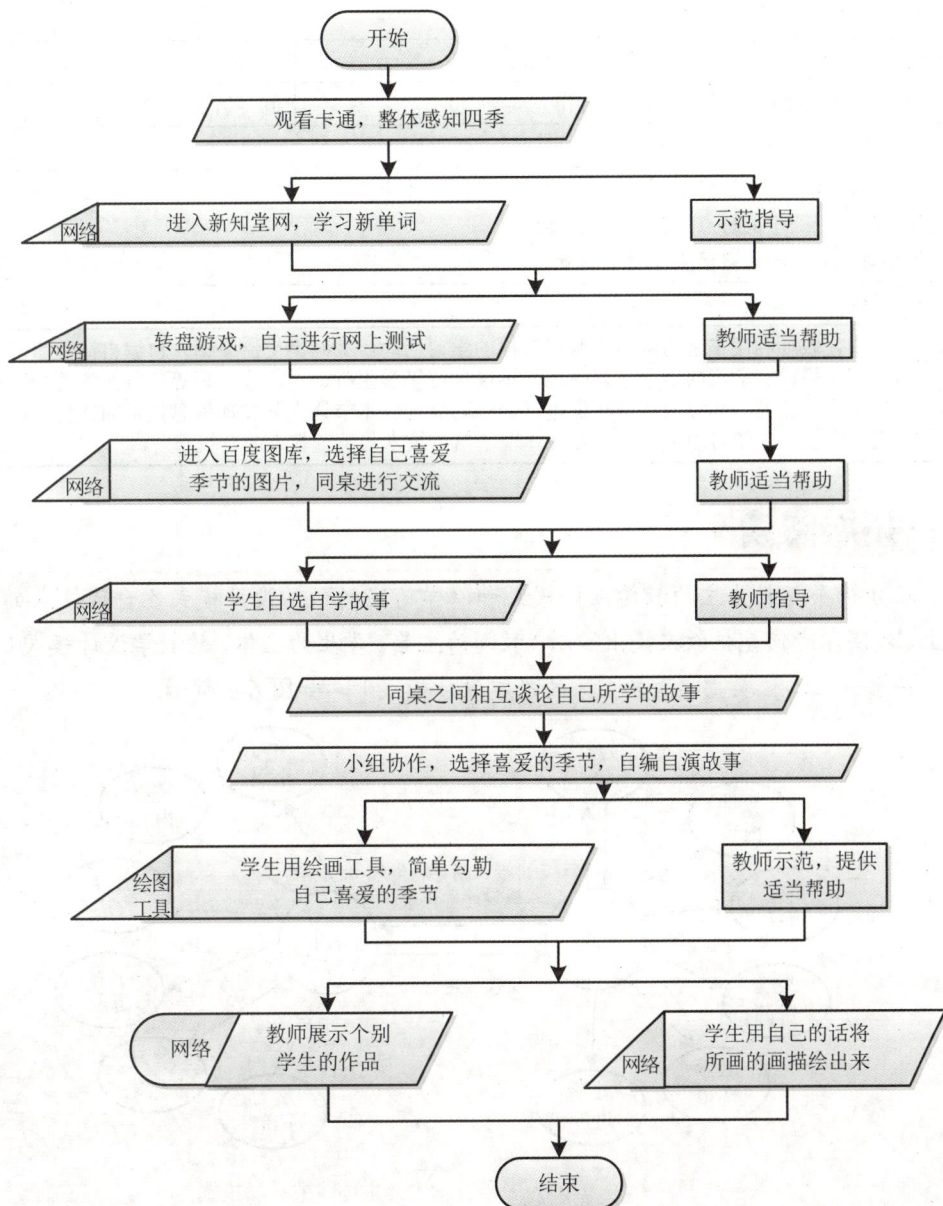

```
                    ┌─────────┐
                    │   开始   │
                    └─────────┘
                         │
            ┌────────────────────────┐
            │ 观看卡通，整体感知四季    │
            └────────────────────────┘
                         │
      ┌──────────────────────────────┐        ┌──────────┐
  网络 │ 进入新知堂网，学习新单词        │        │ 示范指导   │
      └──────────────────────────────┘        └──────────┘
                         │
      ┌──────────────────────────────┐        ┌──────────────┐
  网络 │ 转盘游戏，自主进行网上测试       │        │ 教师适当帮助   │
      └──────────────────────────────┘        └──────────────┘
                         │
      ┌──────────────────────────────┐        ┌──────────────┐
  网络 │ 进入百度图库，选择自己喜爱       │        │ 教师适当帮助   │
      │ 季节的图片，同桌进行交流         │        └──────────────┘
      └──────────────────────────────┘
                         │
      ┌──────────────────────────────┐        ┌──────────┐
  网络 │ 学生自选自学故事               │        │ 教师指导   │
      └──────────────────────────────┘        └──────────┘
                         │
            ┌────────────────────────────┐
            │ 同桌之间相互谈论自己所学的故事  │
            └────────────────────────────┘
                         │
            ┌────────────────────────────────┐
            │ 小组协作，选择喜爱的季节，自编自演故事 │
            └────────────────────────────────┘
                         │
      ┌──────────────────────────────┐     ┌──────────────┐
 绘图  │ 学生用绘画工具，简单勾勒         │     │ 教师示范，提供  │
 工具  │ 自己喜爱的季节                 │     │ 适当帮助      │
      └──────────────────────────────┘     └──────────────┘
                         │
  ┌──────────────────┐              ┌──────────────────────┐
网络│ 教师展示个别        │          网络 │ 学生用自己的话将        │
  │ 学生的作品         │              │ 所画的画描绘出来        │
  └──────────────────┘              └──────────────────────┘
                         │
                    ┌─────────┐
                    │   结束   │
                    └─────────┘
```

10. 学习评价设计		
（1）测试形式与工具（打√）		
① 课堂提问（√）	② 书面练习	③ 测试
④ 学习自主网上测试（√）	⑤ 合作完成	⑥ 其他（√）
（2）测试内容		
① 通过转盘游戏，让学生自主在网上测试对四季的掌握情况。 ② 同桌交流讨论四季的特点，教师课堂提问。 ③ 运用绘画工具，画出自己所喜爱的季节。		
11. 教学评价		
在本节课中，教师利用丰富的网络资源和多样的学习活动，如同桌交流会话、自编自演故事等，为学生营造了一个轻松、活泼的语言学习环境。不仅训练了学生听、说、读、写等各方面的能力，而且培养了学生协作交流能力和综合运用知识进行表达的能力。本节课充分发挥信息技术的优势，将它作为情境创设和学生自主学习的工具，很好地体现了信息技术与英语教学的有机整合。		

拓展阅读

    在分析了以教为主的教学设计模式和以学为主的教学设计模式各自优缺点的基础上，我国学者何克抗教授提出了以"教师为主导，学生为主体"的教学设计模式（简称"主导—主体"或"学教并重"的教学设计模式），如图6-9所示。

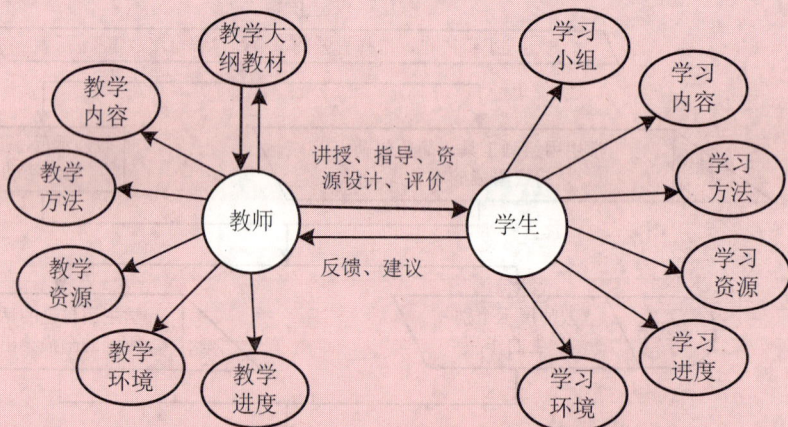

图6-9 "教师为主导，学生为主体"的教学模式

    这种新型的教学设计模式结合了以"教"为主和以"学"为主两种设计模式的优点，二者相辅相成，互为补充。在实际教学工作中，这种教学设计模式可以根据教学对象的特点和教学目标的要求灵活运用以教为主的教学策略和以学为主的自主学习策略，是我国教育技术领域的专家学者对教学设计的一大贡献。

实践活动

【训练目的】

了解教学设计的模式，掌握以"教"为主和以"学"为主两种角度的教学设计模式与步骤，学会进行以教为主和以学为主的教学设计。

【训练环境】

能够连接 Internet 的计算机。

【训练内容】

进行以教为主的教学设计。

【训练任务】

以本书 3.2 节获取与处理图形、图像素材为教学内容，以叙述式或表格式的方法进行教学设计。

① 对本课程的学习者进行学习者特征分析，获取学习者的起始能力、目标技能、学习风格特点、学习态度等有关信息。

② 对本课程的教学内容进行分析，确定知识点、重点和难点。

③ 阐明本课程的教学目标，可以 ABCD 编写法和内外结合的编写方法两种方式呈现。

④ 针对本课程制定教学策略，可根据图形、图像两部分制定不同的教学策略。

⑤ 针对本课程选择教学媒体，可根据教学媒体最优选择决策模型在实物演示、口头传播、印刷媒体、静止图像、活动图像、有声电影或教学机器中进行选择。

⑥ 设计教学流程，通过流程图的形式直观地表达教学过程。

⑦ 实施教学活动。

⑧ 进行教学评价，针对教学过程中出现的问题及教学设计中存在的问题进行评价。

本章小结

本章首先介绍了教学设计的含义与作用，使学生对教学设计有个初步的了解。然后介绍了教学设计的模式，从学习需要分析、学习者分析、学习内容分析、教学目标的阐明、教学策略的制定、教学媒体与学习资源的选择与应用、教学设计成果的评价 7 个方面讲解教学设计的模式。教学设计分为以"教"为主和以"学"为主两个角度。本章分别从设计模式、设计步骤、设计模板和设计案例 4 个方面介绍了以教为主和以学为主的教学设计。

本章习题

一、选择题

1. 以下选项中，不属于教学设计模式的基本要素的是（　　）。
   A. 学习者　　　　　　　　　　B. 目标
   C. 教师　　　　　　　　　　　D. 评价

2. 教学设计的最终目的是（　　）。
   A. 有效促进学习者的学习　　　B. 减少老师的工作量
   C. 在课堂引入信息化设备　　　D. 在网上开展教学活动

3. 教学设计中的最核心环节是（　　）。
   A. 教学目标的阐明　　　　　　B. 教学策略的制定
   C. 学习者分析　　　　　　　　D. 学习需要分析

4. 以下选项中，（　　）不是学习内容分析的方法。
   A. 图解分析法　　　　　　　　B. 归类分析法
   C. 层级分析法　　　　　　　　D. 解构分析法

5. 教学目标的编写方法主要有（　　）两种。
   A. 问答法和结合法　　　　　　B. 叙述法和表格法
   C. ABCD 法和内外结合方法　　D. 以学为主法和以教为主法

6. 九段教学策略的提出者是（　　）。
   A. 布鲁姆　　　　　　　　　　B. 加涅
   C. 华金　　　　　　　　　　　D. 赫尔巴特

7. 以"学"为中心的教学设计称为（　　）教学设计。
   A. 第一代　　　　　　　　　　B. 第二代
   C. 第三代　　　　　　　　　　D. 第四代

8. 以学为主的教学设计中促进学习者主动完成意义建构的关键性环节是（　　）设计。
   A. 主导策略　　　　　　　　　B. 组织策略
   C. 学习策略　　　　　　　　　D. 师生互动策略

二、填空题

1. 教学设计以优化_____为最终目的，以学习理论、教学理论与_____为理论基础。

2. 分析学习需要的核心是了解问题及解决问题的_____和_____，而不是研究解决问题的_____。

3．在教学过程的形成性评价中使用的教学效果收集方法主要有 3 种：_____、_____和_____。

4．以教为主的教学设计的焦点在"_____"上，强调教师的_____作用。

5．教学设计模板主要有两种形式，即_____式和_____式。无论是哪种形式，教学设计基本上都包括_____、学习者分析、_____、_____、教学过程设计等。

6．_____是近年来越来越被重视的一种教学模式，它是指学习者以小组形式进行学习活动。为达到共同的学习目标，这种策略提出在一定的激励机制下，使学习者合作互助，最终达到个人和小组学习成果的最大化。

7．一切能促进学习者认知、帮助学生进行思维的工具，包括_____、_____、_____等都可以被称为认知工具。

8．一个量规是一套等级标准，一般以二维表格的形式呈现出来。它一般由 3 个要素组成：_____、_____和_____。

三、简答题

1．以教为主的教学设计模式包含哪些主要的过程？

2．自主学习策略设计在以学为主的教学设计中有什么样的作用？如何根据不同的学习内容设计不同的自主学习策略？

3．针对"主导—主体"教学设计模式，说说你的理解。

第 7 章

远程教育与网络课程开发

本章导读

　　现代远程教育是在进入信息时代后出现的新一代远程教育，其技术基础是以计算机和通信技术为核心的网络技术。相比传统教育，现代远程教育具有独特的优势，在优质资源支持的学习环境中，学习者在任何时间、任何地点都能得到高质量的教学和支持服务。本章将介绍远程教育的相关概念、依托现代远程教育的网络课程的开发，以及慕课和微课的相关知识。

学习目标

- 了解远程教育的概念和特征
- 了解远程教育的发展
- 了解远程教育的基本类型
- 了解网络课程的概念和特征
- 了解网络课程的开发过程
- 认识 Moodle、Blackboard 等网络教学平台
- 认识慕课，并了解其设计原则和教学平台
- 认识微课，并了解其内容要求和开发过程

7.1 远程教育

远程教育是为弥补常规学校教育的不足而引入的一种教育形式，随着社会和技术的发展，远程教育的性质和特点都发生了重大改变。从远程教育的目的来看，它不止是一种获得国民教育证书的途径，更是一种促进终身学习和专业发展的手段；从远程教育的服务对象来看，它已从成人扩展到了中小学生；从远程教育的技术基础来看，它已经从以模拟信号为基础的广播电视技术转向以计算机和网络为核心的数字化技术，从而出现了所谓的"现代远程教育"，又叫"网络远程教育"。图 7-1 所示为致力于网络远程教育的"中国人民大学网络教育学院"的网站首页。

图 7-1　中国人民大学网络教育学院网站首页

7.1.1　远程教育的概念和特征

远程教育（Distance Education）又叫远距离教育，其显著特征包括学生与教师分离、采用特定的传输系统和传播媒体进行教学、信息的传输方式多种多样、学习的场所和形式灵活多样。人们对远程教育的概念，在不同历史阶段有不同的理解。

一些国际组织和国家政府曾经对远程教育做过界定。这些界定都是描述性的定义，针对性较强，但是过于具体和狭窄，缺少学术理论价值。具有较大学术理论价值的远程教育定义是学者们的贡献。以下 4 个定义分别反映了人们在不同历史阶段对远程教育的概念的理解。

① 远程教育是一种有系统组织的自学形式，在这种形式中，学生的咨询、学习材料的准备以及学生成绩的保证和监督都是由一个教师小组进行的。这个小组的每一个成员都具有高度的责任感。通过媒体手段有可能消除距离，媒体手段可以覆盖很长的距离。（多曼，1967）

② 远程教学/远程教育是一种传授知识、技能和态度的方法，通过劳动分工与组织原则的应用以及技术媒体的广泛应用而合理化。特别是复制高质量教学材料的目的是使在同一时间在学生们生活的地方教导大量学生成为可能。这是一种教与学的工业化形式。（彼得斯，1973）

③ 远程教育是教育致力于开拓的一个领域，在该领域里的整个学习期间，教师和学生处于相对分离的状态；教育组织对学生学习产生影响；应用各类技术媒体将教师和学生联系起来，提供双向通信并鼓励学生进行交流和对话；学习者作为个体学习而不是群体学习（从而与其他教育技术形式区别开来）。（德斯蒙德·基更，1983）

④ 远程教育是对教师和学生在时空上相对分离、学生自学为主、教师助学为辅，教与学的行为通过各种教育技术和媒体资源实现联系、交互和整合的各类学校或社会机构组织的教育的总称。（丁兴富，2001）

相对常规的学校教育来说，远程教育更加灵活，也更经济，因此其应用日益广泛。尽管远程教育不会取代或超过常规学校教育，但是可以在组织和实施常规学校教育的过程中利用远程教育为学校教育服务。

经典案例

外语教学与研究出版社（简称"外研社"）成立于1979年，1992年邓小平南巡讲话后中国改革开放速度加快，外研社也步入快速发展时期。如今，外研社已经从一家单纯的外语教材出版公司发展成集培训机构、远程教育于一体的综合教育机构。

2000年，国家教育部批准北京外国语大学作为现代远程教育试点院校，随后北京外国语大学网络教育学院（简称"北外网院"）成立。北外网院自成立以来秉承北外严谨治学的一贯作风，积极利用北外丰富的学习资源和教学优势，并结合现代网络的技术优势，全面开展多专业学历学位教育和各类培训项目，成功构建了集学历和非学历教育为一体的多层次、多模式、全方位的网络教育体系。

远程教育通常作为一种与学校教育相对的教育形态来理解，很多时候也作为一种教学和学习活动。事实上，远程教育的概念可以从"教"与"学"两方面来理解，即所谓的远程教学（Distance Teaching）和远程学习（Distance Learning）。

所谓远程教学，是指教师与学生在非连续面对面的状态下，借助媒体技术手段进行的教学活动。与课堂教学活动相比，远程教学活动具有以下特征。

➢ **教师教与学生学的行为可以是异步的**：远程教学可以借助现代信息技术实现同步，但大多数情况下，教师教和学生学的行为是非同步、非实时的。

➢ **教学和学生的学习行为是分离的**：教师和学生的活动不在同一个课堂空间，所以教和学的行为在空间上被分离了。

➢ **媒体技术的中介作用**：远程教学是借助各种通信工具和信息技术媒体而实施的教学活动，这也是远程教学可以实现非面对面交互的根本原因。

➢ **教学控制的间接性**：远程教学对学习者的控制和管理是间接的，因此还要辅以面对面的教授活动，以增强远程教学的效果。

所谓远程学习，是指学习者利用各种媒体获取教育信息资源、完成特定学习任务的活动。它有两重含义：一是指大众化的、非教育者指导下的个体自主学习；二是专指远程教学中学习者的学习行为。远程学习不同于常规的课堂学习，它不存在"完整"的教学过程，而是由学习者自己管理和控制学习进程，教师组织的各种活动基本上通过各种媒体手段来实施。一般来说，远程学习具有以下特征。

➢ **学习的自主性更强**：远程学习要求学生有较高的自主意识、较强的独立性和学习动机。由于远程教学不能对远程学习进行直接的干预，所以学习活动只能由学习者根据自己的爱好、兴趣和实际需要自主发起。

➢ **自我需求导向**：远程学习一般是由学习者自主发起的学习，推动学习的动力和维持学习的导向主要由学习者自己决定。

➢ **一种自我调节的学习活动**：学习者必须自己安排学习计划和内容，监控学习过程和评价学习结果等。与远程教学的间接控制相比，远程学习的控制完全依靠学习者自己。

远程学习能力是信息社会中获取和加工信息的一种能力。在越来越强调自主学习和创造性学习的今天，通过信息技术手段获取信息和创造信息的能力已经成为人们的基本素养之一。

7.1.2 远程教育的发展

远程教育的产生、发展及其具体形态，都和信息技术的发展紧密联系在一起，并形成了一系列的发展阶段。一般认为，远程教育经历了 3 个发展阶段：19 世纪中叶兴起的函授教育、20 世纪初期兴起的广播电视教育、20 世纪末期产生的以计算机和网络技术为基础的现代远程教育，如表 7-1 所示。

在 19 世纪印刷术诞生以后，人们开始利用函授、刊授的方式开展教学，这就是早期的远程教育，也是远程教育的第一个发展阶段。由于函授的成本低廉，这一方式目前仍有使用，并已为我国的人才培养做出了不小的贡献。但是函授教育有较大的局限性，突出的缺点是信息量小、不直观、交互手段弱。

表 7-1　远程教育的发展阶段

发展阶段	兴起时间	技术基础	主要媒体	教育形态
第一代	19 世纪中叶	传统印刷技术	印刷材料	函授教育
第二代	20 世纪初期	单向传输的电子信息通信技术	广播、电视、录音、录像等视听手段（模拟信号）	广播电视大学
第三代	20 世纪末期	双向交互的电子信息通信技术	无线移动通信、计算机多媒体、计算机网络	网络学院、虚拟大学

20 世纪，广播、电视技术陆续出现，并很快被应用到远程教育中，使得远程教育从无声无像变为有声有像，信息载体从单纯的印刷媒体发展到电磁波、录音和录像带，这是远程教育的第二个发展阶段。广播、电视覆盖面广、规模效益好，是重要的远程教育手段。我国的这一远程教育方式和中央电视大学在世界上享有盛名。但是，这种方式也面临着用现代信息技术改造现有系统、加强教与学的交互性等问题。

以多媒体计算机、网络通信技术为代表的现代信息技术的迅速发展大大改善了远程教育中教与学的交互手段，这是远程教育的第三个发展阶段，也就是现代远程教育阶段。

拓展阅读

现代远程教育是指学生和教师之间，学生和教育机构之间主要采用多种媒体手段进行远程教育系统教学和通信联系的教育形式。它是随着现代信息技术的发展而产生的一种新型教育形式，是构筑知识经济时代人们终身学习体系的主要手段。人们对此使用了一个新的名词 e-Learning。基于网络的现代远程教育发展越来越快，也越来越灵活，其最显著的特征是任何人可以在任何时间、任何地点、从任何章节开始、学习任何课程，简单概括起来就是 5 个"任何"。由于它在学习方式上最直接地体现了现代教育和终身教育的基本要求，因此越来越受到人们的重视。

现代远程教育的优势主要表现在以下方面。

➤ **双向互动**：网络中信息资源与用户、用户与用户之间可以进行全方位的、能动式的实时互动。网络的这一特性，使现代远程教育实现教师与学生、学生与学生之间的双向互动、实时全交互成为可能。

➤ **基于多媒体的内容表现**：现代远程教育网络具有强大的多媒体传输与表现能力，将多媒体信息表现和处理技术及时运用于网络课程讲解和知识学习的各个环节，使现代远程教育具有信息容量大、资料更新快和多向演示、模拟生动的显著特征。

➤ **个性化教学**：现代远程教育网络为个性化教学提供了现实有效的实现途径和条件。利用数据库管理技术和双向交互功能，可以实现对每个学生的学籍资料、学习过程等信息的系统化的跟踪和记录，教学和学习支持系统可针对不同学生的具体情况进行个性化学习指导。

需要指出的是，现代远程教育的发展和应用并不意味着否定和抛弃原有的远程教育形态，函授教育和广播电视教育等形式仍将继续发挥作用。

7.1.3　远程教育的基本类型

随着媒体和社会的发展变化，远程教育的模式也在不断增多。从不同角度出发，可以将远程教育划分成不同的教学模式。

（1）从办学和管理的角度划分

澳大利亚学者基更（Desmond Keegan）从办学方式和教学管理的角度对远程教育机构的特征进行分析，并将远程教育系统分为两种不同的大类：① 独立的远程教育机构；② 常规院校中的远程教育部门。例如，北京航空航天大学现代远程教育学院，其网站首页如图7-2所示。

同时，基更还对上述两类系统做了细分，进一步把远程教育分为4类：政府远程培训机构、私立远程培训机构、远程教学大学和传统大学开设的远程教育课程。基更还预测了其他3种可能的未来模式：合作远程大学模式、基于Web的虚拟大学模式和全球院校模式。

图 7-2　北京航空航天大学现代远程教育学院网站首页

（2）从教学媒体的角度划分

以媒体技术作为划分远程教育类型的依据，主要反映了远程教学和远程学习所依据的技术手段，实质上也体现了远程教育技术基础的发展。

① 函授教学模式。这是最早的远程教育形式，主要借助印刷媒体教材传送与呈现教学信息。在该教学模式中，学生以自学印刷材料为主，并定期或不定期地参加函授机构主持的面授与辅导、实验、实践和考试等。

② 无线电广播教学模式。该模式利用无线电广播媒体来传送口头语言教学信息，并

辅之以印刷媒体教材。这种模式适合语言类和音乐类的课程教学，学习者按时收听广播，并结合印刷教材进行自学。由于收听广播的时间所受限制较多，广播又稍纵即逝，另外受更先进的教学媒体的冲击，该类模式目前没有得到较大发展。

③ 电视教学模式。该模式主要以电视媒体作为传送教学信息的载体。电视媒体的信息表现特点使得该类模式从产生至今一直受到欢迎。学员除了定时收看电视教学节目或通过录像带学习以外，还必须自学印刷媒体教学资料，定期到当地的学习中心参加面授，完成规定的教学计划或参加考试等。

④ 计算机网络教学模式。该模式就是前面介绍的现代远程教育模式，也是未来远程教育将采用的最主要的形式。

（3）从感觉通道的角度划分

依据远程教育信息的传输通道不同，可以把远程教育模式划分为以下4类。

① 阅读型远程教育模式。该类模式主要被以印刷媒体为主要信息源的函授学校所采用，是早期函授教育的主要模式。

② 听觉型远程教育模式。该类模式主要被以无线电广播为主要信息源的广播学校所采用。

③ 视听型远程教育模式。该类模式主要被以广播电视、卫星电视和闭路电视为主要信息源的广播电视学校和教育电视台所采用。

④ 交互型远程教育模式。这是一种以多媒体计算机网络为主要信息源的个别化学习类型或形式。

课堂互动

通过网络了解现代远程教育的发展现状，并回答以下问题：

1. 远程教育学历是否被国家承认？

2. 怎么取得远程教育毕业证？与普通毕业证相比，远程教育毕业证有什么特殊之处？

7.2 网络课程开发

2016 年 1 月，中国互联网络信息中心（CNNIC）在京发布第 37 次《中国互联网络发展状况统计报告》（以下简称《报告》）。《报告》显示，截至 2015 年 12 月，我国网民规模达 6.88 亿，互联网普及率为 50.3%。Internet 已经极大地改变了人们的生产和生活。互联网的广泛应用也给教育行业带来了前所未有的机遇和挑战，它改变了教师的教学方式，也改变了学生的学习方式。要在网络环境下向学习者提供高质量的教育项目，就需要设计精良的网络课程。

7.2.1　网络课程的概念和特征

我国教育部高等教育司颁布的《现代远程教育技术标准体系和 11 项试用标准简 V1.0 版》中指出，网络课程是通过网络表现的某门学科的教学内容及实施的教学活动的总和，是信息时代条件下课程新的表现形式。它包括两个部分：按一定的教学目标、教学策略组织起来的教学内容和网络教学支撑环境。其中网络教学支撑环境特指支持网络教学的软件工具、教学资源及在网络教学平台上实施的教学活动。

网络课程还要考虑到教育信息的传播方式发生改变，进而产生的教育理念、教育模式、教学方法等的改变。网络课程首先是课程，它应该包含课程的一切特征，如教学目标、教学内容、教学活动、教学评价等；其次，要体现网络这一特点，构建多媒体化的接近真实生活的自主、协作学习情境，能充分利用网络的资源开放性；再次，网络课程应该体现网络教学的特征，网络教学的主要特征是非面授教育，在这种教学过程中，教师的教与学生的学在时空上是分离的。因此，教学理念、课程的教学设计也必须发生相应的变化。

拓展阅读

2013 年 2 月，新加坡国立大学与美国公司 Coursera 合作，加入大型开放式网络课程平台。除了可通过网络平台把本校的特色课程推向国际，校方也计划让学生利用平台修读各种课程。

大型开放式网络课程（Massive Open Online Course，简称 MOOCs）在 2012 年日益受到瞩目。以 Coursera 为例，这家公司原本已和包括美国哥伦比亚大学、普林斯顿大学在内的全球 33 所学府合作。另外有 29 所大学欲加入他们的阵容。新加坡国立大学是第一所与 Coursera 达成合作协议的新加坡大学，于 2014 年通过该公司平台推出量子物理学和古典音乐创作课程。

校常务副校长（学术事务）兼教务长陈永财教授称，其实这项合作的最大好处是，校方日后能在该平台上发展专属本校学生使用的空间，让更多在籍学生能够接触他们喜欢的课程。他解释，碍于讲堂空间限制，许多颇受欢迎的经济、商业、心理学和法律课程最多只能让 600 名学生选修。有了这个专属平台后，无法选修课程的学生仍可以从网络上学习，增广知识。

7.2.2　网络课程开发过程

网上教育打破了传统教育的课堂授课模式，同时也突破了传统远程教育无法实施有效沟通和交流的局限。它要求建立一种全新的教学与学习模式。这种模式不是简单地将教学内容放在网上供学生阅读，而是要求师生之间通过网络进行充分的沟通和交流，使学生有在老师指导下学习的感觉，而不是在简单地向计算机学习。它要求教师通过网络组织和帮助学生学习，教师要想办法让学生主动参与学习，要及时解决学生学习过程中遇到的困难。

网络课程作为网上教育资源的核心，其在开发过程中应满足一定的要求，在《现代远程教育工程教育资源建设规范》中明确提出了网络课程开发应满足如下基本要求。

① 网络课程建设要基于远程教育的特点，能提高学习者的学习兴趣与自觉性。

② 网络课程必须满足在互联网上运行的基本条件，还应具备安全、稳定、可靠、下载快等特点。

③ 网络课程应有完整的文字与制作脚本。

④ 网络课程文字说明中的有关名词、概念、符号、人名、定理、定律和重要知识点都要与相关的背景资料相链接。

⑤ 对课程中的重要部分，可适当采用图片、配音或动画来强化学习效果，但要避免与教学内容无关的、纯表现式的图片或动画。

⑥ 在满足这些要求的基础上，再考虑网络课程的开发流程，其开发的整个流程如图7-3 所示。该流程揭示了网络教育资源的开发是一个由分析、设计、开发、测试和评价组成的系统过程，也是一个不断修正和改进的发展过程。

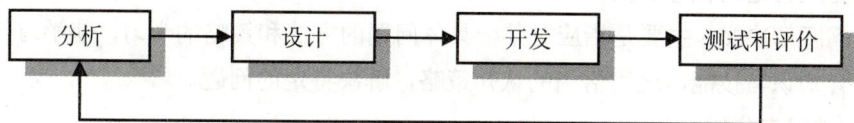

图 7-3　网络课程开发的一般流程

1. 分析

分析也称为学习需要分析，是设计、开发和测试的基础。学习资源设计与开发的第一步就是要进行周密的分析，经过分析得出具体的学习需求。学习需要的分析要从 4 个方面入手，如表 7-2 所示。

表 7-2　学习需要的分析方法

	教学目标分析	认知、情感、动作技能
学习需要分析	学习者分析	学习风格
		知识水平
		网络技术水平
		对学习的期望
	外部环境分析	硬件及网络带宽
		软件
	前期调查研究	是否有类似的课程可借鉴
		课程需要的资源、素材是否易得

（1）教学目标分析

教学目标分析是通过对具体知识点的分析，确定它的学习主题、知识结构体系及与之相关的学习内容 3 个组成部分。除了包含本身的各种属性及特征，形成自己的知识结构体系之外，还同时与其他节点有上位、下位、同位的关系，从而形成与其相关的学习内容。这种教学目标分析形成的网络知识结构不仅比较好地反应了知识之间的联系，而且易于在 Web 环境中表现，即通过超媒体之间的链接来反应它们之间的各种关系：详细解释、补充、比较、判断、反思、应用等。

在学习内容的选择和组织上，要根据学习者的具体情况，分析课程的特点，决定内容的取舍与组织，以及讲解的方式与深度；要做到中心明确、重点突出、层次分明。为便于网络课程的动态生成，还需把要开发的课程分为 3 类，即认知类、技能操作类和问题解决类。

➢ **认知类**：主要包括对概念、原理、规则等的学习，使学习者学会应用符号或概念与他们所处的环境相互作用。

➢ **动作技能类**：主要包括对行为表现和操作步骤的学习，使学习者能通过肢体动作完成特定的任务和要求。

➢ **问题解决类**：主要是指应对某一具体问题的方法和策略的学习，使学习者学会综合知识与技能，运用恰当的认知策略，解决特定的问题。

（2）学习者分析

学习者分析主要包括对学习者的学习风格、学习者对网络的熟练程度、是否具有课程学习的先决知识、最期望得到什么知识和技能等几个方面的分析。

（3）外部环境分析

外部环境分析是对学习者所在的软硬件环境的分析。对于软件，如浏览器是否支持各种媒体（如最新的 MPEG4、WMA 媒体格式）；是否支持各种控件、插件；是否支持 COOKIES 等。对于硬件，如上网的速度、计算机的配置等，这些都必是前期考察的对象，对它的分析和调查的结果，直接影响着下一步各种媒体的选择、策略的制定和情境的创设。

（4）前期调查研究

除进行学习者分析、教学目标分析、外部环境分析之外，还需要多方调研，了解国际、国内是否有相同或相近的研究项目，以便从其经验教训中得到启示。如果有其他项目已经开发了高质量的网络课程，可以进行资源共享，避免重复建设。

2. 设 计

网络课程设计是整个开发过程中的核心环节，设计质量直接决定所开发的网络课程的质量。网络课程的设计可以从以下 4 个方面入手，如表 7-3 所示。

表 7-3　网络课程设计内容一览表

总体设计与原型实现	内容组织	内容分析：分解成章、节、知识点
		表现形式：教学内容、练习题、测试题、参考的教学资源
		其他事项：课时安排、学习进度、学习方法说明等
	内容表现	界面设计：色彩、构图、演示
		媒体设计：文字、图片、动画、音频、视频、特效
	内容导航	目录树、索引、帮助、导航条、书签、历史记录等
	学习策略	协作式策略、竞争式策略、探索式策略、基于学习者模型的策略、导学策略等
	学习评价	评价类型：形成性评价、总结性评价
		评价形式：单选题、多选题、连线题等
	设计原型	原型实现、对原型评价、修改
详细设计与脚本编写	流程设计	章、节、知识点依次进行
	脚本设计	文字脚本：描述屏幕布局
		制作脚本：描述要实现的特效
教学环境设计	课程管理系统	注册、选课、授权、学习过程跟踪记录、智能导航
	课程辅助系统	在线测试、在线交流、答疑、作业提交
教学活动设计	在线交流、分组讨论、布置作业、作业讲评、视频讲座、探索性活动等	

（1）总体设计

总体设计主要从以下几方面来考虑。

① 内容组织：把课程内容分为章、节、知识点。把知识点聚合成学习对象，再形成节，每一节中必须包括学习目标、教学内容、练习题、测试题、参考的教学资源、课时安排、学习进度和学习方法说明等，再由节形成章。

② 内容表现：根据不同的教学内容和学习者特征，采用合适的色彩、构图；根据不同的知识点，分别采用文字、图像、动画、音频、视频、其他特效（如淡入淡出、光栅效果）进行表现。

③ 内容导航：网络课程信息量大、信息和信息之间关系复杂，一般采用超媒体的组织形式，但课程规模较大时就会形成一个巨大的知识网络，容易使学习者迷失方向。因此，采用方便且功能强大的导航系统是必需的，具体形式可采用目录树、索引、帮助、导航条、书签、历史记录等。

④ 学习策略：网络课程必须以实现学习者的学为中心，提高学习者的创新能力和自主学习能力。在这方面，根据不同的学习目标采用恰当的学习策略将会取得很好的效果，这些策略包括协作式策略、竞争式策略、探索式策略、基于学习者模型的策略、导学策略等。

⑤ 学习评价：在网络课程开始之前最好先测试一下学习者是否具有应具备的先决知识，学习后进行形成性评价，来检测学习者是否已经达到预先设计的学习目标，章节结束

后进行总结性评价。鉴于网络的特点，评价题目的类型宜采用单选题、多选题、连线题的形式。

⑥ 设计原型：在完成上述设计后，需要完成一个原型，比如，先实现某一章或节的课程设计和开发，供专家评价，也为以后更为详尽的设计和开发提供基础和样例。

（2）详细设计

总体设计决定了网络课程的整体框架结构，详细设计决定了每个具体知识点的实现方式，接下来的工作就是把详细设计的成果以脚本形式固定下来，为后续的开发工作提供依据，作为学科教师、教学设计人员、程序开发人员、美工设计人员、摄像师、音响师等各个工种开展协作的基础。

① 流程设计

在大体的内容结构和功能模块确定之后，课程设计便进入具体的脚本编写过程。具体脚本应该以知识点为基本单元，在设计时应尽量发挥网络课程的独特优势，综合运用多种媒体立体地、全方位地诠释相关知识点，避免大量文本的堆砌。

选择合适的素材表现教学内容，常见的素材有文字、图像、声音、动画等。所选素材必须符合教学内容的需要。

根据教学内容的需要，仔细考虑和权衡素材出现的次序和方式。例如，对于某一知识点，文字素材和图片可以同时出现在一个页面上；而在另外一种情况下，则可能只出现文字，图像由学生自己选择观看。

② 编写课件脚本

在课件设计中，脚本的编写非常重要，它是设计阶段的总结，又是开发和实施阶段的依据。从内容上看，它是网络课件中教学内容和教学方法的载体。脚本编写可分为文字脚本和制作脚本。文字脚本一般由具有丰富经验的专业课教师完成，制作脚本则由专业的计算机人员根据文字脚本来改编，因此脚本的编写过程也是软件制作人员沟通交流的过程。

文字脚本是指课件"教什么"、"如何教"和"学什么"、"如何学"。文字脚本是按照教学过程的先后顺序，将知识内容的呈现方式描述出来的一种形式，其一般包括以下一些内容：序号（依教学顺序进行的编号）、内容（具体的知识内容）、媒体（表现内容的媒体类型）、备注（特殊的要求、具体的说明等）。

制作脚本则是在文字脚本的基础上，依据教育科学理论和教学设计思想，进行交互式界面及媒体表现方式的设计，将文字脚本进一步修改成适合于计算机实现的形式，具体包括文字、图形、动画、图像和影像的编辑。制作脚本包含学习者将在计算机屏幕上看到的细节，一般采用卡片式格式，在卡体部分将显示的信息内容、位置、时间描述出来，便于屏幕显示格式制作。制作脚本编写的主要内容包括以下 4 个方面。

➤ **显示信息**：指屏幕上将要显示的教学信息、反馈信息。

➤ **注释信息**：说明显示信息呈现的时间、位置和条件及连接要求。

➤ **逻辑编号**：显示常常是以屏幕为单位表述的，为了说明它们之间的连接关系，每个显示单位设有一个逻辑编号，以便说明连接时使用。

➤ **媒体、交互信息的表示**：为了清楚地表示教学信息中使用的不同媒体（文字、声音、图形或图像等），交互过程中呈现的各种信息的脚本中常常采用不同的符号来表示它们。

提　示

可以让有兴趣的教师在教学设计人员的协助下尝试编写脚本，并在此基础上与编写课件脚本的学科专家沟通和交流，达成一致意见后把设计的脚本固定下来，如表7-4所示。

表7-4　脚本范例

资源名称			适用年级		学科	
知识点路径						
脚本教师	姓名		所在学校			
	联系电话		E-mail			
场景名称	场景一		场景三			
	场景二		场景四			
特别说明	请在此写出对课件整体风格及需要特别强调的要求					
场景序号	场景描述		功能按钮跳转		参照素材	备注
场景一						
场景二						
场景三						
场景四						

3. 开发

网络课程开发，就是将前期规划的方案付诸实施，对课程内容中的知识点进行逐一诠释，并将设计的功能模块逐一实现。

（1）制订合理进度计划

小组成员通过协商对项目的工作量进行认真评估，并在此基础上制订合理的进度计划。考虑到开发过程中可能遇到诸如开发人员变动、设计计划变更等情况，计划应该留出一定的机动时间以应对这些情况。

（2）整合素材，制作网络课程

收集、整理并设计开发相关的视频、音频、图形、图像、文本等网络课程所需材料。按照详细设计的脚本，利用网络课程开发工具（又叫网络教学平台，7.2.3节将具体介绍），把不同的媒体素材整合到一起，即形成网络课程。

4. 测试与评价

网络课程开发结束后，还需要按照教学目标、总体设计和详细设计的脚本对资源进行测试。测试通过后，把资源打包，导入网络教学平台。

（1）资源集成测试

该阶段主要进行的工作有内容审校、性能及兼容性测试、资料保存等。

➢ **内容审校**：衡量网络课程的质量，内容应该是第一位的。原始材料经过多道加工和组织难免出现差错和疏漏，所以需要仔细审核。最好的方式是将最终文档输出打印，逐一校对。

➢ **性能测试**：性能测试应模拟学习者的实际网络环境，观察网络课程在不同地点、不同带宽条件下的传输速度。要保证在一般网络条件下，网络课程的传输速度能为大多数学习者所接受。如果出现部分页面传输过慢的情况，应考虑对这些页面进行优化，可采取的主要措施包括适当减小图片文件，对表格进行优化处理，对视频和声音进行优化处理。

➢ **兼容性测试**：当网络课程中含有的声音、视频、动画文件较多时，尤其要注意兼容性测试。

➢ **病毒检测**：在网络课程开发中，素材的来源比较广泛和复杂，存在带病毒的可能。在开发完成后，必须进行彻底的病毒检测，以确保课程运行的稳定和学习者的计算机安全。

➢ **相关文档的编制**：开发基本完成后，需要编制安装说明、用户使用帮助等比较完整的技术文档。例如，在网络课程中使用了某种特殊格式的视频文件，用户需要安装某种插件才能观看，这样就需要在用户使用帮助中进行说明。

➢ **资料保存**：网络课程的开发并不是进行一次开发，全部工作就结束了。还需要根据课程内容的变化、学习要求的变化和运行环境的变化，不断地修改和升级。所有在网络课程开发中使用过的原始素材、中间文件、源程序等，都应该妥善保存，这样才能方便修改和升级。

（2）网络课程发布

为保证在学习者学习过程中网络课程呈现的自适应性，为了网络课程在不同教学平台之间的共享，也为了能更快、更有效地导入教学支撑平台，需要对网络课程进行打包发布。

7.2.3 网络教学平台

网络教学平台，也称为学习管理系统（Learning Management System，LMS），是指能有效地对学习资源、学习者、助学者进行管理的网络系统，是网络教育的基础设施之一，也是网络教育得以开展的基本保证和主要工具。网络教学平台一般表现为安装在学校网络服务器上的一套软件包，可以实现诸如注册、选课、开课、网上学习、网络讨论、提交作业等功能。

目前，国际上流行的网络教学平台有很多，常用的有 Moodle，Blackboard，Claroline，Dokeos 等。其中，以 Moodle 和 Blackboard 两个平台使用最为广泛。Moodle 是由澳大利亚的 Martin Dougiamas 开发并不断更新的开放源码免费系统，属于 CMS（Course Management System）即课程管理系统，是定位于课程的管理系统，主要涉及与课程相关的学习与活动的管理和支持。Blackboard 是微软针对教育领域开发的商业产品，使用对象多为大学与大型机构的培训部门，属于 LMS（Learning Management System）即学习管理系统，是侧重在网络上对教务教学、行政事务进行管理的平台。

Moodle 和 Blackboard 作为两个重要的网络教学平台，具有很多支持网络学习的共性特征，但也存在较大差异。这些差异主要体现在功能定位、应用范围、使用费用、支持能力、具体功能和角色分类等多个方面，如表 7-5 所示。

表 7-5　Moodle 和 Blackboard 功能比较

	Moodle	Blackboard
功能定位	CMS	LMS
使用费用	免费	收费
应用范围	中学、非盈利组织、私人公司、教师个人、家庭	大学、高等教育机构、大型机构的培训部门
支持能力	已知网站最多注册用户 2 万人	百万级
具体功能	作业、任务、聊天、选择、讨论、词汇表、测验、课程、资源、问卷调查、Wiki、工作室、Hotpot 等模块	学习系统模块、内容系统模块、公文包模块、K-12 启动器模块
角色分类	管理者、教师、学生	管理者、教师、学生

1. Moodle 教学平台简介

Moodle 这个词，最早是作为模块化面向对象的动态学习环境（Modular Object-Oriented Dynamic Learning Environment）的首字母缩写。Moodle 对教学者与学习者的计算机技能要求不是很高，只要掌握计算机基本操作并能使用 IE 浏览器就可以。

Moodle 平台界面简单、精巧。使用者可以根据需要随时调整界面，增减内容。课程列表显示了服务器上每门课程的描述，包括是否允许访客使用，访问者可以对课程进行分类和搜索，按自己的需要学习课程。

Moodle 平台还具有兼容性和易用性，几乎可以在任何支持 PHP 的平台上安装，并且安装过程简单。它具有全面的数据库抽象层，几乎支持所有的主流数据库（除了初始表定义）。利用 Moodle 可以传送现今主要的媒体文件，这极大地丰富了可以利用的资源。在对媒体资源进行编辑时，利用的是所见即所得的编辑器，这使得使用者无需经过专业培训，就能掌握 Moodle 的基本操作与编辑技巧。Moodle 注重全面的安全性，所有的表单都会被检查，数据都会被校验，cookie 是被加密的。用户注册时，通过电子邮件进行首次登陆，且同一个邮件地址不能在同一门课程中重复注册，所有这些都使得 Moodle 的安全性得到了加强。目前，Moodle 项目仍在不断地开发和完善中，Moodle 的登录界面如图 7-4 所示。

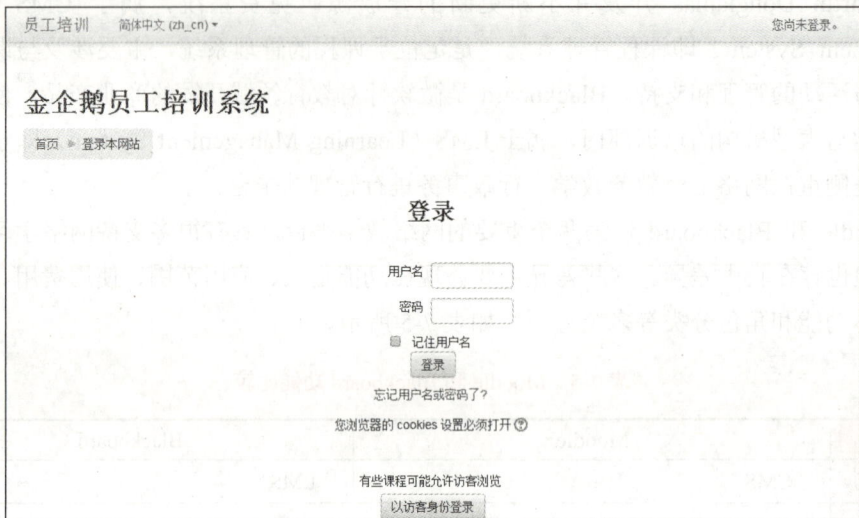

图 7-4　Moodle 的登录界面

（1）Moodle 的特征

像许多著名的学习管理系统一样，Moodle 可以管理内容元件，但是更针对教育训练设计，也加强了对学生的历程记录，让老师们能更深入地分析学生的学习历程。作为创设虚拟学习环境的软件包，Moodle 的主要特征与功能可从以下几方面来理解。

➤ **容易安装，操作简单**：Moodle 比较容易安装，可以支持大量的多种类别课程，特别重视整个系统的安全性。所有的界面设计风格一致、简单、高效，而且不需要特殊的浏览技能。

➤ **个性化定制**：网站由安装时定义的管理者来管理。管理者进入"主题"即可设定适合自己的网站颜色、字体大小、版面等。在网站中还有活动模块和 43 种语言包用以满足不同国家学习者的需求。而且一些代码已经清楚地写出，方便用户按照自己的需求对其进行修改。

➤ **适用性强，更人性化**：每一位用户都可以选择一种语言应用于 Moodle 的用户界面；可以指定自己的时区和相关的数据；鼓励学生建立一个在线档案，包括相片、个人描述、E-mail 地址，并且这些信息可以依据用户要求不呈现；如果学习者有一段时间不参加活动，其注册将自动退出。

➤ **安全性高**：安全起见，教师可以设定课程的登录密码，以阻止闲杂人等进入。课程的开设账户仅仅对建立这些课程和教授课程的人公开，目的是使管理者尽可能少的参与系统的安全保障。通过将验证模块插件整合到系统中来支持一些验证机制。学生可以创建自己的登录账号，而其电子邮件地址将需要验证。

（2）Moodle 的主要功能

① 课程管理

- ➤ 教师可以全面控制课程的所有设置，包括限制其他教师。
- ➤ 可以选择课程的格式为星期、主题或社区讨论。
- ➤ 灵活的课程活动配置：论坛、测验、资源、投票、问卷调查、作业、聊天、专题讨论。
- ➤ 课程自上次登录以来的变化可以显示在课程主页上，便于成员了解当前动态。
- ➤ 绝大部分文本（资源、论坛帖子等）可以用所见即所得的编辑器编辑。
- ➤ 所有在论坛、测验和作业评定中获得的分数都可以在同一页面查看，并且可以下载为电子表格文件。
- ➤ 全面的用户日志和跟踪：在同一页面内统计每个学生的活动，显示图形报告，包括每个模块的细节（最后访问时间、阅读次数）和参与的讨论等，汇编为每个学生的详细的"故事"。
- ➤ 邮件集成：把讨论区的帖子和教师反馈等以 HTML 或纯文本格式的邮件发送。
- ➤ 自定义评分等级：教师可以定义自己的评分等级，并用来在论坛和作业评定中打分。
- ➤ 使用备份功能可以把课程打包为一个 zip 文件。此文件可以在任何 Moodle 服务器上恢复。

② 作业模块

- ➤ 可以指定作业的截止日期和最高分。
- ➤ 学生可以上传作业（文件格式不限）到服务器，上传时间将被记录。
- ➤ 可以允许迟交作业，但教师可以清晰地看到迟交了多久。
- ➤ 可以在一个页面、一个表单内为整个班级的每份作业评分（打分和评价）。
- ➤ 教师的反馈会显示在每个学生的作业页面，并有 E-mail 通知。
- ➤ 教师可以选择打分后是否可以重新提交作业，以便重新打分。

③ 聊天模块

- ➤ 支持平滑的、同步的文本交互。
- ➤ 聊天窗口里包含个人图片。
- ➤ 支持 URL、笑脸、嵌入 HTML 和图片等。
- ➤ 所有的谈话都被记录下来供日后查看，也可以允许学生查看。

④ 投票模块

- ➤ 可以用来为某件事表决，或从每名学生处得到反馈（例如支持率调查）。
- ➤ 教师可以直观地在表格里看到谁选择了什么。

➤ 可以选择是否允许学生看到更新的结果图。

⑤ 论坛模块

➤ 有多种类型的论坛供选择，例如教师专用、课程新闻、全面开放和每用户一话题。

➤ 每个帖子都带有作者照片，图片附件内嵌显示。

➤ 可以以嵌套、列表和树状方式浏览话题，也可以让旧帖在前或新帖在前。

➤ 每个人都可以订阅指定论坛，这样帖子会以 E-mail 方式发送。教师也可以强制每人订阅。

➤ 教师可以设定论坛为不可回复（例如只用来发公告的论坛）。

➤ 教师可以轻松地在论坛间移动话题。

➤ 如果论坛允许评级，那么可以限制有效时间段。

⑥ 测验模块

➤ 教师可以定义题库，在不同的测验里复用。

➤ 题目可以分门别类地保存，易于使用，并可以"公布"这些分类，供同一网站的其他课程使用。

➤ 题目自动评分，并且如果题目更改，可以重新评分。

➤ 可以为测验指定开放时间。

➤ 根据教师的设置，测验可以被尝试多次，并能显示反馈或正确答案。

➤ 题目和答案可以乱序（随机）显示，减少作弊。

➤ 题目可以包含 HTML 和图片。

➤ 题目可以从外部文本文件导入。

➤ 学习者可以分多次完成试答，每次的结果被自动累计。

➤ 选择题支持一个或多个答案：包括填空题（词或短语）、判断题、匹配题、随机题、计算题（带数值允许范围）、嵌入答案题（完形填空风格），在题目描述中填写答案、嵌入图片和文字描述。

➤ 在 Moodle 中设计的各类题目可以备份并导出，可以在任何支持国际标准的学习管理系统中导入。

⑦ 资源模块

➤ 支持显示任何电子文档、Word、PowerPoint、Flash、视频和声音等。

➤ 可以上传文件并在服务器中进行管理，或者使用 Web 表单动态建立（文本或 HTML）。

➤ 可以连接到 Web 上的外部资源，也可以无缝地将其包含到课程界面里。

➤ 可以用链接将数据传递给外部的 Web 应用。

⑧ 问卷调查模块

➤ 内置的问卷调查（COLLES，ATTLS）作为分析在线课程的工具已经被证明有效。

➤ 随时可以查看在线问卷的报告，包括很多图形。数据可以以 Excel 电子表格或 CSV

文本文件的格式下载。

➤ 问卷界面可以防止未完成的调查产生。

➤ 学生的分数和班级的平均情况相比较，作为反馈提供给学生。

⑨ 互动评价（Workshop）

➤ 支持各种可用的评分级别。

➤ 教师可以提供示例文档供学生练习打分。

➤ 学生可以对教师给定的范例作品文档进行公平的评价，教师对学生的评价进行管理并打分。

➤ 有很多非常灵活的选项。

提　示

aieln 网站的"Moodle 专题"介绍了与 Moodle 相关的各种知识，有兴趣的读者可以进入其网站"http://old.aieln.com/zt/8/#m09"进行自主学习。

2. Blackboard 教学平台简介

Blackboard 教学管理平台（Blackboard Learning System）是行业内领先的应用软件，用于加强虚拟学习环境、补充课堂教学和提供远程教学平台。Blackboard 教学管理平台拥有一套强大的核心功能，使教师可以有效地管理课程、制作内容、生成作业和加强协作，从而协助学校达到与教学、交流和评价有关的重要目标（图 7-5 所示为教师使用 Blackboard 平台的流程介绍）；使学生可以轻松学习、快乐交流、热情参与；使学校实现网络教学的现实控管和提升；使教与学更富乐趣、更有效果，不再受空间和时间的限制。

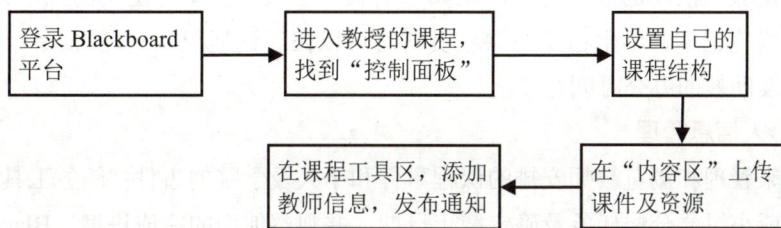

```
┌──────────────┐      ┌──────────────┐      ┌──────────────┐
│ 登录 Blackboard │ ───→ │ 进入教授的课程， │ ───→ │ 设置自己的     │
│ 平台          │      │ 找到"控制面板"  │      │ 课程结构       │
└──────────────┘      └──────────────┘      └──────────────┘
                                                    │
                                                    ↓
┌──────────────┐      ┌──────────────┐      ┌──────────────┐
│ 在课程工具区，添加 │ ←─── │ 在"内容区"上传  │
│ 教师信息，发布通知 │      │ 课件及资源     │
└──────────────┘      └──────────────┘
```

图 7-5　教师使用 Blackboard 平台的操作流程

Blackboard 教学管理平台具有以下功能。

（1）课程管理

Blackboard 教学管理平台用于管理课程网站或其主要组成部分。使用课程管理功能可以有效地创建和设置课程（课程创建向导，课程模板），同时提供学习期间的课程转移工具（课程复制，课程循环使用）和文档工具（课程导入/导出，课程存档，课程备份）。

（2）课程内容制作

Blackboard 教学平台提供具有丰富文本编辑界面的文本编辑器，具备 WYSIWYG（所见即所得）和拼写检查功能，用于创建有效的学习内容；提供快速编辑功能，使教师可以在学生课程内容界面和教师课程界面间快速切换。教师还可以导入由外部制作工具（如 Dreamweaver，Frontpage 等）生成的电子学习内容。

（3）选择性内容发布

教师可以根据课程内容和活动定制教学路径，内容项目、讨论、测验、作业或其他教学活动可以根据一系列的标准有选择地发布给学生。这些标准包括日期/时间、用户名、用户组、机构角色、某一次考试或作业的成绩，或者该用户是否预习了下一单元内容。

（4）课程大纲编辑器

教师可以非常容易地创建课程大纲。他们可以上传已有的大纲，或用内置的大纲制作功能设计和开发自己的课程大纲和课程计划。

（5）学习单元

教师可以创建有序的课程，控制学生是否必须根据该顺序学习所有的课程单元，或者允许学生从内容目录中选择单个的课程进行学习。学生可以保存他们在课程单元中的进度位置，以便以后从该位置继续学习。

（6）在线教材内容（出版商的课程包）

全球所有大的教育出版商都开发了 Blackboard 适用的课程内容资料，以补充他们相应的课程教科书。课程内容包括多媒体资料、测试、题库和教材以外的附加资源的链接，比如交互式学习应用。课程包一旦下载到课程网站中，就可以进行用户化定制。

（7）教学工具

支持特定教学活动的多种工具，比如术语表（生成可分享可定制的词汇列表），电子记事本（网络笔记本，学生在学习课程资料时可以在线记笔记），教员信息（详细的联系信息和教员及助教的办公时间）。

（8）个人信息管理

日历用来管理和浏览教师安排的课程事件和个人及学院的事件；任务工具方便教师给学生（个人或小组）分配任务及确定截止日期，并观察他们的完成进度；Blackboard 短信用类似 E-mail 的方式在课程内部通信，不必使用外部的 E-mail 系统或地址。

（9）讨论区

讨论区支持多议题的异步讨论。教师可以围绕不同的主题设置多个论坛，并嵌入合适的内容区或课程中。教师可以设置学生是否能够修改、删除、匿名留言和粘贴附件等。论坛内容可以根据议题、作者、日期或主题排列和浏览，并支持完全搜索。

（10）虚拟教室/协作工具

协作工具为实时同步的交流互动而设计，支持文本聊天环境和完全的虚拟教室。教师可以选择任一环境安排协作学习。除了文本聊天，虚拟教室提供协作白板、小组页面浏览（页面游历）、问题和解答集锦及退出教室功能。它可以在课程模式或开放式参与模式下运行。学生能够"举手"回答问题或得到完全的参与控制权力。所有的聊天过程都能被记录和存档。

（11）小组合作项目

为了支持小组协作，教师可以使用小组工具建立不同的学生小组。每一个小组都有自己的文件交换区、讨论区、虚拟教室和给小组所有成员发送信息的小组邮件工具。学生可以同时属于多个小组，教师能够为不同的小组分配不同的作业或项目。

（12）测验和调查

教师可以开展在线的、自动评分的测验和调查。他们可以根据个人的、学院的或者外来的题库设计这样的测验。题目类型包括计算题、判断正误、图片热区、评判量表、单项选择、多项选择、排序、匹配、填空、简答、论述、文件上传、句子重组和二选一。测验题目可以一次性给出或每次只显示一个；可以选择计时与否，允许多次回答。

（13）作业

允许教师根据学生提交作业的形式创建作业项目。教师可以跟踪学生的作业进度，从成绩簿下载整个班级的全部作业。他们可以给作业打分，并单独给每位学生提供在线反馈。

（14）成绩簿

教师可以在成绩簿中存储学生的成绩。通过 Blackboard 发放的测验分数会自动存储在成绩簿中。成绩簿支持客户化的成绩表、成绩加权、项目分析和多种成绩簿浏览方式。在教师许可的条件下，学生可以查看他们各自的成绩，但看不到别人的成绩。

（15）报告和学业表现统计

学业表现统计用于观察学生进度，显示学生是否已浏览特定内容。内容跟踪功能为内容项目提供单独的使用统计（根据用户或数据范围选择）。类似地，课程统计功能提供整个课程的使用数据。高级系统报告功能维持一个并行数据库，允许系统管理员在不影响系统性能的前提下运行总体报告。

课堂互动

通过表 7-5 中对 Moodle 和 Blackboard 功能的比较，以及前面对这两个平台的介绍，结合自己学校的情况，讨论如果本校要开发网络课程，应该选择哪个教学平台。

7.2.4 基于 Moodle 系统的网络课程开发

Moodle 是用 PHP 脚本语言编写的课程管理系统，属于开源软件，可广泛应用于中小学、大学、企业培训等诸多领域。运行 Moodle 平台需要安装 Web 服务器、PHP 编译器和网络数据库软件。Web 服务器一般采用 Apache，PHP 编译器版本要求在 4.1.0 以上，网络数据库软件一般采用 MySQL。

1. 安装并设置网络服务器

为便于初学者安装，此处采用 WAMP（在 Windows 环境下 Apache，MySQL 和 PHP 的集成安装）作为服务器，该软件可以在 http://www.wampserver.com/en/网站免费下载。图 7-6 所示为 WampServer 2 的初始安装界面，按照提示连续单击"Next"按钮，完成安装。

步骤 1▶ 安装结束后，屏幕右下角出现绿色的 图标，说明安装成功，单击该图标打开如图 7-7 所示的菜单。

图 7-6　安装 wampserver

图 7-7　WAMP 功能菜单

步骤 2▶ 单击选择菜单中的"phpMyAdmin"，打开"phpMyAdmin"管理页面，如图 7-8 所示，单击其上方导航栏中的"用户"按钮。

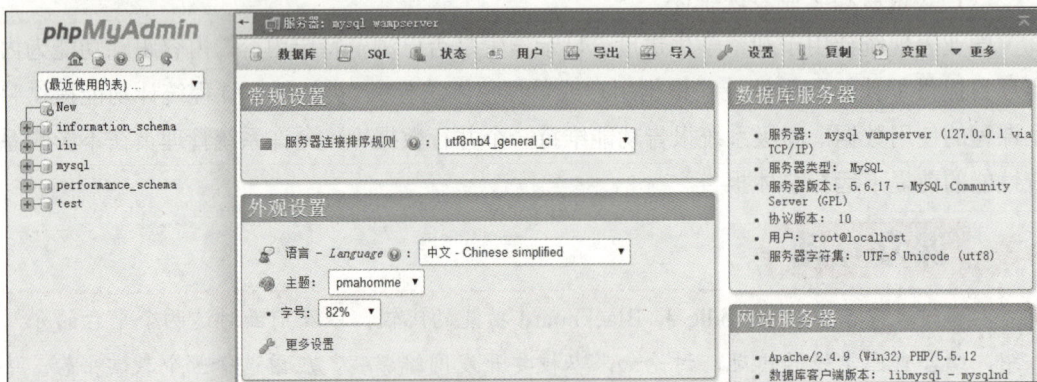

图 7-8　"phpMyAdmin"管理页面

步骤 3▶ 打开"用户概况"页面，此处需要为每个用户名为 root 的用户设置密码，具体方法为单击"root"用户行右侧的"编辑权限"链接，如图 7-9 所示。

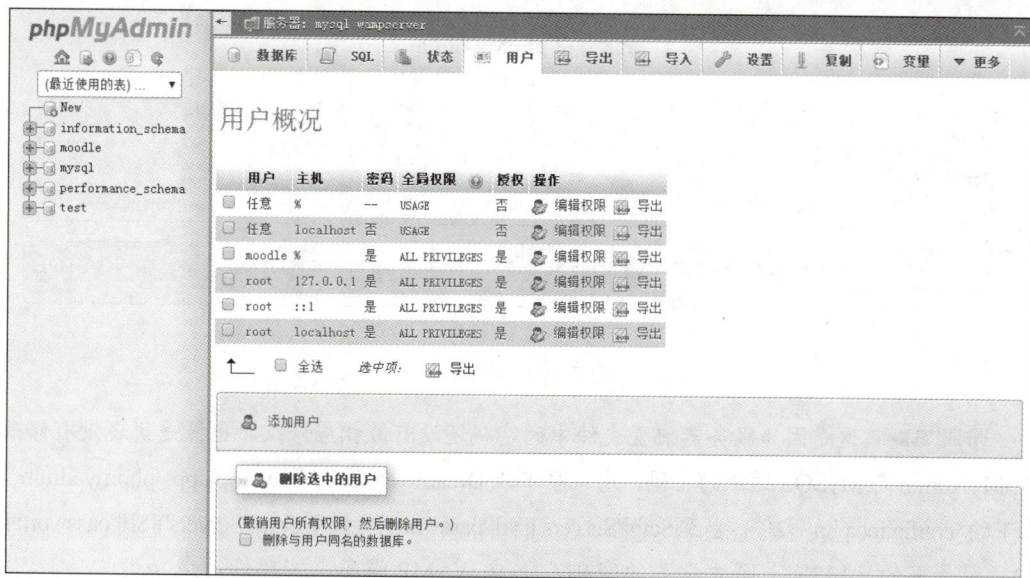

图 7-9 "用户概况"页面

步骤 4▶ 在打开的界面中找到"修改密码"区域，输入要修改的密码，单击"执行"按钮，片刻之后会显示修改成功的提示。如果不知道设置什么密码，可以单击"生成"按钮，随机生成一个密码，但必须记住这个密码，如图 7-10 所示。

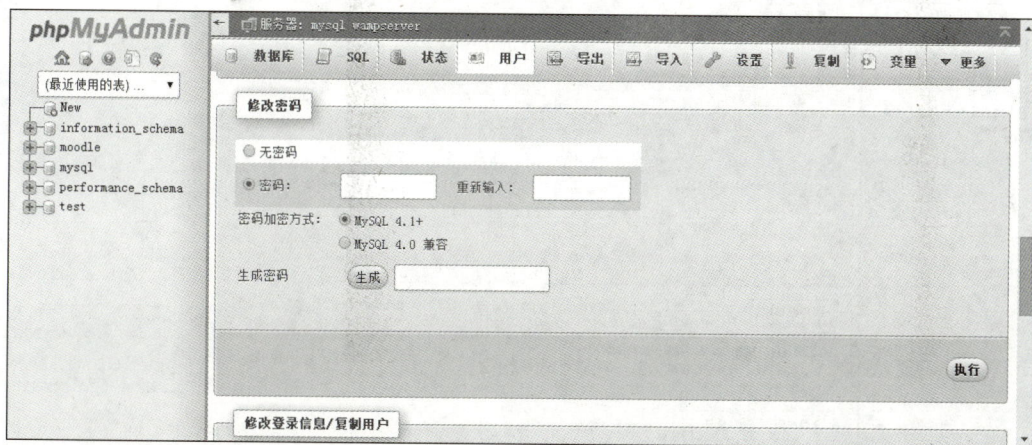

图 7-10 修改密码

提 示

此处每个 root 用户均须执行该操作。

步骤 5▶ 执行完上述操作后重启一下 MySQL 服务器，会发现错误提示，如图 7-11 所示。

欢迎使用 phpMyAdmin

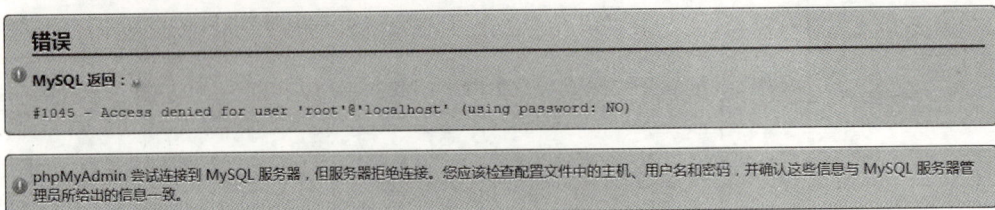

错误

ⓘ **MySQL 返回：**

#1045 - Access denied for user 'root'@'localhost' (using password: NO)

ⓘ phpMyAdmin 尝试连接到 MySQL 服务器，但服务器拒绝连接。您应该检查配置文件中的主机、用户名和密码，并确认这些信息与 MySQL 服务器管理员所给出的信息一致。

图 7-11　错误提示

步骤6▶ 这是因为服务器配置文件中的密码还没有做相应修改，也就是说还没有修改 phpMyAdmin 与 MySQL 通讯的密码。用记事本或 Dreamweaver 打开 wamp\apps\phpmyadmin 目录下的 config.inc.php 文件，找到$cfg['Servers'][$i]['password']，设置$cfg['Servers'][$i]['password']='123';引号里的 "123" 是刚才设置的密码，重启 WAMP 服务，密码修改成功。

步骤7▶ 完成上面的配置之后，还需要给 MySQL 数据库创建一个用户及与用户对应的数据库，单击上方导航栏中的 "用户" 按钮，打开 "用户概况" 页面，单击 "添加用户" 链接，打开如图 7-12 所示页面。

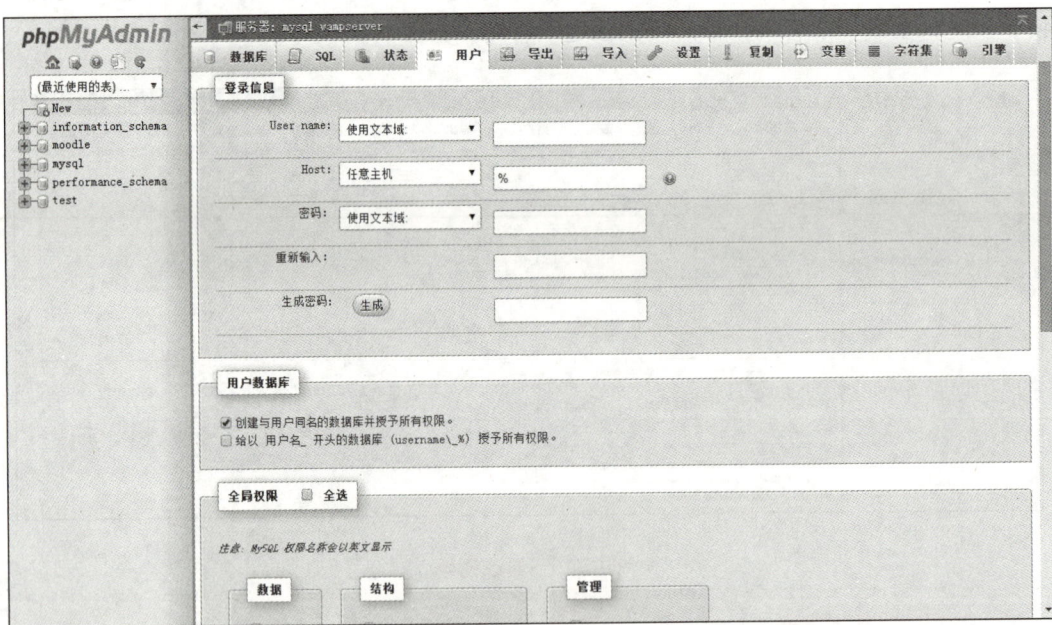

图 7-12　添加用户

步骤8▶ 输入用户名和密码，选中 "创建与用户同名的数据库并授予所有权限" 和 "全选" 复选框，最后单击右下角的 "执行" 按钮，即添加成功。

2. 安装 Moodle 教学平台

安装并设置好网络服务器后，就可以安装 Moodle 教学平台了。可以从 Moodle 官网下载最新的 Moodle 教学平台。

步骤 1▶ 将下载的 Moodle 教学平台解压并拷贝到安装目录中的 www 文件夹下，然后单击桌面右下角的 WampServer 图标，在弹出菜单中选择 "Localhost"，弹出 "安装" 界面，在下拉列表中选择 "简体中文（zh_cn）"，如图 7-13 所示。

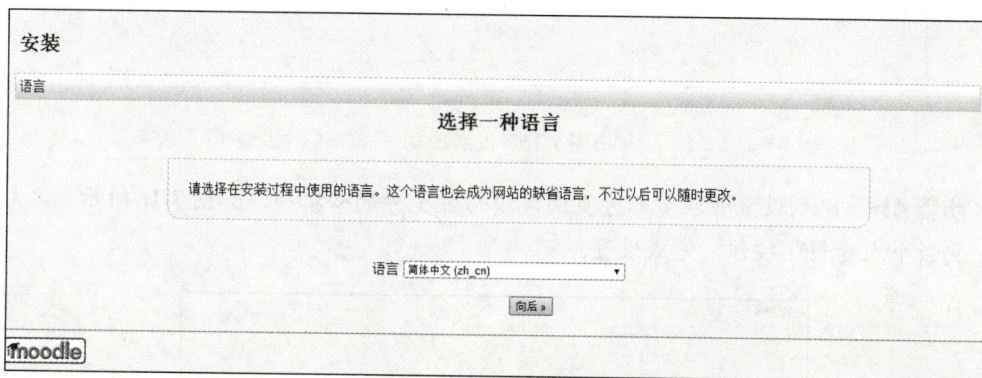

图 7-13　选择语言

步骤 2▶ 连续单击 "向后" 按钮至 "数据库设置" 页面，设置数据库名为前面设置网络服务器时创建的数据库，如图 7-14 所示。

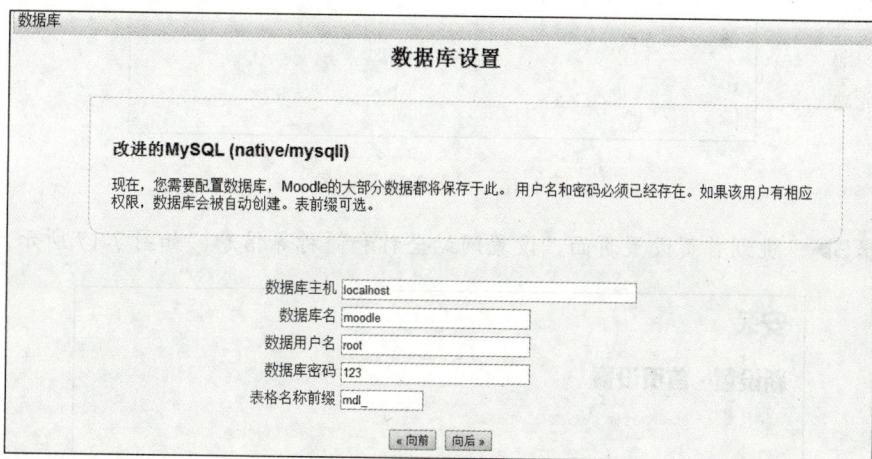

图 7-14　设置数据库

步骤 3▶ 连续单击 "向后" 按钮至安装页面，可能需要等待 10 分钟才能安装成功，单击 "继续" 按钮，如图 7-15 所示。

成功

logstore_legacy

成功

logstore_standard

成功

继续

图 7-15　安装成功

步骤4▶　跳到设置管理员账号页面，填写带星号的必填项，如图7-16所示，之后单击"更新个人资料"按钮，完成设置。

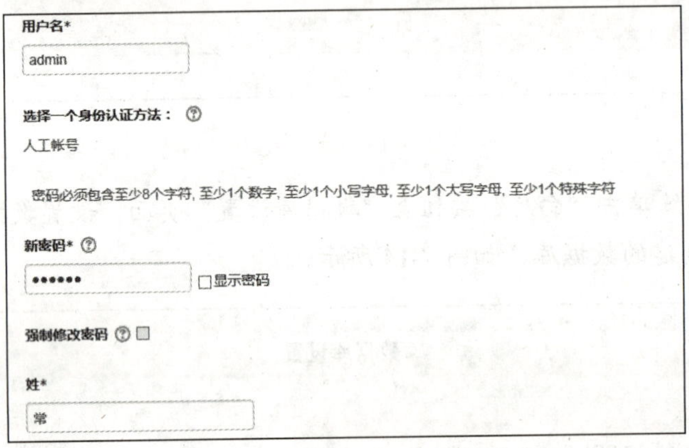

用户名*

admin

选择一个身份认证方法：　⑦

人工帐号

密码必须包含至少8个字符，至少1个数字，至少1个小写字母，至少1个大写字母，至少1个特殊字符

新密码*　⑦

•••••••　☐显示密码

强制修改密码　⑦☐

姓*

常

图 7-16　设置管理员账号

步骤5▶　跳到首页设置页面，设置网站全称和简称等信息，如图7-17所示。

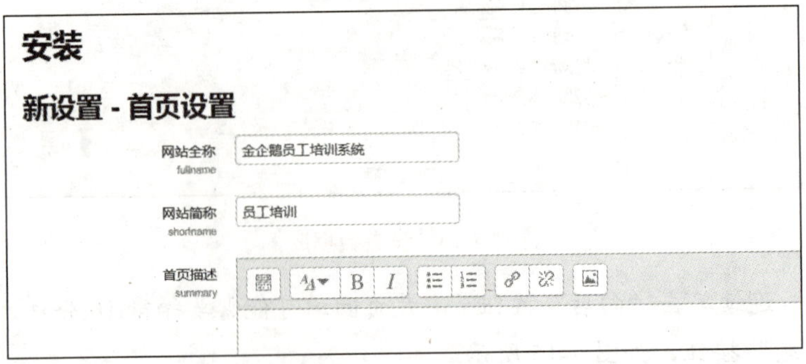

安装

新设置 - 首页设置

网站全称
fullname
金企鹅员工培训系统

网站简称
shortname
员工培训

首页描述
summary

图 7-17　设置网站首页

3. 课程创建与管理

安装完成后，默认以管理员身份登录，如图 7-18 所示。

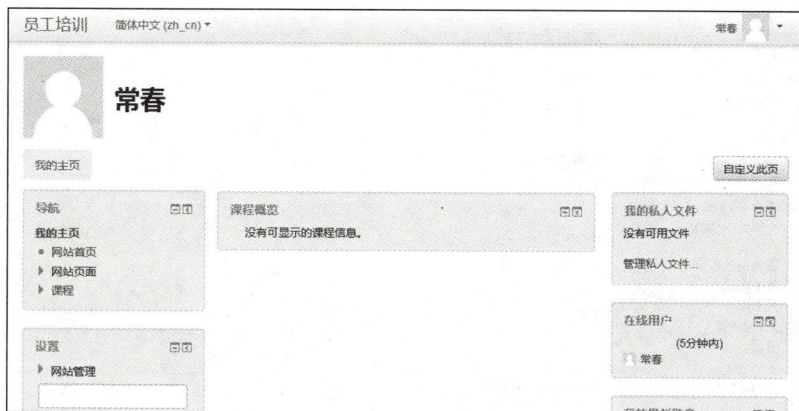

图 7-18　默认以管理员身份登录

步骤 1▶ 单击左侧"导航"栏中的"课程"链接，右侧显示"课程管理"按钮，单击该按钮，如图 7-19 所示。

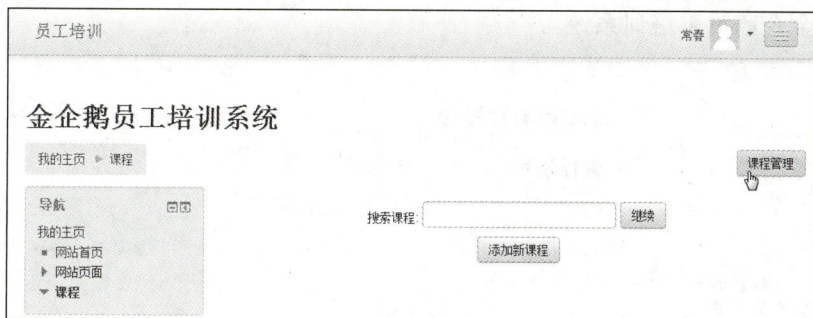

图 7-19　单击"课程管理"按钮

步骤 2▶ 打开"课程和类别管理"页面，单击"建立新类别"链接，如图 7-20 所示。

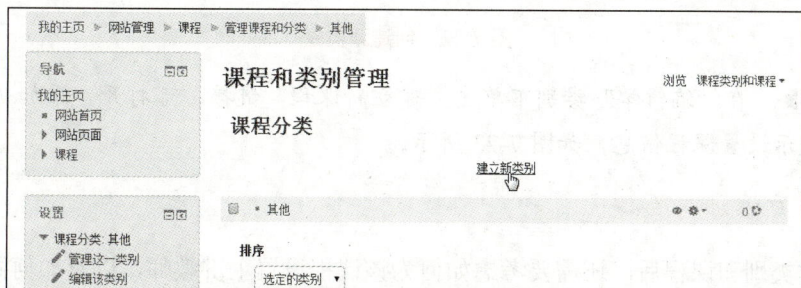

图 7-20　单击"建立新类别"链接

步骤3▶ 打开"添加新类别"页面，设置各项信息，如图 7-21 所示。

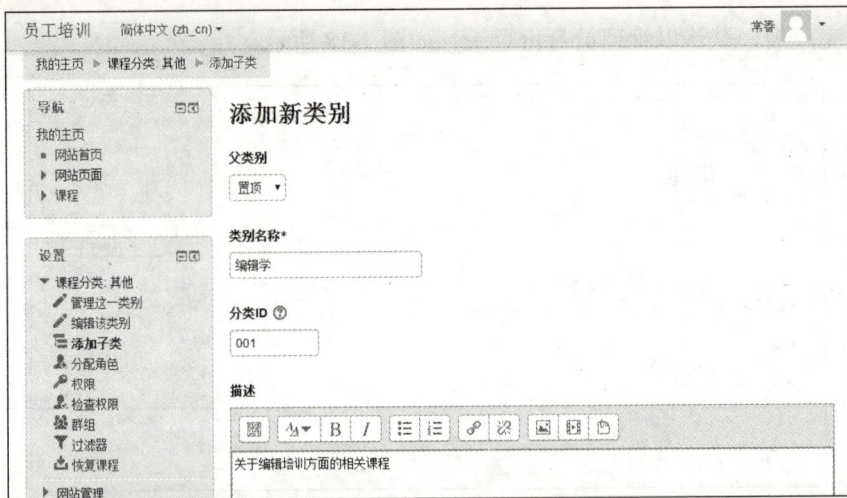

图 7-21　设置类别信息

步骤4▶ 单击下方的"创建课程分类"按钮，即创建新类别，完成后如图 7-22 所示。

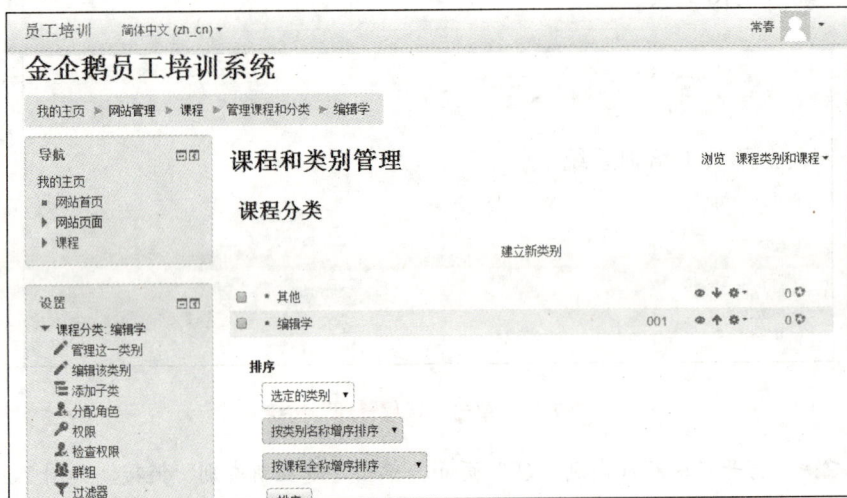

图 7-22　创建新类别

步骤5▶ 在"编辑学"类别下单击"建立新课程"链接，可打开"添加新课程"页面，根据提示设置课程信息，如图 7-23 所示。

4. 用户添加与管理

在创建类别和课程后，还需要考虑如何为该课程设置主讲教师，以及如何添加学生。在分配教师和学生时，需要先添加用户账号。接下来介绍如何在 Moodle 中创建学生和教师账号。

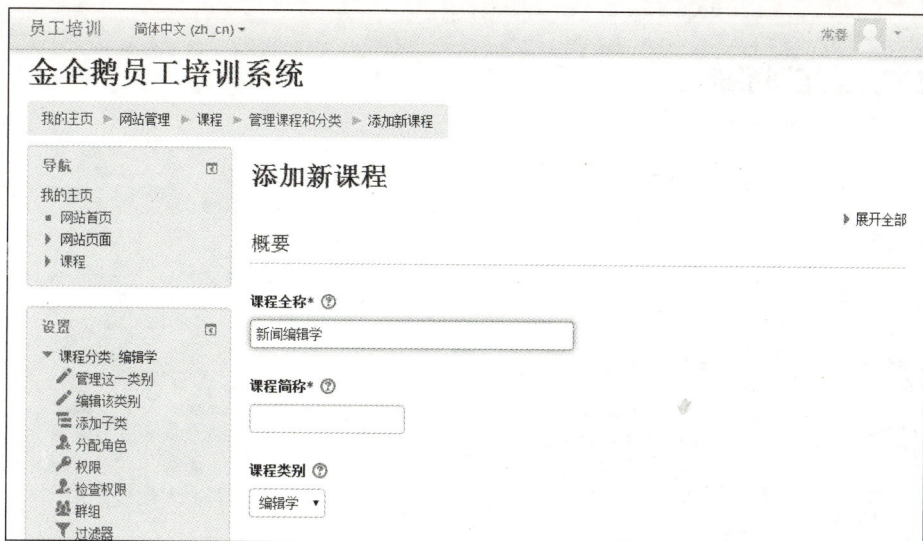

图 7-23　添加新课程

步骤1▶ 以管理员身份登录，打开刚安装的 Moodle 网站首页，在页面左侧的"设置"类别中单击"网站管理"，然后依次单击"用户"＞"账户"＞"添加用户"链接，弹出添加新用户页面，如图 7-24 所示。

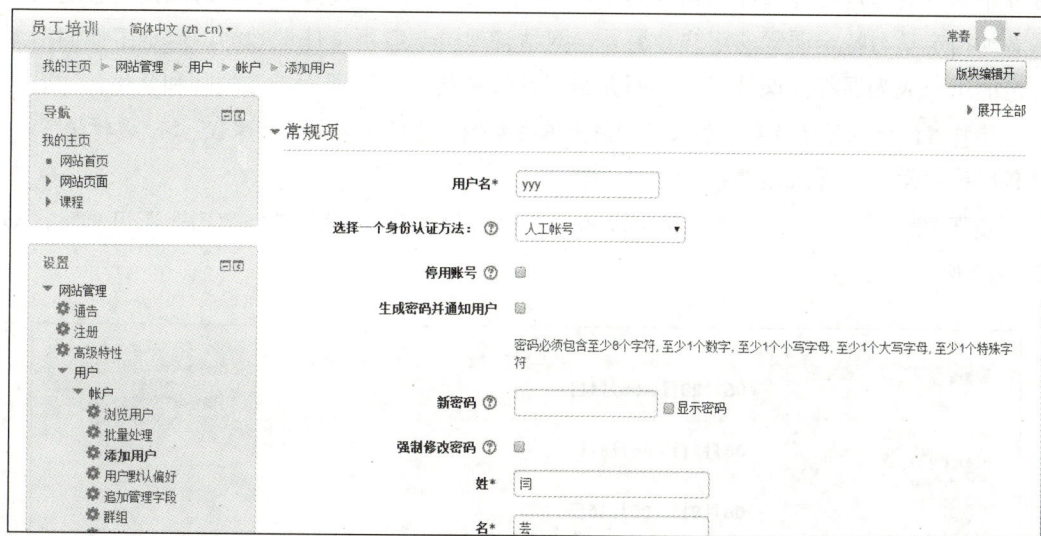

图 7-24　添加新用户

步骤2▶ 设置各项后单击"创建用户"按钮，添加用户成功，可按照同样的方法添加其他用户，如图 7-25 所示。

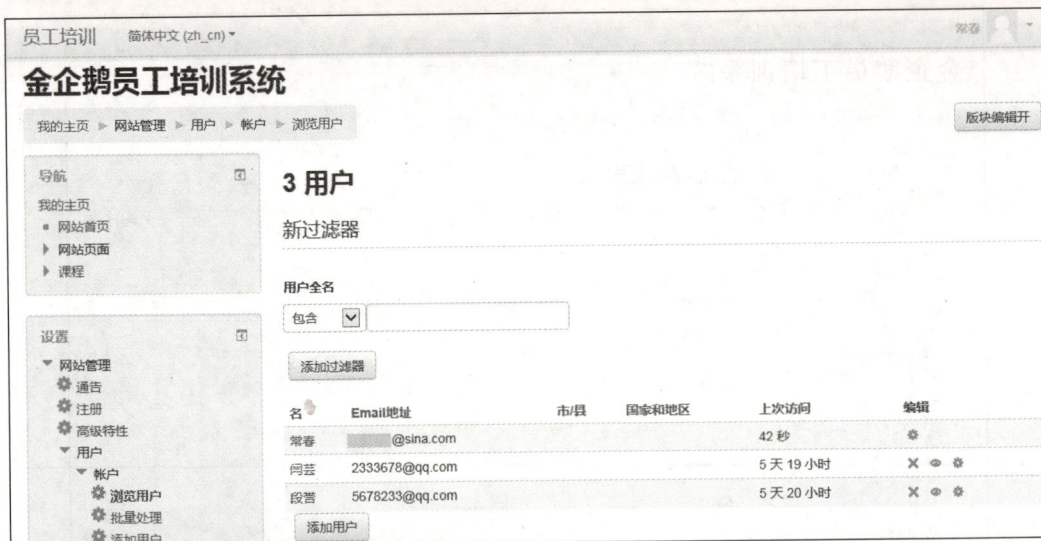

图 7-25　添加用户成功

5. 为课程设置任课教师和学生

在添加用户后，就可以为课程设置教师和学生了。在 Moodle 站点中，创建了用户账号并不意味着用户已经选择了指定的课程。用户还必须自己选择要学习的课程或者通过任课教师指定学习特定课程的用户。另外，网站管理员一般不是任课教师，但是由他们指派特定的用户成为课程任课教师。下面介绍网站管理员如何为课程指派教师和学生。

步骤 1▶ 以管理员身份登录后，依次单击左侧"导航"区中的"课程" > "编辑学" > "新闻编辑学"，进入该课程。

步骤 2▶ 在左侧"设置"区依次单击"课程管理" > "用户" > "已选课用户"，如图 7-26 所示。

图 7-26　单击"已选课用户"

步骤 3▶ 进入"已选课用户"页面，单击"加入用户"按钮，如图 7-27 所示。

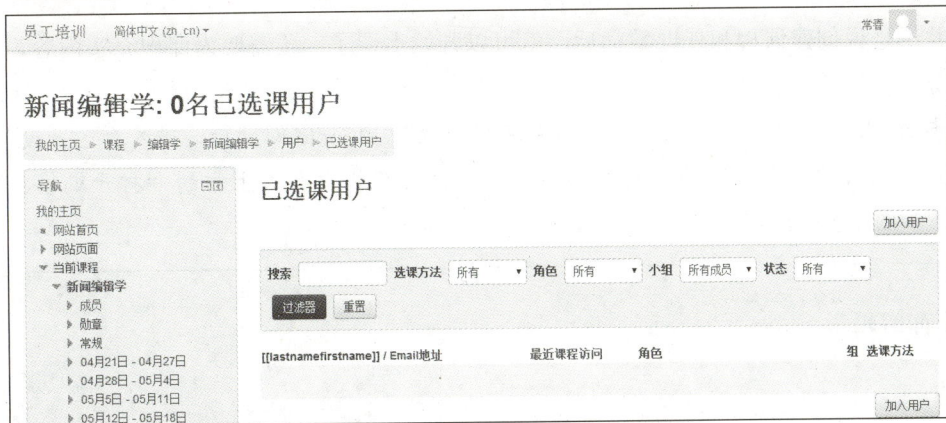

图 7-27　单击"加入用户"按钮

步骤 4▶ 打开"加入用户"对话框，在"分配角色"下拉列表中选择"学生"，然后单击用户列表中"段誉"后面的"选课"按钮，将其设置为这门课的学生，如图 7-28a 所示。

步骤 5▶ 按照同样的方法将"闫芸"设置为这门课的教师，如图 7-28b 所示。

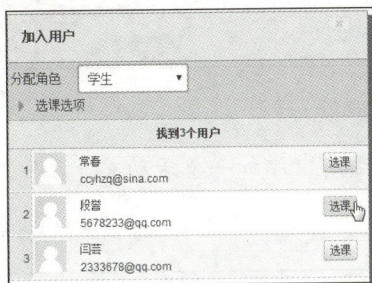
（a）

（b）

图 7-28　设置用户

步骤 6▶ 单击"结束"按钮，返回"已选课用户"页面，则刚才设置的用户显示在用户列表中，如图 7-29 所示。

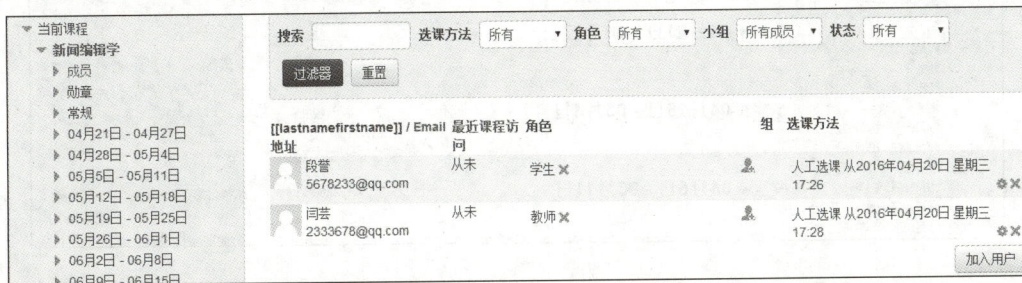

图 7-29　成功设置用户

6. 添加教学资源与教学活动

并不是说创建课程和任课教师后，就可以开始上课了，还需要为课程充实内容，添加教学资源和教学活动等。

步骤 1▶ 教师使用自己的用户名和密码登录到 Moodle 网站后，进入自己开设的课程，如"编辑学"类别下的"新闻编辑学"，然后单击页面右上方的"打开编辑功能"按钮，如图 7-30 所示。

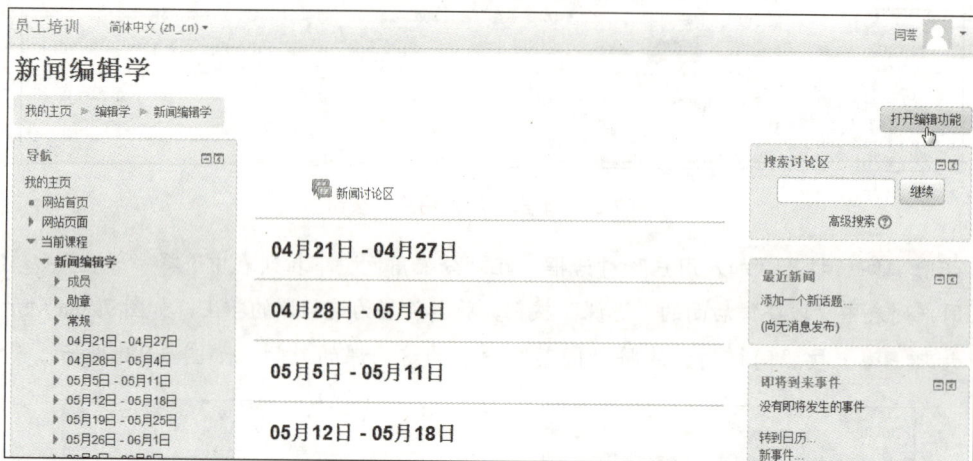

图 7-30 单击"打开编辑功能"按钮

步骤 2▶ 此时可以看到在课程的每个模块中都有"添加一个活动或资源"链接及"编辑"下拉列表，如图 7-31 所示。

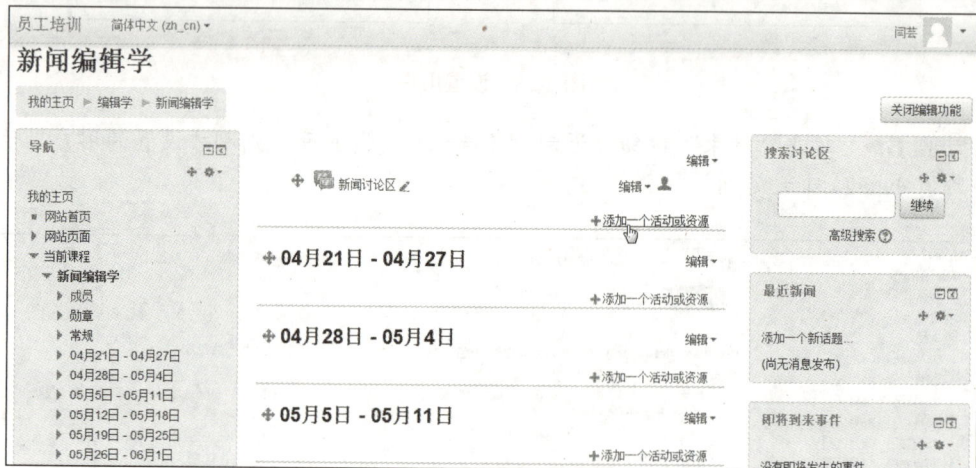

图 7-31 课程编辑页面

步骤 3▶ 单击任意模块的"添加一个活动或资源"链接，打开"添加一个活动或资源"窗口,单击左侧任意项,右侧将显示相应说明信息,如图7-32所示。

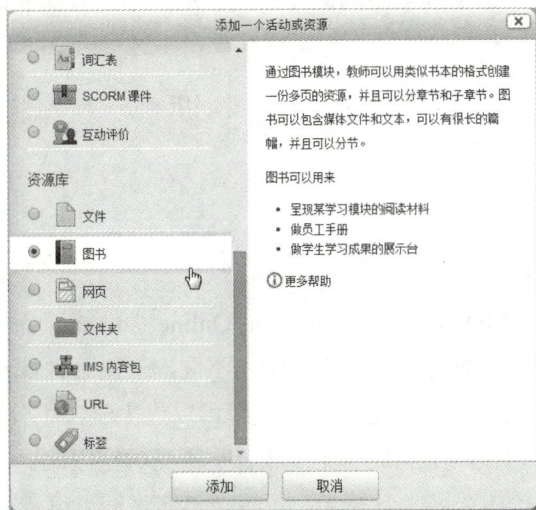

图7-32 "添加一个活动或资源"窗口

提　示

资源是指教师上课所需要用到的教学内容及教师希望放入课程中的各种信息。教师可以将事先准备好的文件存储到服务器上;可以直接在 moodle 中修改页面;也可以将外部页面以链接的形式应用于课程。

步骤4▶ 单击下方的"添加"按钮,将打开"添加一个新图书"页面,根据提示添加图书即可,如图7-33所示。

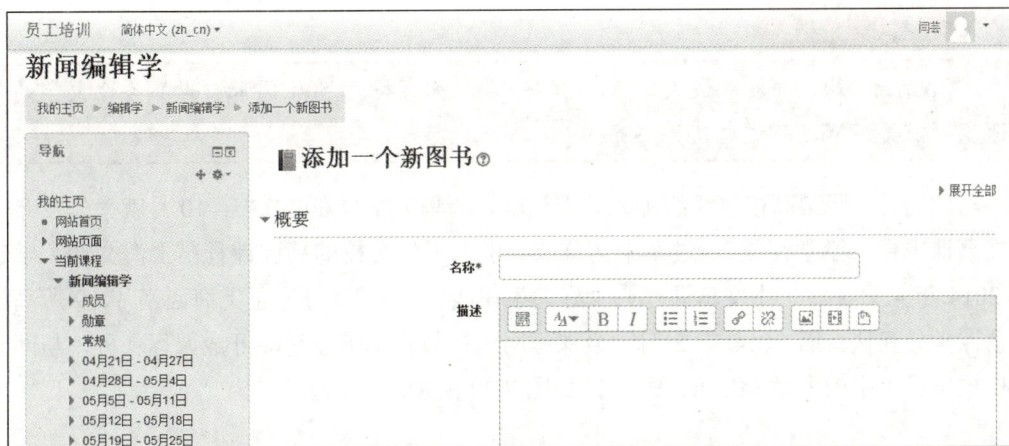

图7-33 为课程添加图书

通过"描述"区域编辑框上方的一排按钮可以设置段落样式、粗体、斜体、链接、图片、媒体、管理文件等，由于篇幅限制此处不做详细介绍，有需要的用户可以自行设置。

7.3　慕　课

7.3.1　认识慕课

所谓"慕课"，是由 MOOC（Massive Open Online Course）音译过来的，指大规模网络开放课程。与传统课程只有几十或几百个学生不同，一门慕课课程动辄上万人，最多达16 万人。慕课以兴趣为导向，凡是想学习的，都可以进来学，不分国籍，只需一个邮箱，就可注册参与。慕课学习在网上完成，无需旅行，不受时空限制。

慕课于 2012 年由美国著名大学发起，短短一年多时间就席卷全球数十个国家。慕课的出现在全球掀起了在线开放教育的热潮，2012 年更被《纽约时报》称为慕课之年。慕课课程在中国同样受到了很大关注。根据 Coursera 的数据显示，2013 年 Coursera 上注册的中国用户共有 13 万人，位居全球第九。而在 2014 年这个数字达到了 65 万人，增长幅度远超过其他国家。而 Coursera 的联合创始人和董事长吴恩达（Andrew Ng）在参与果壳网MOOC 学院 2014 年度的在线教育主题论坛时的发言中谈到，现在每 8 个新增的学习者中，就有一个来自中国。果壳网 CEO，MOOC 学院创始人姬十三也重点指出，和一年前相比，越来越多的中学生开始利用慕课提前学习大学课程。以慕课为代表的新型在线教育模式，为那些有超强学习欲望的 90 后、95 后提供了前所未有的机会和帮助。Coursera 现在也逐步开始和国内的一些企业合作，让更多中国大学的课程出现在 Coursera 平台上。

提　示

Coursera 是目前发展最大的 MOOC 平台，拥有将近 500 门来自世界各地大学的课程，门类丰富，不过也良莠不齐。

与此同时，我国高校也纷纷加入慕课浪潮，清华大学早在 2013 年 10 月就率先发布了中文慕课平台"学堂在线"，进军中文慕课并引入国外名校的慕课课程；上海交通大学也于 2014 年 4 月上线了中文慕课平台"好大学在线"，并首次打通了上海西南片 19 所高校的慕课学分互认。而 2014 年 5 月，爱课程网承接教育部国家精品开放课程任务，与网易合作推出了"中国大学 MOOC 项目"，如图 7-34 所示。

图 7-34　中国大学 MOOC 项目

7.3.2　慕课教学模式的设计原则

慕课教学模式的设计主要遵循以下原则。

（1）人本化学习原则

尽可能为更多人带来最优质的教育，目的是让人们使用最好的、受益最大的、最高效的教学资源，从最好的大学、最好的导师那里学到最好的课程。

（2）掌握学习原则

布鲁姆提出"掌握学习"的概念和理论，认为教学质量应该根据每个学生的学习效果来评价，而不是根据某些学生的学习效果来评价。"掌握学习"的核心问题在于：第一，学生要达到掌握的水平，取决于投入学习的时间量，所以要给学生提供足够的练习机会；第二，教师给学生提供详细的反馈，使教学过程中出现的差错可以马上被揭示出来，并提供学生所需要的具体补充材料以矫正差错，因此，反馈最好采用诊断式的形成性测验方式。

（3）建构主义学习原则

从"教"的角度看，每一门慕课由一个分工明确的教学团队创造，团队成员共同协作、支持一门优秀课程的准备和运转。

从"学"的角度看，慕课强调创建一个超越时间和空间限制，集多人长处和优点的、精彩的学生学习"社区"。学习者可以随时随地学习，慕课适合学习者的学习情境，可以促进知识建构。慕课强调学习的主动建构性、社会互动性和情景性，重视学习共同体与合作学习，学习者可以在一个活跃的学习集体内，掌握、建构那些能使他们进行更高认知活动的技能。

（4）程序教学原则

慕课教学模式的设计还可以用到前面 1.3.2 节介绍过的斯金纳程序教学理论。

程序教学把学习内容分为一个个小问题，系统排列起来，通过编好程序的教材或特制的教学机器，逐步提出问题（刺激），学生选择答案回答问题（反应），回答问题后立即就知道结果，确认自己的回答正确与否。如果解答正确，得到鼓舞（强化）就进入下一程序的学习。如果解答错误，就采取补充程序，再学习同一内容，直到掌握为止。

慕课的每个视频都被剪辑成很小的片段，有利于学习者利用零碎的时间学习并轻松掌握某个主题。

（5）有意义的学习原则

美国心理学家托尔曼曾提出认知地图概念，认知地图即"认知结构"，是形成学生良好的认知结构教育的关键和核心。认知目标是学生学习动机形成的一个构成要素，是学习目标在人脑中的反应。个体只有在对未来的学习目标产生期待时，才有可能发生实际的学习行为。因此在实际的教育过程中，教师应先让学生明确学习的目的和具体要求，使其对未来的学习产生一种积极的期待。

慕课中每门课程开设之前都有一个总体的介绍，包括教学大纲及教学活动安排或教学进度表，明确告诉学生每周课程的主题、课程目标、阅读材料、测试题目、练习及课后作业、提交作业时间及评分方法等。从科学学习的角度看，这就是给学生提供的一个"认知地图"，其主要目的就是让学生明确课程的内容和要求，明确学习动机，形成"认知地图"，以更好地学习。

7.3.3 慕课教学平台

目前比较有名的慕课教学平台除了 Coursera，edX 和 Udacity 三大巨头外，中国的"清华大学慕课"和"上海交通大学慕课"发展也不错。

（1）Coursera

Coursera 是免费的大型公开在线课程项目，由美国斯坦福大学两名计算机科学教授于 2012 年 4 月创办，旨在同世界顶尖大学合作，在线提供免费的网络公开课程，如图 7-35 所示。

Coursera 的首批合作院校包括斯坦福大学、密歇根大学、普林斯顿大学、宾夕法尼亚大学等美国名校。Coursera 与高校的合作模式是在双方签订协议达成共识的基础上，由 Coursera 提供技术开发和支持，由各高校授课教师或团队开发和设计在线课程，共同为来自世界各地的学习者提供服务和支持。其课程组织形式主要有授课视频、在线测试和线上线下讨论等，充分体现了以学习者学习需求为中心的设计。

Coursera 的注册学生有 2/3 来自海外，其中约 41 000 人来自中国，占总人数的 40% 左右。在 Coursera 未来的发展中，将会和更多大学合作，提供更加多样宽泛的课程选择，提高学生在该平台上的学习质量，并且在全世界范围内吸引更多的学生。

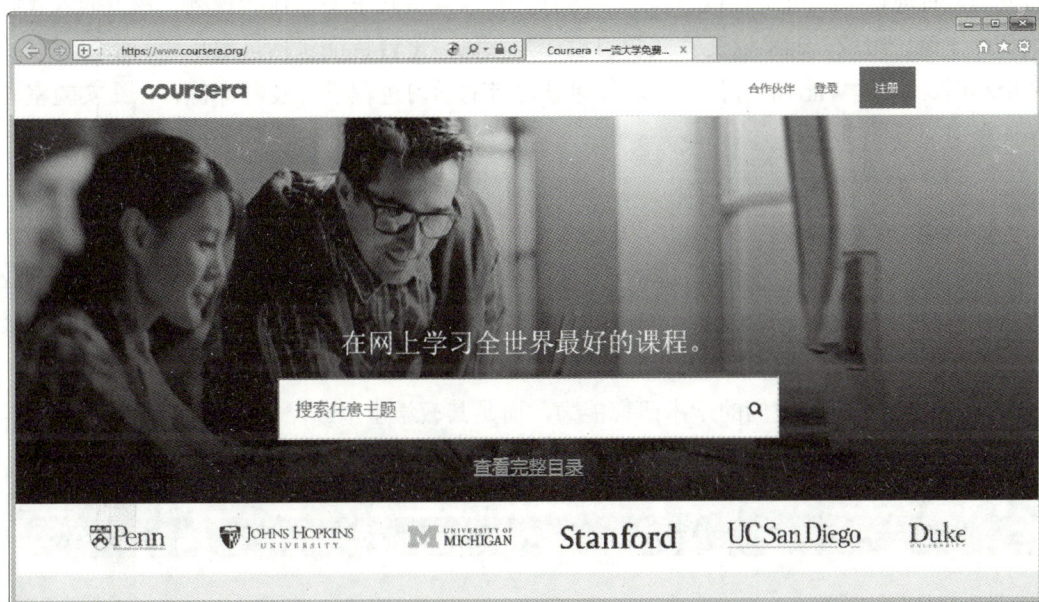

图 7-35　Coursera

经典案例

慧科教育于 2013 年 8 月推出了国内第一家专注 IT 教育的慕课平台（大规模网络开放课程平台）——"开课吧"，开启了中国在线教育领域的全新格局。"开课吧"以其影视级的制作手法和工艺，对用户体验精益求精的追求，以及对云计算与大数据技术的深度应用，努力开拓一条中国版 Lynda＋Coursera 模式的在线教育创新之路，并通过线上与线下相结合的 O2O（online to offline）混合教学模式，真正让学生更高效、扎实地掌握知识。此外，"开课吧"也是国内为数不多的可以真正实现在线教育课程认证和高等教育学分置换的在线教育平台，让在线教育与学历教育、职业认证无缝对接。

（2）edX

edX 是由麻省理工学院和哈佛大学于 2012 年 4 月联手创建的大规模开放在线课堂平台，两所学校在该非盈利性项目中各投入 3 000 万美元，旨在以突出的教学设计为学习者提供互动式的在线学习。

该平台基于麻省理工的 MITx 计划和哈佛大学的网络在线教学计划，主要目的是配合校内教学，提高教学质量和推广网络在线教育。除了在线教授相关课程以外，麻省理工和哈佛大学将使用此共享平台进行教学方法研究，促进现代技术在教学手段方面的应用，同时也加强学生对在线课程效果的评价。edX 为通过课程学习的学习者颁发签有 X University 的证书，目前已经吸引了超过百万的学习者。其课程形式主要由在线视频、网页插入式测试及协作论坛组成。edX 以交互式学习设计为特色，平台特征包括自定步调的学习、在线讨论小组、基于 Wiki 的协作学习、针对学习者的学习进程进行及时评价、在线实验室和其他学习交互工具。

（3）Udacity

Udacity 是斯坦福大学教授于 2012 年 2 月创办的营利性机构，如图 7-36 所示。通过 Udacity 平台，学习者可获取低价格、高参与的高等教育，大大缩小了学习者技能与就业所需素质之间的差距。截至目前，Udacity 已经发布了 24 门课程，分为初级、中级和高级 3 个水平，仅限于商学、计算机科学、数学、物理学和心理学几个领域。在教师选择上，Udacity 的依据并非是他们的学术研究能力，而是其教学水平。

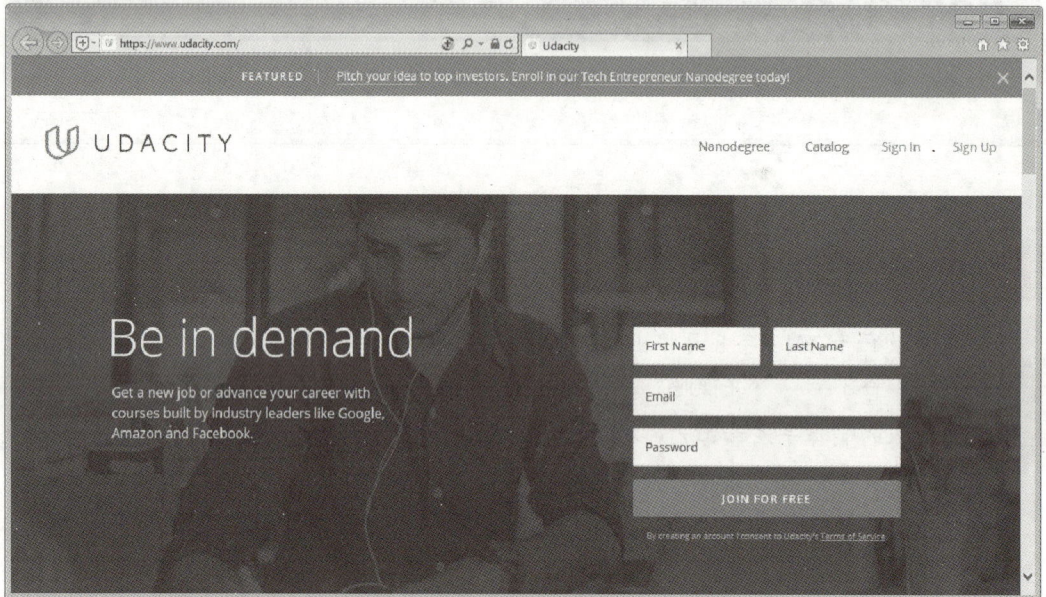

图 7-36　Udacity

Udacity 的课程一部分是由教师自行设计的，一部分是与 Google 或 Microsoft 公司等共同设计推出的。其特色在于高度交互性、基于项目练习的做中学、基于微视频学习的寓教于乐、基于真实情境的学习、高度参与的学习社区。Udacity 已经和圣何塞州立大学（SJSU）合作推出 5 门在线课程，能够成功完成这些课程的学习者将获得圣何塞州立大学的学分，并可以在加州州立大学系统内和美国大多数高校间进行学分互换。

（4）清华大学慕课

2013 年 5 月，清华大学加盟 edX；同年 6 月组建团队并启动基于 edX 开放源代码的中文平台研发工作，在多视频源、关键词检索、可视化公式编辑等方面进行了改造；2013年10月，"学堂在线"正式对外发布，同时开放了第一批5门课程，同年又开展了首批小规模私有在线课程（small private online course，SPOC）的试点。2014年4月，教育部在清华大学设立了"在线教育研究中心"。目前，"学堂在线"汇聚了清华大学自建的30门课程和北京大学、edX联盟高校的140多门课程。此外，学堂在线慕课平台还帮助国内其他高校和中学推广慕课和SPOC模式。

（5）上海交通大学慕课

2013年初，上海交通大学成立了慕课推进办公室，同年7月举行"在线教育发展国际论坛"，并与Coursera建立合作关系。2014年4月，上海交通大学自主研发的"好大学在线"平台正式对外发布。该平台目前汇聚了上海交通大学自建的30门课程和北京大学、香港科技大学等校的多门课程。

上海交通大学慕课实践的突出特色体现在两个方面：一是其开发的慕课主要面向在校学生，探索与上海西南片区高校之间基于慕课的优质教育资源共享和学分互认机制；二是具有推进优质教育资源，从网络课程、视频课程、视频共享课到"南洋学堂"的微课程等开放共享课程的实践基础。基于慕课改进的教学模式，允许学生在本校在线学习，然后到开设慕课的学校参加翻转课堂学习，并参加考试，以此推进O2O混合式教育。

课堂互动

通过对慕课相关内容的学习，从以下几方面讨论慕课对我国高等教育的影响。

① 能够共享优质的教育资源，将成为推动我国教育公平的有效途径。

② 在线开放课程颠覆了传统的教育观念，促使教师对教与学的过程及其规律进行深刻反思。

③ 使大规模且个性化的学习成为可能。

7.4 微 课

伴随着移动互联网和信息化浪潮的不断发展，以开放、共享为理念的开放教育资源运动持续推进国内外一系列教学理论的实践创新，作为信息技术与教学融合的新型学习资源的微课应运而生，并在国内基础教育和高等教育领域迅速升温。

7.4.1 微课的概念和特点

微课是指以视频为载体，记录教师在课堂内外教育教学过程中围绕某个知识点（重点、难点、疑点）或技能而开展的精彩教学活动全过程。微课的核心组成内容是课堂教学视频，同时还包含与该教学主题相关的教学设计、素材课件、教学反思、练习测试及学生反馈、教师点评等辅助性教学资源，它们以一定的组织关系和呈现方式共同"营造"了一个半结构化、主题式的资源单元应用"小环境"。因此，微课既有别于传统单一资源类型的教学课例、教学课件、教学设计、教学反思等教学资源，又是在其基础上继承和发展起来的一种新型教学资源。图 7-37 所示为"全国高校微课教学比赛"中获得一等奖的作品截图。

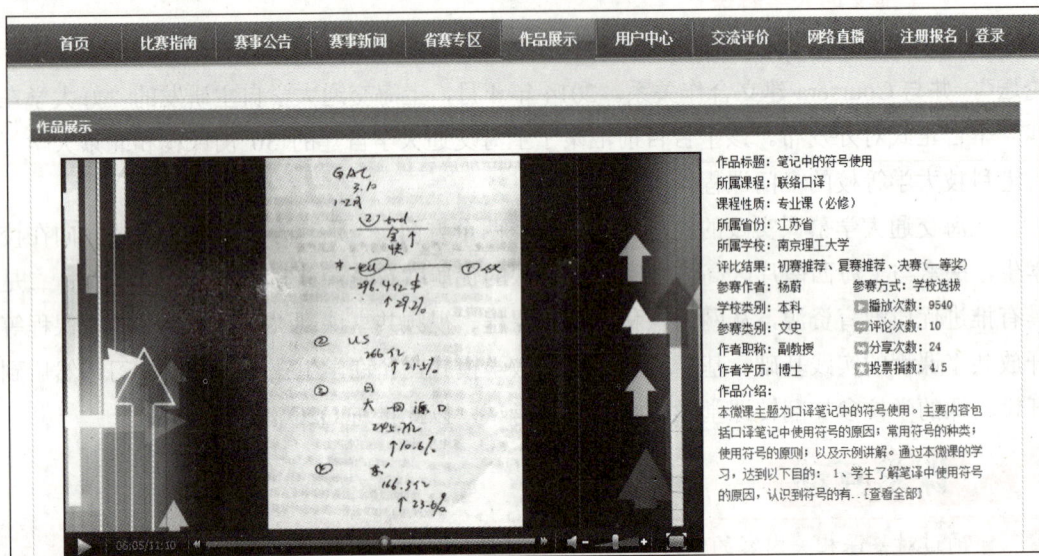

图 7-37　全国高校微课教学比赛一等奖作品

微课的特点主要围绕一个"微"字，它研究来源于教育教学中的具体问题：生活思考、教学反思、难点突破或学习策略、教学方法、教育教学观点等。微课要求主题突出、内容具体，主要有以下特点。

① 教学时间较短。教学视频是微课的核心组成内容。根据中小学生的认知特点和学习规律，微课的时长一般为 5～8 分钟，最长不宜超过 10 分钟。因此，相对于传统的 40 或 45 分钟一节课的教学课例来说，微课可以称为"课例片段"或"微课例"。

② 教学内容少而精。相对于较宽泛的传统课堂，微课的问题集中、主题突出。微课通常是为突出或强调课堂教学中某个学科知识点（如教学中的重点、难点、疑点内容）的教学，或是反映课堂中某个教学环节、教学主题的教与学活动。相对于传统一节课要完成的教学内容，微课的内容更加精简，因此又可以称为"微课堂"。

③ 资源容量较小。从大小上来说，微课视频及配套辅助资源的总容量一般在几十兆左右，视频格式须是支持网络在线播放的流媒体格式，如 rm，wmv，flv 等，以方便师生流畅地在线观摩课例，查看教案、课件等辅助资源；也可方便地将其下载保存到终端设备（如笔记本电脑、手机、MP4 等）上实现移动学习。

④ 资源组成/结构/构成完整。微课选取的教学内容不宜多，但要求确保相对完整。它以教学视频片段为主线"统整"教学设计（包括教案或学案），课堂教学时使用到的多媒体素材和课件、教师课后的教学反思、学生的反馈意见及学科专家的文字点评等相关教学资源，构成了一个主题鲜明、类型多样、结构紧凑的"主题单元资源包"，营造了一个真实的"微教学资源环境"。这使得微课资源具有视频教学案例的特征。广大教师和学生在这种真实的、具体的、典型案例化的教与学情景中易于实现"隐性知识""默会知识"等高阶思维能力的学习并实现教学观念、技能、风格的模仿、迁移和提升，从而迅速提升教师的课堂教学水平、促进教师的专业成长，并提高学生学业水平。就学校教育而言，微课不仅成为教师和学生的重要的教育资源，而且也构成了学校教育教学模式改革的基础。

⑤ 草根研究、趣味创作。由于课程内容微小，人人都可以成为微课课程的研发者。另外由于课程的使用对象是教师和学生，课程研发的目的是将教学内容、教学目标、教学手段紧密地联系起来，而不是去验证理论、推演理论，所以研发内容一定是教师自己熟悉的、感兴趣的、有能力解决的问题。

⑥ 成果简化、多样传播。由于微课内容具体、主题突出，所以研究内容容易表达、研究成果容易转化；由于微课课程容量微小、用时简短，所以传播形式多样（网上视频、手机传播、微博讨论）。

拓展阅读

微课网是北京微课创景教育科技公司旗下的教育社区（ESNS）网站，也是国内权威的专业化中小学生学习网站。微课网以全新的分享学习理念为引导，以全新视角解读新高考、新中考，全面构建多层次初、高中学科知识体系，采用国际领先的视频流媒体技术实现学生高清视频视听体验。

7.4.2 微课的内容要求

微课的特点决定了其对内容有一定的要求，具体包括以下几点。

➤ 知识点准确无误。

➤ 知识点不大，但要足够细，最好能在5分钟内讲解透彻。

➤ 一个微课只讲解一个特定知识点，如果涉及另一个知识点，需另设一个微课。

➤ 知识点讲解不能照本宣科，对知识点的表述应有自己的理解。

➤ 课件有视觉美感，多角度地应用PPT现有功能带来的视觉效果，如自定义动作、PPT切换、颜色搭配等，以免造成视觉疲劳。

➤ 画面要清晰。

➤ 讲解语言要通俗易懂，尽量不用或少用古板、枯燥的书面语。

➤ 讲解声音洪亮、节奏感强。

➤ 外部环境安静无噪声。

打开"全国高校微课教学比赛"网站"http://weike.enetedu.com/"，欣赏优秀获奖作品，分析并讨论其内容是否符合上述微课的内容要求。

7.4.3 微课资源的开发过程

微课资源的开发过程如图 7-38 所示。

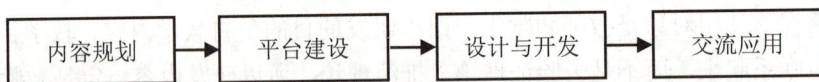

内容规划 → 平台建设 → 设计与开发 → 交流应用

图 7-38 微课资源的开发过程

1. 内容规划

微课资源的开发与建设，首先要做好的是课程内容的整体规划，确定建设方案、进程和人员组成，形成建设规范和体系，避免重复和无序开发。内容规划的一项重要工作是要按照课程标准，并围绕大纲要求，结合教材，组织专家和优秀学科老师共同确定知识点谱系。

2. 平台建设

微课平台是微课资源建设、共享和应用的基础。平台功能要在满足微课资源日常"建设、管理"的基础上增加便于用户"应用、研究"的功能模块，形成微课建设、管理、应用和研究的"一站式"服务环境。

3. 设计与开发

微课内容的设计与开发是一个较为复杂的系统工程。微课资源建设一般要经过宣传发动、技术培训、选题设计、课例拍摄、素材整理、后期加工、在线报送、审核发布、评价反馈等环节，才能确保其质量。

经典案例

微课"从《爸爸去哪儿》中分析幼儿气质类型"，立足于亲子综艺节目《爸爸去哪儿》，从中截取相关片段，介绍了 4 种不同的幼儿气质，并借用了《爸爸去哪儿》中 4 个个性鲜明的幼儿的情绪反应和行为表现，进行了细致的分析。首先运用手机录制视频，后期运用"会声会影"进行剪辑与制作，如图 7-39 所示。

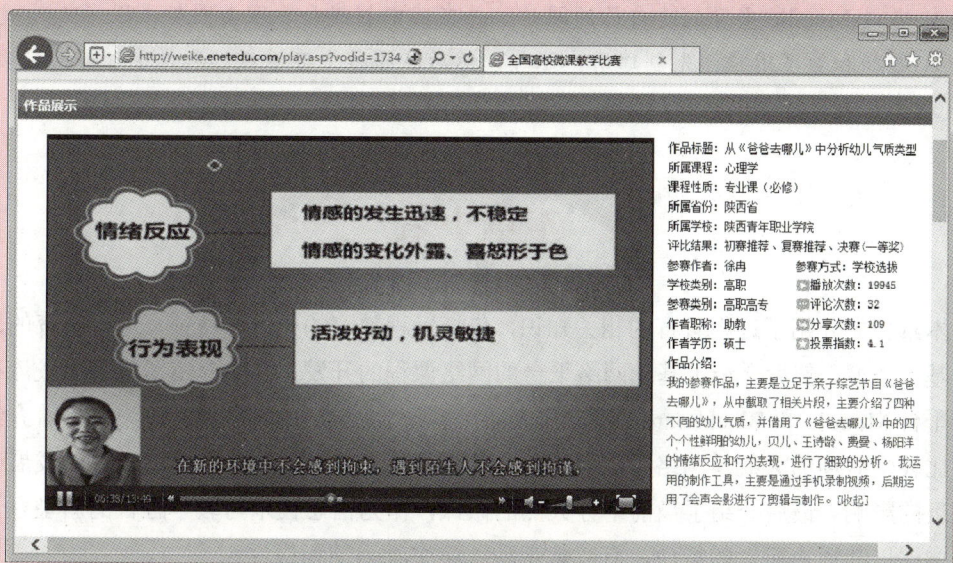

图 7-39　从《爸爸去哪儿》中分析幼儿气质类型

4. 交流应用

课程的应用是微课建设的最终目的。通过集中展播、专家点评和共享交流等方式，向广大师生推荐、展示优秀获奖微课作品，同时组织教师开展针对相关主题的观摩、学习、评课、反思、研讨等活动，推进基于微课的校本研修和区域网上教研新模式形成。

实践活动

【训练目的】

通过学习基于 Moodle 的网络课程开发过程，掌握安装网络教学平台的方法，并能够基于教学平台创建网站和课程。

【训练环境】

能够连接 Internet 的多媒体计算机。

【训练内容】

基于 Moodle 的网络课程开发。

【训练任务】

通过对 7.2.4 节的学习，完成以下操作。

① 安装并设置网络服务器。

② 在服务器上安装 Moodle 教学平台。

③ 通过 Moodle 平台创建自己的网站，并在其中创建和管理类别与课程。

④ 添加和管理用户。先创建用户账号，然后在课程中委派教师和学生。

⑤ 添加教学资源与教学活动。

本章小结

本章首先介绍了远程教育的相关知识，包括远程教育的概念和特征、远程教育的发展及其基本类型。然后介绍了基于网络平台的网络课程的开发，其中介绍了目前比较流行的两个平台 Moodle 和 Blackboard，并专门介绍了基于 Moodle 的网络课程开发。接着介绍了目前比较受欢迎的大规模网络开放课程——慕课，慕课的出现给我国高等教育的发展带来了深远的影响。最后介绍了当前十分火热的微课，作为信息技术与教学融合的新型学习资源，微课以其短小精悍的特性，有效地带动了学生学习的积极性。

本章习题

一、选择题

1. （　　）又叫远距离教育。

    A. 成人教育　　　　　　　　　B. 网络教育

    C. 远程教育　　　　　　　　　D. 在线教育

2. 所谓（　　），是指学习者利用各种媒体获取教育信息资源、完成特定学习任务的活动。

    A. 远程教学　　　　　　　　　B. 远程学习

    C. 远程教育　　　　　　　　　D. 在线学习

3. （　　）是通过网络表现的某门学科的教学内容及实施的教学活动的总和，是信息时代条件下课程新的表现形式。

    A. 网络课程　　　　　　　　　B. 慕课

    C. 网络教学平台　　　　　　　D. 微课

4. （　　）是由澳大利亚的 Martin Dougiamas 开发并不断更新的开放源码免费系统，属于 CMS（Course Management System），即课程管理系统。

    A. Claroline　　　　　　　　　B. Dokeos

    C. Blackboard　　　　　　　　D. Moodle

5.（　　）是微软针对教育领域开发的商业产品，使用对象多为大学与大型机构的培训部门，属于 LMS（Learning Management System）即学习管理系统。

A．Claroline
B．Dokeos
C．Blackboard
D．Moodle

6.（　　）是指以视频为载体，记录教师在课堂内外教育教学过程中围绕某个知识点（重点、难点、疑点）或技能而开展的精彩教学活动全过程。

A．微课
B．慕课
C．远程教育
D．网络课程

二、填空题

1．所谓_____，是指教师在与学生非连续面对面的状态下，借助媒体技术手段进行的教学活动。

2．远程教育经历了 3 个发展阶段：19 世纪中叶兴起的_____教育、20 世纪初期兴起的_____教育、20 世纪末期产生的以计算机和网络技术为基础的_____教育。

3．从办学方式和教学管理的角度对远程教育机构的特征进行分析，可将远程教育系统分为两种不同的大类：_____和_____。

4．从教学媒体的角度划分，可将远程教育分为_____、_____、电视教学模式和_____。

5．网络课程包括两个部分：按一定的教学目标、教学策略组织起来的_____和网络教学支撑环境。

6．网络教育资源的开发是一个由_____、设计、_____、测试和评价组成的系统过程，也是一个不断修正和改进的发展过程。

7．目前比较有名的慕课教学平台除了_____，_____和_____三大巨头外，中国的"清华大学慕课"和"上海交通大学慕课"发展也不错。

8．微课的核心组成内容是_____，同时还包含与该教学主题相关的教学设计、_____、教学反思、练习测试及学生反馈、教师点评等辅助性教学资源。

三、简答题

1．简述远程学习的含义和特征。

2．简述现代远程教育的优势。

3．简述网络课程开发应满足哪些基本要求。

4．简述慕课教学模式的设计需要遵循哪些原则。

5．简述微课的特点。

6．简述微课的内容要求。

第 8 章

课堂教学技能与训练

本章导读

　　随着信息技术的发展，课堂教学的方法和技术也与时俱进。这就要求教师不但要熟练掌握学科专业知识，还要善于利用媒体技术，掌握信息时代的各种教学方法和手段。因此，本章将详尽介绍课堂教学的十大技能，以及说课、无生上课和微格教学等内容。

学习目标

- 掌握课堂教学的十大技能
- 掌握说课方法，能在实践中进行说课
- 掌握无生上课的意义和方法，能在实践中进行无生上课
- 掌握微格教学的训练方法

8.1　课堂教学技能

课堂教学技能是教师为了达到教学目标所采取的有效教学活动，是课堂教学中教师运用专业知识及教学理论、方法和手段，促进学生学习的一系列教学行为。本节介绍目前流行的十大课堂教学技能，包括课堂导入技能、课堂讲授技能、课堂板书技能、课堂提问技能、课堂变化技能、课堂演示技能、课堂试误技能、巩固与强化技能、课堂组织与教学技能、结课与作业设计技能。

8.1.1　课堂导入技能

课堂导入是教师在一个新的教学内容或教学活动开始时，引导学生进入学习状态的一种教学行为。

1. 课堂导入的作用

课堂导入的目的是把学生领入本节课的大门，让学生清楚本节课要解决的主要问题是什么，同时激起学生探求新知的欲望。总的说来，课堂导入有以下几个作用：① 明确学习目的，并为新知识做铺垫；② 引起学生对所学知识的关注，激发学生的学习兴趣；③ 在旧知识与新知识之间建立联系，让学生温故而知新。

2. 课堂导入的方法

课堂导入的方法很多，下面列举其中常用的一些方法。

➢ **直接导入**：教师从课本中提炼出新课的学习要点、难点和教学目的，通过简洁的明快的叙述或设问，引起学生的学习兴趣，直接点题导入新课，使学生进入学习状态。在新课改过程中，虽然强调知识情境化、生活化，注重丰富的课堂导入形式，但有时候直接导入比故弄玄虚更容易使学生接受。

➢ **情景导入**：教师通过语言、图片、故事、游戏等手段，制造符合教学需要的情境，使学生产生置身其中、身临其境的感受，从而唤起学生情感上的共鸣，使学生情不自禁地进入学习情境的一种导入方法。

➢ **经验导入**：经验导入需要以学生的生活经验或熟悉的事物作为出发点，通过教师富有感染力的讲解、谈话或提问引起学生回忆，激发学生的求知欲望和学习兴趣。

➢ **温故导入**：在讲授新课时教师可以依照教材本身的内容逻辑关系，设计出连接旧知识提示新知识的导入语或情境，降低学生学习的坡度，激发学生的求知欲望。

➢ **实验导入**：实验导入提供了生动、直观的学习情境，不但能够引发学生的好奇心和学习兴趣，而且可培养学生的科学思想。这种导入在理科类的课程教学中运用较多。

➤ **直观导入**：在讲课前引导学生观察与新课程有关的实物、图表或幻灯片等，引起学生兴趣，从观察中提出疑问，将抽象问题具象化，加深学生对新知识的理解。

➤ **设疑导入**：以疑激思，善问善导。针对教材重点和难点巧妙设疑，激发学生的思维，引导学生学习新知识的兴趣，使学生在高涨的求知欲中探求新知识。

经典案例

讲授小学课文《麋鹿》时，教师先设疑："同学们，中国是世界上野生动物资源最丰富的国家之一，谁能说说我国有哪些珍贵的野生动物？"学生回答问题的积极性被调动起来，说着各自认为的珍贵动物。这时老师说："今天，老师带大家认识稀有的野生动物——麋鹿，让我们一起认识它。"导入课文《麋鹿》（板书课题）。

➤ **悬念导入**：悬念导入是教师创设带有悬念性的问题，给学生造成一种神秘感，从而激起学生的好奇心和求知欲的一种导入方法。教育家夸美纽斯说："教师的根本任务就是培养学生的求知欲。"而悬念可以说是学生求知欲的动力源之一。

➤ **故事导入**：故事导入是教师利用学生爱听故事、趣闻轶事的心理，通过讲述与教学内容有关的具有科学性、哲理性的故事、寓言、传说等，激发学生兴趣、启迪学生思维，创造情境，引出新课，使学生自觉进行新知识学习的一种导入方法。

3. 课堂导入的原则

为了创设有效的课堂导入，在设计和实施课堂导入时，应遵循下列原则。

➤ **目的性原则**：无论是采用何种导入方式都应保证以课题内容为出发点。要有助于激发学生的学习兴趣，使学生在导入过程中了解将要学什么、为什么学、怎么学。

➤ **相关性原则**：在导入阶段要善于将新知识与旧知识关联，温故知新，使导入的内容与新课的重点紧密结合。

➤ **启发性原则**：教师设计的导入应能激发学生思考，活跃他们的思维，调动他们的求知欲和进取心，为学生对新知识的正迁移做铺垫。

➤ **趣味性原则**：课堂导入需要符合学生的年龄特征，做到情趣盎然、引人入胜、余味无穷。

➤ **时效性原则**：课堂导入过程应控制在 5 分钟之内。导入需要做到过程紧凑，层次清晰，以最短的时间获得最好的导入效果，使学生快速进入学习情境。

课堂互动

假设你是初中历史课的老师，需要讲解《春秋战国的纷争》课程，你应该如何导入这门课程？请结合以上导入知识，说出 2 种导入方案，并阐述导入过程和方案理由。

8.1.2　课堂讲授技能

课堂讲授是指教师通过系统连贯的语言向学生叙述事实、描绘现象和解释概念，引导学生认识规律和掌握原理的教学方式。课堂讲授过程以教师为主导，能够在短时间内系统地向学生传授较多知识，具有时间少、容量大、效率高、成本低的特点。

1. 课堂讲授的基本形式

➤ **讲述**：讲述是指教师运用生动形象的语言，叙述、描绘所讲知识内容，帮助学生理解和掌握知识的一种讲授方式。

➤ **讲解**：讲解是教师对所要讲的知识内容进行解释、说明、阐述、分析的一种讲授方式。

➤ **讲读**：讲读是指教师把讲解和阅读材料内容有机结合的一种讲授方式，通常边读边讲，以讲导读，以读助讲，一篇文章读完了也就讲完了。

➤ **讲演**：讲演是指对某一事件或事物做深入广泛的叙述和论证，得出科学结论的一种讲授方式。

2. 课堂讲授的运用要求

➤ **熟悉教材**：在讲授前应将课本和教案"吃透"，做到心中数。讲授时要理清讲授思路，层层递进，条理清晰。

➤ **科学严谨**：教师应采用科学的语言和态度进行讲解。

➤ **启发性**：这就需要教师能够善于设疑，充分激发学生兴趣，然后联系生活知识，对讲授内容发散延伸。

经典案例

在讲到鲁迅的《祝福》时，老师向学生提问。师："祥林嫂为什么反复说'我真傻'呢?"生（思考）："因为祥林嫂的儿子被狼吃掉了，都是自己让他剥豆造成的。"师："很好，大自然的狼吃掉了阿毛，那么……"。生（领悟）："她不知道社会的狼也正在吃着她，祥林嫂到死也没认识到封建礼教对她的毒害。"师："非常棒!"

➤ **趣味性**：讲授时应注意语言艺术，把深奥的道理形象化，把枯燥的知识趣味化。

➤ **强化要点**：通过声音变化、身体动作、概括重复等讲授形式对讲授重点进行强化。

➤ **时间不宜过长**：控制好讲授时间是讲授取得良好效果的重要条件。对小学和初中的学生而言，10~20分钟为宜；高中生以20~30分钟为宜；大学生及成人以30~

60 分钟为宜。

课堂互动

在讲解初中历史课《鸦片战争》时，任课教师首先通过播放视频，为学生讲解历史背景，然后讲解禁烟、缴烟和销烟的过程，并在快下课时为学生讲授了虎门销烟的影响、后世纪念和相关的影视作品。面对一堂课讲授 40 分钟的教师和黑板上仅有的几个关键词，学生们一头雾水。

请简要指出任课教师在这堂课上表现出的优点和缺点，陈述原因，然后设计一个讲解"鸦片战争"课程的方案。

8.1.3 课堂板书技能

课堂板书由文字与图示构成。教师可利用板书向学生呈现教学内容，使知识概括化、系统化、图示化，从而帮助学生正确理解知识，并增强对知识的记忆。精湛的板书是教师创造性劳动的结晶，它渗透着教师的学识、智慧和技艺，体现了教师的教学理论水平和审美素养，反映了教师的综合教学能力。

1. 课堂板书的作用

课堂板书具有以下几个作用。

➤ **展示作用**：板书可将抽象化的知识转换为直观形象的文字和图示，从而帮助学生更好地理解和记忆相关知识。

➤ **提炼作用**：板书紧扣课文，使用关键词或图示概括课文内容，可强化课堂教学重点并启发学生思维。

➤ **吸引作用**：相对幻灯片，学生更愿意接受教师的粉笔字板书，因为随着教学的进行，教师随手写下的板书更贴近教学实际和更人性化，会使学生的注意力更集中。

板书应配合教师授课时的口头语言，教师可根据实际情况先讲后写，或边讲边写等。

2. 课堂板书的类型

➤ **提纲式板书**：此类板书层次分明、内容系统，便于学生提纲挈领地掌握知识。

经典案例

"地球的形状和大小"板书（部分）。

一、地球的形状

1. 盖天说——天圆地方

2. 浑天说——天之包地，犹壳之裹黄

3. 麦哲伦环球航行——证实"大地球形说"

4. 现代宇宙观测研究——证实地球的真实形状是不规则的球体。

二、地球有多大：三个基本数字

1. 地球平均半径：6 371 千米

2. 地球赤道周长：约 4 千万米

3. 地球表面积：5.1 亿平方千米

➤ **表格式板书**：表格式板书通过把讲授内容进行分类，然后整合后列入表格，其特点是层次分明，内容简练。

➤ **线条式板书**：线条式板书以文字表述为主，通过线条、箭头或方框，将文字或符号链接，形成脉络，帮助学生记忆。

➤ **图形示意板书**：这种方法用符号、线条、图形配以简要的文字展示课文内容，变抽象为具体，变深奥为浅显。

➤ **综合式板书**：往往采用多种板书形式结合使用，便于将教学中涉及的多个方面内容综合地联系起来，使零散的知识串联合并，形成系统化的知识链。以地理老师讲解《中国旅游业》课程的板书为例，如图 8-1 所示。

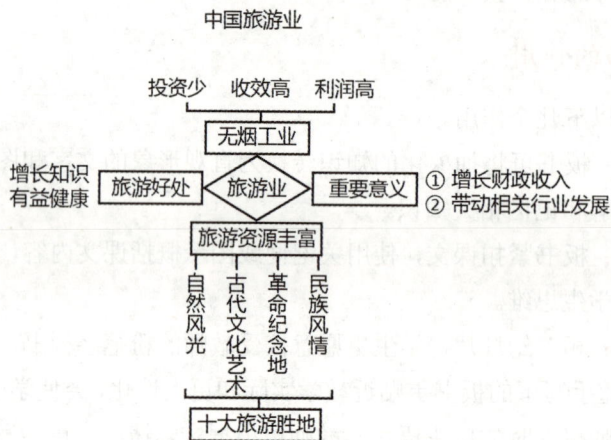

图 8-1 《中国旅游业》板书（部分）

3. 课堂板书设计的要求

➤ **文字**：正确、清楚、美观。

➤ **语言**：简洁、精准、生动。

➤ **内容**：科学、完整、系统。

➤ **造型**：直观、新颖、优美。

➤ **结构**：严谨、有序、巧妙。

> 色彩：恰当、蕴藉、和谐。

8.1.4 课堂提问技能

课堂提问是教师依据教学内容，向学生提出适当的问题，并围绕问题引导学生积极思考，促进学生自觉学习的一种教学方式。课堂教学中，提问技能是一项重要的教学技能，被应用于整个教学活动过程中，成为联系师生思维活动的纽带。

1. 课堂提问的作用

课堂提问在课堂教学中占有重要地位，其作用主要体现在以下几个方面：① 激发学习动机，集中学生注意力；② 提示学习重点、难点，帮助学生明确教学目的；③ 启发学生思维；④ 培养学生表达能力和组织能力；⑤ 实现师生互动，活跃课堂气氛。

2. 课堂提问的类型

课堂提问主要分为低级认知问题和高级认知问题，下面分别说明。

（1）低级认知问题

> **知识性问题**：教师要求学生对已学过的某一具体事实或知识进行再现和确认。

> **理解性问题**：教师要求学生用自己的话陈述事实，了解学生对知识的理解程度。

> **应用性问题**：教师提供一个应用型问题，让学生通过所学知识解答问题，锻炼学生活用知识的能力。

（2）高级认知问题

> **分析性问题**：教师通过让学生积极思考、联想、推理对问题进行分析，弄清问题内部关系，最后得出正确结论的方式，来培养学生积极思考能力。

> **综合性问题**：强调学生对知识的整体理解和把握，要求学生将个别、零散的知识合理整合来进行思考，找出其的内在联系，形成新的关系，并从中得出正确结论。通过这类问题可培养学生创造性思维，并考察学生对多个知识点的掌握程度。

经典案例

化学课上在讲解金属性质时，教师向学生提出问题"为什么铁钉放入水中会生锈而放在煤油中不会生锈？联系学过的化学知识比较两者不同点。请同学们分组讨论。"通过这个综合性问题，教师不但考察了学生对水和煤油化学性质的掌握程度，还考察了铁的氧化概念。

> **评价性问题**：评价性问题的答案是多元的，要求学生对教师或同学给出的答案进行判断，分析理由是否充分，结论是否准确，并给出合理的判断理由，从而考察

学生对问题原理的掌握程度，锻炼学生的逻辑思维能力。

3. 课堂提问的运用

教师在课堂教学中要灵活运用课堂提问。主要包括以下几个方面：

① 精心设计提问。应使问题目的明确、难易适度、角度新颖，并且富有启发性和趣味性。

② 讲究发问策略，把握发问时机，合理地分配问题。

③ 提问时应口齿清晰，教态自然，注意适当停顿，给学生时间思考。

④ 认真倾听，恰当理答。主要注意以下几方面：

> **提示**：当学生回答错误或回答不完整时，教师应通过层层启发，逐级诱导，帮助学生慢慢接近正确答案。

> **探究**：当问题答案是"是"与"否"时，教师可继续向学生追问原因，促使学生"知其然"更"知其所以然"。

> **转引**：当学生回答错误，或回答不完整时，教师将问题转交给其他学生回答，其目的是为了增大学生答题人数，增加学生注意力，使学生之间的观点得到交流，培养学生之间的合作意识。

> **延伸**：指教师在教学中运用学生前面提供的正确结论，或教师对学生提供的正确答案做进一步发挥，使其更具代表性、概括性的一种答题方式。这种方式实际上是对学生的一种肯定和奖励手段，能激励学生继续努力。

> **回问**：回问是指当某位学生不能回答问题时，将问题转引给其他学生，当其他学生答对后，再问那位不会回答的学生，或提出类似的题目，使其正确回答。

⑤ 鼓励、培养学生提问。主要注意以下几方面：

> **鼓励学生敢于提问**：教师应为学生创造良好的学习氛围，允许学生答错、漏答，使学生有安全感，不会因为害怕犯错而放弃提问和回答问题。

> **引导学生善于提问**：教师应培养学生研究思考的能力，引导学生提出在深入思考后仍无法解决的问题，而不是流于形式，为了提问而提问或不经思考有疑便问。

课堂互动

在八年级上册"中华民国的建立"这节课中，"辛亥革命的主要失败原因"是教学的重点和难点。教材中是这样表述的："袁世凯篡夺辛亥革命果实，辛亥革命失败……"为了让学生真正理解课文表述的内涵，作为任课老师，你应该怎样提问，引导学生思考呢？

8.1.5 课堂变化技能

课堂变化是教师通过教态、教法、媒体和师生互动方式等的变化来引起学生兴趣，使学生高效有序地进行学习，从而达到教学目的的教学行为方式。

（1）变化教态

➢ **变化声音**：教师根据学生听课状态和教学内容恰当地变换声调、语气、语速或声音停顿，掌握课堂节奏，调节课堂气氛，激发学生兴趣。

➢ **变化态势语**：教师通过灵活地变化眼神、表情、位置、手势等态势来讲解课程，加深学生对课本内容的理解。

经典案例

在讲授小学语文课"小壁虎借尾巴"时，老师范读：读小壁虎的话时用比较尖锐、幼稚童真的声音；读黄牛的话时，用低沉浑厚的声音；而在读壁虎妈妈的话时，用亲切和蔼的语气读诵，从而使学生更为深刻地理解课文，并进入故事角色。

（2）变化教学媒体

教学媒体和材料的多样性与学生的听课注意力成正比，但要适度，过多地利用媒体和材料会使学生注意力无法集中在学习任务上。此外，不同年龄阶段的学生在感觉意识和偏好上存在较大差异，如学前阶段的学生会偏好丰富的色彩和欢快的音乐，因此变化教学媒体时应考虑学生的接受程度。

（3）变化师生互动方式

教师应根据学生的特点，使用不同的方式与学生互动，因材施教，充分调动学生学习的积极性。

课堂互动

在七年级上册"种子的萌发"这节课题中，教师带来了若干不同种类的种子，想通过让学生观察种子，以及观看幻灯片的方式为学生讲解种子的构造和萌发过程。

如果你是任课教师，如何在本堂课中合理使用变换技能，抓住学生注意力，完成教学任务。

8.1.6 课堂演示技能

课堂演示是教师在传授知识过程中，通过向学生展示直观教具或示范实验，说明有关事物的特点和发展变化过程，指导学生进行观察、分析和归纳，从而将抽象知识具象化的一种教学方式。

1. 课堂演示的功能

➤ **直观功能**：通过课堂演示，可直接刺激学生的视觉和听觉等器官，有利于培养学生细致观察的能力。

➤ **辅助功能**：利用课堂演示，可以辅助教师更为直观地表现教学内容，从而方便学生理解教学内容。

➤ **启迪功能**：在课堂演示过程中，学生将看到的现象与课本中的文字结合思考，使抽象的事物在学生头脑中形成生动的形象，从而达到启迪思维，激发兴趣的作用。

➤ **示范功能**：在课堂演示过程中，教师正确的示范动作或规范的实验操作，对学生有很好的示范作用。

➤ **巩固功能**：教师通过演示，提供给学生丰富的直观感性材料，帮助学生理解原理或现象，有助于学生更加深刻地记忆和巩固知识。

经典案例

在讲解四年级语文《五彩池》时，教师通过演示录像配以动听的音乐展示五彩池的美，学生一下子被五彩池的美景所吸引，将注意力都集中在了录像上，情不自禁地赞叹："太美了！"教师通过演示，为学生创设情境，使他们身临其境，大开眼界，既使学生集中注意力，又激发了学生热爱祖国大好河山的感情。

2. 课堂演示的常见类型及使用要点

（1）实物、标本和模型演示

➤ **结合讲课进行演示**：当演示材料数量少时，可由教师在讲台上或巡回演示；演示材料数量多时，可视情况分发给学生，边讲边学，结束后统一回收。

➤ **课后陈列观察**：将演示材料在课后陈列展示，帮助学生观察和理解。

（2）挂图演示

➤ **注意演示的时间**：挂图不能在课前展示，以免分散学生的注意力。

➤ **结合文字和语言**：在演示过程中，教师不但要进行必要的讲解，还需要将板书、语言和图像密切结合，从而帮助学生理解和记忆。

➤ **配合略图或辅图**：挂图大小有限，若学生无法看清挂图中的局部细节，教师可绘制略图或使用辅助挂图帮助学生看清主图中重要的细节部分。

（3）幻灯片与投影演示

➤ **保证画面质量**：清晰、色彩鲜明、色调和谐的画面能够引人入胜，因此要求教师在选择演示幻灯片时仔细挑选，放映投影时镜头调节准确。

➢ **放映时间不宜过长**：长时间的演示会使学生产生视觉疲劳，因此演示要适可而止。

➢ **控制光线强度**：室内演示通常需要遮光，教师在遮光的同时还需考虑是否影响学生的视力和做课堂笔记的效果。

（4）视频与计算机演示

➢ **课前准备**：包括对视频和相关软件的熟悉，计划课程进度，把课堂教学内容与视频和软件有机结合。

➢ **拓展视野**：在教学目标完成后，可利用互联网为学生展示课外相关知识，拓展学生的视野，增加学生的知识储备。

（5）实验演示

➢ **确保安全**：安全性要放在第一位，不能为了实验效果而忽略安全性。

➢ **效果明显**：应选择实验效果明显的材料进行实验演示，帮助学生直观地了解现象。

3. 课堂演示的原则与要求

（1）课堂演示原则

➢ **目的性原则**：课堂演示应服务于教学目的，切勿为了单纯引起学生兴趣而演示。

➢ **科学性原则**：课堂演示所反应的内容必须真实科学，所提供的感性材料一定要准确无误，具有典型性、全面性、可信性。

➢ **规范性原则**：正确、规范的操作是课堂演示成功的基础，也是帮主学生正确认识演示现象和原理的前提。

➢ **安全性原则**：演示过程中，特别是实验演示应确保安全。

（2）课堂演示的基本要求

➢ **语言指导**：课堂演示应与语言讲解紧密结合，教师在演示时应指示学生观察的重点，引导学生自己思考，得出结论。

➢ **适时适度**：教师应抓住学生对知识的渴求时机、疑难时机、升华时机进行适当演示，不可提前和延后，否则将达不到演示效果。

➢ **选取合适的演示材料**：选取演示材料时，应选择既能激发学生情感活动又能引起学生学习兴趣的材料。

➢ **设置悬念**：演示前要尽量激发学生的好奇心，以便在演示时吸引学生认真观察。

8.1.7 课堂试误技能

学生在学习时，必然会出现一些错误。教师在课堂教学中通过引导，使学生通过不断尝试，降低出错频率，修正错误的方式即为课堂试误。

1. 课堂试误的功能

课堂试误的功能包括：① 改变"教鞭作风"，鼓励学生不怕犯错，大胆尝试；② 及时修正学生错误，使学生对所学知识和技能有更准确、更深刻的理解和掌握；③ 顺应时代要求，培养学生健康的心理、良好的适应社会能力和敏捷的应变能力。

2. 课堂试误的应用原则

➤ **及时鼓励**：当学生受挫时，要及时给予鼓励，使学生获得继续尝试的勇气，新增探索兴趣。教师应想办法了解学生，引导学生，对学生一视同仁。

➤ **适时纠正**：当学生出现错误时，应适时指出，引导学生发现正确答案。

➤ **设计迷惑**：教师可以设计一些具有迷惑性的问题，有针对性地对学生进行测验，让学生自己解决问题或在教师的引导下解决问题，从而使学生对知识的理解更加深刻。

➤ **评语恰当**：表扬要及时，肯定；批评要中肯，和风细雨，做到润物无声。

课堂互动

初中化学课上，在讲解"磷的性质"课题时，教师让值日生小王把实验用品端到教室。出于好奇，小王从装有磷的煤油瓶中偷偷夹出了一块磷，用纸包好，准备下课后自己研究。但是在上课不久，小王的桌子就冒起了白烟，吓得小王忙抓起纸包，冲出教室，将纸包埋入了土里。在这过程中导致小王的手被轻度灼伤。作为任课教师，你应该这么处理这件事呢？请叙述处理方法并说明原因。

8.1.8 课堂巩固与强化技能

课堂巩固和课堂强化是两种不同的教学技能，下面分别讲解。

1. 课堂巩固技能的运用

课堂巩固是教师在教学过程中，引导学生在理解的基础上巩固所学内容。它有助于加强学生对所学知识的理解和运用，并可为学生学习新知识做铺垫。

（1）课堂巩固的类型

➤ **学期开始时的巩固**：教师在教授新知识之前，先组织学生巩固已学知识，弥补学生的知识遗忘和缺漏，为能够顺利地接受新知识做铺垫。

➤ **日常教学中的巩固**：包括日常教学中对新课开始时、进行时、复习时的巩固。

➤ **单元教学后的巩固**：在单元教学任务结束后，教师针对整个单元，对学生进行系统化的复习巩固。

➢ **学期结束时的巩固**：要求学生对本学期所有知识进行全面系统地复习，促进学生了解教材的基本内容、重点、难点以及前后章节的联系，牢固掌握本学期所学知识，形成知识链、知识网。

（2）课堂巩固的方法

➢ **复述式**：导入新课前，教师自己或教师让学生复述相关旧知识的重点，巩固旧知识并导入新课。

➢ **答问式**：教师针对学过的知识提问，指定某个学生回答或集体回答，以此巩固旧知识，考察学生对旧知识的掌握情况。

➢ **操作式**：教师创设学习情境，由学生扮演角色或动手制作以达到巩固知识的目的。

➢ **图像式**：学生整合教师提供的信息，绘制相关图示并加以说明，以整理旧知识。

➢ **模仿式**：在巩固教学时，教师可以让学生登台讲演，模仿教师讲课，加强对旧知识的记忆，并从多方面锻炼学生。

➢ **新旧知识对比式**：教师通过让学生将新旧知识对比，加深对知识之间的联系，以此巩固知识，强化记忆。

➢ **归纳表式**：当教学内容之间存在着相邻相近关系时，为了不让学生出现混淆，教师可概括知识要点，编辑成表，帮助学生记忆和巩固。

➢ **练习式**：通过有坡度的、多样化的、针对性的练习巩固所学知识。

（3）巩固技能的应用要点

➢ **为巩固创造必要前提**：教师应正确理解教材，有效地利用学生的记忆潜能，设计巩固时间，合理地要求学生"过度学习""快速记忆"，以此激发学生潜能，提高巩固效果。

➢ **突出巩固重点知识**：复习时，教师要注意引导学生系统化整理知识，突出重点、难点，做到以主带次，以点带面，避免简单复述旧课的巩固形式。

➢ **注重巩固方法**：单一的巩固方法会使学生感到厌倦，降低巩固效率。巩固阶段，教师可根据学生对知识的掌握程度、年龄特点等因素，选择多种适宜的方法。

➢ **即时巩固和经常巩固相结合**：根据遗忘曲线先快后慢的特点，要用及时巩固减缓遗忘速率，并且在课程结束后经常巩固，夯实知识。

➢ **注意巩固成效的反馈**：巩固成效的反馈反映了学生对知识的掌握情况，教师特别要对基础差、学习被动的学生加以关注，及时抽查巩固效果。

➢ **思考与练习相结合**：巩固不可光练不思，要将思考与练习结合运用，层层深入，而非仅停留在简单的重复记忆水平。

2. 课堂强化技能的运用

课堂强化是指教师在教学过程中，对学生认知或行为中符合教学要求的成分进行肯定、表扬、奖励等，对学生不符合教学要求的成分进行否定、批评等。在教学过程中，适当使用强化技能可以激励学生，维持学生听课注意力，以及使学生正确认知行为等。

经典案例

小学语文课上，老师让学生说出含有"成"字的成语，其中学生李某脱口而出"诚实守信"，其他学生听了哈哈大笑，李某悄悄地低下了头。这时老师制止住其他学生的笑声，然后快步走到李某身边，轻抚他的头说："同学们，这位同学没有错哦，他讲对了！""没有错？讲对了？"大家都怀疑地看着老师，老师又说："他讲对了，是诚实的诚，再——"说完，老师用期待的目光看着李某，李某在老师的鼓励下大声地说："是诚实的'诚'再去掉一个言字旁，就变成了成功的'成'"。老师夸奖道："真是聪明！"老师回到讲台，就刚才的问题为大家讲解了"成"与"诚"的区别。

（1）课堂强化的手段

➤ **语言强化：**包括使用口头语言、书面语言和体态语言进行强化。

➤ **物质强化：**指用实物、金钱奖励学生的良好认知或行为。

➤ **标志强化：**指教师通过各种象征性的奖励标志对有良好认知或行为的学生进行肯定和鼓励。

➤ **"代币制"强化：**教师通过和学生一起制定"代币制"规则，奖励有良好认知或行为的学生，强化学生的行为规范。此手段尤其适用于小学生。

➤ **活动强化：**活动强化以特殊的、学生喜爱的个别活动作为奖励，例如，代替教师部分工作，帮助教师检查学生练习，在课本剧中扮演自己喜爱的角色等。

➤ **练习强化：**根据教学目标为学生设计不同坡度的练习任务，强化教学重点。

➤ **替代强化：**替代强化的效果类似于榜样的作用，教师有意识地对有良好认知或行为的学生当众表扬，树立榜样，促使其他学生反思与榜样的差距。

（2）课堂强化的应用要求

课堂强化的应用要求包括：① 准确判断学生的认知或行为是否符合目标要求；② 确保学生能正确理解教师的强化意图；③ 选择恰当的强化物，进行适当的强化刺激；④ 强化手段要多样化，单一的强化手段会使学生厌倦；⑤ 学生个体差异较大，强化要有针对性；⑥ 适时反馈，及时发现强化优点和缺点，使学生得到提高；⑦ 适度强化，强化过度会适得其反；⑧ 促进学生内部强化，培养学生自主学习能力；⑨ 确保强化利于学生发展。

课堂互动

高中二年级，语文教师在翻阅某班级的作文时发现，有些学生字迹工整，写的很好，而有的学生字迹混乱，错字较多，并且还有少部分学生出现跑题、偏题等问题，两极分化很严重。下一堂课就是作文点评了，作为任课教师，你应该如何运用强化和巩固技能对学生做出合理的指导呢？请简要叙述。

8.1.9 课堂组织教学技能

课堂组织教学是指在教师通过管理、组织、指导和诱导等手段，构建良好的班级秩序和学习环境，培养学生的自我管理能力和协作精神，实现高效的课堂教学。

经典案例

不同课堂中的学生差异明显，因此选择合适的课堂组织教学方法是很有必要的。下面是课堂组织教学的一些反面和正面案例。

① 束手无策型：胡老师这个班课堂特征是嘈杂喧闹，尽管她一直努力想构建良好的班级秩序和课堂教学环境，但由于方法方式不对，所以从未成功。

② 铁腕手段型：侯老师这个班上课时很安静，因为侯老师建立了一套班规，违规者将被处罚。但只要侯老师离开教室，教室就会像炸了锅一样。

③ 与学生合作型：杨老师这个班的上课效率很高。杨老师根据学生的特点，与学生一起制定了一套合理的班规，并给出了相应的奖励、惩罚和相互监督措施。在课堂上，杨老师将大部分时间用于讲课，很少用在维持纪律上，学生们都很自觉，即使杨老师离开教室也会遵守班级规则。

1. 课堂规则的制订

课堂组织教学的首要任务是制订课堂规则。课堂规则的制订原则如下。

➤ **合理性**：课堂规则的内容和表达方式必须符合学生的年龄特点和行为能力。

➤ **清晰明了**：课堂规则不可模棱两可，它不是暗示，而是清楚地说明什么该做，什么不该做。

➤ **可实施性**：课堂规则必须是可操作且方便执行。

➤ **一致性**：制定规则后，要向学生说明执行条件，避免产生歧义和冲突。

➤ **灵活性**：当出现一些超出规范外的特殊情况时，教师应变通处理。

教师在管理态度上应注意：① 了解、喜欢和尊重学生，并把学生当做独立个体；② 尽早让学生信任自己并尽力保持住；③ 给学生恰当的期望。

2. 课堂组织教学的技巧

（1）准确、清晰地传递信息

在课堂组织教学时，教师应准确、清晰地向学生传递相关信息，为此，应注意：① 传递信息的重点是学生的行为而不是学生本人，如学生犯错时，教师应告诉其行为是错误的，而不应该将批评重点放在学生的态度和个人价值观上；② 提供清晰、详细、准确的信息；③ 用平常的语气传递简洁的信息；④ 善于运用体态语言；⑤ 在恰当的时间表达教师的要求，必要的话，继以行动展示。

（2）正确清除轻度捣乱行为

➤ **眼光接触**：对于轻度的课堂骚动，教师可通过眼光接触制止学生的捣乱行为。

➤ **触摸和手势**：低年级学生上课无法集中注意力时，教师可通过触摸提醒；应对高年级学生时，可通过点头或摇头传递意见。

➤ **身体接近**：当教师检查课堂作业或巡视课堂时，通过走进正在捣乱的学生，便可将其制止。

➤ **教学提问**：抓住学生注意力的最简单方法就是提问学生，这种方法可使单个学生集中注意力，避免学生捣乱行为的发生。

经典案例

一个小学班主任听任课教师说前面一节课他们班级很乱，于是就到班级说："刚才谁上课捣乱了？"全班鸦雀无声。"谁承认谁是好孩子，老师保证不批评他。"学生们你看看我我看看你，一个学生站了起来。不料班主任立刻翻脸，严肃地批评该学生，将其定位为反面典型。这位班主任用引蛇出洞的办法对付小孩子，这种方法是不可取的，最终会失去学生的信任。

（3）合理处理较重不良行为

在课堂上处理较重不良行为的技巧包括：① 恰当地直接纠正，并指导其应该做什么；② 当问题形势不明朗时，应进行调查，弄清缘由，真心实意地帮助学生；③ 当出现冲突时，应换位思考，进行调解，帮助学生解决冲突。

（4）恰当地使用惩罚

当学生在课堂上出现严重不良行为时，教师应制止学生行为并给予有效惩罚。

➤ **有效惩罚**：惩罚时教师的语气和态度非常重要，应表现出对学生深切关心、对学生行为的遗憾。

➤ **不恰当惩罚**：不要使用侮辱性的语言攻击、体罚等惩罚，这样会使学生产生叛逆心理甚至怨恨教师。

（5）恰当地使用奖励

一个井然有序的课堂环境绝不是通过严格执行教师权威完成的，教师在组织教学时，必须学会恰当地使用奖励。奖励可大可小，可口头奖励也可实物奖励，其目的都是为了提高学生学习的积极性，配合教师的教学工作。

课堂互动

请站在初中班主任的角度，根据本节学习的知识，为下列情况制定规章制度，并叙述原因：① 放学后打扫教室；② 打斗；③ 无故旷课；④ 没完成作业；⑤ 骂人；⑥ 抽烟喝酒；⑦ 上课迟到。

8.1.10 结课与作业设计技能

结课与作业设计是在课程结尾时使用的教学技能。善于利用结课技能可使课程完满地结尾，令学生回味无穷；而通过精心设计的作业，可使学生有效消化课堂所学知识。

1. 结课的技能

结课是课堂教学不可忽视的一部分，是完成课堂任务不可缺少的步骤，甚至对一节课有画龙点睛的作用。结课的作用包括：① 增强学生学习兴趣；② 整理知识要点；③ 帮助学生巩固和强化所学内容；④ 帮助学生理解并升华所学内容；⑤ 铺垫后续教学内容。

（1）结课的方法

➤ **归纳式结课方法**：教师对课堂教学的主要内容进行归纳、概括和总结，以简明扼要的语言或板书传达给学生。

➤ **探索式结课方法**：教师在课程结束环节，结合教学内容提出问题，引导并鼓励学生思考，激发学生研究知识的兴趣。

➤ **悬念式结课方法**：使用"欲知后事如何，且听下回分解"的方式给学生留下悬念，使学生更加期待下一节课，激发学生的学习兴趣。

➤ **回应式结课方法**：在教学结束环节，教师对课堂导入时提出的疑问、假设等做解答，强调首尾呼应，连贯知识点。

（2）结课的应用原则

➤ **目的性原则**：必须以教学目的为依据来确定"结束"内容的实施方式。

➤ **趣味性原则**：在结课时，有意识地设置一些悬念，鼓励学生运用发散思维，展开想象，促进学生对问题的思考和探索。

➤ **及时性原则**：教师应预留结课时间结课，及时下课。学生对压堂是很反感的，此时教师的结课再好也起不到应有的效果。

➤ **巩固原则**：结课不是单纯地对知识进行讲解，而是要对知识合理整合，提炼精髓，以简洁的语言帮助学生巩固知识，进一步启发学生。

2. 作业设计的技能

作业是教学工作的有机组成部分，它是学生在课外时间独立完成的主要学习活动。精心设计的作业可以使学生有效地巩固、消化课堂知识，加深学生对知识的理解。

（1）作业设计的类型

➤ **预习型作业**：在上课之前针对新课内容布置简单的作业，使学生简单了解新课知识，从而更好地接受新知识，提高课堂效率。

➤ **巩固型作业**：需要学生在课后完成的作业，目的是帮助学生理解和强化所学知识。

➤ **拓展型作业**：需要学生在课后完成的作业，目的是加深学生对课堂知识的理解，以及对课外相关知识的认识。

> **综合型作业：** 在学习内容相对完整的阶段，如期中、期末阶段，教师可通过综合型作业帮助学生阶段性地巩固所学知识。

提 示

布置作业的"要"和"忌"

① 要郑重其事，切忌随口布置；② 要强化目的，切忌盲目随意；③ 要难易有别，切忌"一视同仁"；④ 要适量，切忌题量"超载"；⑤ 要题型多样，切忌题型乏味单一；⑥ 要讲究趣味，切忌简单枯燥。

（2）作业设计的原则

> **科学性原则：** 作业的观点、内容、表达方式应该是正确的、科学的。
> **针对性原则：** 作业设计不能偏离教学目的。缺乏针对性的作业对学生学习不仅没有任何帮助，反而会浪费学生的时间。
> **适度性原则：** 控制作业任务总量，把握作业任务难度。
> **发展性原则：** 好的作业设计，应能对课堂知识消化总结，而且可以拓展学生思维。

课堂互动

高中一年级的地理中，教师在讲解"宇宙中的地球"一课时，首先通过幻灯片介绍了地球公转与自转的概念，然后结合板书详尽地讲解了地球公转和自转的意义。但是在结课前十分钟，教师发现部分学生表情有些木讷，应该是没有完全理解相关知识。作为任课教师，接下来该如何安排结课和作业呢？请尝试给出合理方案。

8.2 说 课

"说课"是在备课的基础上，面对同行或专家领导，在规定的时间内，针对具体课题，采用讲述为主的方式，系统地分析教材和学生等，并阐述自己的教学设想及理论依据，然后由同行评议，达到互相交流，共同提高的一种教研活动。图 8-2 为说课场景。

图 8-2 说课场景

8.2.1　说课的作用

说课为教师之间的交流与示范提供了机会，促进教师更好地掌握教学相关理论，进一步深化了教师对教案、教材的理解，提高教师处理教材、选择教法、学法的能力，同时说课过程也加强了教师的语言表达能力和逻辑思维能力。具体来说，说课具有以下几个作用。

1.　促进教学研究

说课是集体教学研究活动的一个重要组成部分。说课环境的形成为教师从事教学研究提供了交流、切磋的平台，使他们的教学思想在说课过程中充分体现出来。教学研究活动的目的就是提高群体教学能力，进而提高教学质量。

2.　提高教师素质

在说课活动中，无论参与人员是"说"还是"评"，都能得到不同程度的提高。一方面，说课教师从与同行的互相交流，从同行们对自己的评价中获得反馈信息，可提高自身的学术水平和教学能力；尤其是经验丰富的同行专家的指导，对说课者本人教学素质的提高具有重要作用。另一方面，参加说课活动的人员也均可从中获取教学经验。

3.　提高教学质量

通过说课可以克服备课的盲目性，增强备课的自觉性；可以克服讲课中的随意性，保证课堂教学的时效性；可以促进教师钻研教学改革，积极引进、移植、实践现代教育教学理论和新的教学方法，从而促进教学质量的提高。

8.2.2　说课与备课、上课的关系

说课与备课、说课与讲课之间即有联系又有区别，下面分别说明。

1.　说课与备课的关系

备课和说课都是围绕一个具体的教学课题展开的，二者有着相辅相成的关系，但其表现内容不同。备课是是教师在吃透教材，掌握大纲和课程标准的基础上精心编写教案的活动，它有明确的教学目标、具体的教学内容，有连贯而清晰的教学步骤，有启发学生积极思维的教学方法，有板书设计和检测试题等。

说课是教师在备课的基础上，说出在教学过程中，教师对各个环节具体操作的想法和步骤，以及这些想法和步骤的理论依据。简单地说，说课主要是说明备课的主要内容、过程、方法，以及为什么要这样备课等。

287

2. 说课与上课的区别

上课的对象是学生，说课的对象则是具有一定教学研究水平的同行或领导。说课与上课的目的、形式、内容、评价等存在着较大的差异。上课主要解决教什么、怎么教及学什么、学多少、怎么学的问题；说课还要说出为什么这样教，为什么那样学，为什么要选取这些材料的问题。总之，说课是介于备课与上课之间的一种教学研究活动，它是对教师个人备课的一种检查、深化、补充和修改，使备课更理性、更科学、更全面。

8.2.3 说课的基本步骤

说课一般包括说教材、说学生、说教法、说教学过程和说教学效果几个步骤。

1. 说教材

说课首先要说明自己对教材的理解。说教材的目的有两个：一是确定学习内容的范围与深度，明确"教什么"；二是揭示学习内容中各项知识与技能的相互关系，为教学顺序的安排奠定基础，知道"如何教"。说教材包括以下几个方面：

（1）说教材的地位和作用

根据课程标准，说本课内容在整个教材中的地位和作用；说学生在学习本课内容前已经学习了哪些相关知识；说在今后学习中，哪些内容的学习要以本次知识为基础或有关联等；说本课对于培养学生的能力、价值观等方面有哪些影响等。

（2）说教学目标的确定

新课标背景下的课堂教学目标应该包括知识与技能目标、过程与方法和情感态度三个方面的目标。说课时除了说具体的教学目标外，还要说目标的可行性，即教学目标要符合课标的要求，切合各种层次学生的实际；说目标的可操作性，即目标要求具体、明确，能直接用来指导、评价和检查该课的教学工作。

（3）说教材的重点难点

根据新课标的要求，教学重点除包括知识重点外，还应包括能力和情感的重点。教学难点，是那些比较抽象、离生活较远或过程比较复杂，使学生难以理解和掌握的知识。教师应具体分析教学难点和教学重点之间的关系。

2. 说学情

学生是学习的主体，因此教师在说课前必须清楚学生情况。这部分内容花费时间较短，可以单独说明，也可以插在"说教材"部分一并说明。说学情包括：

➢ **说学生的知识经验**：说明学生学习新知识前所具有的基础知识和生活经验，这种知识经验对学习新知识产生什么样的影响。

➢ **说学生的技能态度**：分析学生掌握学习内容所必须具备的学习技巧，以及是否具备学习新知识所必须掌握的技能和态度。

> **说学生的特点风格**：说明学生年龄特点，以及由于身体和智力上的个别差异所形成的学习方式与风格。

3. 说教法、学法

（1）说教法

说明选用什么样的教学方法和采取什么样的教学手段进行教学，并且要说明采用这些教学方法和手段的理论依据是什么。

> **说教法组合及其依据**：一般一节课以 1～2 种教学方法为主（如讨论式、互动式、体验式、情景模拟），穿插渗透其他教法，教法的组合要考虑能否取得最佳效果。说教法组合的依据，要从教学目标、教材编排形式、学生知识基础与年龄特征、教师的自身特点以及学校设备条件等方面说明。

> **说教学手段及其依据**：教学手段是指教学工具（含传统教具、课件、多媒体、网络等）的选择及其使用方法，要尽可能使用现代化的教学手段。教具的选择一是忌多，使用过频，使课堂教学变成教具或课件的展览；二是忌教学手段过于简单，不能反映学科特点；三忌教学手段流于形式。还有说明选择教学手段的依据，可从教学目标、教材内容、学生的年龄特征、学校设备条件、教具的功能等来说明。

（2）说学法

根据新的教学理念、学习方式的转变，说出所倡导自主、合作、探究等学习方法。让学生达到：体验中感悟情感、态度、价值观；活动中归纳知识；参与中培养能力；合作中学会学习。

4. 说教学过程设计

介绍教学过程设计是说课的重点部分。因为只有通过这一过程的分析才能看到说课者对教学的安排，才能反映教师的教学思想、教学个性与风格。只有通过对教学过程设计的阐述，才能看到教学安排是否合理、科学和艺术。说教学过程通常要说清楚下面几个问题：

（1）说教学思路的设计及其依据

教学思路主要包括各教学环节的顺序安排和师生双边活动的安排。教学思路要层次分明，富有启发性，能体现教师的主导作用和学生的主体作用。并且在说完思路后还要说明教学思路设计的理论依据。

（2）说教学重点、难点的处理

教师在说课时，必须有突出教学重点，突破教学难点的基本策略。教师要从知识结构、教学方法、习题的选择、教学媒体的选用、反馈信息的处理和强化等方面去说明突出重点的步骤、方法和形式。

（3）板书设计

说课时还需要要说明板书设计，可以边说边写。板书的内容要注意知识科学性、系统性与简洁性，文字要准确、简洁。必要时可分主板书和副板书。

5. 说教学效果

教学效果是教学目标的归宿和体现。如果是课后说课，要说明具体的教学执行情况，对教学实施进行总结和评价，包括总结好的教学经验，找出存在的问题，同时提出具体改进措施。如果是课前说课，则要对教学效果，包括学生的认知、智力开发、能力发展、思想品德的养成、身心发展等方面做出具体的、可能的预测。

经典案例

×××说课稿（范例）

尊敬的各位领导、老师们，您们好！

今天我要进行说课的课题是"×××"。首先，我对本课题进行分析。

一、说教材的地位和作用

"×××"是人教版教材《×××》第×单元第×个框题。根据《×××》新课程标准，本框题在《×××》教材中具有不容忽视的重要的地位。

本框题前面承接教材的×××这部分内容，后面是本教材的×××这部分内容，所以学好本框题将为学好以后的×××打下牢固的理论基础，而且它在整个教材中也起到了承上启下的作用。此外，本框题包含的一些×××理论，是以后×××学习中不可缺少的部分。

二、说教学目标

根据本教材的结构和内容分析，结合着××年级学生的认知结构及其心理特征，我制定了以下的教学目标：

1. 认知目标：×××

2. 情感目标：×××

三、说教学的重、难点

本着×××新课程标准，在吃透教材基础上，我确定了以下教学重点和难点：

教学重点：×××。重点的依据：只有掌握了×××，才能理解和掌握×××。

教学难点：×××。难点的依据：×××较抽象，学生没有这方面的基础知识。

为了讲清教材的重、难点，使学生能够达到本框题设定的教学目标，我再从教法和学法上谈谈。

四、说教法

我们都知道，×××是一门培养人的×××能力的重要学科。因此，在教学过程中，不仅要使学生"知其然"，还要使学生"知其所以然"。

考虑到××年级学生的现状，我主要采取学生活动为主的教学方法，让学生真正地参与活动，而且在活动中得到认识和体验，产生践行的愿望。培养学生将课堂教学和自己的行动结合起来，充分引导学生全面的看待发生在身边的现象，发展思辨能力，注重学生的心理状况。

当然教师自身也是非常重要的教学资源。教师本人应该通过课堂教学感染和激励学生，充分调动起学生参与活动的积极性，激发学生对解决实际问题的渴望，并且要培养学生以理论联系实际的能力，从而达到最佳的教学效果。同时也体现了课改的精神。

基于本框题的特点，我主要采用了以下的教学方法：

1. 直观演示法：利用图片等手段进行直观演示，激发学生的学习兴趣，活跃课堂气氛，促进学生对知识的掌握。

2. 活动探究法：引导学生通过创设情景等活动形式获取知识。目的是以学生为主体，使学生的独立探索性得到充分的发挥；培养学生的自学能力、思维能力和活动组织能力。

3. 集体讨论法：针对学生提出的问题，组织学生进行集体和分组讨论，促使学生在学习中解决问题，培养学生的团结协作精神。

由于本框题内容与社会现实生活的关系比较密切，学生已经具有了直观的感受，可以让学生自己阅读课本并思考，并例举社会上存在的一些有关的现象，在老师的指导下进行讨论，然后进行归纳总结，得出正确的结论。这样有利于调动学生的积极性，发挥学生的主体作用，让学生对本框题知识的认知更清晰、更深刻。

五、说学法

我们常说："现代的文盲不是不懂字的人，而是没有掌握学习方法的人"，因而，我在教学过程中特别重视学法的指导。让学生从机械的"学答"向"学问"转变，从"学会"向"会学"转变，成为真正的学习的主人。这节课在指导学生的学习方法和培养学生的学习能力方面主要采取以下方法：思考评价法、分析归纳法、自主探究法、总结反思法。

最后我具体来谈谈这一堂课的教学过程。

六、说教学过程

在这节课的教学过程中，我注重突出重点，条理清晰，紧凑合理。各项活动的安排也注重互动、交流，从而最大限度地调动学生参与课堂的积极性、主动性。

1. 导入新课（2～3分钟）：由上节课学过的知识和教材开头的情景设置导入新课。导语设计的依据：一是概括了旧知识，引出新知识，温故而知新，使学生能够知道新知识和旧知识之间的联系；二是使学生明确本节课要讲述的内容，以激发起学生的求知欲望。这是政治教学非常重要的一个环节。

2. 讲授新课（35分钟）：在讲授新课的过程中，我突出教材的重点，明了地分析教材的难点。还根据教材的特点，学生的实际、教师的特长，以及教学设备的情况，选择了多媒体的教学手段。这些教学手段的运用可以使抽象的知识具体化，枯燥的知识生动化，乏味的知识兴趣化。还重视教材中的疑问，适当对题目进行引申，使它的作用更加突出，有利于学生对知识的串联、积累、加工，从而达到举一反三的效果。

3. 课堂小结（2～3分钟）：课堂小结可以把课堂传授的知识尽快地转化为学生的素质。简单扼要的课堂小结，可使学生更深刻地理解×××理论在实际生活中的应用，并且潜移默化地培养学生具有良好的个性。

4. 板书设计：我比较注重直观、系统的板书设计，还及时地体现教材中的知识点，以便于学生能够理解掌握。我的板书设计是：×××。

5. 布置作业：针对××年级学生素质的差异，我进行了分层训练，这样做既可以使学生掌握基础知识，又可以使学有余力的学生有所提高，从而达到拔尖和"减负"的目的。我布置的课堂作业是：×××。

七、结束

各位领导、老师们，本节课我根据××年级学生的心理特征及其认知规律，采用直观教学和活动探究的教学方法，以"教师为主导，学生为主体"，教师的"导"立足于学生的"学"，以学法为重心，放手让学生自主探索地学习，主动地参与到知识形成的整个思维过程，力求使学生在积极、愉快的课堂氛围中提高自己的认识水平，从而达到预期的教学效果。

我的说课完毕，谢谢！

8.2.4　说课的注意事项

① 导入过程不宜过长，最好直接切入课题，语言应干脆利落。

② 说课过程中尽量脱稿，注意与同行、领导进行目光交流，最好面带微笑。

③ 说课语言声音宏亮、口齿清楚、使用普通话，不要重复、停顿、迟疑次数不能过多，注意语言的过渡、承转要顺畅，若能做到言简意赅、抑扬顿挫则更好。

④ 课程分析要全面。应主要分析课程在教材本章、节乃至整套书的地位、作用，并在分析教学目标、重点、难点等时条理清楚，详略得当。

⑤ 教学过程和教材分析、教法与学法各环节应合理分配时间，把握重点。

⑥ 教法和学法设计要体现"学生为中心"的理念。教学环节包括复习旧课、引入新课、师生互动、启发思考、迁移类比、重难解析等。教法和学法的设计立意要高，注重培养学生发散思维等能力。

⑦ 板书设计要层次分明、科学新颖、版面布局合理，字号稍大、工整大方、书写速度不宜太慢。

⑧ 作业布置除了巩固课堂所学知识外，若能兼有复习旧知、引入新知等功能更好。

8.3 无生上课

8.3.1 无生上课含义

无生上课是一种模拟课堂情景开展的教学活动。教师根据事先设计好的教案，在没有学生的情况下面对听课者（同行、评委、专家）上课。无生上课虽然省略了生生互动、师生互动的时间，但要求教学环节完整，活动内容和结果仍由上课教师表述出来，许多问题要教师自问自答，是一种有预设而无"学生"的课堂教学。"无生上课"时间一般为 15～25 分钟。图 8-3 为无生上课情景。

图 8-3 无生上课

无生上课的目的主要在于帮助教师改进教学方案，培训教学技能等，侧重教师的个体发展。无生上课的活动场所不局限于教室，也可在办公室进行，通常面对的是同行或专家。

8.3.2 无生上课的类型

无生上课主要包括以下几种类型。

（1）岗前试教型

师范院校毕业生在实习期间或上岗之前开展的尝试性、适应性、准备性教学实践活动。

（2）教学研究型

教学研究型的无生上课面对的是领导、同行，其目的是引导教师进行课堂教学设计，培训教师的课堂教学技能和自我反思意识，从而提高教师的教学能力。

（3）考核评价型

考核评价型的无生上课面对的是领导、评委，其目的是对参加者的教学表现进行综合评价。无生上课是教育主管部门、教研部门在教学考核方面和评比教学骨干时常采用的一种形式。为了全面考核参加者的教学能力，常与课堂教学设计和教学答辩结合进行。

（4）录用选拔型

无生上课也是教育主管部门或学校在选招新教师时考核应聘者执教能力的一种手段。在这种考核中，参加者提前一个小时抽签确定上课课题和上课顺序，用一个小时的时间备课，然后按顺序上课。这种上课形式由若干评委打分，去掉一个最高分和一个最低分，按平均分的高低确定上课的名次。

经典案例

录用选拔型的无生上课流程

（1）开场语（1～2分钟）

进入教室后，微笑着问好：各位尊敬的评委老师，大家上/下午好！我是××号，请问我可以开始了吗？然后假设有学生的样子：上课！同学们好！请坐！

（2）课堂流程（根据实际情况控制时间）

以教师为主导、学生为主体的教学模式进行上课。教学方法的选用应贴合教学内容的需要，符合学生的认识规律。自主探究、小组合作、展示交流、课后作业等环节要有明显体现。（尽量模仿有生上课的形式，可弱化学生部分，但该有的过程不要省。）

（3）板书

板书内容不用太多，刚开始的板书可以慢一点写，让自己的紧张心情在这个过程中平复一下。板书内容应根据所授内容提炼课文关键词，无需面面俱到，对于书写基本功不太好的参加者要扬长避短，板书要尽量少而精。

（4）结束语（1～2分钟）

答辩结束后，对评委老师表示感谢，并主动擦黑板。

8.3.3 无生上课与有生上课的区别

无生上课与有生上课最大的区别是面向的对象不同，有生上课中教师面对的是学生；无生上课则没有学生，只有同行、专家或领导。无生上课与有生上课的其他区别如下。

（1）教学时间不同

有生上课一般一节课 40 分钟；无生上课的时间可以根据教学内容来安排，淡化或忽略学生参与的部分，一般只需要 15～25 分钟。

（2）教学程序不同

有生上课是一个完整的教学过程，教学各个环节、程序、活动、评价、练习、反馈、总结等一个都不能少。无生上课由于没有学生的参与，可淡化有生上课时学生参与的部分。教师只要将教学内容、教学方法按照事先设计的教学程序流畅地展示出来即可。

（3）观察对象不同

在有生上课中，观察、研究的对象是教与学的双边活动，以教师为主导，以学生为主体。"无生上课"则重点在教师如何教，观察和研究的对象是教师。

（4）研究目标不同

常态教研活动的目标主要在于了解教师的教学能力和学生的学习情况，为教师和学生提供改进的建议和意见，也为管理者评价教师、制定教研计划等提供依据。无生上课研究的目标则主要在于帮助教师改进教学方案，培训教学技能等。

（5）评价内容不同

有生上课的评价项目一般包括：教法、学法、教学效果和是否体现新的教学理念等。无生上课则针对教师的专业理论水平（教材的分析、教学目标、重点和难点的把握）、教育教学水平（课堂教学设计、活动安排、重点如何显现、难点如何突破）和教学素养（教学语言、亲和力）进行评价。

8.3.4　无生上课与说课的区别

无生上课与说课虽然面向的对象相同，都是同行、专家或领导，但二者有很大的区别。

（1）使用文本不同

说课教师使用的是说课稿，无生上课使用的是教案，相对于说稿来说教案需更加详细。

（2）讲解方式不同

说课时教师是以叙述的方法进行讲解。无生上课则是通过现场模拟课堂教学活动，体现教师的教学设计和教学技能，要使用课堂教学语言进行讲解，并且许多问题要自问自答。

（3）讲解程序不同

说课一般按照说教材、说教法、说学法、说教学程序的顺序从理论的角度说清教什么、怎么教和为什么这样教。无生上课是面对评委的教学活动，要求把教学活动的各个环节全部展现出来，更加侧重教师的教学方法。

（4）考察重点不同

说课侧重于考察教师的专业理论素养和在理论指导下的教学设计能力。无生上课无需阐述教学设计的理论依据，其考察重点是上课者的教学基本技能和课堂调控能力。

（5）实践功效不同

说课主要是由说课者向听课教师介绍备课时的理论依据和教学设计、授课方案，大多没有课堂实践来检验，因此设计方案的实际效果如何，说课者只能大概估测。而无生上课则是进行教学演练，通过观摩的领导和评委的反应，教师能直观地感受自己上课的效果。

课堂互动

简述无生上课、有生上课、说课之间的区别和联系。

8.3.5 无生上课的注意事项

教育主管部门或学校在选招新教师常采用无声上课的方式来考察应聘者的教学能力。下面简单讲解师范生在应聘教师岗位时进行无生上课的注意事项。

(1) 良好的行为礼仪

无生上课的评委一般从教师入场时就开始为教师打分了。进入教室前，可以做一下深呼吸，缓解紧张。进入教室时，要昂首挺胸走向讲台，表现出自信心。进入教室后，可以面带微笑地扫视一下评委，以示问候，然后深深地鞠上一躬，以示敬意。必要时，从容地整理一下讲台或上课过程中需要的器材，这里的整理在心理上也是一种调试。做好准备活动后，抬头微笑地问评委"是否可以上课了"（这是一种礼貌，容易获得好感）。结束时，要向评委致谢。离开前，将黑板擦净。

(2) 使用普通话，并让语言富有感染力

要求教师必须具有很好的普通话功底，在语言的表达上要有激情，富有感染力。例如，讲解重点概念时语速要慢；范读时尽量做到抑扬顿挫，幽默、风趣，切忌流水账式的平淡讲课。一堂好的无生上课，轻松的课堂氛围是关键。

(3) 穿着得体，教态大方

穿着应得体，教态应大方自然。由于无生上课要自问自答，一些教师会显得无所适从，眼光不知道往哪里看，无法克制紧张的情绪。此时，一定要稳定情绪，把评委当成学生，将注意集中到讲课上。为了缓解紧张情绪，还可以走下讲台，用微笑和"学生"交流，拉近和评委间的距离。

(4) 整洁、美观的板书

无生无教具的课，板书最能体现教师的个人魅力，恰当地运用板书能体现教师的专业技能，容易赢得评委的好评。板书要注意两点：① 文字优美，让评委发自内心地赞赏；② 板书排版应做到美观、规范、直观。但板书不宜过多，要做到少而精，尽量少擦黑板。

(5) 教学思路清晰

备课时理清教学思路，课程设计几个教学环节，每一个环节如何导入、如何强化、如何组织、如何结束、如何布置作业、各个环节之间如何过渡等，要心中要数。无生上课一般按照平常上课的顺序和流程进行，虽然省去了学生的活动过程，或者将学生的活动过程一语带过，但是不代表忽略学生。例如，"本道题请同学们思考，给大家3~5分钟的时间"，说完后只要稍作停顿3秒左右即可进行下一个环节，不能停留过长的时间。再如，对学生的回答进行评价，可以假想学生回答错误，也可以假想学生回答正确。

（6）教学内容要有重点和深度

无生上课由于讲课时间短，教学内容不宜安排太多，不需要面面俱到，但教学内容要尽量完整，重点的知识一定要体现出来。在应考时不要为了追求教学结构的完整而忽略了教学重点。这样是得不偿失的！另外，下面坐的评委水平相对较高，如果能适当挖掘教材深度，有所创新，体现自己的高水平，得分会有所增加，但前提是要注意时间。

（7）体现新课程理念

和平时课堂上课一样，无生上课需要通过多媒体和教具的使用、分组讨论、合作探究等方式，体现面向全体学生、调动学生自主学习等新课程理念。当然，由于没有真正的学生，有些流程只需一语带过，不用刻意强调。此外，在不能使用多媒体时，可以说"请看大屏幕……"，然后将重点内容用板书写出来。

课堂互动

即将毕业的师范学生小王明天就要参加某学校的面试了，根据面试通知，小王需要进行一场无生上课。如果你是小王，应如何准备一场无生上课？简述即可。

8.4　微格教学训练

8.4.1　微格教学概述

微格教学又称为微型教学、微观教学、小型教学，它是由美国斯坦福大学艾伦教授等人于 20 世纪 60 年代创立的一种利用现代视听设备（如摄像机），专门训练学生掌握某种技能、技巧的小规模教学活动。在 20 世纪 70 年代，微格教学逐渐被一些国家作为培训教师或师范生教学技能的一种有效方法而采用。

微格教学依照教育学与心理学理论，以现代视听技术为手段，在安装有现代视听设备的微格教室中对师范生或教师进行模拟教学训练。它一般将参加培训的学员分成若干个小组，每个小组的学员分别扮演教师和学生，针对某一教学内容进行 5～10 分钟的教学活动，并对学员的教学活动进行现场录像，然后在教师的指导下，组织小组成员一起反复观看录像，进行讨论、分析和评议，最后由指导教师进行总结。图 8-4 为微格教学训练场景。

微格教学自诞生后，得到了迅速推广和应用，尤其受到世界各国师范教育界的重视。自 20 世纪 70 年代末以来，微格教学已成为欧美国家教师培训的基本课程。微格教学在 20 世纪 80 年代传入我国。21 世纪以来，随着信息技术和多媒体技术发展，微格教学系统的功能更加强大。目前我国各类师范院校几乎都建有微格教室。

图 8-4　微格教学训练场景

8.4.2　微格教学训练的特点

微格教学训练具有以下几个特点

（1）训练内容针对性强

微格教学打破了传统的教师培训模式，将复杂的教学行为细分为容易掌握的单项技能，如导入技能、讲解技能、提问技能、强化技能等，并能逐项进行分析研究和训练。

在训练过程中，学员可以根据自己的特点，有侧重点地选择、训练和矫正某一具体的教学技能，反复练习，从而逐一掌握各项教学技能，最终提高综合课堂教学能力。

（2）训练以小组为单位进行

微格教学训练的实施一般都以小组为单位进行，每个小组的人数控制在 10 人以下。这种组织方式可以让学员有更多的实践机会，也更便于学员之间的交流与讨论，同时也提高了教师的指导效果。

（3）单次训练时间短

微格教学每次训练时间一般是 10 分钟左右，这样，指导教师可以集中精力对每个学员的教学进行指导和评价，改变了传统教学训练中由于每个学员试讲时间太长，指导教师很难自始至终认真听讲、记录的弊端，同时也方便学员训练单一的教学技能。

（4）能及时全面反馈训练效果

微格教学的受训者可以直接从录像记录中观察自己对教学技能的应用情况，获得对自己教学行为的直接反馈。而且可以运用慢速、定格等手段在课后进行反复观摩，从而能更好地注意教学中的细节问题。此外，受训者还能得到来自指导教师和听课同学的反馈信息。

（5）角色转换多元化

在微格教学中，受训者的角色既是执教者又是评议者。在教学实践阶段，受训者的角色是执教者，将前面所学习的教学技能和理论融合到自己设计的微格教学片段中去。在评议阶段，受训者的角色转化为评议者，要用学到的理论去分析、评议教学实践，不仅要评议同伴的教学实践，还要进行自我评议。如此不断地进行角色转换，有利于从不同角度加深对教学技能的认识和掌握。

8.4.3 微格教学训练的实施

微格教学训练是一个将理论与实践相融合的整体，首先需要主导教师进行课题的理论研究和组织，进行规范的技能分析和示范，然后需要学员进行教案设计，对教案进行实施，以及训练后集体观摩评议，最后由指导教师根据评议效果判断是否需进行再次训练，若通过则进行总结，如图 8-5 所示。

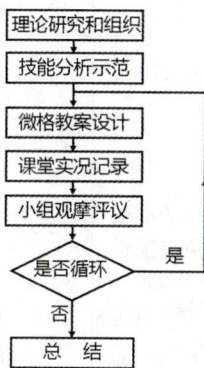

图 8-5 微格教学实施的基本步骤

（1）理论研究和组织

微格教学训练有着深刻的理论基础，因此在实践前，应由指导教师引导学员对微格教学的理论进行研究，包括微格教学的概念、产生、发展、理论模型和实施步骤、评价及反馈等相关内容。在学习微格教学理论前，指导教师将相同层次的学员 6 人左右编为一组，让小组成员相互了解，并对所需要解决的问题达成共识或提出不同见解。

（2）技能分析和示范

在技能分析和示范阶段，指导教师应根据学员的不同层次需要，有针对性地选择一项或几项教学技能作为训练目标，并分析各项教学技能的定义、作用、实施方法和注意事项，同时让学员观看相关的教学录像。

观看教学录像是师范生积累教学经验的一种重要方式。对优秀教师的教学行为进行模仿，是师范生提高自己教学技能的第一步。学员在教师指导下观看录像后，还要对录像进行分析、评价、讨论，认识到自己该从中学习哪些技能。

（3）微格教案设计

观摩了示范之后，学员需要根据训练目标自己备课，设计微格教学的教案。在微格教学训练中，教案设计是一项重要工作，它是根据教学理论、教学技能、教学手段，并结合受训者的实际情况，针对一定的教学内容，为教学技能的训练而提前准备好的方案。表 8-1 为微格教学教案设计示例。

表 8-1 微格教学教案设计示例

科目：____数学____ 年级：____五年级____ 执教者：____×××____ 日期：____7 月 25 日____ 指导教师：____×××____

教学课题	认识梯形（课堂导入）		
教学目标	知识与技能：认识梯形的基本特征 情感态度与价值观：培养学生的科学探索思维，培养正确的价值观		
技能目标	掌握课堂导入技能、提问技能和演示技能		
教学过程			
时间分配	教师行为	教学技能	学生行为
5 分钟（复习旧课，导入新课）	1. 大家先来想一想，我们都学过哪些图形呢？举手回答。	导入技能	1. 圆形、长方形、正方形、三角形、半圆、菱形。
	2. 很好，我们学过……（复述）	强化技能	
	3.（展示带有梯形等图形的小兔画板）我们再看这里，小兔宝宝想考考大家，"哪位聪明的小朋友能从我身上找到图形呀？"谁来指一指？	提问技能 演示技能	3. 指出上述图形。
	4.（总结图形）这里还有一个图形，它是什么呢？		4. 集体：没见过，不知道。
	5. 我们来看看它像什么，左边的图案是什么呀？		5. 梯子。
	6. 梯子和这个图形像吗？		6. 像。

① 教学课题：要讲授的教学内容。

② 教学目标：本教学片段要达成的教学目的。

③ 技能目标：即课堂教学技能训练目标。

④ 教师行为：按教学进程写出讲授、朗读、提问、举例、板书等教师活动内容。

⑤ 教学技能：若教学过程中教师的某些行为可以归入某类课堂教学技能，应在其对处注明，如导入技能、提问技能、板书技能等。

⑥ 学生行为：教师能估计到的学生在回忆、观察、回答问题时的预想行为。对学生行为的预先估计，是教师在教学中能及时采取应变措施的前提。

⑦ 时间分配：预计教学中教师行为、学生行为持续的时间。

（4）课堂实况记录

课堂实况记录即在微格教室中进行角色扮演并录像，它是微格教学训练的中心环节，是学员训练教学技能的具体教学活动。在活动中每个学员都要扮演教师的角色进行模拟教学，小组其他成员扮演学生的角色，配合完成课堂教学。在此环节还可以设置扮演答错问题的学生，以培养受训者的应变能力。

学员在扮演教师角色时，应认真履行教师的义务，并控制好讲课时间；扮演学生时，应完美融入角色，认真听课，做好笔记以便在评课时客观理性地讨论。

（5）小组观摩评议

这一阶段一般由执教者将自己的设计目标、主要教学技能和方法、教学过程等向小组成员进行介绍，然后播放微格录像，共同观摩、评议。

评议一般由执教者本人先分析自己的体会，检查事先设计的目标是否达到，找出优点和不足，作为下次训练的重点；再由全组成员根据每一项具体的课堂教学技能要求进行评议，提出建设性意见；最后由指导教师评议。

（6）再循环或总结

是否再循环训练，可以根据具体情况而定。一般情况下受训者如果作为初学者，需要反复进行训练。学员可以对照本人录像，参考教学技能示范录像和教学技能目标及评价结果，由指导教师组织学员自己修改教案，然后再进行训练。学员各项教学技能都经过训练达到一定水平以后，应进行各项技能的综合训练，最终形成综合教学能力。

实践活动

1. 微格教学训练

【训练目的】

了解微格教学的相关理论基础；通过微格教学训练培养学生的课堂教学技能，包括导入技能、讲授技能、板书技能、提问技能、演示技能、试误技能等。

【训练环境】

微格教室。

【训练内容】

由指导教师将学生分为若干微格试教小组（每小组 5～8 人）并选出组长，以试教小组为单位进行微格教学训练活动。每人完成不同学段、不同体裁的 2～3 轮试教。

【训练任务】

① 各组长与组员一起选择要训练的教学技能及训练目标，制订训练计划，并通过观看、分析、讨论优秀教师的授课录像，学习相关教学技能。

② 各组长与组员一起确定试讲课文并编写教案。

③ 各组长与组员一起在微格教室进行教师、学生角色扮演并录像，训练教学技能。

④ 角色扮演完成后要重放录像，执教者观看自己的教学行为，并与事先的设计相对照，找出优势与不足。之后由全组成员进行评议，提出建设性意见。

⑤ 如果没有达到训练目标，需要修改教案并再次训练，直到达到训练目标。

2. 无声上课训练

【训练目的】

加强学生的教学实践能力，提高学生的教学专业水平，同时为将来应聘教师做好准备。

【训练环境】

根据课堂教学需要，选择普通教室或能够连接 Internet 的多媒体计算机教室。

【训练内容】

根据所学专业选择小学、初中或高中的课文进行无生上课。

【训练任务】

① 编写教案。

② 由指导教师组织无声上课的教学对象（评审人员），各学生或小组轮流进行无生上课。

③ 由评审人员评议无生上课效果。

④ 课后总结，反思自身不足。

本章小结

本章主要介绍了课堂教学技能与教学训练。常见的课堂教学技能包括课堂导入技能、课堂讲授技能、课堂板书技能、课堂提问技能、课堂变化技能、课堂演示技能、课堂试误技能、课堂巩固与强化技能、课堂组织与教学技能、结课与作业设计技能等。

说课是在备课的基础上，面对同行或专家、领导，在规定的时间内，针对具体课题，采用讲述为主的方式，系统地分析教材和学生等，并阐述自己的教学设想及理论依据，然后由同行评议，达到互相交流，共同提高的一种教研活动。

无生上课是一种模拟课堂情景开展的教学活动，是在没有学生的情况下面对听课者（同行、评委、专家）讲课。它既是培养师范生教学实践能力的重要手段，又是教育单位选招新教师时常采用的一种考核应聘者执教能力的形式。

微格教学是以现代视听技术为手段，在安装有现代视听设备的微格教室中对师范生或教师进行模拟教学训练的活动，是培训教师或师范生教学技能的一种最有效方法。

本章习题

一、选择题

1. 下列不属于课堂导入作用的是（　　）。

    A. 明确学习目的，并为新知识做铺垫

    B. 引起学生对所学知识的关注，激发学生的学习兴趣

    C. 在旧知识与新知识之间建立联系，让学生温故而知新

    D. 让学生直观地掌握本课要讲的知识

2. 课堂演示应服务于（　　），切勿为了单纯引起学生兴趣而演示。

    A. 教学目的   B. 教学方法

    C. 教学时间   D. 教学人员

3. 课堂巩固应突出巩固（　　）。

    A. 重点知识   B. 难点知识

    C. 学生感兴趣的知识   D. 最新知识

4. 课堂规则的内容和表达方式必须符合学生的（　　）和行为能力。

    A. 兴趣爱好   B. 年龄特点

    C. 性别   D. 知识层次

5. 说课是一种（　　）。

    A. 教学活动   B. 教研活动

    C. 教学训练   D. 上课方式

6. 下列不属于说课步骤的是（　　）。

    A. 说教材   B. 说学情

    C. 说教法   D. 说学校

7. （　　）是针对师范生应聘教师时常用的测评手段。

    A. 说课   B. 慕课

    C. 无生上课   D. 微格教学

8. 说课时教师是以叙述的方法进行讲解；无生上课通过现场模拟课堂教学活动，体现教师的教学设计和教学技能，要使用课堂教学语言进行讲解，并且许多问题要（　　）。

    A. 自问自答   B. 学生回答

    C. 评委回答   D. 领导回答

9. 微格教育是使学生或青年教师通过角色扮演的手段对教学技能进行训练的方法，在训练过程中非常依赖（　　　）。

  A. 教案   B. 教师指导

  C. 互联网   D. 摄录设备

10. 微格教学训练的实施一般都以（　　　）为单位进行。

  A. 小组   B. 班级

  C. 年级   D. 专业

二、填空题

1. 根据实际情况在演示技能时可使用_____、挂图、_____、_____、实验等方式进行演示。

2. 微格教学训练的实施流程包括_____、_____、_____、_____、_____、_____。

3. 为了确保教学目标具有针对性，微格教学的时间应控制在_____为宜。

4. 无生上课与有生上课除了教学对象、教学地点不同外，还有_____、_____、_____、_____的区分。

5. 无生上课与说课的区别有_____、_____、_____、考察重点不同、实践功效不同。

6. 课堂板书包括提纲式板书、_____、_____、_____、综合式板书等类型。

三、简答题

1. 简述说课的含义和作用。

2. 简述现代微格教育在培养教师教育技能方面的优势。

3. 简述课堂提问技能的作用及如何运用。

4. 简述无生上课的含义、作用和类型。

5. 简述作业设计的类型和设计原则。

附录　中小学教师教育技术能力标准（试行）

为了提高中小学教师教育技术能力水平，促进教师专业能力发展，根据《中华人民共和国教师法》和《中小学教师继续教育规定》有关精神，特制定《中小学教师教育技术能力标准（试行）》。

本标准适用于中小学教学人员、中小学管理人员、中小学技术支持人员教育技术能力的培训与考核。

第一部分　教学人员教育技术能力标准

一、意识与态度

（一）重要性的认识

1. 能够认识到教育技术的有效应用对于推进教育信息化、促进教育改革和实施国家课程标准的重要作用。

2. 能够认识到教育技术能力是教师专业素质的必要组成部分。

3. 能够认识到教育技术的有效应用对于优化教学过程、培养创新型人才的重要作用。

（二）应用意识

1. 具有在教学中应用教育技术的意识。

2. 具有在教学中开展信息技术与课程整合、进行教学改革研究的意识。

3. 具有运用教育技术不断丰富学习资源的意识。

4. 具有关注新技术发展并尝试将新技术应用于教学的意识。

（三）评价与反思

1. 具有对教学资源的利用进行评价与反思的意识。

2. 具有对教学过程进行评价与反思的意识。

3. 具有对教学效果与效率进行评价与反思的意识。

（四）终身学习

1. 具有不断学习新知识和新技术以完善自身素质结构的意识与态度。

2. 具有利用教育技术进行终身学习以实现专业发展与个人发展的意识与态度。

二、知识与技能

（一）基本知识

1．了解教育技术基本概念。

2．理解教育技术的主要理论基础。

3．掌握教育技术理论的基本内容。

4．了解基本的教育技术研究方法。

（二）基本技能

1．掌握信息检索、加工与利用的方法。

2．掌握常见教学媒体选择与开发的方法。

3．掌握教学系统设计的一般方法。

4．掌握教学资源管理、教学过程管理和项目管理的方法。

5．掌握教学媒体、教学资源、教学过程与教学效果的评价方法。

三、应用与创新

（一）教学设计与实施

1．能够正确地描述教学目标、分析教学内容，并能根据学生特点和教学条件设计有效的教学活动。

2．积极开展信息技术与课程的整合，探索信息技术与课程整合的有效途径。

3．能为学生提供各种运用技术进行实践的机会，并进行有针对性的指导。

4．能应用技术开展对学生的评价和对教学过程的评价。

（二）教学支持与管理

1．能够收集、甄别、整合、应用与学科相关的教学资源以优化教学环境。

2．能在教学中对教学资源进行有效管理。

3．能在教学中对学习活动进行有效管理。

4．能在教学中对教学过程进行有效管理。

（三）科研与发展

1．能结合学科教学进行教育技术应用的研究。

2．能针对学科教学中教育技术应用的效果进行研究。

3．能充分利用信息技术学习业务知识，发展自身的业务能力。

（四）合作与交流

1．能利用技术与学生就学习进行交流。

2．能利用技术与家长就学生情况进行交流。

3．能利用技术与同事在教学和科研方面广泛开展合作与交流。

4．能利用技术与教育管理人员就教育管理工作进行沟通。

5. 能利用技术与技术人员在进行资源的设计、选择与开发等方面进行合作与交流。

6. 能利用技术与学科专家、教育技术专家就教育技术的应用进行交流与合作。

四、社会责任

（一）公平利用

努力使不同性别、不同经济状况的学生在学习资源的利用上享有均等的机会。

（二）有效应用

努力使不同背景、不同性格和能力的学生均能利用学习资源得到良好发展。

（三）健康使用

促进学生正确地使用学习资源，以营造良好的学习环境。

（四）规范行为

能向学生示范并传授与技术利用有关的法律法规知识和伦理道德观念。

第二部分　管理人员教育技术能力标准

一、意识与态度

（一）重要性的认识

1. 能够认识到教育技术的有效应用对于推进教育信息化、促进教育改革和实施国家课程标准的重要作用。

2. 能够认识到教育技术能力是教师专业素质的必要组成部分。

3. 能够认识到教育技术的有效应用对于优化教学过程、培养创新型人才的重要作用。

（二）应用意识

1. 具有推动在管理中应用教育技术的意识。

2. 具有推动在教学中开展信息技术与课程整合、促进教学改革研究的意识。

3. 具有支持教师运用教育技术不断丰富学习资源的意识。

4. 具有密切关注新技术的价值并不断挖掘其教育应用潜力的意识。

（三）评价与反思

1. 具有促进对教学资源的利用进行评价与反思的意识。

2. 具有促进对教学过程进行评价与反思的意识。

3. 具有促进对教学效果与效率进行评价与反思的意识。

4. 具有对教学管理的效果进行评价与反思的意识。

（四）终身学习

1. 具有不断学习新知识和新技术以提高自身管理水平的意识与态度。

2. 具有利用教育技术进行终身学习以实现管理能力与个人素质不断提高的意识与态度。

3．具有利用教育技术为教师创造终身学习环境的意识与态度。

二、知识与技能

（一）基本知识

1．了解教育思想、观念和教育技术的发展趋势。

2．了解教育技术的基本概念和应用范畴。

3．了解教育技术的基本理论。

4．掌握绩效技术、知识管理和课程开发的基本知识。

（二）基本技能

1．掌握信息检索、加工与利用的方法。

2．掌握教学资源管理、过程管理和项目管理的方法。

3．掌握教学媒体、教学资源、教学过程与教学效果的评价方法。

4．掌握课程规划、设计、开发、实施与评价的方法。

三、应用与创新

（一）决策与规划

1．制定并实施教育技术应用计划以及应用技术来促进教育教学改革的条例与法规。

2．能够根据地区特点和实际教育状况，宏观调配学习资源，规划和设计教育系统。

3．能够有效应用信息技术和统计数据辅助决策过程。

（二）组织与运用

1．能组织与协调各种资源，保证教育技术应用计划的贯彻和执行。

2．能组织与协调各种资源，促进信息化学习环境的创建。

3．能组织与协调各种资源，支持信息化的教学活动。

4．能运用技术辅助教学组织和教学实施。

（三）评估与发展

1．能使用多种方法对教师和管理人员的教育技术应用效果进行评价。

2．能运用技术辅助对管理体制和运行机制进行评价。

3．能采取多种措施推动技术体系的不断改进，支持技术的周期性更新。

4．能充分利用技术手段为教师、学生和管理者的发展提供更多机会。

5．能充分运用技术改善教育教学条件，并为教师提供教育技术培训的机会。

（四）合作与交流

1．能利用技术与教学人员就教学工作进行交流。

2．能利用技术与技术人员就学习支持与服务进行交流。

3．能利用技术与家长及学生就学生发展与成长进行交流。

4．能利用技术与同事就教育管理工作进行合作与交流。

四、社会责任

（一）公平利用

能够在管理制度上保障所有的教师和学生均能利用学习资源得到良好的发展。

（二）有效应用

1．能够促进学习资源的应用潜能得到最大化的发挥。

2．能够促进技术应用达到预期效果。

（三）安全使用

1．能确保技术环境的安全性。

2．能提高技术应用的安全性。

（四）规范行为

1．努力加强信息道德的宣传与教育。

2．努力规范技术应用的行为与言论。

3．具有技术环境下知识产权保护的意识，并能够以实际行动维护这种知识产权。

第三部分　技术人员教育技术能力标准

一、意识与态度

（一）重要性的认识

1．能够认识到教育技术的有效应用对于推进教育信息化、促进教育改革和实施国家课程标准的重要作用。

2．能够认识到教育技术应用能力是教师专业素质的必要组成部分。

3．能够认识到教育技术的有效应用对于优化教学过程、培养创新型人才的重要作用。

（二）应用意识

1．具有研究与推进信息技术与课程整合的意识。

2．具有利用技术不断优化学习资源和学习环境的意识。

3．具有积极辅助与支持教学人员和管理人员应用教育技术的意识。

4．具有不断尝试应用新技术并探索其应用潜力的意识。

（三）评价及反思

1．具有对技术及应用方案进行选择和评价的意识。

2．具有对技术开发进行评价与反思的意识。

3．具有对技术支持进行评价与反思的意识。

4．具有对教学资源管理进行评价与反思的意识。

（四）终身学习

1．具有积极学习新知识与新技术以提高业务水平的意识。

2．具有利用教育技术进行终身学习以不断提高个人素质的意识。

二、知识与技能

（一）基本知识

1．了解教育思想、观念和技术的发展趋势。

2．了解教育技术的基本概念和应用范畴。

3．掌握现代教学媒体特别是计算机与网络通信的原理与应用。

（二）基本技能

1．掌握信息检索、加工与利用的方法。

2．了解教学系统设计与开发的方法。

3．掌握教学媒体的设计与开发的技术。

4．掌握教学媒体的维护与管理的方法。

5．掌握学习资源维护与管理的方法。

6．掌握对教学媒体、学习资源的评价方法。

三、应用与创新

（一）设计与开发

1．参与本单位教育信息化建设方案的整体规划与设计。

2．能够设计与开发本单位的信息化学习环境。

3．能够收集、整理已有学习资源并设计与开发符合教学需要的学习资源。

（二）应用与管理

1．能够为教学人员的教学和科研工作提供技术支持与服务。

2．能够为管理人员的管理和评估工作提供技术支持与服务。

3．能够对学习资源与学习环境的使用进行有效的管理与维护。

（三）评估与发展

1．能够对学习资源和学习环境的开发与应用效果进行评估，并提出发展建议。

2．能够对自身的技术服务和管理工作进行评估，并反省自身的技术服务和业务水平。

3．能够参与本校教师教育技术应用效果的评估工作，并提出发展建议。

4．能够参与制定本校教师教育技术培训方案并实施。

（四）合作与交流

1．能利用技术与教师就教育技术在教学中的应用效果进行交流。

2．能利用技术与管理人员进行交流。

3．能利用技术与学生及家长进行交流。

4．能利用技术与同行及技术专家进行交流。

四、社会责任

（一）公平利用

能够通过有效的统筹安排保障所有的教师和学生均能利用学习资源得到良好发展。

（二）有效应用

1．能不断加强信息资源的管理。

2．能不断提高教育技术应用的有效性。

（三）安全使用

1．努力提高技术应用环境的信息安全。

2．能为教师和学生提供安全、可靠的技术服务。

（四）行为规范

1．努力加强技术环境下信息资源的规范管理。

2．努力规范技术应用的行为方式。